京师学前

JingShi Early Childhood Education

|学前教师教育系列教材|

学前教育概论

王先达　周艳霞　陈冬梅 /主编

徐灵芝　孟丽美　蔡佳佳　曹林炎 /副主编

XUEQIAN
JIAOYU
GAILUN

北京师范大学出版集团
BEIJING NORMAL UNIVERSITY PUBLISHING GROUP
北京师范大学出版社

图书在版编目(CIP)数据

学前教育概论 / 王先达，周艳霞，陈冬梅主编. —北京：北京师范大学出版社，2023.9

ISBN 978-7-303-28576-1

Ⅰ.①学… Ⅱ.①王… ②周… ③陈… Ⅲ.①学前教育—教育理论—职业教育—教材 Ⅳ.①G610

中国版本图书馆 CIP 数据核字(2022)第 258659 号

教材意见反馈 gaozhifk@bnupg.com 010-58805079
营销中心电话 010-58802181 58805532

出版发行：北京师范大学出版社 www.bnup.com
北京市西城区新街口外大街 12-3 号
邮政编码：100088
印　　刷：天津中印联印务有限公司
经　　销：全国新华书店
开　　本：890 mm×1240 mm 1/16
印　　张：19
字　　数：468 千字
版　　次：2023 年 9 月第 1 版
印　　次：2023 年 9 月第 1 次印刷
定　　价：49.80 元

策划编辑：苏丽娅　　责任编辑：孟　浩
美术编辑：陈　涛　焦　丽　　装帧设计：陈　涛　焦　丽
责任校对：陈　荟　　责任印制：马　洁

编委会

主　　编： 王先达　周艳霞　陈冬梅

副 主 编： 徐灵芝　孟丽美　蔡佳佳　曹林炎

编写人员： 王先达　周艳霞　陈冬梅　徐灵芝　孟丽美
蔡佳佳　曹林炎　赵冠娇　肖向夷　阮　杰
敖敦格日乐　胡凤平　于　涛　谭　江
李晓芳　王和平　林　琼　何圣予　苏　静

前 言

近年来，我国高度重视学前教育事业的发展。为进一步提高学前教育的质量，我国出台了与学前教育有关的多部政策文件或法规，如《幼儿园教育指导纲要(试行)》《幼儿园教师专业标准(试行)》《3－6 岁儿童学习与发展指南》《幼儿园工作规程》《中小学和幼儿园教师资格考试标准及大纲(试行)》《教师教育课程标准(试行)》《学前教育专业认证标准》《中共中央 国务院关于全面深化新时代教师队伍建设改革的意见》以及《中华人民共和国学前教育法(草案)》，以此来确保学前教育师资队伍的质量和规范幼儿园的保教实践活动。为了更好地贯彻落实这些文件的精神，结合教育部的《职业院校教材管理办法》和《普通高等学校教材管理办法》，中国学前教育研究会教师发展专委会高职高专分委会携手北京师范大学出版社出版了一套力求体现学前教育改革新理念、新思维，体现学前教育教师培养的中国化、时代性和专业化追求的学前教育专业教材。本教材是其中的一本。

本教材定位为专科层次学前教育专业通用的一本新编教材，立足于培养和造就符合新时代要求、具有合格专业素养的新型学前教育教师。本书重点在三个方面进行了尝试探索。

第一，立德树人，课证融合。本教材注重学前教育教师素养的提升，注重立德树人，强调扎实学识，与教师资格证考试相关联，培养新时代学前教育教师。结合学前教育专业认证和幼儿园教师专业标准要求，本教材渗透相关文件精神。配套的学以致用、模拟练习等实训内容与习题，方便读者自我检测掌握程度，顺利通过教师资格证考试，获得幼儿园教师岗位的必备证书。

第二，创新体系，螺旋上升。本教材打破传统学前教育教材编写的体系，将全书十个单元的内容划分为三篇，分别是“什么是学前教育”“如何实施学前教育”和“怎样更好地实施学前教育”。上篇“什么是学前教育”包括第一单元到第四单元，主要介绍了学前教育的相关基础知识与理论，如学前教育的性质、任务、要求、基本关系、基础和基本要素、发展历史、教育理念、教育观与儿童观等。中篇“如何实施学前教育”包括第五单元到第八单元，围绕如何实施学前教育，介绍了学前教育的目标与基本内容、基本方法、实施的基本途径与要求等。下篇“怎样更好地实施学前教育”包括第九单元和第十单元，围绕学前教育的组织与管理，阐述了学前教育活动的组织与指导，学前教育机构与家庭合作共育、学前教育机构与社区合作的内容与方法，以及通过科学评价来更好地提升学前教育的质量。本教材的编写努力体现学科领域内在逻辑和读者学习心理序列的统一，将有关科学论著原有的逻辑体系改造成与学前教育实际相接近的、适合读者学习的课程体系。本教材结合党和国家领导人讲话精神及政府相关最新政策，在同类教材中率先将幼儿劳动教育列为专门的内容，也对 2021 年由教育部公布的《学前教育专业师范生教师职业能力标准(试行)》以及 2023 年国务院常务会议讨论并原则通过的《中华人民共和国学前教育法(草案)》进行了专门介绍。

第三，体例多样，融合在线。除了正文外，为了让读者更快了解核心内容，厘清知识逻辑，本教材中还有思维导图、学习目标、头脑风暴、本讲要点、拓展阅读、学以致用、模拟练习等内容，努力体现课堂教学生态环境营造和课外教学资源拓展的统一。本教材重视开放课堂、课外阅读线索、安排见实习等教学资源的拓展，还有理论联系实践、分析现实问题的练习和教师资格证相关考试练习等学习要求，旨在拓展读者学习和能力锻炼的空间。为拓展读者的视野，本教材增加了较多融媒体内容，如提供了扫一扫二维码就能阅读或观看的内容，配备了相应的课件，以提升读者的感受体验。

本教材的主编为王先达(福建幼儿师范高等专科学校教授，福建省学前教育专业带头人)，周艳霞(哈尔滨幼儿师范高等专科学校学前教育学院副院长、副教授)，陈冬梅(重庆幼儿师范高等专科学校副校长、教授)；副主编为徐灵芝(豫章师范学院教授)、孟丽美(运城幼儿师范高等专科学校)、蔡佳佳(福建幼儿师范高等专科学校)、曹林炎(保定幼儿师范高等专科学校)。其余参加编写和提供案例的人员有哈尔滨幼儿师范高等专科学校的肖向夷，重庆幼儿师范高等专科学校的谭江，豫章师范学院的胡凤平，保定幼儿师范高等专科学校的阮杰，徐州幼儿师范高等专科学校的于涛，内蒙古民族幼儿师范高等专科学校的敖敦格日乐，大庆师范学院的赵冠娇，贵阳幼儿师范高等专科学校的李晓芳，集美大学诚毅学院的王和平，福建幼儿师范高等专科学校附属幼儿园的林琼、何圣予、苏静。具体分工如下：第一单元，胡凤平、徐灵芝；第二单元，谭江、敖敦格日乐、肖向夷、陈冬梅；第三单元，周艳霞、王先达；第四单元，孟丽美；第五单元，蔡佳佳、王和平；第六单元，于涛；第七单元，赵冠娇、王先达；第八单元，李晓芳、肖向夷；第九单元，曹林炎、阮杰；第十单元，王先达、陈冬梅。林琼、何圣予、苏静提供了相关案例。本教材的整体设计、框架纲目拟订、修改、统稿工作由主编王先达负责，周艳霞、陈冬梅两位主编承担了书稿部分统筹、审校工作。本教材凝聚了编写组成员的辛勤耕耘与努力。编写内容难免有不足，在此敬请读者批评指正，不吝赐教，帮助我们改进。

本教材参考引用了国内外学者的一些著述和学前教育一线教师的实践案例。本教材的编写和出版得到了编写成员所在单位的大力支持和热情关心，在此一并表示感谢。中国学前教育研究会教师发展专委会高职高专分委会理事长、长沙师范学院原党委书记彭世华教授以及长沙师范学院党委委员、副校长皮军功教授对本教材的编写给予了亲切的关怀和真诚的指导与帮助，使我们深受感动与鼓舞。还要特别感谢北京师范大学出版社职业教育分社姚贵平社长为本书的出版给予的帮助。

王先达

2023 年 7 月

目　　录

上篇　什么是学前教育

中篇　如何实施学前教育

下篇　怎样更好地实施学前教育

上　篇

什么是学前教育

第一单元

学前教育的基本概念与关系

思维导图

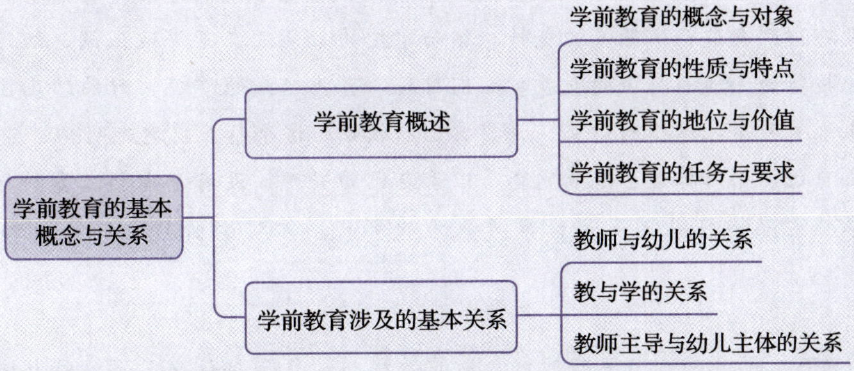

学习目标

1. 认识我国学前教育的性质、特点与地位。
2. 了解我国学前教育的任务与要求。
3. 理解学前教育中教与学的关系。
4. 感受学前教育对于儿童的重要意义，认同实施学前教育的重要价值。

第一讲

学前教育概述

头脑风暴

小丽是个学前教育专业的大学生，个性活泼，喜欢孩子的单纯和孩子遇事乐于探究的态度。因此，她喜欢幼儿园教师这份工作，当初选择幼儿师范学院就是因为自己喜欢。但是一直以来，她都没有得到身边亲戚朋友的支持。然而学校的教师又在不停地强调，幼儿园教师是需要专业的知识技能的。随着社会的发展，人们对科学育儿越来越重视，好的幼儿园和优秀的幼儿园教师是未来家长争相选择的对象。只要自己本领强，这个行业前途光明。

小丽觉得自己当初选择这个专业完全是出于自己的兴趣，没有考虑那么多利与弊，在学习的过程中越来越觉得学前教育不是长辈所认为的那样。你对小丽的看法认同吗？说说你的想法。

什么是学前教育、幼儿教育、早期教育？学前教育与幼儿园是什么关系？幼儿园工作具体包括什么？当幼儿园教师到底有没有前途？幼儿园教师的工作能被认可和得到保障吗？我们将在这一单元了解学前教育的概念与对象、性质与特点、地位与价值、任务与要求等相关知识。

一、学前教育的概念与对象

(一)学前教育的概念

教育是人类社会所特有的一种社会实践活动。教育随着人类的诞生而出现，教育与人类社会共始终。

“教育”可以说是我们生活中使用频率较高的词语之一。每个人的成长都离不开教育。如果我们离开了教育，就只能长大(生理上的成熟)，而不能成人(心理、个性的成熟与完善等)。

教育可以从广义和狭义角度进行定义。广义上的教育泛指能够影响人们思想品德、身体健康、知识技能的形成与发展的各种类型的活动，主要包括社会教育、家庭教育和学校教育。狭义上的教育是指教育机构的教育，是根据一定社会的要求和受教育者发展的需要，有目的、有计划、有组织地对受教育者的身心施加影响，使受教育者成为一定社会或阶级所需要的人。可以说，学校教育是一种专门的和规范的教育。由于学校教育具有独特结构和功能，因此其在近现代成为人类社会教育活动的核心部分，起着示范和主导作用。

学前教育是教育发展的一个分支，是指对从出生到学龄前这一阶段的儿童进行教育的现象与教育活动。

人们通常认为，3 岁前是儿童身心发展比较重要的时期。从出生到 3 岁为婴儿期，也称先学前期。狭义的早期教育指的就是 0～3 岁的教育。

学前教育也有广义和狭义之分。广义的学前教育泛指对0～6岁儿童实施的教育，包括学前社会教育和家庭教育、学前教育机构教育。学前社会教育指由社会设施或资助，实施或辅导的各种机构或组织。学前教育机构在我国以前以托儿所、幼儿园为主，目前以托育机构和幼儿园为主要形式。此外，学前教育机构还有家庭托儿站、游戏小组、咨询所等不同形式。

(二)学前教育的对象

学前教育是对0～6岁儿童实施的教育。学前教育阶段是一个人教育与发展的重要而特殊的阶段。学前教育学就是专门研究学前教育规律的科学。学前教育学的任务在于总结我国学前教育的经验，研究学前教育的基本理论，并引进国外学前教育的理论和实践，以探讨我国学前教育的规律及今后的发展趋势。

二、学前教育的性质与特点

(一)学前教育的性质

学前教育是我国社会主义教育事业的组成部分，是我国基础教育的重要组成部分，处于我国学校教育的基础阶段。长期以来，学前教育一直既是基础教育事业，又是一项社会公益性、福利性事业。

1. 基础性

教育是民族振兴的基石，是社会发展的基础。世界上各个国家都已认识到，教育的落后对国家的发展会产生阻碍，所以教育在各国均成为社会发展的一种基础性事业。学前教育是基础教育中的基础，是终身教育的开端，是国民教育体系的重要组成部分。对个体来说，学前教育能促进个体早期的全面健康发展；对国家来说，学前教育能提高义务教育的质量与效益，提升国民素质；对社会来说，学前教育能缩小城乡差距、促进教育和社会公平。这些均体现了学前教育的基础性。

2. 公益性

学前教育的公益性是指学前教育活动应当尊重社会全体成员的共同利益。《中华人民共和国教育法》明确规定："教育活动必须符合国家和社会公共利益。"坚持公益性是我国学前教育事业健康发展的基本要求。

(二)学前教育的特点

1. 非义务性

去学前教育机构接受学前教育是自愿的而不是被强迫的。家长完全可以根据自己和孩子各方面的情况，综合考虑是否送孩子去托儿所或者幼儿园，以及送孩子去怎样的幼儿园。儿童在学前教育机构的学习是自主和自由的。儿童因故未去学前教育机构，家长和教师不得进行强迫式课程补习。

2. 保教结合性

学前教育阶段是儿童生长发育十分迅速而旺盛的阶段，也是儿童身体各种器官、各个系统的机能还没有发育成熟和完善的阶段。从生理角度上看，儿童的骨骼还没有完成骨化，坚固性差，容易受损，容易变形；他们的肌肉柔嫩，力量弱，耐力性差，容易疲劳。从心理角度上看，由于儿童的年龄尚小，生活经验不够丰富，活动能力、自我控制能力、生活自理能力都比较弱，对成人的依赖性很强，需要和别人交往，建立起同伴关系，需要成人带领他们进入社会，逐步丰富经验。因此，儿童的教育要特别强调保育与教育相结合，一切教育活动都是在保育的前提下进行的。

3. 启蒙性

学前教育的启蒙性是指对儿童的教育要与他们的现实发展需要联系起来，要启于未发、适时而教、循序渐进，不损伤“幼嫩的芽”，并且要促使其茁壮成长。学前期是人生发展的早期，是人的生理发育、心智发展、个性萌芽的时期。在这一时期，儿童开始了初步的社会化历程。面对世界，他们好奇，并主动探索，展现自己内在的生命本质。这一时期的教育要为儿童今后的发展打下良好的根基，使他们的体力、智力、品德和情感都得到发展，为他们升入小学后较好地适应学习生活打好基础，为他们一生的发展打下基础。因而在学前教育时期，教育不以传授系统知识为主要目标。对于儿童来说，专门组织的教学活动具有启蒙性。儿童自由地游戏玩耍，甚至进餐、午睡、穿衣等都是结合他们的生活并通过一日活动来安排的。

4. 直接经验性

在学前教育阶段，由于儿童的认知水平较低、知识经验欠缺，他们认识事物主要是通过感官和动作的探索，通过与周围生活环境中的事物直接接触进行感知和操作获取直接经验。他们的思维方式主要是具体形象思维，他们只有通过感官和动作接触事物，感受它们，才会理解它们。因而学前教育具有直接经验性。学前教育中要注意为儿童提供丰富的实物材料和真实的生活情形，帮助他们获得直接经验。

三、学前教育的地位与价值

(一)学前教育的地位

从人出生到老年的终生教育过程中，学前教育是第一个阶段，属于启蒙阶段，是其他阶段教育的基础。人的发展既有阶段性，又是一个连续的过程。前一阶段教育是后一阶段教育的基础，后一阶段教育是前一阶段教育的继续。教育目的在各个阶段教育中是统一的，各阶段的教育都是按照事前确定的教育目的按一定的质量和规格去培养人的。

《幼儿园工作规程》明确指出，幼儿园教育是基础教育的重要组成部分，是学校教育制度的基础阶段。这就决定了它的基础性地位。

(二)学前教育的价值

1. 对个体发展的价值

学前教育对促进儿童的社会性、人格品质和认知发展有重要作用。学前教育阶段是个体社会化的起始阶段和关键阶段，是个体人格品质发展的基础阶段。社会性与人格品质是影响个体发展的核心要素。儿童在后天环境与教育的影响下，在与周围人的相互作用过程中，逐渐发展着最初也是基本的对人、事、物的情感、态度，奠定了个体行为、人格发展的基础。

2. 对社会发展的价值

学前教育对于整个教育事业的发展、家庭的幸福和社会的稳定与进步具有重要的价值。学前教育作为我国学制的第一阶段、基础教育的有机组成部分，必然对我国教育事业的整体发展，尤其是对基础教育的发展具有重要的作用与影响。儿童能否健康地成长和发展已成为决定家庭生活是否和谐幸福、影响家庭生活质量的一个关键性因素。家庭又是社会的基本单位，每一个儿童都连接着一个或几个家庭。因此学前教育牵动了全社会，在许多国家成为政府关心国民的窗口。

四、学前教育的任务与要求 ●●●

学前教育的任务与要求是学前教育目标向操作性方向的转化，是学前教育目标在实践层面具体要求的体现。在我国，学前教育具有为儿童和家长服务的双重任务，其根本任务是为儿童一生的发展打好基础。

《幼儿园工作规程》明确指出，幼儿园的任务是贯彻国家教育方针，按照保育与教育相结合的原则，遵循幼儿身心发展特点和规律，实施全面发展的教育，促进幼儿身心和谐发展。幼儿园同时面向幼儿家长提供科学育儿指导。

(一)促进幼儿身心全面和谐发展

在促进幼儿身心和谐发展方面，《幼儿园工作规程》做出了具体规定。

> 促进幼儿身体正常发育和机能的协调发展，增强体质，促进心理健康，培养良好的生活习惯、卫生习惯和参加体育活动的兴趣。
>
> 发展幼儿智力，培养正确运用感官和运用语言交往的基本能力，增进对环境的认识，培养有益的兴趣和求知欲望，培养初步的动手探究能力。
>
> 萌发幼儿爱祖国、爱家乡、爱集体、爱劳动、爱科学的情感，培养诚实、自信、友爱、勇敢、勤学、好问、爱护公物、克服困难、讲礼貌、守纪律等良好的品德行为和习惯，以及活泼开朗的性格。
>
> 培养幼儿初步感受美和表现美的情趣和能力。

特别需要提出的是，幼儿园的各育目标是和谐统一的，旨在促进幼儿在德、智、体、美、劳五个方面全面和谐发展。这既反映了时代要求的未来建设者和接班人应具有的素质结构，也反映了幼儿身心发展特点的内在要求。幼儿各方面的发展是一个有机的整体。这要求教师既不能偏重也不能偏废某一方面，才能促进幼儿整体的协调发展，为幼儿一生的发展打下良好的基础，为国民素质全面提高打下良好的基础。

(二)为幼儿家长提供科学育儿指导

在我国，学前教育是一项社会公益事业，学前教育的发展水平关系广大人民群众的根本利益。学前教育机构不仅是一个教育机构，也是一个社会服务机构。根据《幼儿园工作规程》的规定，幼儿园负有为在园的幼儿家长服务的任务。即在促进幼儿身心发展的同时，要为幼儿的家长提供科学育儿指导。

家长一方面急切地送孩子入园，希望幼儿园能给予孩子理想的教育，另一方面也盼望从幼儿园方面学到科学育儿的知识，以便孩子在园里、在家里都能得到全面发展的教育。因此，当今的幼儿园在为家长服务方面，已经不只是为了家长安心工作、在生活方面为家长解除后顾之忧，更是肩负起指导家长学习科学育儿知识、共同提高育儿水平的任务。

本讲要点

本讲明确了我国学前教育的社会主义性质。学前教育是我国社会主义教育事业的组成部分，是我国基础教育的重要组成部分，处于我国学校教育与终身教育的奠基阶段。学前教育因其特殊的阶段性，具有非义务性、保教结合性、启蒙性和直接经验性。学前教育必须根据其自身特点，为我国社会主义事业培养建设者和接班人打好基础。其根本任务是实施德、智、体、美、劳全面发展的教育，促进幼儿身心和谐发展，为幼儿一生的发展打下良好基础，为国民素质全面提高打下良好基础。

学以致用

随机找一些有孩子正在上幼儿园的家长，调查他们对学前教育的看法，看看年轻一辈与老一辈对学前教育是否重要的看法有什么差别。

模拟练习

一、单选题

1. 幼儿园是对(　　)周岁儿童进行教育的专门机构。

A. 0～3　　B. 0～6　　C. 3～6　　D. 6

2. 关于我国幼儿园教育的描述，不正确的是(　　)。

A. 基础教育　　B. 启蒙教育　　C. 义务教育　　D. 实施全面发展的教育

3. 幼儿园教育的中心任务是(　　)。

A. 促进幼儿健康成长　　B. 确保幼儿身体健康

C. 全面促进幼儿素质发展　　D. 使幼儿获得一定的知识和技能

4. 幼儿园的双重任务是指幼儿园除了要为幼儿实施保育和教育外，还要(　　)。

A. 对幼儿开展心理健康教育　　B. 为家长工作提供便利

C. 为进入小学教育打下基础　　D. 面向家长提供科学育儿指导

二、填空题

1. 幼儿园教育是(　　)的重要组成部分，是我国学校教育和终身教育的奠基阶段。

2. (　　)的中心任务是促进幼儿健康成长。

3. 幼儿园的双重任务是指(　　)。

三、简答题

1. 简述学前教育的性质。

2. 简述学前教育的特点。

模拟练习答案

第一讲　学前教育概述

第二讲

学前教育涉及的基本关系

头脑风暴

午睡起床时，孩子们正在穿衣服。活动室中传来了浩浩惊喜的声音："肥皂？今天我们吃肥皂？"

孩子们欢快地叫着："吃肥皂，今天我们吃肥皂！"航航和欣欣跑过来告诉我，语气中流露出一丝神秘："老师，今天的点心是肥皂。"

真的吃肥皂？我走到活动室一看，今天的点心是橘黄色的年糕，乍一看还真像彩色肥皂呢。我拿起一块年糕自言自语："真奇怪，今天居然请我们吃肥皂！"同时我故意露出惊喜和疑惑。孩子们窃窃私语："老师真的以为是肥皂！"我提了个问题："看，这肥皂还像什么？"孩子们说"像电脑中的键盘""像个小枕头""像一张桌子""像一块毛巾"……

我说："你们要是吃肥皂，可别边吃边吐泡泡啊！"孩子们被我的话逗乐了。动动说："我听过一个故事。小蜗牛吃了一块草莓形肥皂后，从嘴里吐出许多肥皂泡。泡泡还带着小蜗牛飞上天了呢。"我紧锁眉头说："对啊，吃了肥皂会吐出泡泡。要是你们边吃肥皂边吐泡泡飞上了天，我可怎么办？"孩子们大笑道："我们要是飞上天了，老师就抓不住我们了。"

我更愁了，问道："那可糟了，中五班25位小朋友都吐着肥皂泡在天上飞，可老师只有一个。我怎么才能抓住你们呢？"哲哲说："老师别怕，你坐上直升机到天空去抓我们，把我们一个个抓回来！"我连连点头说："这个主意好！"文文说："老师，你拿一张渔网撒向天空，把我们都网住，带回来。"我赶紧拍手说："这个办法不错，叫'一网打尽'。"航航说："老师，你拿一根长绳子抛到天空中，让我们抓住绳子，然后把我们一个个拉下来。"我竖起大拇指称赞道："这是个妙计，只是老师要花很大的力气。"添添说："我的办法是让老师坐上热气球，飞到天空中把我们抓回来。"孩子们想着各种办法。我把年糕分给孩子们。他们吃得津津有味，似乎在期待着有肥皂泡把他们带到天空中去。吃完点心后，我和孩子们一起到户外玩起了"飞飞抓抓"的游戏。孩子们乘着肥皂泡在天空中"飞舞"，我则想尽办法去抓他们……

结合这个案例①，说说在教师与幼儿的互动中他们之间是什么样的关系？教师是如何抓住一日生活的契机来引导幼儿发展的呢？

学前教育的过程主要是在教师与幼儿间展开的。教师与幼儿的相互关系直接关系着学前教育的质量，影响着幼儿的发展。学前教育涉及的基本关系主要有教师与幼儿的关系、教与学的关系、教师主导与幼儿主体的关系。

---

① 周玲美：《随机教育中师幼互动案例分析》，载《幼儿教育》，2015(10)。

一、教师与幼儿的关系 •••

(一)平等的社会成员关系

作为社会的基本成员，幼儿和教师之间的关系是平等的社会成员关系。幼儿是独立的、发展中的个体，是与成人平等的个体；社会应当保障他们的生存和发展，应当尊重他们的人格尊严和权利，尊重他们的发展特点和规律，尊重他们的能力和个性。这种平等的社会成员关系是学前教育机构所有人际关系中首要且基本的关系，是幼儿和教师之间关系的基础。因此，把幼儿仅仅视为纯粹的受教育对象，看不到他首先是一个“人”，显然是错误的。正因如此，教育中严禁体罚幼儿，不准侮辱幼儿的人格，要求建立民主、平等的师幼关系，反对专制的教师中心的师幼关系。

(二)教育者与受教育者的关系

从教育活动的基本过程来看，教师和幼儿是教育者与受教育者之间的关系。教师是幼儿生存、发展、学习等权利主要的维护者，幼儿则是被保护者。教师作为成熟的社会成员，是代表国家意志的教育者；幼儿是身心均不成熟的、正在发展中的社会成员，是受教育者。在这个意义上，教师和幼儿又不可能是完全平等的。不认识到这一点会导致教师的失职，导致教育上的放任自流。

上述教师与幼儿关系的两个方面是对立统一的。前一个方面要求教师尊重幼儿，后一个方面则要求教师要义不容辞地担负起关心、教育幼儿的责任。只有尊重幼儿的教育才是真正的培养“人”的教育；而一旦离开了对幼儿的教育和保护，尊重幼儿又会成为一句空话。因此，将这两个方面加以恰当地统合，是建立良好的教师与幼儿关系的关键。

二、教与学的关系 •••

(一)教与学不是“给”与“收”的过程

在传统的教学过程中，教师承担教的任务，儿童扮演学习者的角色，教学就是教师对儿童进行单向传递的“培养”活动。它表现为以下两方面。一是以教师的教为中心，儿童的“学”围绕教师的“教”转。教师是知识的占有者和传授者，教师是教学过程的主宰者，所谓教学就是教师将自己拥有的知识传授给儿童。教学关系成为“我给予，你接收”。在这样的课堂上，教学双边活动变成了单边活动，教代替了学。儿童是被动地被教会，而不是自己主动地学会，更不用说自主探究了。二是以教为基础，先教后学。教师支配、控制儿童的学，“学”无条件地服从于“教”，教学由共同体变成了单一体，“学”的独立品格丧失了，“教”也走向了其反面，最终成为遏制学的“力量”。教师越教，儿童越不会学、越不爱学。总之，传统教学只是教与学两方面的机械叠加。

(二)教与学是交往、互动的过程

教与学是交往、互动的过程，教师与儿童相互交流、相互沟通、相互启发。在这个过程中，教师与儿童分享彼此的知识、经验和思考，交流彼此的体验、情感与观念，丰富活动内容，从而达成共识、共享、共进，通过教学实现共同发展。教师与儿童交往的属性，使教学过程中的教师与儿童形成一个真正的学习共同体。在这个共同体当中，教师不仅承担指导的角色，而且也通过对话获得启发；儿童在被指导的同时，也在影响教师及其他同伴。对教学而言，交往意味着人人参与的合作性意义建构。它不仅是一种认识活动的过程，还是一种人与人之间平等的精神交流。对儿童来说，交往意味着主体性的凸显、个性的表现、创造性的解放。对教师来说，交往意味着开展活动不仅要传授知识，还要一起分享理解、促进学习；活动不是单向的付出，而是生命活动、专业成长和自我实现的过程。交往还意味着教师角色定位的转换：教师由教学中的主角转向“平等中的首席”，转向儿童发展的促进者。

苏联教育家巴班斯基用相互联系的观点进行了教学关系分析，指出：只有在师生积极的相互作用下，才能产生作为一个完整现象的教学过程。割裂教与学的联系就会破坏这一过程的完整性，使其丧失存在的基本特征和条件。因此，在教学过程中，只有把教与学有机结合起来，真正发挥教师为主导与幼儿为主体的作用，才能打造高效的教学互动。

三、教师主导与幼儿主体的关系 ●●●

我们在学前教育机构开展活动的过程中，既强调教师的主导作用，也注重幼儿的主体作用。要发挥幼儿的主体作用，一定不能离开教师的主导作用。

（一）教师要正确认识和发挥其主导作用

教师对主导作用的含义理解不同，在活动中采用的方式方法也会不同，所取得的活动效果也一定不同。究竟教师主导作用的实质是什么？我国教育家叶圣陶先生做了精辟的论述：所谓教师的主导作用，还在于引导启迪，使学生自奋其力，自致其知。可见教师主导作用的实质在于启迪，在于教会幼儿学习、引导幼儿探究。学前教育机构的活动应该成为教师与幼儿互动交流的双向活动。活动过程中更不能单纯以获得知识为目的，而应该积极倡导自主、合作、探究的学习方式。这就需要教师从知识的传授者转变为自主发现的引导者，从活动的主宰者转变为活动的指导者、参与者，从活动的组织者转变为幼儿学习活动的支持者与促进者。① 具体来说，教师的主导作用体现在以下几方面。

一要以关怀、接纳、尊重的态度与幼儿交往。耐心倾听，努力理解幼儿的想法与感受，支持、鼓励他们大胆探索与表达。

二要善于发现幼儿感兴趣的事物、游戏和偶发事件中所隐含的教育价值，把握时机，积极引导。

三要关注幼儿在活动中的表现和反应，敏感地察觉他们的需要，及时以适当的方式应答，形成合作探究式的互动。

四要尊重幼儿在发展水平、能力、经验、学习方式等方面的个体差异，因人施教，努力使每一个幼儿都能获得满足和成功。

五要关注幼儿的特殊需要，包括各种发展潜能和不同发展障碍，与家庭密切配合，共同促进幼儿健康成长。

（二）教师要充分体现和发挥儿童的主体作用

教师只有树立科学的儿童观，在活动过程中建立平等的关系，真正认可幼儿是学习、认知和发展的主体，才能为他们创设适宜的活动条件，把空间和时间留给幼儿去操作、去探究、去思考；引导他们在

① 周桐远：《谈教与学的关系》，载《新课程研究（教师教育）》，2012(2)。

相互交流中解决问题，在自我探究中拓展问题，才能从根本上激发他们的主体作用。幼儿的主体作用应在以下几个方面得到体现。

第一，幼儿有积极的活动兴趣与探究欲望。

第二，幼儿在教师的引导下，能自觉地、有目的地开展自己的探究活动。

第三，幼儿在活动过程中进行思考、合作探究。

第四，幼儿能对探究结果进行思考，并通过探究活动获得发展。

要想充分发挥幼儿的主体作用，教师还要注意以下几点：一要捕捉幼儿的活动兴趣点，善于观察幼儿；二要不断创设良好的环境培养幼儿的活动探究兴趣；三要成为幼儿学习活动中的支持者、合作者、引导者。

本讲要点

本讲从学前教育的过程出发，确定学前教育过程中三方面的基本关系。为保证学前教育任务的实现，教师在保育、教育过程中要树立正确的师幼观，正确处理好教与学的基本关系，处理好教师主导与幼儿主体的关系。

学以致用

请围绕学前教育的性质、任务、特点等设计一份调查问卷，以幼儿家长为调查对象，了解当前幼儿家长对学前教育的基本认识情况。

模拟练习

材料分析题

“大问号”的教学活动片段

师：我们先来念一遍儿歌。（师幼一起念儿歌《大问号》。）

弯弯月，树梢挂，好像一个大问号。

螃蟹为什么会吐泡？

孔雀为什么会开屏？

……

师：好，现在我们来看一下，哪些问题能解决？哪些问题不能解决？

幼：我知道长颈鹿的脖子为什么这么长，因为它要吃树叶。

师：那大熊猫要吃竹子，脖子为什么不长呢？你的回答不够准确。

幼：熊猫不用吃上面的叶子。

师：书上是这样说的。长颈鹿的祖先生活在没有草的环境里，它们为了生存，只好努力伸长脖子吃树叶。这样脖子慢慢就变长了。

幼：长颈鹿的脖子原来很短吗？

师（有些不耐烦）：长颈鹿的脖子原来是长的还是短的，我也不清楚，你们回家查一下。

……

根据案例分析师幼关系以及教与学的关系。

模拟练习答案

第二讲　学前教育涉及的基本关系

考点分析

本单元的教师资格考试要求为：了解我国学前教育的性质与特点、任务与要求。

拓展阅读

1. 教育部，《幼儿园工作规程》，2016。
2. 教育部，《幼儿园教育指导纲要(试行)》，2001。
3. 教育部，《3－6 岁儿童学习与发展指南》，2012。

第二单元

学前教育的基础与基本要素

思维导图

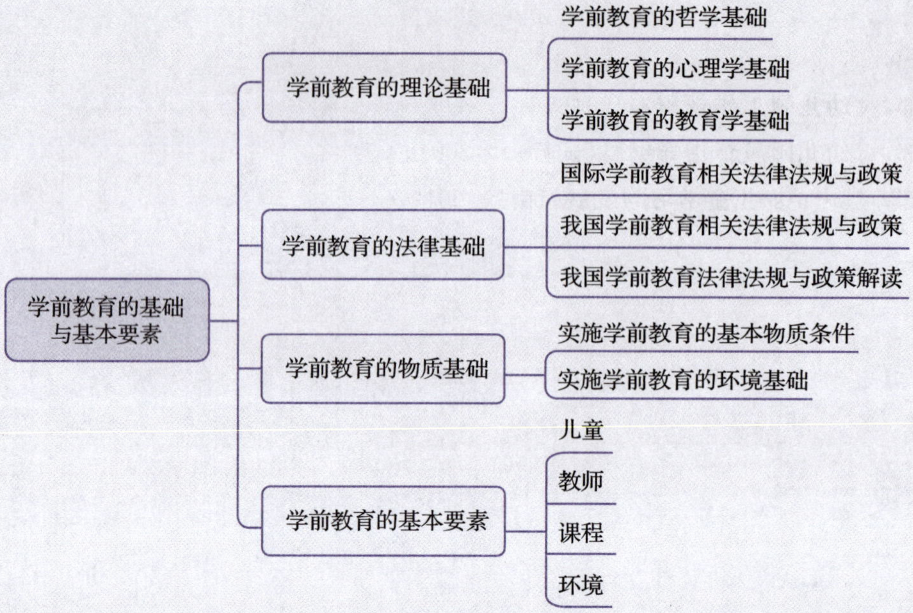

学习目标

1. 理解和尊重儿童，树立正确的学前教育观、法治观等，对学前教育的基础和基本要素有正确的认识。

2. 了解学前教育的理论基础、法律基础、物质基础与基本要素的主要内容。

3. 能初步结合学前教育的基础及学前教育的基本要素，分析和解决学前教育的现实问题。

第一讲

学前教育的理论基础

头脑风暴

要想未来成为一名优秀的教师，就要在大学期间多读书。除了学前教育专业的一些书籍外，还要多读一些哲学、历史、心理学、艺术甚至医学等不同领域的图书。请你从大学生的综合素养培养以及作为一名幼儿园教师的角度，分析幼儿园教师为什么要学这些方面的知识。

学前教育的理论基础主要包括哲学基础、心理学基础以及教育学基础三个方面。

一、学前教育的哲学基础

学前教育的基本问题是如何培养儿童、培养什么样的儿童、用什么培养儿童等问题。这些问题都是围绕“人”来展开讨论的。因此，可以说学前教育的基本问题归根结底都是哲学问题。

学前教育最早就是孕育于哲学之中的。在教育史上，我们可以清晰地发现，许多教育家同时也是哲学家，如苏格拉底、柏拉图等。

哲学一词在西方的语境里是“爱智慧”的意思。目前，对哲学的研究主要集中在三个领域，即形而上学、认识论和价值论。形而上学探究的是世界本质的问题，如“什么是真实?”“什么是存在?”“人类生存的意义是什么?”“我们是谁?”等。认识论所聚焦的是知识的本质及其获得方式，它的基本问题有“什么是知识?”“我们如何获得知识?”“人是如何认识事物的?”“我们应该怎样教知识?”等。价值论关注人们的价值观的倾向性问题，如“什么是价值?”“什么最有价值?”“追求谁的价值?”等。对于这些问题的回答都会直接影响人们的观念与行为。

学前教育工作者要想在日常工作中科学地进行教育实践，就需要哲学的帮助——分析思想的过程和观念的性质，理解人类所使用的语言文字、批判文化和社会传统，探析上述因素对教育实践产生何种影响。从学前教育工作者的教育实践来看，哲学应该是一种专业的工具。哲学能够帮助学前教育工作者更加清晰地认识周围的事物。哲学就是一种思考问题的框架，可以为学前教育工作的组织、实施提供一种新的视角，以帮助“回答问题”“完成任务”与“决策行事”等。哲学帮助人们解决学前教育问题，如“幼儿园为什么存在”“什么样的经验对儿童是有价值的”“儿童是如何学习的”等。

哲学问题一直是学前教育的中心议题。事实上，人们所拥护和信奉的哲学思想的确在深刻地影响着学前教育的方方面面，如学前教育的性质、任务、目标等。

二、学前教育的心理学基础

毫无疑问，心理学成为学前教育的基础是必然的。因为心理学为理解儿童学习的过程提供了基础。实施教育的前提是了解教育对象，只有当了解了儿童的认知水平和学习模式之后，才能够真正凸显教育的价值。

在学前教育领域，人们总是被一些问题困扰：儿童是如何学习的？为何儿童会对教师的努力做出回应？儿童的经验对儿童的成长有何影响？适合儿童学习的经验是什么？如何帮助儿童有效地获取经验？等等。

这一系列问题都指向儿童心理发展范畴。人的发展包括生理发展和心理发展两个方面。生理发展也叫生物因素的发展，是人类个体的生理结构与机能及其本能的变化。个体的生理发展过程是一种既定的内在发展过程，即个体按照生物本体内在发展规律自然成熟、成长的过程。心理发展是个体在整个生命历程中所发生的一系列积极的心理变化。这些变化包括人的情绪、意志以及认知等方面的发展。心理发展建立在生理发展的基础上，并且在很大程度上受到个体生长环境的影响。所以，人的心理发展并不是一个自在的过程，因为受到诸多因素的影响，具备较大的可塑性。

以心理学为学前教育的理论基础，最早可以追溯到亚里士多德。但真正把学前教育建立在心理学基础上的是赫尔巴特。他基于实践哲学(伦理学)和心理学基础，建立了一个严密而完整的教育体系，使教育学成为一门独立的学科。近几年来，作为学前教育的理论基础，比较突出的是行为主义心理学、认知心理学以及多元智能理论。

行为主义心理学的创始人是美国的心理学家华生，代表人物有桑代克、斯金纳、班杜拉等。行为主义心理学突出心理学研究对象和方法的客观性、开放性和操作性，主张以客观的方法研究人类的行为。他们认为个体所有行为的产生和改变都是刺激与反应之间的联结，学习是由经验引起的行为相对持久的变化，其实质就是刺激与反应之间关系的联结。

认知心理学起始于20世纪50年代中期，是西方心理学的重要流派。认知心理学主要研究的是人的高级心理过程，关注人的注意、感知觉、记忆、想象、思维、语言等方面的发展与变化。现代认知心理学的主流代表是信息加工学派。该学派将人的认知过程看作一个信息加工的系统。在该系统中，人的认知过程包括感觉输入的变换、简约、加工、存储和使用的全过程。根据这种观点，人类的认知可以划分为多个阶段，每个阶段是一个对输入的信息进行某些特定操作的单元，而反应则是这一系列阶段和操作的产物。信息加工系统的各个组成部分之间都以某种方式相互联系着。

哈佛大学心理学家加德纳认为，我们每个人都拥有八种主要智能：语言智能、逻辑—数理智能、空间智能、运动智能、音乐智能、人际交往智能、内省智能、自然观察智能。在这八种智能上，每个人都具有优势智能与劣势智能，所以人们存在学习能力上的差异。

三、学前教育的教育学基础 ●●●

各级各类教育包含学前教育、初等教育、中等教育、高等教育和特殊教育等。教育学是以教育现象、教育问题为研究对象，归纳总结人类教育活动的科学理论与实践，探索解决教育活动产生、发展过程中遇到的实际教育问题，从而揭示出一般教育规律的一门社会科学。可见，教育学是教育科学体系中的一门基础学科，其基本原理是教育科学体系中各分支学科的理论基础。

教育学的基本原理是多方面的，而对学前教育影响较大的主要是教育本质论、教育功能论、教育目的论。

(一)教育本质论

教育的发展与社会的发展息息相关，教育与社会政治、经济、生产力的发展相互制约。社会经济发展制约着教育发展的规模和速度，教育通过培养人才促进社会经济发展；社会生产力制约着教育的发展水平，教育通过生产科学技术提高社会生产力。可见，教育的发展与社会的发展是辩证统一的关系。教育本质论揭示了教育与社会的辩证关系，以此为基础，可以确定学前教育的发展方向。学前教育必须牢牢把握住与社会的血肉关系，才能保证自身的健康发展。

(二)教育功能论

教育功能论强调的是教育者与学习者之间的关系。学习者的发展受到多方面的影响，正向的教育有助于促进学习者的健康发展。教育功能论使我们认识到学前教育对于儿童发展具有重要的价值，而实现这种价值就必须考虑到儿童的身心发展规律。首先，根据儿童身心发展的顺序性与阶段性，学前教育必须循序渐进，切忌拔苗助长；其次，根据儿童身心发展的不均衡性，学前教育要把握住关键期的重要时机，使教育效果事半功倍；最后，根据儿童身心发展的个体差异性，学前教育要因材施教，促进儿童的个性化发展。

(三)教育目的论

人类的大部分活动都是有目的、有意识的，教育也不例外。教育目的规定了培养人的质量和规格。它是教育的起点与归宿，对教育工作具有巨大的指导意义。目前，教育目的的价值取向存在这样两种：个人本位(主张教育应该关注人的价值，尊重人身心发展的规律，符合人的兴趣、需要与爱好)与社会本位(主张教育应该为国家服务，把受教育者培养成合格的社会公民，从而促进社会的发展)。这两种教育目的的价值取向都有各自的特点，但都有不足之处。教育不是单纯地促进个人发展或社会发展。教育具有促进个人发展和社会发展的双重功能，因此必须将教育的个人取向与教育的社会取向统一起来。我国的教育目的以马克思主义关于人的全面发展学说为理论依据，以我国社会主义现代化建设为客观依据，是个人价值与社会价值的有机统一。因此，我国的教育目的是将受教育者培养为社会主义现代化事业的建设者和接班人。

本讲要点

本讲涉及的是学前教育的基础相关内容。学前教育的理论基础包括学前教育的哲学基础、心理学基础和教育学基础。学前教育的基本问题是如何培养儿童、培养什么样的儿童、用什么培养儿童。真正把学前教育建立在心理学基础上的是赫尔巴特。美国哈佛大学心理学家加德纳提出了多元智能的观点，他认为我们每个人都拥有八种主要智能：语言智能、逻辑—数理智能、空间智能、运动智能、音乐智能、人际交往智能、内省智能、自然观察智能。教育的发展与社会的发展息息相关，教育与社会政治、经济、生产力的发展相互制约。

学以致用

结合本讲内容，查找和阅读一些教育专著，看看教育目的的两种价值取向个人本位与社会本位的代表人物有谁，请说说他们的主要观点。

模拟练习

单选题

1. 教育功能论的代表人物有(　　)。

A. 洛克　　B. 华生　　C. 格塞尔　　D. 康德

2. 学前教育作用于政治的主要途径是(　　)。

A. 普及教育　　B. 培养人才　　C. 制造舆论　　D. 教育立法

3. 下列说法正确的是(　　)。

A. 经济发展水平决定学前教育的性质

B. 人口的数量、质量、布局决定着学前教育的目的

C. 文化影响学前教育的价值取向

D. 政治制度决定了学前教育发展的规模和速度

4. “如果孩子生活在批评中，他就学会了谴责；生活在敌意中，就学会了争斗；生活在鼓励中，就学会了自信……”这段话强调影响人发展的重要因素是(　　)。

A. 遗传素质　　B. 环境　　C. 兴趣与需要　　D. 心理内部矛盾

5. 学前教育的理论基础不包括(　　)。

A. 哲学基础　　B. 心理学基础　　C. 教育学基础　　D. 经济学基础

模拟练习答案

第一讲　学前教育的理论基础

第二讲

学前教育的法律基础

头脑风暴

小薇上幼儿园大班了，幼儿园教师非常重视游戏活动。可是小薇的家长担心幼儿园这样的教育无助于孩子今后的小学成绩，要求幼儿园教师提前教授幼儿小学知识。小薇的家长直接对园长说，如果幼儿园不教拼音、写字、算术，就送小薇去其他提前教授小学知识的幼儿园了。你如何看待这个问题？

这个案例涉及幼儿园的教育教学内容、幼小衔接、家园合作等一系列政策法规内容。本讲主要介绍国内外学前教育相关政策与法规，并挑选重点内容进行详细解析。

学前教育的法律基础的意义在于：第一，它是高校学前教育专业的必修内容；第二，它是教师专业发展培训的内容；第三，它是各级教育行政部门建设师资队伍的基本依据。我们从相关官网下载并节选相关内容，作为相对独立又完整的学前教育专业学习材料，以解决学前教育专业师生烦琐地收集资料和解读政策的问题。

一、国际学前教育相关法律法规与政策

这里我们介绍国际上公认的《儿童权利公约》(简称《公约》)，英文名为 *Convention on the Rights of the Child*。1989 年 11 月 20 日，联合国大会正式通过《公约》。它是第一部有关保障儿童权利且具有法律约束力的国际性约定，于 1990 年 9 月 2 日在世界范围内生效。《公约》是获得广泛认可的人权条约，截至 2015 年 10 月，有 196 个缔约国。《公约》共 54 条内容，相关内容可在联合国儿童基金会官网查到。

二、我国学前教育相关法律法规与政策

我们先了解我国学前教育相关法律与政策的发布平台，以便今后自学之用。

一是教育部平台。教育部是我国国务院主管教育事业和语言文字工作的国务院组成部门。中国联合国教科文组织全国委员会秘书处也设在其中。另外，教育部还直接管理 15 个教育类社会团体和组织。教育部的主要职责包括研究拟定教育工作的方针、政策；起草有关教育的法律、法规草案。学前教育相关法律与政策等多数在我国教育部网站上公布原文。我们可以上网进入平台进行学习。

二是其他平台。教育是一门综合性学科，常与其他学科相互联系，所以研究和管理部门相应地也是交叉和协作的。有很多学前教育相关法律和政策是教育部与其他部门一同完成并发布的。以下分类介绍普通教育法律法规中的学前教育内容和学前教育专门法律法规与政策。

(一)普通教育法律法规中的学前教育内容

普通教育法律法规是面向包括幼儿园教师在内的全体教师的总体要求。其中有专门针对学前教

育的内容。

1.《中华人民共和国教师法》

《中华人民共和国教师法》(简称《教师法》)，于1993年10月31日公布，1994年1月1日起实施，是我国第一个专门针对教师的法律。《教师法》全文包括九章内容：总则、权利和义务、资格和任用、培养和培训、考核、待遇、奖励、法律责任、附则。下面对一些内容进行重点解读。需要指出的是，2021年11月，国家发布了《中华人民共和国教师法(修订草案)(征求意见稿)》。由于正式的法律修改版本还没公布，修订草案内容先不收录，下文介绍的是2009年的修正版本。

第三条　教师是履行教育教学职责的专业人员，承担教书育人，培养社会主义事业建设者和接班人、提高民族素质的使命。教师应当忠诚于人民的教育事业。

学习要点：需要识记教师的概念和职责、使命。

第六条　每年九月十日为教师节。

学习要点：“九月十日是教师节”被写入《中华人民共和国教师法》。

第七条　教师享有下列权利：

(一)进行教育教学活动，开展教育教学改革和实验；

(二)从事科学研究、学术交流，参加专业的学术团体，在学术活动中充分发表意见；

(三)指导学生的学习和发展，评定学生的品行和学业成绩；

(四)按时获取工资报酬，享受国家规定的福利待遇以及寒暑假期的带薪休假；

(五)对学校教育教学、管理工作和教育行政部门的工作提出意见和建议，通过教职工代表大会或者其他形式，参与学校的民主管理；

(六)参加进修或者其他方式的培训。

第八条　教师应当履行下列义务：

(一)遵守宪法、法律和职业道德，为人师表；

(二)贯彻国家的教育方针，遵守规章制度，执行学校的教学计划，履行教师聘约，完成教育教学工作任务；

(三)对学生进行宪法所确定的基本原则的教育和爱国主义、民族团结的教育，法制教育以及思想品德、文化、科学技术教育，组织、带领学生开展有益的社会活动；

(四)关心、爱护全体学生，尊重学生人格，促进学生在品德、智力、体质等方面全面发展；

(五)制止有害于学生的行为或者其他侵犯学生合法权益的行为，批评和抵制有害于学生健康成长的现象；

(六)不断提高思想政治觉悟和教育教学业务水平。

学习要点：需要识记、理解和践行教师的权利与义务。

第四十条　本法下列用语的含义是：

(一)各级各类学校，是指实施学前教育、普通初等教育、普通中等教育、职业教育、普通高等教育以及特殊教育、成人教育的学校。

(二)其他教育机构，是指少年宫以及地方教研室、电化教育机构等。

(三)中小学教师，是指幼儿园、特殊教育机构、普通中小学、成人初等中等教育机构、职业中学以及其他教育机构的教师。

第四十三条　本法自 1994 年 1 月 1 日起施行。

学习要点：颁布和开始实施日期、适用范围都需要识记。

2.《中华人民共和国教育法》

《中华人民共和国教育法》（简称《教育法》），于 1995 年 9 月 1 日起实施，于 2009 年、2015 年和 2021 年三次修正，是我国教育工作的根本大法，是依法执教的根本大法，也被称为我国教育的母法。《教育法》全文包括十章内容：总则、教育基本制度、学校及其他教育机构、教师和其他教育工作者、受教育者、教育与社会、教育投入与条件保障、教育对外交流与合作、法律责任、附则。

与学前教育直接相关的条目有：第十七条指出："国家实行学前教育、初等教育、中等教育、高等教育的学校教育制度。"第十八条指出："国家制定学前教育标准，加快普及学前教育，构建覆盖城乡，特别是农村的学前教育公共服务体系。""各级人民政府应当采取措施，为适龄儿童接受学前教育提供条件和支持。"《教育法》具体内容可到教育部网站查阅。

3.《中华人民共和国教师资格条例》

《中华人民共和国教师资格条例》（简称《教师资格条例》）于 1995 年 12 月 12 日起实施。《教师资格条例》全文包括七章内容：总则、教师资格分类与适用、教师资格条件、教师资格考试、教师资格认定、罚则、附则。该条例与学前教育直接相关的条目较多，主要涉及幼儿园教师相关内容，但并未提出针对性的条目。《教师资格条例》具体内容可到教育部网站查阅。

4.《中华人民共和国未成年人保护法》

《中华人民共和国未成年人保护法》最新修订版于 2021 年 6 月 1 日起施行。该法全文包括九章内容：总则、家庭保护、学校保护、社会保护、网络保护、政府保护、司法保护、法律责任、附则。该法没有对学前教育这一阶段提出专门、特殊的要求。在众多教育法律法规当中，相对来说，该法是很重要的，因为幼儿园教师面对的就是未成年人，而且是年龄更小的儿童。该法在幼儿园教师资格证考试以及各省开展的幼儿园新教师招聘考试当中是很重要的考试内容。

学习要点：考试的重点内容主要是学校保护和司法保护相关内容。重点理解并识记关键词。

5.《教师教育课程标准（试行）》

《教师教育课程标准（试行）》是由教育部颁布的，于 2011 年起实施。《教师教育课程标准（试行）》体现了国家对教师教育机构设置教师教育课程的基本要求，是制定教师教育课程方案、开发教材与课程资源、开展教学与评价以及认定教师资格的重要依据。教师教育课程的基本理念为：育人为本、实践取向、终身学习。教师教育课程广义上包括教师教育机构为培养和培训幼儿园、小学和中学教师所开设的公共基础课程、学科专业课程和教育类课程。学前教育专业的学生有必要了解教师教育课程标准，重点了解幼儿园职前教师教育课程。

教师教育课程标准（试行）

幼儿园职前教师教育课程要帮助未来教师充分认识幼儿阶段的特性和价值，理解"保教结合"的重要性，学会按幼儿的成长特点进行科学的保育和教育；理解幼儿的认知特点和学习方式，学会把教育寓于幼儿的生活和游戏中，创设适宜的教育环境，保护与发展幼儿探究、创造的兴趣，让幼儿在愉快的幼儿园生活中健康地成长。

幼儿园职前教师教育课程的目标领域分为三个维度：教育信念与责任、教育知识与能力、教育实践与体验。教育信念与责任目标领域包括三个目标：具有正确的儿童观和相应的行为；具有正确的教师观和相应的行为；具有正确的教育观和相应的行为。教育知识与能力目标领域包括三个目标：具有理解幼儿的知识和能力；具有教育幼儿的知识和能力；具有发展自我的知识和能力。教育实践与体验目标领域包括三个目标：具有观摩教育实践的经历与体验；具有参与教育实践的经历与体验；具有研究教育实践的经历与体验。每条目标下面都包括一些具体要求，可登录教育部网站查找阅读。

教师教育课程包括六个方面的模块课程：儿童发展与学习，幼儿教育基础，幼儿活动与指导，幼儿园与家庭、社会，职业道德与专业发展，教育实践。这些模块课程分别包括多门课程，还有见习与实习以及必修与选修之分。另外，教师教育课程还有最低学习课时的学分规定。

(二)我国学前教育专门法律法规与政策

学前教育事业不断发展和规范化，学前教育成为一门独立学科的标志之一就是有了一系列学前教育专门法律法规政策。接下来我们简略地罗列几个常用的学前教育专门法律法规与政策，为下一步解读奠定初步基础。

与学前教育相关的正式颁布的法律法规政策有：《托儿所、幼儿园卫生保健管理办法》《幼儿园管理条例》《幼儿园教育指导纲要(试行)》《国务院关于当前发展学前教育的若干意见》《幼儿园教师专业标准(试行)》《中小学和幼儿园教师资格考试标准(试行)》《3—6 岁儿童学习与发展指南》《幼儿园工作规程》《中共中央　国务院关于学前教育深化改革规范发展的若干意见》(简称《若干意见》)《学前教育专业认证标准》《中华人民共和国学前教育法(草案)》《学前教育专业师范生教师职业能力标准(试行)》等。

三、我国学前教育法律法规与政策解读 ●●●

在这里，我们重点介绍以下法律法规与政策的核心内容，并在内容后面注解其学习要点。

(一)《幼儿园管理条例》

经国务院批准，国家教育委员会于 1989 年 9 月 11 日发布《幼儿园管理条例》，于 1990 年 2 月 1 日起实施。《幼儿园管理条例》是新中国成立以来第一个正式的幼儿教育专门法规。《幼儿园管理条例》全文包括总则、举办幼儿园的基本条件和审批程序、幼儿园的保育和教育工作、幼儿园的行政事务、奖励与处罚、附则六章内容。该条例的颁布使我国幼儿园教育逐步走上依法治教轨道，推动幼儿园教育管理工作的科学化。

对于该条例，我们要明确幼儿园保育与教育的主要目标，了解幼儿园管理的基本制度，明确幼儿园教师的主要职责。学习要点为举办幼儿园的基本条件、幼儿园的管理体制、幼儿园的违法行为处罚、幼儿园保育与教育的主要目标、幼儿园教育工作的原则、幼儿园工作人员的主要职责、幼儿园的经费保障。具体内容可在教育部官网上查找阅读。

(二)《幼儿园教育指导纲要(试行)》

《幼儿园教育指导纲要(试行)》由教育部于 2001 年颁布。《幼儿园教育指导纲要(试行)》全文包括四大部分：总则、教育内容与要求、组织与实施、教育评价。它是指导幼儿园教育工作的纲领性文件，是必须遵守的工作要求。

第一部分　总则

……

二、幼儿园教育是基础教育的重要组成部分，是我国学校教育和终身教育的奠基阶段。城乡各类幼儿园都应从实际出发，因地制宜地实施素质教育，为幼儿一生的发展打好基础。

学习要点：关注幼儿园教育的属性。结合《教育法》第十七条和《幼儿园工作规程》第二条，可以回答“幼儿园是否属于学校”这一属性问题。

三、幼儿园应与家庭、社区密切合作，与小学相互衔接，综合利用各种教育资源，共同为幼儿的发展创造良好的条件。

学习要点：关注家园合作、幼小衔接。注意答题技巧：如果提到“合作”时，提示着在回答时要考虑与家庭和社区的合作；如果提到“衔接”时，就要从幼儿园与小学的衔接来分析。

……

五、幼儿园教育应尊重幼儿的人格和权利，尊重幼儿身心发展的规律和学习特点，以游戏为基本活动，保教并重，关注个别差异，促进每个幼儿富有个性的发展。

学习要点：列出了幼儿园教育工作的六项原则。

第二部分　教育内容与要求

幼儿园的教育内容是全面的、启蒙性的，可以相对划分为健康、语言、社会、科学、艺术等五个领域，也可作其它不同的划分。各领域的内容相互渗透，从不同的角度促进幼儿情感、态度、能力、知识、技能等方面的发展。

学习要点：本部分介绍了幼儿园教育的特点、内容、内容之间的关系以及培养方面的内容。五大领域和培养的五个方面需要按照顺序识记。本部分还分别阐述了幼儿园五大领域教育的目标、内容与要求、指导要点三个方面。表 2-1 为幼儿园五大领域教育的目标。

表 2-1　幼儿园五大领域教育的目标

健康	语言	社会	科学	艺术
1. 身体健康，在集体生活中情绪安定、愉快 2. 生活、卫生习惯良好，有基本的生活自理能力 3. 知道必要的安全保健常识，学习保护自己 4. 喜欢参加体育活动，动作协调、灵活	1. 乐意与人交谈，讲话礼貌 2. 注意倾听对方讲话，能理解日常用语 3. 能清楚地说出自己想说的事 4. 喜欢听故事、看图书 5. 能听懂和会说普通话	1. 能主动地参与各项活动，有自信心 2. 乐意与人交往，学习互助、合作和分享，有同情心 3. 理解并遵守日常生活中基本的社会行为规则 4. 能努力做好力所能及的事，不怕困难，有初步的责任感 5. 爱父母长辈、老师和同伴，爱集体、爱家乡、爱祖国	1. 对周围的事物、现象感兴趣，有好奇心和求知欲 2. 能运用各种感官，动手动脑，探究问题 3. 能用适当的方式表达、交流探索的过程和结果 4. 能从生活和游戏中感受事物的数量关系并体验到数学的重要和有趣 5. 爱护动植物，关心周围环境，亲近大自然，珍惜自然资源，有初步的环保意识	1. 能初步感受并喜爱环境、生活和艺术中的美 2. 喜欢参加艺术活动，并能大胆地表现自己的情感和体验 3. 能用自己喜欢的方式进行艺术表现活动

学习要点： 重点理解和识记，注意将情感态度目标放在首位，接着是能力目标，最后是认知目标。

第三部分　组织与实施

一、幼儿园的教育是为所有在园幼儿的健康成长服务的，要为每一个儿童，包括有特殊需要的儿童提供积极的支持和帮助。

学习要点： 幼儿园要接纳所有儿童，这就是全纳教育的理念。全纳教育的理念需要理解，不需要死记硬背。

二、幼儿园的教育活动，是教师以多种形式有目的、有计划地引导幼儿生动、活泼、主动活动的教育过程。

学习要点： 这是对幼儿园教育活动的过程的界定。

三、教育活动的组织与实施过程是教师创造性地开展工作的过程。教师要根据本《纲要》，从本地、本园的条件出发，结合本班幼儿的实际情况，制定切实可行的工作计划并灵活地执行。

四、教育活动目标要以《幼儿园工作规程》和本《纲要》所提出的各领域目标为指导，结合本班幼儿的发展水平、经验和需要来确定。

学习要点： 这里说的《幼儿园工作规程》是1996年颁布的。现在理解时应该参考2016年的版本。

五、教育活动内容的选择应遵照本《纲要》第二部分的有关条款进行，同时体现以下原则：

(一)既适合幼儿的现有水平，又有一定的挑战性。

(二)既符合幼儿的现实需要，又有利于其长远发展。

(三)既贴近幼儿的生活来选择幼儿感兴趣的事物和问题，又有助于拓展幼儿的经验和视野。

学习要点： 需要识记教育活动内容的选择依据。

六、教育活动内容的组织应充分考虑幼儿的学习特点和认识规律，各领域的内容要有机联系，相互渗透，注重综合性、趣味性、活动性，寓教育于生活、游戏之中。

学习要点： 关注教育活动内容组织应该注意的因素。

七、教育活动的组织形式应根据需要合理安排，因时、因地、因内容、因材料灵活地运用。

学习要点： 关注教育活动的组织形式应该考虑的因素。

八、环境是重要的教育资源，应通过环境的创设和利用，有效地促进幼儿的发展。

(一)幼儿园的空间、设施、活动材料和常规要求等应有利于引发、支持幼儿的游戏和各种探索活动，有利于引发、支持幼儿与周围环境之间积极的相互作用。

(二)幼儿同伴群体及幼儿园教师集体是宝贵的教育资源，应充分发挥这一资源的作用。

(三)教师的态度和管理方式应有助于形成安全、温馨的心理环境；言行举止应成为幼儿学习的良好榜样。

(四)家庭是幼儿园重要的合作伙伴。应本着尊重、平等、合作的原则，争取家长的理解、支持和主动参与，并积极支持、帮助家长提高教育能力。

(五)充分利用自然环境和社区的教育资源，扩展幼儿生活和学习的空间。幼儿园同时应为社区的早期教育提供服务。

……

十、教师应成为幼儿学习活动的支持者、合作者、引导者。

学习要点：关注幼儿园教师的角色。

十一、幼儿园教育要与0—3岁儿童的保育教育以及小学教育相互衔接。

学习要点：幼儿园教育要与前面的早期教育和后面的小学教育衔接才能更好地符合阶段性特点和连续性特点。

第四部分 教育评价

……

四、幼儿园教育工作评价实行以教师自评为主，园长以及有关管理人员、其他教师和家长等参与评价的制度。

……

七、教育工作评价宜重点考察以下方面：

(一)教育计划和教育活动的目标是否建立在了解本班幼儿现状的基础上。

(二)教育的内容、方式、策略、环境条件是否能调动幼儿学习的积极性。

(三)教育过程是否能为幼儿提供有益的学习经验，并符合其发展需要。

(四)教育内容、要求能否兼顾群体需要和个体差异，使每个幼儿都能得到发展，都有成功感。

(五)教师的指导是否有利于幼儿主动、有效地学习。

八、对幼儿发展状况的评估，要注意：

(一)明确评价的目的是了解幼儿的发展需要，以便提供更加适宜的帮助和指导。

(二)全面了解幼儿的发展状况，防止片面性，尤其要避免只重知识和技能，忽略情感、社会性和实际能力的倾向。

(三)在日常活动与教育教学过程中采用自然的方法进行。平时观察所获的具有典型意义的幼儿行为表现和所积累的各种作品等，是评价的重要依据。

(四)承认和关注幼儿的个体差异，避免用划一的标准评价不同的幼儿，在幼儿面前慎用横向的比较。

(五)以发展的眼光看待幼儿，既要了解现有水平，更要关注其发展的速度、特点和倾向等。

学习要点：在幼儿园教育实践中要结合理论进行评价，写教案时可以参考。

(三)《国务院关于当前发展学前教育的若干意见》

2010年，《国务院关于当前发展学前教育的若干意见》发布。该文件提出了十条意见(所以又被称为“国十条”)，着力解决“入园难”问题，满足适龄儿童的入园需求，促进学前教育事业科学发展。中共中央、国务院领导多次批示，要求把积极发展学前教育、着力解决“入园难”问题作为贯彻落实《国家中长期教育改革和发展规划纲要(2010—2020年)》的突破口和紧迫任务，充分体现了新时期、新阶段党和国家对推动学前教育改革和发展的高度重视。十条意见的内容为：把发展学前教育摆在更加重要的位置，多种形式扩大学前教育资源、多种途径加强幼儿教师队伍建设、多种渠道加大学前教育投入，加强幼儿园准入管理，强化幼儿园安全监管，规范幼儿园收费管理，坚持科学保教，促进幼儿身心健康发展，完善工作机制，加强组织领导、统筹规划，实施学前教育三年行动计划。

学习要点：初步了解“国十条”的内容，不需要识记全文。

(四)《幼儿园教师专业标准(试行)》

为促进幼儿园教师的专业发展，建设高素质的幼儿园教师队伍，根据《中华人民共和国教师法》，特制定《幼儿园教师专业标准(试行)》(简称《专业标准》)。

幼儿园教师专业标准(试行)

幼儿园教师是履行幼儿园教育工作职责的专业人员，需要经过严格的培养与培训，具有良好的职业道德，掌握系统的专业知识和专业技能。《专业标准》是国家对合格的幼儿园教师专业素质的基本要求，是幼儿园教师开展保教活动的基本规范，是引领幼儿园教师专业发展的基本准则，是幼儿园教师培养、准入、培训、考核等工作的重要依据。

学习要点：需要理解和识记幼儿园教师的含义和三维度的基本要求。

一、基本理念

(一)师德为先；(二)幼儿为本；(三)能力为重；(四)终身学习。

学习要点：需要重点识记幼儿园教师应该具备的基本理念。

二、基本内容

表 2-2 基本内容

维度	领域
专业理念与师德	(一)职业理解与认识
	(二)对幼儿的态度与行为
	(三)幼儿保育和教育的态度与行为
	(四)个人修养与行为
专业知识	(五)幼儿发展知识
	(六)幼儿保育和教育知识
	(七)通识性知识
专业能力	(八)环境的创设与利用
	(九)一日生活的组织与保育
	(十)游戏活动的支持与引导
	(十一)教育活动的计划与实施
	(十二)激励与评价
	(十三)沟通与合作
	(十四)反思与发展

学习要点：需要重点识记幼儿园教师应该具备的基本素质的具体维度和领域。62 条基本要求需要了解，不需要背诵。

三、实施建议

(一)各级教育行政部门要将《专业标准》作为幼儿园教师队伍建设的基本依据。

（二）开展幼儿园教师教育的院校要将《专业标准》作为幼儿园教师培养培训的主要依据。

（三）幼儿园要将《专业标准》作为教师管理的重要依据。

（四）幼儿园教师要将《专业标准》作为自身专业发展的基本依据。

学习要点：实施建议部分要了解《专业标准》对不同部门或个人的作用。

（五）幼儿园教师资格考试标准

幼儿园教师资格考试标准是幼儿园教师职业准入的国家标准，是从事幼儿园教师职业的基本要求，是进行幼儿园教师资格考试的基本依据。《中小学和幼儿园教师资格考试标准（试行）》中的幼儿园教师部分是制定幼儿园教师资格考试大纲以及命题的依据。

幼儿园教师资格考试大纲笔试部分的考试内容主要涵盖儿童发展、学前教育原理、生活指导、环境创设、游戏活动的指导、教育活动的组织与实施、教育评价七个模块。其能力要求分为了解、理解、熟悉、掌握、运用五个层次。具体考试内容与要求见大纲原文。考试题型有单项选择题、简答题、论述题、材料分析题、活动设计题。

幼儿园教师资格考试大纲面试部分列出了八项测试项目及其权重、分值和评分标准。

学习要点：考试标准只是学习的方向、范围和要求，而不是考试内容本身。

（六）《3—6 岁儿童学习与发展指南》

3—6 岁儿童学习与发展指南

一、为深入贯彻《国家中长期教育改革和发展规划纲要（2010—2020年）》和《国务院关于当前发展学前教育的若干意见》（国发〔2010〕41 号），指导幼儿园和家庭实施科学的保育和教育，促进幼儿身心全面和谐发展，制定《3—6 岁儿童学习与发展指南》（以下简称《指南》）。

学习要点：关注《指南》颁布的宗旨和目的。

二、《指南》以为幼儿后继学习和终身发展奠定良好素质基础为目标，以促进幼儿体、智、德、美各方面的协调发展为核心，通过提出 3—6 岁各年龄段儿童学习与发展目标和相应的教育建议，帮助幼儿园教师和家长了解 3—6 岁幼儿学习与发展的基本规律和特点，建立对幼儿发展的合理期望，实施科学的保育和教育，让幼儿度过快乐而有意义的童年。

学习要点：关注《指南》颁布的目标和作用。

三、《指南》从健康、语言、社会、科学、艺术五个领域描述幼儿的学习与发展。每个领域按照幼儿学习与发展最基本、最重要的内容划分为若干方面。每个方面由学习与发展目标和教育建议两部分组成。

目标部分分别对 3～4 岁、4～5 岁、5～6 岁三个年龄段末期幼儿应该知道什么、能做什么，大致可以达到什么发展水平提出了合理期望，指明了幼儿学习与发展的具体方向；教育建议部分列举了一些能够有效帮助和促进幼儿学习与发展的教育途径与方法。

学习要点：关注《指南》的内容与结构。

四、实施《指南》应把握以下几个方面：

1. 关注幼儿学习与发展的整体性。儿童的发展是一个整体，要注重领域之间、目标之间的相互渗透和整合，促进幼儿身心全面协调发展，而不应片面追求某一方面或几方面的发展。

2. 尊重幼儿发展的个体差异。幼儿的发展是一个持续、渐进的过程，同时也表现出一定的阶段性特征。每个幼儿在沿着相似进程发展的过程中，各自的发展速度和到达某一水平的时间不完全相同。要充分理解和尊重幼儿发展进程中的个别差异，支持和引导他们从原有水平向更高水平发展，按照自身的速度和方式到达《指南》所呈现的发展"阶梯"，切忌用一把"尺子"衡量所有幼儿。

3. 理解幼儿的学习方式和特点。幼儿的学习是以直接经验为基础，在游戏和日常生活中进行的。要珍视游戏和生活的独特价值，创设丰富的教育环境，合理安排一日生活，最大限度地支持和满足幼儿通过直接感知、实际操作和亲身体验获取经验的需要，严禁"拔苗助长"式的超前教育和强化训练。

4. 重视幼儿的学习品质。幼儿在活动过程中表现出的积极态度和良好行为倾向是终身学习与发展所必需的宝贵品质。要充分尊重和保护幼儿的好奇心和学习兴趣，帮助幼儿逐步养成积极主动、认真专注、不怕困难、敢于探究和尝试、乐于想象和创造等良好学习品质。忽视幼儿学习品质培养，单纯追求知识技能学习的做法是短视而有害的。

……

学习要点：关注《指南》的实施原则。

(七)《幼儿园工作规程》

《幼儿园工作规程》(简称《规程》)是我国第一部规范幼儿园内部管理的规章，对加强各级各类幼儿园规范管理发挥了重要作用。新修订的《规程》于 2016 年 3 月 1 日起施行，增加了反家暴、禁止虐童内容。

第一章　总则

第一条　为了加强幼儿园的科学管理，规范办园行为，提高保育和教育质量，促进幼儿身心健康，依据《中华人民共和国教育法》等法律法规，制定本规程。

学习要点：新词是"规范办园行为"，关键词是提高质量和身心健康。规范是科学保教的前提，是提高保教质量、促进幼儿身心健康的保障，也是新《规程》的基本理念。

第二条　幼儿园是对 3 周岁以上学龄前幼儿实施保育和教育的机构。幼儿园教育是基础教育的重要组成部分，是学校教育制度的基础阶段。

学习要点：第一句指明了幼儿园的概念、研究对象、两大职能和性质。第二句阐明了幼儿园教育的属性，证明幼儿园教育在性质上属于学校教育。

第三条　幼儿园的任务是：贯彻国家的教育方针，按照保育与教育相结合的原则，遵循幼儿身心发展特点和规律，实施德、智、体、美等方面全面发展的教育，促进幼儿身心和谐发展。幼儿园同时面向幼儿家长提供科学育儿指导。

学习要点：幼儿园的任务也叫幼儿园双重任务。需要注意以下三点。一是"德、智、体、美"的顺序不能变；二是双重任务的顺序不能变；三是第一条任务另外参见"幼儿园保育和教育的主要目标"。这里还需要注意的是《幼儿园工作规程》于 2016 年实施，这时表述还是"德、智、体、美"；《学前教育法草案(征求意见稿)》已增加一个"劳"，变成"德、智、体、美、劳"。

第四条　幼儿园适龄幼儿一般为 3 周岁至 6 周岁。幼儿园一般为三年制。

学习要点： 此处指出幼儿园的研究对象。由之前的“3周岁至6或7周岁”改为6周岁，由之前的2～3年制改为三年制，这些细节中足以体现了“规范”。

第五条　幼儿园保育和教育的主要目标是：

(一)促进幼儿身体正常发育和机能的协调发展，增强体质，促进心理健康，培养良好的生活习惯、卫生习惯和参加体育活动的兴趣。

(二)发展幼儿智力，培养正确运用感官和运用语言交往的基本能力，增进对环境的认识，培养有益的兴趣和求知欲望，培养初步的动手探究能力。

(三)萌发幼儿爱祖国、爱家乡、爱集体、爱劳动、爱科学的情感，培养诚实、自信、友爱、勇敢、勤学、好问、爱护公物、克服困难、讲礼貌、守纪律等良好的品德行为和习惯，以及活泼开朗的性格。

(四)培养幼儿初步感受美和表现美的情趣和能力。

学习要点： 可以总结为体、智、德、美四个方面的内容。

第六条　幼儿园教职工应当尊重、爱护幼儿，严禁虐待、歧视、体罚和变相体罚、侮辱幼儿人格等损害幼儿身心健康的行为。

学习要点： 新《规程》中通篇可见对幼儿心理健康的关注。

第二章　幼儿入园和编班

……

第十条　幼儿入园前，应当按照卫生部门制定的卫生保健制度进行健康检查，合格者方可入园。幼儿入园除进行健康检查外，禁止任何形式的考试或测查。

学习要点： 关键词由旧规程中的“体格检查”改成了《规程》中的“健康检查”，表明随着时代的发展我国对幼儿身心发展的理解越来越深刻。世界卫生组织关于健康的定义为：“健康乃是一种在身体上、精神上的完满状态，以及良好的适应力，而不仅仅是没有疾病和衰弱的状态。”这就是人们所指的身心健康。也就是说，一个人在躯体健康、心理健康、社会适应良好和道德健康四方面都健全，才是完全健康的人。

第十一条　幼儿园规模应当有利于幼儿身心健康，便于管理，一般不超过360人。

学习要点： 通篇多次强调的量化表达方式，也是新《规程》中“规范”的表现。例如，3周岁至6周岁，360人，3.5～4小时，2～3小时，等等。

幼儿园每班幼儿人数一般为：小班(3周岁至4周岁)25人，中班(4周岁至5周岁)30人，大班(5周岁至6周岁)35人，混合班30人。……

学习要点： 需要识记年龄段和人数。

第三章　幼儿园的安全

第十二条　幼儿园应当严格执行国家和地方幼儿园安全管理的相关规定，建立健全门卫、房屋、设备、消防、交通、食品、药物、幼儿接送交接、活动组织和幼儿就寝值守等安全防护和检查制度，建立安全责任制和应急预案。

……

学习要点： 第三章是新增内容。第十二至第十六条分别详细点明了幼儿园安全的方方面面。值得专门提出的一点是第十五条指出“幼儿园应当结合幼儿年龄特点和接受能力开展反家庭暴力教育，发现幼儿遭受或者疑似遭受家庭暴力的，应当依法及时向公安机关报案”。

第四章　幼儿园的卫生保健

……

第十八条　幼儿园应当制定合理的幼儿一日生活作息制度。正餐间隔时间为3.5—4小时。在正常情况下，幼儿户外活动时间(包括户外体育活动时间)每天不得少于2小时，寄宿制幼儿园不得少于3小时；高寒、高温地区可酌情增减。

学习要点：旧规程指出正餐间隔时间是3个半小时；而新《规程》全部用阿拉伯数字列出数据，并将时间调整为3.5～4小时，充分考虑到了幼小衔接中的生活适应准备工作，更加具有可操作性。户外活动时间为2～3小时，其中2小时包括第二十三条中提到的“户外体育活动不得少于1小时”，3小时是寄宿制的幼儿园户外活动时长。

第十九条　幼儿园应当建立幼儿健康检查制度和幼儿健康卡或档案。每年体检一次，每半年测身高、视力一次，每季度量体重一次……

幼儿园应当关注幼儿心理健康，注重满足幼儿的发展需要，保持幼儿积极的情绪状态，让幼儿感受到尊重和接纳。

……

学习要点：需要实际体检的频率；需要理解《规程》对幼儿心理发展的关注。

第二十三条　幼儿园应当积极开展适合幼儿的体育活动，充分利用日光、空气、水等自然因素以及本地自然环境，有计划地锻炼幼儿肌体，增强身体的适应和抵抗能力。正常情况下，每日户外体育活动不得少于1小时。

学习要点：明确指出阳光浴、空气浴和沐浴三浴。

……

第五章　幼儿园的教育

第二十五条　幼儿园教育应当贯彻以下原则和要求：(括号内列出总结的原则)

(一)德、智、体、美等方面的教育应当互相渗透，有机结合。(全面发展原则)

(二)遵循幼儿身心发展规律，符合幼儿年龄特点，注重个体差异，因人施教，引导幼儿个性健康发展。(适宜性原则、个体差异性原则、因材施教原则)

(三)面向全体幼儿，热爱幼儿，坚持积极鼓励、启发引导的正面教育。(面向全体原则、启发诱导原则、正面教育原则)

(四)综合组织健康、语言、社会、科学、艺术各领域的教育内容，渗透于幼儿一日生活的各项活动中，充分发挥各种教育手段的交互作用。(整体性原则)

(五)以游戏为基本活动，寓教育于各项活动之中。(寓教于乐原则)

(六)创设与教育相适应的良好环境，为幼儿提供活动和表现能力的机会与条件。(环境育人原则)

第二十六条　幼儿一日活动的组织应当动静交替，注重幼儿的直接感知、实际操作和亲身体验，保证幼儿愉快的、有益的自由活动。(思考点：幼儿一日活动的组织应当注意哪些问题?)

第二十七条　幼儿园日常生活组织，应当从实际出发，建立必要、合理的常规，坚持一贯性和灵活性相结合，培养幼儿的良好习惯和初步的生活自理能力。(思考点：幼儿园日常生活组织应当注意哪些问题?)

第二十八条　幼儿园应当为幼儿提供丰富多样的教育活动。

教育活动内容应当根据教育目标、幼儿的实际水平和兴趣确定，以循序渐进为原则，有计划地选择和组织。(思考点：幼儿园教育活动内容的确定依据是什么?)

教育活动的组织应当灵活地运用集体、小组和个别活动等形式，为每个幼儿提供充分参与的机会，满足幼儿多方面发展的需要，促进每个幼儿在不同水平上得到发展。(思考点：教育活动的组织形式有哪些?)

教育活动的过程应注重支持幼儿的主动探索、操作实践、合作交流和表达表现，不应片面追求活动结果。

第二十九条　幼儿园应当将游戏作为对幼儿进行全面发展教育的重要形式。

幼儿园应当因地制宜创设游戏条件，提供丰富、适宜的游戏材料，保证充足的游戏时间，开展多种游戏。

幼儿园应当根据幼儿的年龄特点指导游戏，鼓励和支持幼儿根据自身兴趣、需要和经验水平，自主选择游戏内容、游戏材料和伙伴，使幼儿在游戏过程中获得积极的情绪情感，促进幼儿能力和个性的全面发展。

学习要点：第二十九条阐述了幼儿游戏的指导要点，可以用作简答题和论述题。

第三十条　幼儿园应当将环境作为重要的教育资源，合理利用室内外环境，创设开放的、多样的区域活动空间，提供适合幼儿年龄特点的丰富的玩具、操作材料和幼儿读物，支持幼儿自主选择和主动学习，激发幼儿学习的兴趣与探究的愿望。

幼儿园应当营造尊重、接纳和关爱的氛围，建立良好的同伴和师生关系。

幼儿园应当充分利用家庭和社区的有利条件，丰富和拓展幼儿园的教育资源。

学习要点：本条阐述了幼儿园教育的环境创设要点，可以用作简答题和论述题。

……

第三十三条　幼儿园和小学应当密切联系，互相配合，注意两个阶段教育的相互衔接。

幼儿园不得提前教授小学教育内容，不得开展任何违背幼儿身心发展规律的活动。

学习要点：本条为重点识记和运用的知识点，用于做材料分析。

……

学习要点：第六章讲述了幼儿园的园舍、设备要求；第七章讲述了幼儿园教职工的工种、入职要求、职责等；第八章讲述了幼儿园的经费来源及使用制度。

第九章　幼儿园、家庭和社区

第五十二条　幼儿园应当主动与幼儿家庭沟通合作，为家长提供科学育儿宣传指导，帮助家长创设良好的家庭教育环境，共同担负教育幼儿的任务。

第五十三条　幼儿园应当建立幼儿园与家长联系的制度……

第五十四条　幼儿园应当成立家长委员会……

学习要点：第九章重点学习家园合作的内容与方法。

第十章 幼儿园的管理

第五十六条 幼儿园实行园长负责制……

学习要点：需要注意的是，幼儿园实行园长负责制，不是责任制。

第十一章 附则

第六十六条 本规程自2016年3月1日起施行……

学习要点：1996年3月9日由国家教育委员会发布的《幼儿园工作规程》同时废止。

中共中央 国务院关于学前教育深化改革规范发展的若干意见

（八）《中共中央 国务院关于学前教育深化改革规范发展的若干意见》

该文件是新中国成立以来第一个以中共中央、国务院名义印发的关于学前教育工作的文件，同时也是2018年全国教育大会召开之后教育工作的一个重要的政策性文件。《中共中央 国务院关于学前教育深化改革规范发展的若干意见》，对新时代学前教育的深化改革和规范发展做出了重大决策部署，进一步明确了学前教育改革发展的前进方向和重大举措，具有重要的里程碑意义。《若干意见》是党中央对新时代学前教育改革发展的顶层设计和重大部署。2010年发布的《国务院关于当前发展学前教育的若干意见》，也非常重要，推动了学前教育改革，使学前教育进入了快速发展的轨道。由于学前教育快速发展的过程当中暴露出来一些问题，这次的《若干意见》是在总结过去经验、面对突出问题的基础上进行的新的顶层设计，着力破解学前教育面临的一些实际问题。

学习要点：了解文件的基本精神和主要内容。

（九）《学前教育专业认证标准》

《学前教育专业认证标准》是教育部推出的《师范类专业认证标准（试行）》中有关学前教育的专业认证标准。本标准是国家关于高等学校设置学前教育专业应达到的基本要求。本标准也是国家开展学前教育专业资质认证和质量评价的基本依据，是高等学校对学前教育专业进行建设和评估的重要指南。本标准适用于高等学校本、专科学前教育专业。本标准分为三级：第一级是国家对学前教育专业办学的基本要求；第二级是国家对学前教育专业教学质量的合格要求；第三级为国家对学前教育专业教学质量的卓越要求。学前教育专业学生有必要了解其基本理念和主要内容，对照成为合格幼儿园教师和卓越幼儿园教师的毕业要求，能更好地往这个方向努力。具体内容可在教育官网上查找阅读。

学前教育专业认证标准

（十）《中华人民共和国学前教育法（草案）》

2020年我国教育立法上的重大事件就是《学前教育法草案（征求意见稿）》的发布，它意味着我国在学前教育领域的法律空白即将被填补。《学前教育法草案（征求意见稿）》分九章，包含总则、学前儿童、幼儿园的规划与举办、保育与教育、教师和其他工作人员、管理与监督、投入与保障、法律责任和附则。教育部在对《学前教育法草案（征求意见稿）》进行修改完善的基础上，于2021年4月形成《中华人民共和国学前教育法草案（送审稿）》

中华人民共和国学前教育法草案（征求意见稿）

报送国务院审议。2023 年 9 月，经全国人大常委会审议后的《中华人民共和国学前教育法(草案)》发布。

学前教育是国民教育体系的重要组成部分。根据《中华人民共和国学前教育法(草案)》的规定，我国实行三年的学前教育制度；学前教育是学校教育制度的起始阶段，是国民教育体系的重要组成部分，是重要的社会公益事业。凡是具有我国国籍的适龄儿童，都依法享有接受学前教育的权利。

学前教育具有普及普惠的特性。根据《中华人民共和国学前教育法(草案)》，学前教育是指由幼儿园等学前教育机构对三周岁到入小学前的儿童实施的保育和教育，具有普及普惠的特性。因此，在发展学前教育时应当坚持政府主导和政府举办为主，大力发展普惠性学前教育资源，鼓励、支持和规范社会力量参与。

办园体制包括公办幼儿园、民办幼儿园两种。根据《中华人民共和国学前教育法(草案)》，公办幼儿园是政府及其有关部门举办，或者军队、国有企业、人民团体、高等学校等事业单位、街道和村集体等集体经济组织等利用财政经费或者国有资产、集体资产举办的幼儿园。非公办性质的幼儿园为民办幼儿园，但是其中接受政府支持、执行政府收费指导价的非营利性民办幼儿园为普惠性民办幼儿园。公办幼儿园和普惠性民办幼儿园都为普惠幼儿园。政府可以向民办幼儿园购买普惠性学前教育服务。

新小区配套幼儿园只能为公办园。根据《中华人民共和国学前教育法(草案)》，新小区按照国家和地方标准配套的幼儿园，只能是公办幼儿园；且公办园的产权在交付使用时需要移交地方人民政府。

根据《中华人民共和国学前教育法(草案)》，社会资本不得通过兼并收购、受托经营、加盟连锁、利用可变利益实体、协议控制等方式控制公办幼儿园、非营利性民办幼儿园。

此外《中华人民共和国学前教育法(草案)》还对教育机构需要注意的红线、师资及师资待遇、违规责任等做了具体规定。

(十一)《学前教育专业师范生教师职业能力标准(试行)》

教师是教育工作的中坚力量。有高质量的教师，才有高质量的教育。教师资格考试制度改革对于严把教师入口关、提升师范生培养质量、提高教师队伍整体素质发挥了重要作用。为进一步深化教育领域"放管服"改革，完善教师资格准入办法，吸引优秀人才到中小学任教，2020 年 8 月，国务院常务会议决定，推进师范生免试认定教师资格改革，建立健全教师教育院校对师范生教育教学能力进行考核的制度，加快推进允许教育类硕士及以上学历毕业生、公费师范生免试认定教师资格。为深入贯彻党中央、国务院决策部署，2020 年 9 月，教育部印发《教育类研究生和公费师范生免试认定中小学教师资格改革实施方案》，实施教育类研究生和公费师范生免国家中小学教师资格考试认定取得中小学教师资格的改革，要求实施免试认定改革的高等学校根据师范生教师职业能力标准，建立师范生教育教学能力考核制度。

出台《学前教育专业师范生教师职业能力标准(试行)》(简称《能力标准》)，旨在进一步加强师范类专业建设，建立师范生教育教学能力考核制度，推动教师教育院校将国家幼儿园教师资格考试标准和大纲融入日常教学、学业考试和相关培训，提高师范类专业人才培养质量，从源头上提升教师队伍教书育人的能力水平。

《能力标准》提出了四大能力，即师德践行能力、教学实践能力、综合育人能力和自主发展能力。

第一部分为师德践行能力，包括遵守师德规范、涵养教育情怀两方面，强调知行合一，从知、情、意、行等方面引导师范生贯彻党的教育方针，努力成为“四有”好老师。

第二部分为保育和教育实践能力，从掌握专业知识与技能、开展环境创设、组织一日生活、开展游戏活动、实施教育活动五方面对师范生教育教学实践所需的基本能力提出了细化要求。

第三部分为综合育人能力，从育德意识、育人实践、班级管理、心理健康、家园协同五方面强调教育“育人为本”的本质要求，落实立德树人根本任务。

第四部分为自主发展能力，从注重专业成长、主动交流合作两方面，突出终身学习、自主发展以及在学习共同体中不断提升专业水平的意识和能力。

本讲要点

本讲介绍了学前教育的法律基础相关内容，主要如下：树立初步的学前教育法律法规意识；能初步结合学前教育法律法规与政策知识，分析和解决实践问题；了解关于幼儿生存、发展和保护的有关法律法规政策规定，如《幼儿园教育指导纲要(试行)》《幼儿园教师专业标准(试行)》《3－6岁儿童学习与发展指南》《幼儿园工作规程》《中共中央 国务院关于学前教育深化改革规范发展的若干意见》《中华人民共和国学前教育法(草案)》等文件中的重点内容。

学以致用

结合实际以及网上对相关法律法规的解读进行辨析。

1.《幼儿园工作规程》指出“幼儿入园前，应当按照卫生部门制定的卫生保健制度进行体格检查，合格者方可入园”。

2.《3－6岁儿童学习与发展指南》指定的年龄段发展目标只是幼儿园保教工作中具有很大参考价值的材料，但不是必须遵守的标准。

模拟练习

一、辨析题

1. 幼儿园教师应该是专业人员，而不是保姆。

2. 幼儿园属于学校。

二、简答题

1. 简述幼儿园教育的双重任务。

2. 简述幼儿园健康活动领域的总目标。

三、论述题

论述合格的幼儿园教师应该具备的素质。

模拟练习答案

第二讲 学前教育的法律基础

第三讲

学前教育的物质基础

头脑风暴

“再过20年，朋友来相会。”听到这句熟悉的歌词，你能否想象20年后你工作的幼儿园会是什么样的？在未来社会，学前教育将会是什么样子的？会出现什么样的学前教育机构？学前教育机构的环境是什么样子的？请思考并讨论。

一、实施学前教育的基本物质条件 •••

物质资料既是人类生存和发展的重要基础，也是人类开展各项活动的重要保障。人类的社会活动丰富多样，教育、文化、体育、艺术等活动都需要依赖物质资料，并随着物质资料生产的发展而不断发展。物质条件为教育的发展提供了支持与可能，各级各类教育的发展都需要大量的物资作为保障，如教学设备、教学场地等。因此，一般来说，物质条件在很大程度上影响着教育发展的水平。在社会生产水平低、物资匮乏的时期，教育水平也是较低的。当社会生产力水平提高，社会物资比较充足，物质资料变得丰富，教育水平才能够普遍稳步提升。

(一)影响学前教育物质条件的因素

1. 新生幼儿数量的增加程度

自2016年起，我国相继实施“全面二孩”政策，以应对我国低生育率、少子化和人口老龄化问题。“全面二孩”政策的实施也的确起到了相应的效果，我国新生婴儿的出生率大幅度提高。从2019年开始，学前教育阶段的适龄幼儿数量出现了大幅度增加。幼儿数量的增加会促进学前教育需求的增长，新增适龄幼儿数量的爆发式增加也侧面反映了我国学前教育的广阔市场，我国幼儿数量的增加势必提升我国学前教育发展的规模与速度。虽然2019年入园幼儿数量出现较大幅度增加，但从2019年的出生人口趋势来看，到2021年，这几年人口出生率在下降，有些地方人口出生率呈现断崖式下降趋势。社会层面呼吁政府放开计划生育政策。2021年，我国正式推行“三孩政策”。

2. 学前教育资源的增长幅度

新生儿数的爆发式增加导致了学前教育资源更加紧张，从而产生“入园难”“入园贵”等问题。因此要求我国学前教育资源迅速增加，普及水平大幅度提高。截至2017年，我国幼儿园有25.50万所，在园幼儿有4600.14万人，学前教育毛入园率达到79.6%。这一数据比2012年提高了15.1个百分点，“入园难”“入园贵”问题在一定程度上得到有效解决。2019年，我国幼儿园增至28.12万所，比上年增加1.45万所；全国学前教育入园幼儿有1688.23万人，在园幼儿有4713.88万人，学前教育毛入园率达到83.4%。2020年，我国幼儿园有29.17万所，入园幼儿有1791.40万人，在园幼儿有4818.26万人。其中，普惠性幼儿园在园幼儿有4082.83万人，普惠性幼儿园覆盖率达到

84.74%。幼儿园共有专任教师291.34万人。学前教育毛入园率为85.2%。2021年，我国幼儿园有29.48万所，在园幼儿有4805.21万人，学前教育毛入园率为88.1%。2022年，全国幼儿园总数、在园幼儿总数较上一年下降，学前教育毛入园率、普惠性幼儿园在园幼儿占比较上一年提升。2022年，我国幼儿园有28.92万所，在园幼儿有4627.55万人。其中，普惠性幼儿园在园幼儿4144.05万人，占全国在园幼儿的比例为89.55%。全国共有学前教育专任教师324.42万人。学前教育毛入园率为89.7%。2018年11月的《中共中央 国务院关于学前教育深化改革规范发展的若干意见》设定的入园率和普惠率均超额完成。但从总体上看，学前教育发展仍然滞后。为此，我国政府采取了一系列政策措施拓展学前教育资源，调整学前教育相关制度，推动学前教育资源不断增加。

3. 国家经费的投入程度

从社会发展角度来讲，随着国家经济不断发展，国家教育投入也不断提高。从全球各个国家的社会发展来看，发达国家的教育发展水平要明显高于发展中国家。2017年，我国教育经费总投入为43557亿元，比2016年增长9.43%。其中，学前教育经费总投入为3255亿元，增长率为16.11%。据统计，2016—2019年学前教育国家财政性教育经费为6672.25亿元，年均增长率为14.85%。财政性教育经费占学前教育经费总投入的比例从2016年的47.3%提高到2019年的49.0%。学前教育财政性教育经费占各级各类教育财政性教育经费的比例从2016年的4.22%提高到2019年的5.02%。随着我国学前教育发展速度与规模的提升，国家经费投入正在逐年扩大。同时，针对学前教育经费投入的相关法律及制度正在不断调整与完善，这都有利于我国学前教育的健康发展。

总体来看，我国学前教育行业正处于发展的高速路上，还具有上涨的空间。同时，这也为我国学前教育的发展提供了坚实的物质条件。

(二)学前教育机构设立的条件或基本标准

学前教育机构设立的条件或基本标准包括软件与硬件。此处重点讨论硬件条件。2017年，教育部出台《幼儿园办园行为督导评估办法》，将幼儿园办园条件、安全卫生、保育教育、教职工队伍、内部管理五个方面作为重点关注的对象。我国幼儿园办园条件的考查要点涉及幼儿园办园资质、办园经费、规模与班额、园舍与场地、设备设施、玩教具材料和图书等情况。其中与物质条件有关的主要是园舍与场地、设备设施、玩教具材料和图书。

现在以北京市教育委员会颁布的《北京市幼儿园办园条件基本标准》为例，简要阐述开办幼儿园需要具备的基本条件(有关幼儿园设置的审批就不在这里赘述了)。北京市规定的办园条件主要包括三个方面。一是幼儿园工作人员配备基本标准。教职工与幼儿的比例为：寄宿制1∶4～1∶3.5，全日制1∶6～1∶5.5。另外，全日制班级教师一般2人、保育员1人，其他岗位如医护人员、园长等按岗位及任职标准确定。教育部2013年印发的《幼儿园教职工配备标准(暂行)》算是比较新的文件。

二是幼儿园园舍规划面积定额基本标准。幼儿活动及辅助用房包括活动室兼卧室、厕所、盥洗室、衣帽教具贮藏室、音体活动室等，生均面积6个班与9个班的设置分别为3.49平方米、3.36平方米。办公及辅助用房包括办公室、备课兼会议室、图书资料室、保健室、隔离室、贮藏室、传达室、教工厕所等，生均面积6个班与9个班分别为0.84平方米、0.68平方米。生活用房包括厨房主副食加工间、主副食库、烧火间、开水、消毒间等，生均面积6个班与9个班分别为0.44平方米、0.34平方米。从综合平面系数来看，生均面积6个班与9个班分别为7.58平方米、6.95平方米。

从幼儿园占地面积来看，生均面积 6 个班与 9 个班分别为 13 平方米、12 平方米，生均共用活动场地、分班活动场地、绿地面积均为 1.5 平方米。

三是幼儿园玩教具配备基本标准。各类玩教具应种类齐全，数量丰富，基本满足幼儿的需要。玩教具分为体育类、构造类、角色与表演类、科学启蒙类、音乐类、美工类、图书挂图卡片、电教类、劳动工具类。每一种类别下面分不同的小类，规定了相应的数量及要求作为配置参考。比如，体育类下面分为 18 个小项，如规定攀登架、爬网、滑梯等中、大型器械均为 1 个。

另外，这里再提供一个 2012 年广东省的版本，主要从办园规模、园舍建设、设施设备、人员配备等方面做了规定。具体内容详见《广东省教育厅关于规范化城市幼儿园的办园标准(试行)》。关于幼儿园的建设标准，住房和城乡建设部、国家发展和改革委员会在 2016 年批准发布了《幼儿园建设标准》；住房和城乡建设部在 2019 年颁布了新修订的《托儿所、幼儿园建筑设计规范》。这两个文件涉及的建筑标准技术指标，包括幼儿园建设的选址要求、生均建筑面积、生均活动面积、场地或建筑物以及设施等安全要求等基本内容。

(三)0～3 岁托育机构设立的条件或标准

2019 年，《国务院办公厅关于促进 3 岁以下婴幼儿照护服务发展的指导意见》发布，要求将 0～3 岁婴幼儿照护服务的职能部门划归卫生健康部门，指出 0～3 岁婴幼儿照护服务机构的设立采用备案制，主管单位是国家卫生健康委员会。在此之前，大多数地方以早教中心形式出现的早期教育机构归教育行政部门主管，办学许可证也是教育局颁发的。2019 年 10 月，国家卫生健康委员会颁布的《托育机构设置标准(试行)》涉及设置要求(主要是选址方面的)，场地设施(主要包括租赁年限、场地的自然条件、房屋建筑、装修、设备设施、教玩具、户外场地等)，人员规模(主要包括人员配备、岗位与资质要求、班额设置、师生比等)。可登录我国政府官网进一步了解相关内容。

二、实施学前教育的环境基础 ●●●

环境是一种潜移默化的教育资源，它能够对幼儿的学习与发展起着“春风化雨”般的作用。教育家蒙台梭利说过：儿童的思维是吸收性思维，是以无意识的方式毫不费力地从周围环境中学习和吸收知识的。不管我们是否承认，也不管我们是否意识到，环境总是在以某种方式作用于人。在教师资格证考试大纲中，“环境创设”被单独作为一个模块来进行考核；《幼儿园教育指导纲要(试行)》明确指出“环境是重要的教育资源，应通过环境的创设和利用，有效地促进幼儿的发展”，并详细列出了教师应如何创设环境以更好地促进幼儿的发展。因此，学前教育工作者必须提供相应的环境，充分发挥环境的教育功能，才能更好地达到教育教学的目标。

(一)幼儿园户外环境的基本要求

儿童要想得到发展，良好的学前教育机构是必备条件。其中有关托儿所、幼儿园的场地要求，2019 年新修订的《托儿所、幼儿园建筑设计规范》明确规定：①应建设在日照充足、交通方便、场地平整、干燥、排水通畅、环境优美、基础设施完善的地段；②不应置于易发生自然地质灾害的地段；③与易发生危险的建筑物、仓库、储罐、可燃物品和材料堆场等之间的距离应符合国家现行有关标准的规定；④不应与大型公共

托儿所、幼儿园建筑设计规范

娱乐场所、商场、批发市场等人流密集的场所相毗邻；⑤应远离各种污染源，并应符合国家现行有关卫生、防护标准的要求；⑥园内不应有高压输电线、燃气、输油管道主干道等穿过。

《幼儿园工作规程》明确规定：“在正常情况下，幼儿户外活动时间(包括户外体育活动时间)每天不得少于2小时，寄宿制幼儿园不得少于3小时；高寒、高温地区可酌情增减。”这就要求幼儿园要有充足的户外物质环境可以利用。《托儿所、幼儿园建筑设计规范》要求幼儿园(托儿所)必须设置各班专门的室外游戏场地，每班游戏场地的人均面积不应小于2平方米，各游戏场地之间宜采取分割措施；此外，应有全园共有的室外游戏场地，人均面积不应小于2平方米。由此可见，户外环境是促进幼儿身心健康发展的环境基础。户外环境的基本要求如下。

1. 地面

地面是幼儿进行奔跑、追逐、攀登、钻、爬、跳跃的场所。因此，户外环境的创设首先要注意地面的卫生和适用。一般来说，地面以平整的土地、沙地、草地为宜。

2. 器械设备

器械设备必须符合幼儿的身高与活动能力。器械设备材料以木材、轮胎、绳网、塑钢等材料为宜。另外，器械设备要安装牢固，定期检修维护；器械设备数量与场地面积之间要保持合理的比例。

3. 游戏场地的结构

幼儿园在设计游戏场地时，应充分考虑活动的动静交替原则和每个幼儿的不同兴趣、需要。例如，在安静且活动量较小的区域，可以放置水箱、沙坑、钻圈、拱形门等；在吵闹且活动量较大的区域，可放置滑梯、跷跷板、秋千等。

幼儿园的游戏场地在促进幼儿动作及运动能力发展的同时，还要有利于幼儿智力的发展，尤其是想象力、创造力的发展。例如，场地中的设备和器械应尽可能采用多种材料(如木头、绳、塑胶、铁等)制成，给幼儿多种感知觉体验。游戏场地中既要有固定组合的设备器械，还要有各种小型设备和材料，满足幼儿主观创造的意愿。游戏场地的各部分和各种材料可启发幼儿的想象力，使幼儿可以进行各种假想的游戏。

在设计游戏场地时，应尽可能地保留地形地貌的自然特点，减少不必要的人工装饰，让幼儿在接近大自然的环境中愉快地游戏。

4. 绿化

《托儿所、幼儿园建筑设计规范》规定，托儿所、幼儿园场地内的绿地率不应小于30%，宜设置集中绿化用地。因此，幼儿园户外环境要进行适当的绿化，不但能使幼儿园更加美观，而且能给幼儿带来新鲜的空气和美好的视觉享受，更有利于幼儿了解大自然，热爱大自然，接受大自然的熏陶，进而获得美的享受。

(二)幼儿园室内环境的基本要求

室内是幼儿一日活动的主要场所，良好的室内环境对于幼儿的发展尤其重要。良好的室内环境能够提升幼儿的能力和激发幼儿的兴趣，使幼儿能够自主地选择区域、玩具和伙伴，主动进行游戏、探索和交往活动；也方便教师更好地观察、了解幼儿，更好地组织班级活动，形成良好的师幼互动。那么，什么样的室内环境才是好的教育环境，才能满足幼儿的发展需要呢？

1. 活动室面积与空间面积的基本要求

开展室内活动必须具有足够的空间。一般在拥挤的环境下，幼儿的攻击性行为会增加，幼儿的社会性交往活动频率降低，幼儿观望、不主动参与活动的次数会增加。

《托儿所、幼儿园建筑设计规范》指出，幼儿园的生活用房应由幼儿生活单元和公共活动用房组成。幼儿生活单元应设置活动室、寝室、卫生间、衣帽储藏间等基本空间。服务管理用房应包括晨检室(厅)、保健观察室、教师值班室、警卫室、储藏室、园长室、所长室、财务室、教师办公室、会议室、教具制作室等房间。当活动室与寝室合用时，幼儿园生活单元房间的使用面积不应小于105平方米；当活动室与寝室分开时，活动室不小于70平方米，寝室不小于60平方米。厕所不小于12平方米，盥洗室不小于8平方米。活动室、多功能活动室等室内墙面应具有展示教材、作品和空间布置的条件。在面积既定的情况下，要充分利用空间，尽量减少不必要的家具、设备，为幼儿腾出活动空间。

2. 室内环境的结构要求

室内环境在建筑设计上也有规定。《托儿所、幼儿园建筑设计规范》指出，室内环境包括采光、隔声与噪声控制、空气质量三个方面，每个方面都有具体的规定。

环境的结构是环境各部分(环境要素)之间形成的相互关系。幼儿园空间布局合理且恰当的话能够创造良好的环境结构，并对幼儿的行为产生积极的影响。

要营造结构良好的室内环境应当注意以下几点：①活动区的数量、面积适宜；②各活动区的活动互不干扰；③安全、卫生；④幼儿有独处的地方；⑤对幼儿的行为具有控制的作用。

室内环境区域可以划分为角色游戏区、益智操作区、科学区、建构区、美工区等，还可以设图书区、视听区、音乐区等。当然，这些活动区并不是固定的，需要根据幼儿的发展、活动主题和幼儿园教育目标确定。

3. 必要的材料

材料是活动中幼儿操作的对象，是幼儿发展和活动的媒介，是教育意图的物质载体，蕴含着教育意义。

学前教育机构至少要具备必要的玩具与游戏材料。有条件的机构可以达到更高要求：具有丰富的、多样化、功能多的材料与玩教具。材料与玩教具应符合幼儿的身心发展特点，刺激幼儿探索和学习的欲望。当然，活动物品不能随意摆放，使活动区变成杂货摊，让幼儿置身其中不知如何做出选择。

总之，环境对儿童的发展至关重要。学前教育工作者不应让环境成为“摆设”或“装饰”，而应充分发挥环境的育人功能，为学前教育的实施提供良好的环境基础。

本讲要点

本讲涉及的是学前教育的物质基础及环境基础。物质基础方面的具体内容包括设备设施、玩教具、场地等。物质条件的发展依赖幼儿数量、学前教育资源以及国家经费投入。环境基础方面的具体内容包括幼儿园户外环境的基本要求及室内环境的基本要求。

模拟练习

单选题

1.“染于苍则苍，染于黄则黄。所入者变，其色亦变。”这说明了(　　)方面对人的影响。

A. 政治　　B. 经济　　C. 环境　　D. 教育

2. 在幼儿园建筑设计原则中，其核心是(　　)。

A. 安全　　B. 适应需要　　C. 经济、卫生　　D. 美观、舒适

3. 幼儿园必须设置各班专门的室外游戏场地，每班游戏场地的人均面积不应小于(　　)平方米。

A. 60　　B. 2　　C. 20　　D. 6

4. 主要供幼儿集体做操、上体育课、进行各种体育游戏，场地宽阔平整的活动区是(　　)。

A. 器械设备区　　B. 种植养殖区　　C. 室外活动区　　D. 集体活动区

5. 影响学前教育发展规模与速度的是(　　)。

A. 政治因素　　B. 经济因素　　C. 文化因素　　D. 科技因素

模拟练习答案

第三讲　学前教育的物质基础

第四讲

学前教育的基本要素

头脑风暴

你看过安吉游戏吗？安吉游戏教育的一个特点就是当幼儿在玩的过程中遇到困难时，教师并不给予解决方案，而是静静地在一旁观察记录，让幼儿自己去主动探索。而幼儿也在坚持不断地尝试，最后获得成功。你赞同教师的做法吗？为什么？

南京师范大学虞永平教授认为，安吉游戏教育对教学环境、主体、方式进行了重大革新，颠覆了我国传统幼儿教育形式，符合幼儿身心发展需求，具有普遍适用性和有效性，在全国产生了巨大的影响。这样的幼儿教育目标与国际幼儿教育倡导的先进理念不谋而合。① 结合你看到或听到的，谈谈为什么虞永平教授这样评价安吉游戏？评价中分析了学前教育的哪些基本要素？

学前教育的基本要素是指在学前教育过程中涉及的人及培养人所需要的基本因素。本书将其归纳为儿童、教师、课程及环境四个因素。只有厘清这四者的关系，才能为树立正确的儿童观、教师观、课程观和环境观奠定良好的基础。

一、儿童

(一)儿童的概念

在学前教育阶段的儿童指从出生至入小学之前的儿童(6 岁)。儿童是学前教育的主要的因素，是教师教育的对象以及国家、社会未来的人才。学前教育主要围绕这个主要的因素展开。

(二)儿童的特点

1. 身心发育的未成熟性

首先，儿童在身体、心理、社会性等方面的发展都尚未成熟和完善。有人形象地比喻儿童与成人的区别像蛹和蝶一样。这意味着教师不能也不应该按照对待成人的标准去要求儿童。例如，他们上课时注意力不可能总是保持集中状态。其次，儿童有其自身的年龄特点和发展规律。学前卫生学与学前心理学的相关理论能为我们科学地教育儿童奠定专业基础。

▶想一想

请回忆前面学过的学前卫生学关于儿童各系统的发育特点及动作发展规律，以及学前心理学关于儿童认知、情绪情感、意志、个性、社会性等方面的特点及发展规律。

① 陈毛应、严红枫：《“安吉游戏”：缘何风靡欧美》，载《光明日报》，2014-12-23。

学前卫生学描述了从出生到入学前不同发展阶段儿童的组织、器官、系统发育的特点以及动作发展的规律。通过学习，教师能在幼儿园实际教育教学工作中，懂得如何积极锻炼儿童的身体，又进行必要的安全保护、保育工作。尤其在开展体育游戏或体育教学时，开始部分都应有热身运动，使儿童不会在直接进行某些动作时受伤，并为更好地进行运动做好充分准备；运动结束的时候也要有放松整理活动。例如，中班“小青蛙跳池塘”的游戏开始的时候，教师一定要组织儿童做好热身活动，防止骨盆、膝关节、踝关节受伤；在一日生活作息时间安排上都要考虑到儿童的生理发展需要等。再如，在为儿童选择歌曲时，教师一定要考虑到他们的音域范围、歌词内容难度、节奏、速度等特点。

学前心理学阐述了儿童在感知、观察、注意、记忆、思维、想象、言语、情绪情感、意志、能力、气质、性格、兴趣、自我意识、社会性、动机等方面的特点及规律。这些理论告诉我们在幼儿园开展教育教学活动时，必须充分考虑儿童的各方面心理特点、年龄特点，如每次活动的时间、注意稳定的时间、记忆及思维的特点等。

2. 完整性

儿童是身体、心理发展相互影响、彼此促进的一个整体。其受多方面复杂因素的影响，但同时又具有主观能动性。

3. 潜在可能性

儿童身心的各个方面处于不断发展之中。由于遗传、环境等多方面影响所导致的儿童各种潜在发展的可能性(包括自主学习的潜能和创造潜能等)不一定在学前教育阶段完全显露出来，因此教师不要用静止的眼光看待儿童，不要对他们现阶段的表现做结论式或贴标签式的评价。教师要用专业的、发展的眼光去全面、客观地评价每一个儿童，发现他们的潜能或智能强项，因人施教，扬长避短。

4. 个别差异性

由于遗传、环境、教育等诸多因素的影响，儿童在身心发展诸多方面也存在不同程度的差异。教师要尊重和承认这些差异，并能因人施教。

5. 新时代性

习近平总书记在党的十九大报告中指出：“经过长期努力，中国特色社会主义进入了新时代，这是我国发展新的历史方位。”习近平总书记在党的二十大报告中指出，不断谱写马克思主义中国化时代化新篇章；要把握好新时代中国特色社会主义思想的世界观和方法论，坚持好、运用好贯穿其中的立场观点方法。它意味着近代以来久经磨难的中华民族迎来了从站起来、富起来到强起来的伟大飞跃，迎来了实现中华民族伟大复兴的光明前景；意味着科学社会主义在21世纪的中国焕发出强大生机活力，在世界上高举中国特色社会主义伟大旗帜；意味着中国特色社会主义制度不断发展，拓展了发展中国家走向现代化的途径。这也必将为新时代的儿童打下时代的烙印，因为他们的生长环境发生了很大的改变。其一，国家和社会未来发展对未来新时代中国特色社会主义现代化建设者和接班人应具备的核心素养和要求变了，使儿童的教育目标也会产生相应变化。其二，现代化教育技术和电子产品更多地进入学前教育领域，使儿童能很快熟悉自媒体的操作，从而获得大量幼儿园教育教学之外的网络信息。这些无疑会对他们生理、心理产生很大的影响，可能有积极的一面，也可能有消极的一面。而且他们的学习方式也会因此产生一些相应的变化。其三，社会的飞速发展造成的职业竞争给家庭带来很多压力和影响。比如，家庭的不安定会给儿童带来极大的不安全感。所以儿童心理健康问题值得高度重视。

(三)儿童在教育过程中的地位

1. 儿童是教育对象，即受教育者

对于受过专业训练的教师来说，儿童的身心发育尚未成熟和完善，要把他们培养成未来国家和社会所需要的人才。从这个意义上说，儿童是教育对象，即受教育者。

2. 儿童是被监护人

儿童属于未成年人，在学前教育机构中的人身安全及其他基本权利理应受到保护，是被监护人。国家、社会、学校和家庭应当教育和帮助未成年人维护自己的合法权益，增强自我保护的意识和能力，增强社会责任感。因而，教师就是代表学前教育机构对儿童实施保护的人。

3. 儿童是自己学习的主体

儿童在教育过程中不只是受教育者，他们对于来自环境、教育的影响在一定程度上是可以根据自己的意愿、兴趣和需要加以选择的，具有主观能动性。儿童的主观能动性是其发展的内因，环境与教育是外因。从这个意义上讲，儿童是自己学习的主体。

4. 儿童是自身权利的主体

不论是联合国的《儿童权利公约》，还是《中华人民共和国未成年人保护法》，都规定了每个儿童像成人一样，享有一定的权利，应当得到尊重。

(四)儿童的基本权利

儿童的权利是指依照国家法律法规规定而拥有的一切正当权利。我国作为联合国《儿童权利公约》的缔约国之一，在履行《儿童权利公约》的同时，在一系列相关法律法规和政策中也对儿童享有的权利做出了规定，如《中华人民共和国教育法》《中华人民共和国未成年人保护法》等。儿童享有的主要权利概括起来有四个方面。

①生存权，即生命安全权和生活保障权。

②受保护权，即反对一切形式的儿童歧视，使每个儿童得到平等对待；保护儿童的一切人身权利；在儿童处于危机、紧急情况和脱离家庭时为他们提供保护。

③发展权，即儿童拥有充分发展其全部体能和智能的权利。

④参与权，即未成年人参与家庭和社会生活，就影响他们生活的事项发表意见的权利。成年人应该尊重未成年人的看法。

二、教师 ●●●

(一)教师的含义

依据《中华人民共和国教师法》，教师是履行教育教学职责的专业人员，承担教书育人、培养社会主义建设者和接班人、提高民族素质的使命。

幼儿园教师是人民教师队伍中的一员，是对儿童履行保育和教育职责的专业人员，是遵循国家教育方针，对儿童实施全面发展的素质教育，造就新时代合格社会公民的人，是学前教育中对儿童产生重要影响的人。我国已制定了《幼儿园教师专业标准(试行)》，对幼儿园教师有了明确的专业要求。幼儿园教师是学前教育质量的保障性和关键性因素。

（二）教师的职业特点

1. 教师的劳动特点

（1）复杂性

首先，学前教育的全面性体现在为未来人才发展奠定各个方面的基础，必须对他们实施德、智、体、美、劳全面发展的教育，而不是单方面的教育。其次，教师承担的教育任务是多方面的。由于儿童的身心发育尚未完善，正从依赖走向独立，特别是年幼儿童缺乏独立自理能力，教师需要在一日生活中既进行保育，又进行全面发展的教育，即保教结合。

（2）示范性

由于儿童具有爱模仿的特点，因此教师的一言一行、一举一动都成为他们模仿的对象，他们的品德、行为、待人接物的态度等都会对儿童产生潜移默化的影响。

（3）创造性

首先，教师的劳动对象是活生生的有思想、有感情、有个性的人。而且每个儿童都是在不同遗传、环境和教育影响下成长起来的不同个体，不能用同一教育模式或固定不变的方法去培养。其次，学前教育的方法需要不断更新。随着现代化教育技术的应用，在教育儿童的方法上需要经常反思改进。最后，由于儿童的情绪情感变化快、注意稳定性不高，因此教学中随时可能发生意外的情况，需要教师具备灵活多变的教育机智，能随时根据儿童的变化生成新的教学内容。

（4）长期性

正如管仲在《管子·权修》中所说："一年之计，莫如树谷；十年之计，莫如树木；终身之计，莫如树人。"这比喻人才培养并非一朝一夕的事，而是需要长时间的积淀。要使小树成长为成品的木料需要很长的时间；而培养一代又一代人才则需要更长的时间，需要不同学段的教师接力式地进行教育。教师劳动是培养人才整体工程中的奠基一环。所有教师都要着眼于儿童未来的终身发展，按照新时代的育人目标层层分解，贯彻落实到每个儿童身上，最终才能培养出德才兼备的现代化建设者和接班人。

（5）群体与个体的统一性

教师的劳动大多是个体劳动，但是儿童身心全面和谐发展则是教师集体劳动的成果。这就要求教师不仅要注意加强个人的思想道德修养和专业水平，还要善于与同事之间沟通合作、互相帮助，形成积极向上的集体，创设对儿童产生积极影响的教育环境。

2. 教师的角色特点

①教师是儿童的榜样和示范者。

②教师是儿童学习活动的支持者、合作者和引导者。

③教师在儿童生活中扮演"父母"角色。

④教师是学前教育的学习者和研究者。

（三）教师的职业责任与职业价值

1. 教师的职业责任

教师的职业责任包括如下内容。

①贯彻党的教育方针，传播优秀文化，带头践行社会主义核心价值观，弘扬真善美，传递正能量，潜心培幼育人，落实立德树人根本任务。

②观察了解每个儿童，结合其发展水平和兴趣需要，制订和执行教育工作计划，合理安排其一日生活。

③创设良好的教育环境，合理组织教育内容，提供丰富的玩具和游戏材料，开展适宜的教育活动；遵循学前教育规律，循序渐进，寓教于乐，不得采用小学化教育方式进行学前教育提前教授小学内容。

④严格执行安全卫生保健制度，做好儿童的安全、自我保护教育和卫生保健工作。

⑤与家长保持联系，了解儿童的家庭教育环境，商讨符合儿童特点的教育措施，相互配合共同完成教育任务。

⑥参加业务学习和保育教育研究活动。

⑦定期总结评估保教工作实效，接受领导的指导和检查。

2. 教师的职业价值

教师的职业价值主要是从学前教育的重要地位和对国家、社会，甚至是每个家庭和儿童未来发展的作用来看的。首先，学前教育是我国学制的第一阶段，是基础教育的重要组成部分，是为人的终身学习和全面发展奠定基础的重要阶段。其次，现在的儿童是未来新时代中国特色社会主义现代化建设的建设者和接班人，是实现中国梦的生力军。办好人民满意的学前教育不仅关系到每个儿童身心全面和谐发展，关乎千家万户的切身利益，也关系到国家和民族的未来。再次，学前教育阶段是儿童认知、情绪情感、个性、社会性等方面发展较为迅速和关键的阶段。因为儿童各方面发展尚未成熟和完善，所以教师需要遵循他们身心发展的特点和规律，科学合理地进行素质教育，促进他们德、智、体、美、劳全面发展，帮助他们适应社会生活和环境，为他们成长为新时代所需要的人才奠定良好的基础。可见教师的工作虽然平凡但又非常伟大。最后，学前教育事业是能推动国家、民族进步的事业，也是关乎每个家庭、每个儿童的民生工程。教师需要不断改进、提高学前教育质量。这样能促进家庭社会和谐稳定，有助于提高我国国民素质，对我国在世界各国竞争中立于不败之地、实现从人力资源大国走向人力资源强国具有重要战略意义。

（四）教师的职业素养

《幼儿园教师专业标准（试行）》对幼儿园教师应具备的职业素养有明确规定。《幼儿园教师专业标准（试行）》是幼儿园教师培养、准入、培训、考核等工作的重要依据。教师应具备的基本理念是师德为先、幼儿为本、能力为重、终身学习。为什么师德为先？因为教师面对的教育对象是身心发展尚未成熟和完善的儿童，他们正处于从依赖逐步走向独立的重要发展阶段，离不开成人的关爱和教育；又因为他们向师性很强、爱模仿，教师应是他们品德和行为的表率。为此，教师的师德素养是教师职业素养的基础和核心。

习近平总书记在2014年视察北京师范大学时发表了重要讲话，勉励广大师生做有理想信念、有道德情操、有扎实学识、有仁爱之心的新时代"四有"好老师。具体来说，有理想信念是实现中国梦的思想基础，体现了思想育人的导向；有道德情操是教师教书育人、立德树人的前提条件，体现了道德育人的导向；有扎实学识是教师教育教学的专业基础，体现了知识育人的导向；有仁爱之心是教师从事职业所必需，体现了和谐育人的导向。

教师应具备的素养具体来说包括以下几个方面。

1. 道德素养

教师的师德应包括作为一个公民的基本道德品质和作为教师的职业道德素养两个部分，是教师应遵守的道德准则和行为规范的总和。公民基本道德是职业道德的基础，职业道德是师德的基本特征，二者和谐统一地存在于教师身上。

新时代幼儿园教师职业行为十项准则

教师应具备的师德应是热爱学前教育事业，具有职业理想，践行社会主义核心价值体系，履行教师职业道德规范，依法执教；关爱幼儿，尊重幼儿人格，富有爱心、责任心、耐心和细心；为人师表，教书育人，自尊自律，做幼儿健康成长的启蒙者和引路人。

2. 专业知识素养

教师的专业知识素养包括幼儿发展知识、幼儿保育和教育专业知识、通识性知识。

(1)幼儿发展知识

幼儿发展知识包括了解幼儿生存、发展和保护的有关法律法规及政策规定；掌握不同年龄幼儿身心发展特点、规律和促进幼儿全面发展的教育策略与方法；了解幼儿在发展水平、速度与优势领域等方面的个体差异，掌握对应的策略与方法；了解幼儿发展中容易出现的问题与适宜的对策；了解有特殊需要的幼儿的身心发展特点及教育策略与方法。

(2)幼儿保育和教育专业知识

幼儿保育和教育专业知识包括熟悉幼儿园的目标、任务、内容、要求和基本原则；掌握幼儿园各领域教育的学科特点与基本知识；掌握幼儿园环境创设、一日生活安排、游戏与教育活动、保育和班级管理的知识与方法；熟知幼儿园的安全应急预案，掌握意外事故和危险情况下幼儿安全防护与救助的基本方法；掌握观察、谈话、记录等了解幼儿的基本方法和教育心理学的基本原理和方法；了解 0～3 岁婴幼儿保教和幼小衔接的有关知识与基本方法。

(3)通识性知识

通知性知识包括具有一定的自然科学和人文社会科学知识；了解中国教育基本情况；具有相应的艺术欣赏与表现知识；具有一定的现代信息技术知识。

3. 专业能力素养

专业能力素养包括环境的创设与利用、一日生活的组织与保育、游戏活动的支持与引导、教育活动的计划与实施、激励与评价、沟通与合作、反思与发展等。

4. 心理素养

心理素养包括乐观向上、热情开朗、有亲和力，善于自我调节情绪，保持平和心态。

(五)教师专业发展

1. 教师专业发展的内涵

教师专业发展是指教师在其专业生涯中，习得学前教育专业理论知识与技能，内化学前教育规范，形成学前教育专业精神，表现专业自主性并实现专业责任的历程。从群体角度看，就是教师这个职业群体符合专业标准的程度。

《中华人民共和国教师法》明确规定，教师是履行教育教学职责的专业人员。教师应在自己的职业生涯中实现专业发展，成为真正意义的专业人员。

相关链接

国际上关于职业专业化的标准：

(1)专门的知识

(2)需要较长时间的专业训练

(3)有专门的职业道德

(4)有自主权

(5)有组织，有行业自身的监督和约束(能根据自己的专业进行判断和决策)

(6)需要终身学习

2. 教师专业发展的阶段理论

(1)福勒和布朗的教师专业发展阶段理论

福勒和布朗将教师专业发展分为三个阶段：关注生存阶段、关注情境阶段、关注学生阶段。我们可以按照教师入职后时间发展的顺序来理解各个阶段的关键特征。

首先是关注生存阶段。在这一阶段，刚入职或入职不久的新教师刚到一个新的工作环境，对工作对象、环境、常规要求等都不熟悉，希望自己尽快熟悉和适应，被同事接纳、得到领导的赏识、受到儿童的喜欢。因而这一阶段教师主要关注的是人际关系。

其次是关注情境阶段。在这一阶段中，教师认为自己在新的岗位上已经站稳了脚跟，就会将注意力转移到提高自己的教育教学工作质量上来，如关注本班儿童的学习效果，关心班集体是否已经形成，关注自己备课的各个方面准备是否充分等。

最后是关注学生阶段。在这一阶段中，教师开始能观察和分析本班儿童的个别差异，不仅能认识到不同年龄阶段儿童存在不同的发展水平，也能认识到即使处于同一年龄段儿童也是不同的个体，具有不同的情感和社会需求。因此教师应针对这些差异因人施教，提供适宜本班儿童发展的教育。可以说，能否自觉关注教育对象是衡量一位教师是否成熟的重要标志。

(2)伯利纳的教师发展阶段理论

伯利纳提出教师发展五阶段论，即新手阶段、熟练新手阶段、胜任阶段、业务精干阶段、专家阶段五个阶段。①

这是美国亚利桑那州立大学伯利纳在人工智能领域的“专家系统”研究以及德赖弗斯职业专长发展五阶段理论的基础上，根据教师教学专业知识和技能的学习和掌握情况提出的。一是新手阶段。新手型教师是指经过系统教师教育和专业学习，刚刚走上教学工作岗位的新教师，工作时间一年左右。他们表现出以下特征：理性化，处理问题缺乏灵活性，刻板，依赖规定。这个阶段教师的主要需求是了解与教学相关的实际情况，熟悉教学情境，积累教学经验。二是熟练新手阶段。新手型教师在积累一定的知识和经验后逐渐发展成熟练新手。其特征主要表现为：实践经验与书本知识的整

① 孙玉萍：《“双师型”教师成长过程探讨》，载《高等职业教育(天津职业大学学报)》，2006(2)。

合；处理问题具有一定的灵活性；不能很好地区分教学情境中的信息；缺乏足够的责任感。一般来说，具有2～3年教学经验的教师处于这一阶段。三是胜任阶段。大部分的新手教师在经过3～4年的教学实践和职业培训之后，能够发展成胜任型教师。这是教师发展的基本目标。胜任型教师的主要特征是教学目的性相对明确，能够选择有效的方法达到教学目标，对教学行为有更强的责任心，但是教学行为还没有达到足够流畅、灵活的程度。四是业务精干阶段。一般来说，到工作第5年，积累相当知识和教学经验的教师便进入了业务精干的发展阶段。在此阶段，教师表现出以下特征：对教学情境有敏锐的直觉感受力，教学技能达到认知自动化水平，教学行为达到流畅、灵活的程度。五是专家阶段。专家阶段是教师发展的最终阶段，只有少部分教师才能达到这个阶段。专家教师在教学方面的主要特征是观察教学情境、处理问题的非理性倾向，教学技能完全自动化，教学方法多样化。

3. 专业化教师的特征

(1)研究型教师的特征

首先，这一类型的教师是儿童的研究者，能根据对儿童行为的观察和分析确定支持其发展的策略。例如，三个儿童都有交往冲突和争吵行为。教师经过观察和多方了解得知，儿童A是由于想要一起玩，不会与同伴进行语言协商；儿童B是以自我为中心争抢别人玩具；儿童C是由于在游戏中同伴不遵守游戏规则。专业化教师会采取不同的方式引导儿童自己学会认清问题和解决问题。问儿童A：他们为什么和你吵架？你觉得刚才什么地方做得不好？引导儿童学会用尊重对方的态度、商量的口吻尝试着沟通，看看对方是否乐于接受自己参与他们的活动。问儿童B：这个玩具是谁的呢？现在应该轮给谁玩？你喜欢玩的玩具被别人抢走，你会怎么样呢？你要想玩怎么办呢？问儿童C：对不遵守游戏规则的伙伴应该怎样劝说才有效？全班儿童围绕“生活中哪些规则必须遵守”进行谈话，讨论不遵守规则会有什么后果？怎样对待集体制定的规则？研究型教师依靠自己扎实的专业知识做出判断，注重引导儿童进行反思和移情，着眼于儿童长远的发展，使儿童学会自己分析问题和解决问题。而非研究型教师只注重当前的情况，不给儿童创造机会分析问题、解决问题。其次，他们还是教育教学的研究者，能自觉主动采用多种研究形式和方法，探索和解决自身教育实践中的问题，从而改进教育教学实践，提升教育教学质量。

(2)反思型教师的特征

自我反思能力是教师专业发展的重要基石和专业成长的核心要素。这一类型的教师总是习惯在教学实践后进行全面自我反省、思考：这个活动儿童感兴趣吗？学习方式是以儿童为主体的吗？儿童在学习中遇到困难了吗？我的应答有利于儿童自己寻找解决问题的方法吗？我的指导方法有效吗？我提的问题具有开放性吗？创设的环境有利于儿童产生互动吗？等等。

4. 教师专业发展的主要途径

(1)职前培养与职后培训

结合《学前教育专业认证标准》的要求来看，职前培养是指培养学前教育师资的院校能从成果导向理念出发，倒推学前教育专业学生毕业后5年应达成的培养目标；倒推毕业要求，再据此设置专业目标、课程设计等完成之前的培养。入职之后，学前教育机构要提高师资队伍的职业素养，必须有针对性地开展师德、相关法律法规、幼儿园规章制度、教育教学、一日生活、游戏、与家长沟通、科研等方面的系列化专业培训，有目的、有计划地促进教师的全面发展。

(2)同伴互助

同伴互助是教师专业发展的有效途径。教师之间通过互帮互学、经验分享、提供反馈、支持与协助等平等交流，既能发挥集体的智慧，又能产生相互碰撞，促进对问题的深入理解和思考。

（3）专家引领

专家引领是指高校学前教育专业的专家以及其他业内专家，基于深厚的学前教育理论基础，能在学前教育实践中提出深度问题，引导教师明确问题，剖析原因，找出解决问题的措施。

（4）教研和科研

教研是指教师针对在学前教育教学实践中存在的具有共性又难以解决的问题，通过有目的的一系列教学活动并对其不断反思、可持续改进的方式来研讨问题，不断提升幼儿园保教质量，同时促进其专业水平逐步提高的研究活动。

科研是指教师在学前教育科学理论的指导下，以学前教育现象为研究对象，以科学方法为手段，遵循一定的研究程序，以有目的、有计划地获取新的学前教育科学规律性知识为目标的创造性实践活动，也就是借助课题研究去提升专业理论与实践水平的方式。

（5）自我研修

自我研修是指教师为自己量身定制个人专业发展规划，制定每一阶段的发展目标，通过拓展阅读、撰写教育笔记、教育叙事、经验总结、论文、研究报告等，不断提升专业素养的过程。

三、课程

（一）课程的含义

关于课程，很多教育家和学者的定义不同。一般来说，狭义的课程是指在学校中学生所应学习的学科知识总和及其进程与安排。广义的课程是指对教育的目标、教学内容、教学活动方式以及教学资源和环境的整体规划和设计，是教学计划、教学大纲等诸多方面实施过程的总和。

学前教育课程是由学前教育的课程目标、内容、组织及评价有机构成的系统。

课程蕴含着教师深厚的教育智慧和专业化技能，是实现教育目标的基本途径。所以课程是把培养目标落实在教育对象身上的中介因素，有什么样的课程就培养什么样的人才。教育实践一再证明，没有高质量的学前教育课程，就没有优质的学前教育。

关于课程的含义，很多学者提出了不同的观点，主要有以下几种。

> ▶想一想
> 对于课程的不同观点，你认同哪一种？

1. *课程即教材*

这种课程观点的代表人物是赫钦斯、贝斯特、费尼克斯。他们认为实施课程即传递知识、技能，课程内容的重点应放在向学生传递知识这一基点上，而知识的传递是以教材为依据的。因而，课程内容就理所当然地被认为是教师上课所用的教材。这种课程是以学科为中心的教育目的观的体现。

2. *课程即活动、经验*

这种课程观点的代表人物是美国实用主义教育家杜威。他认为，课程的最大流弊是与儿童生活不相沟通，学科科目相互联系的中心点不是科学，而是儿童本身的社会活动。研究成人的活动，了解各种社会需要，把它们转化成课程目标，再进一步将这些目标转化为儿童的学习活动。这种课程价值取向的重点放在儿童做些什么上，而不放在教材体现的学科体系上。以活动为取向的课程，注意课程与社会生活的联系，强调儿童在学习中的主动性，以儿童的兴趣为中心组织课程；主张编制课程时应与儿童的生活经验发展顺序相一致，使他们掌握解决实际问题的知识；提倡学生在做中学。他认为传统的学科课程论不能照顾学生的需要、兴趣和个性，提出在活动中学习，通过活动获得经验，培养兴趣，解决问题，培养科学的思想、态度和思维方法。

(二)学前教育课程的特点

1. 生活性

生活性指学前教育课程内容要贴近儿童的生活，还给他们真实的生活场景，让儿童获得真实的生活体验。儿童一日生活本身就是教育，就是课程。

2. 启蒙性

启蒙性指学前教育课程内容是浅显的、基础性的，是符合儿童年龄特点和认知水平的，是他们能够理解和接受的，不追求过高的知识、技能目标。

3. 整体性

整体性指学前教育课程既是按照健康、科学、语言、艺术、社会五大领域互相渗透、有机结合成一个整体来实施的，也是游戏、教学、劳动、娱乐等多种形式统一实施的，更是需要学前教育机构、家庭、社会多方面配合一致去实施的。

4. 兴趣性

兴趣性指学前教育课程内容不论是教师选择还是儿童生成，都应该是儿童感兴趣的、乐于主动参与学习的。这样的学习效果才能更好。即使课程内容儿童不感兴趣，但只要是儿童未来发展需要的内容，教师就要想方设法创设情境，激发他们的学习兴趣。

5. 显性与隐性相结合

显性与隐性相结合指教师要善于把组织儿童游戏、活动这些显性的课程以及自己的言行举止、与儿童交往、环境创设等隐性的课程紧密结合起来对儿童施加影响。

(三)学前教育课程的要素

1. 课程目标

课程目标是教育目的、培养目标在每一阶段的教育机构中落实的具体化。它指明了通过课程学习应使儿童在德、智、体、美、劳各方面达到的成就。课程目标是课程设计的出发点和归宿。它既是课程内容选择的依据，也是检验课程实施结果的标准。在实施课程的过程中，课程目标应按照儿童的年龄特点和实际需要层层分解、落实。

2. 课程内容

课程目标是依据课程目标及相应年龄段的儿童身心发展的特点与规律而选定的儿童能够学、应该学和适宜学的知能范畴。

3. 课程组织与实施

课程组织与实施是依据课程目标的要求，对构成教育的基本要素或课程实施的各种因素加以编排、组合、平衡的方式以及执行的过程。

4. 课程评价

课程评价是以课程目标为标准，在课程实施过程中或某个阶段结束时，对课程各要素的适宜性及效果进行测量和评估，为教育行政部门审鉴课程方案提供决策的依据，同时也为课程设计与实践者改进、完善课程提供调整的参考依据。

（四）课程与教育内容的关系

由上述课程要素的介绍可知，课程内容与教育内容基本上是一致的。课程内容是教师按照国家和社会的要求及儿童的年龄特点、兴趣需要来选择的；教育内容则可以是教师预设的内容，也可能是根据儿童兴趣随机生成的内容，但教育内容的传授要通过课程组织与实施去实现。

四、环境

（一）环境的含义

环境是指人类生存的空间以及可以直接或间接影响人类生活的一切自然因素和社会因素的总和。这里的自然因素是指河流、山川、树木、花草、季节、气候等，社会因素是指政治制度、经济体制、文化传统、社会关系等。环境对儿童身心发展具有一定的影响。

《幼儿园教育指导纲要（试行）》指出："环境是重要的教育资源，应通过环境的创设和利用，有效地促进幼儿的发展。"意大利教育家蒙台梭利提出要创设有准备的教育环境，即符合儿童身心发展需要的，并能引起儿童与环境及其中的材料互动的环境，同时是一个充满自由、快乐、爱、秩序、便利的环境。意大利瑞吉欧教育创始人马拉古奇指出："我们重视环境，因为环境有能力去组织、提升不同年龄的人之间的愉悦关系，创造出美好的环境，提供变化，让选择和活动更甄完善。而且环境的潜能可以激发社会、情感和认知方面的种种学习。"①因此，环境可以说是一种能对儿童产生潜移默化、耳濡目染影响的隐性课程。

学前教育环境是指教师充分挖掘和利用儿童周围的一切对他们有良好影响的教育资源和因素，吸引他们与这些产生有效的互动，以促进儿童身心和谐发展的物质条件和精神氛围的总和。

（二）学前教育环境创设的意义

1. 有利于促进儿童的认知发展

良好的教育环境一定蕴含着教育目标，能激发儿童动手操作、探究发现等方面的求知欲望，使他们认识自然、社会中的人和事物，发现人与自然、社会的相互影响的密切关系。

2. 有利于促进儿童的社会性发展

良好的教育环境发展良好的人际关系。儿童要学会处理集体与个人之间的关系，适应社会生活。

3. 有利于儿童的个性形成

不论是教师引导儿童观察自然和社会，还是他们与同伴、教师交往，都能陶冶他们的情操，培养他们关爱他人、爱护自然、亲近社会的积极情感以及活泼开朗的性格等。

（三）学前教育环境种类的划分

1. 自然环境和社会环境

环境按照属性可分为自然环境和社会环境。自然环境包括生物生活的一定的生态环境、生物环境和地下资源环境等。其中生态环境与自然环境的含义十分相近，但严格来说不等同于自然环境。自然环境的外延比较广，各种天然因素的总体都可以被称为自然环境。只是具有一定生态关系构成的整体才能被称为生态环境。二者是包含关系，生态环境只是自然环境的其中之一。我国未来现代

---

① 转引自张满清：《论 0～3 岁早教实践之教养相融》，载《教育与教学研究》，2010(5)。

化建设者和接班人应树立正确的生态环境观。

社会环境包括社会政治环境、经济环境、文化环境和心理环境等范畴。

2. 物质环境和精神环境

环境按性质分可以分为物质环境和精神环境。物质环境是指学前教育机构的生活设施、玩教具、材料、图书、多媒体等有形物质。

精神环境是由儿童所处的生活环境的集体氛围、活动气氛、教风、同伴关系、教师与儿童的关系等无形的心理因素和社会因素构成的。

(四)学前教育环境创设的原则

1. 安全性原则

安全性原则指应有利于儿童身心健康和安全，无毒无害。这对于儿童来说是第一位的。

2. 一致性原则

一致性原则指环境创设的目标要与教育目标相符合，让环境蕴含教育目标。

3. 适宜性原则

适合性原则指环境创设既能满足各年龄段儿童的特点，也能满足他们不同的兴趣和需要，还与当前的教育内容有关。

4. 参与性原则

参与性原则强调教师引导儿童积极参与创设环境，发挥他们的主体性，给他们创造充分动手动脑的机会与条件。

5. 开放性原则

开放性原则强调创设学前教育环境时，不仅要考虑学前教育机构内的环境，还要充分利用学前教育机构外的一些有利因素，将二者有机结合起来，形成开放的教育系统。

6. 经济性原则

经济性原则强调创设环境要以当地经济发展水平为前提，结合办园性质和经济状况，因地制宜，勤俭节约，创设既经济又健康的环境。①

(五)学前教育环境创设的基本方法

1. 关联法

关联法是指创设环境要与当前教育内容、主题相互关联，或者各个班级之间、各楼层走廊之间的环境创设存在关联的方法。

2. 协同合作法

协同合作法是指教师与儿童、儿童与儿童之间对幼儿园内环境的布局、制作及互动、展示等方面分工配合、共同完成的方法。

3. 分隔法

分隔法是指儿童活动室内的干湿区域、动静区域，室外的动静区域(如观赏、散步与篮球、足球运动)，不同功能区域(攀爬、玩滑梯、玩沙玩水、种植)之间有适当的分隔，防止互相干扰的方法。

---

① 曹莉:《学前教育学》，96页，长沙，湖南师范大学出版社，2017。

4. 平面与立体组合法

平面与立体组合法是指环境创设可以将平面装饰和半立体(折叠、卷、编)以及立体(积木搭建、表演台、超市货架等)装饰有机结合起来，也要注意给儿童留有活动空间，方便交流合作的方法。

5. 色彩和谐搭配法

色彩和谐搭配法是指整个活动室内或者户外场地、院墙的所有装饰、家具、玩具设备、材料不要颜色过于繁多、刺眼，色彩搭配要和谐，要给儿童舒适、清新、淡雅的感觉的方法。

6. 种植养护法

种植养护法是指教师与儿童在园中种植一些花草、树木，饲养动物，观察它们的生长过程，了解它们生长规律的方法。

本讲要点

本讲的主要内容是学前教育的四个基本要素，即儿童、教师、课程、环境。其中儿童是主要的因素，教师是学前教育质量的保障性和关键性因素。课程是将国家、社会要求落实在儿童身上的中介性因素。环境是重要的教育资源，是一种隐性课程。然后本讲分别对每个要素进行阐述。首先介绍了儿童的概念、特点、在教育过程中的地位以及儿童的基本权利；其次介绍了教师的含义、职业特点、职业责任与职业价值、职业素养、专业发展；再次介绍了课程的含义、学前教育课程的特点、学前教育课程的要素、课程与教育内容的关系；最后介绍了环境的含义、学前教育环境创设的意义、学前教育环境种类的划分、学前教育环境创设的原则及基本方法。

学以致用

1. 观察某一学前教育机构的环境创设，分析其是否符合环境创设的原则，并给出相应的建议。

2. 收集一些优秀教师的教育活动方案，分析其体现出学前教育课程的哪些特点。

模拟练习

一、单选题

1. 学前教育中主要的因素是(　　)。

A. 儿童　　B. 教师　　C. 课程　　D. 环境

2. 学前教育质量的保障性和关键性因素是(　　)。

A. 儿童　　B. 教师　　C. 课程　　D. 环境

3. 根据教师的需要和不同时期所关注的焦点问题，将教师的成长划分为关注生存、关注情境及关注学生三个阶段的是(　　)。

A. 斯滕伯格　　B. 布鲁巴奇　　C. 波斯纳　　D. 福勒和布朗

4. 一位教师总是能通过观察发现班上每个儿童的兴趣、个性特点和发展水平的不同，并根据他们的这些差异提供适宜的教育。处于这种工作状态的教师目前所处的发展阶段属于(　　)。

A. 自我感觉　　B. 关注学生　　C. 关注生存　　D. 关注环境

5. 一位教师请班上儿童的爸爸(消防员)、妈妈(空乘人员)来讲是怎样救火或怎样为旅客服务的，这是符合环境创设原则的(　　)。

A. 安全性原则　B. 参与性原则　　C. 开放性原则　D. 经济性原则

二、简答题

1. 简述儿童的基本权利。

2. 简述教师的劳动特点。

3. 简述学前教育课程的要素。

4. 简述学前教育环境创设的原则。

模拟练习答案

第四讲　学前教育的基本要素

考点分析

幼儿园教师资格考试标准的三个级别的指标中教师的要求均涉及各大政策法规的具体内容。本单元与教师资格证相关的考点分散在多个模块，具体考点有以下方面。

1. 理解学前教育的性质和意义。理解学前教育的本质、目的和作用。

2. 熟悉幼儿权利保护的相关教育法规，保护幼儿的合法权利。依据国家教育法律法规，分析评价学前教育工作中幼儿权利保护等实际问题。

3. 理解幼儿发展中存在个体差异，了解个体差异形成的原因，并能运用相关知识分析教育中的有关问题。

4. 熟悉教师的权利和义务，熟悉国家有关教育法律法规所规范的教师教育行为。

5. 依据国家教育法律法规，分析评价学前教育教学实践中的实际问题。

6. 了解教师专业发展的要求，具备终身学习的意识。

7. 理解教师职业的责任与价值，具有从事学前教育工作的热情与决心。

8. 了解《中小学教师职业道德规范》，掌握教师职业道德规范的主要内容。

9. 分析评价保教实践中教师的道德规范问题。

10. 熟悉教师职业行为规范的要求，熟悉教师的职业特点。

11. 理解教师职业行为规范的主要内容，在教育活动中运用行为规范恰当地处理与幼儿、幼儿家长、同事以及教育管理者的关系。

12. 在保教活动中，依据教师职业行为规范，做到爱国守法、爱岗敬业、关爱学生、教书育人、为人师表。

13. 熟悉幼儿园环境创设的原则和基本方法。

14. 了解心理环境对幼儿发展的影响，理解教师的态度、言行在幼儿心理形成中的重要作用。

第三单元

学前教育的产生与发展

思维导图

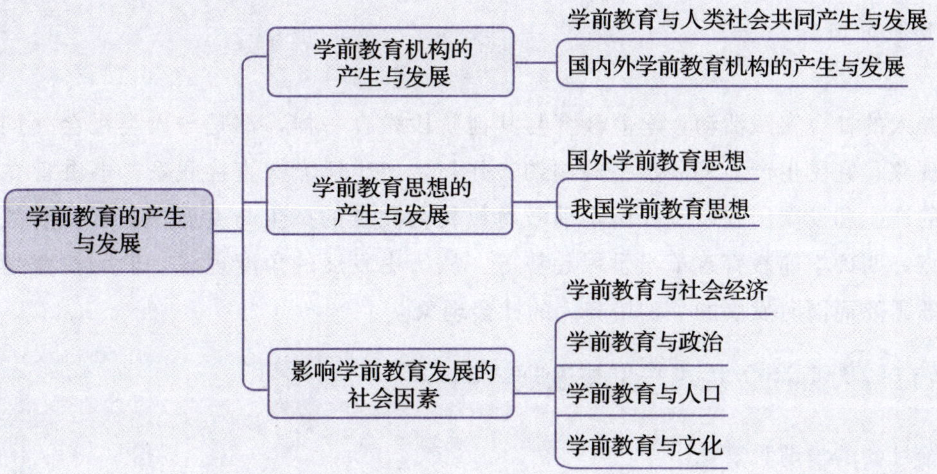

学习目标

1. 了解学前教育机构和学前教育思想的产生与发展。
2. 识记、理解学前教育各发展阶段重要的代表人物、代表作与教育思想。
3. 辨析学前教育与社会发展诸要素的相互关系。

第一讲
学前教育机构的产生与发展

头脑风暴

有一位记者问一位获过诺贝尔奖的老人："您认为您在哪所大学学到的东西最重要？"老人平静地说："是幼儿园。"这位诺贝尔奖获得者认为，人生最重要的东西是在幼儿园里学到的。你如何理解他的回答。

作为培养人的社会实践活动，学前教育与其他阶段教育一样，都是与人类社会一同产生的。作为一种社会现象，它受生产力发展水平的制约，并与生产生活方式直接联系。本讲旨在了解世界学前教育机构的产生和发展历程以及我国学前教育机构与制度的产生与发展，理解学前教育思想与流派的主要观点，明确学前教育改革与发展趋势等。从历史发展的角度理解，学前教育是伴随着社会生产和生活的需要而同时发展的一种培养人的社会现象。

一、学前教育与人类社会共同产生与发展

(一)原始社会的学前教育

原始社会的学前教育是人们在长期的生产劳动和生活实践中积累经验，把使用和制造简单劳动工具的方法教给儿童，带领他们进行集体采摘，告诉儿童如何生存。那时，儿童的教育主要由氏族公社母亲负责，实行儿童公有和儿童公育制度。

(二)奴隶社会、封建社会的学前教育

进入奴隶社会，随着家庭的出现，原始社会的儿童社会公育已经消失，而变为家庭承担教育儿童的任务。在一段很长的奴隶社会时期，由于生产力和科学文化不发达，人们还不能认识童年在人的发展中的重大意义。由于奴隶主贵族居于统治地位，垄断着受教育的权力，因此儿童的教育也仅仅限于在奴隶主贵族的家庭中实施。在这一时期，学前教育与学校教育有了较明确的年龄划分，但是对儿童实施的学前教育具有鲜明的阶级性。只有上层统治阶级家庭才会注重子女的学前教育，大多数的儿童是在日常生活和劳动中受着自发的教育影响，学前教育发展缓慢。

封建社会的学前教育打破了过去奴隶主贵族垄断学前教育的局面，使学前教育成为普通平民家庭教育的重要组成部分。学前教育的内容日益丰富，涵盖了德、智、体、美、劳诸方面，并出现了许多方面的教材；学前教育内容的难度与广度均有较大的增加，但是学前教育的实施具有浓厚的功利主义色彩，总体上是重教轻养。

(三)早期资本主义社会的学前教育

在资本主义工业兴起后，母亲参加社会的生产劳动，幼童无人照管，在家庭以外建立学前教育机构成为社会需要。同时，人们对儿童和儿童教养问题也逐渐重视起来，因而推动了学前教育机构

的建立和发展。资本主义发展较早的几个欧洲国家先后出现了最初的学前教育机构。法国牧师奥伯尔林在他的教区建立的一所托儿所(原名 Salle daside，字义为 hall of refuge，即难童所，后亦称 infant school)。他常教儿童游戏，还带儿童在田间散步，收集植物标本；对年龄大一些的儿童就教他们纺纱、缝纫。英国空想社会主义者罗伯特·欧文在他的模范区纽兰纳克建立了“性格形成新学园”，其中包括收 2～5 岁儿童的学前教育机构。这是世界上第一所为工人阶级创办的学前教育机构。随后学前教育机构蓬勃发展起来。

(四)现代社会的学前教育

在现代社会，随着人们对学前教育价值的研究以及终身教育理念的广泛认同，人们越来越重视学前教育对个体和社会发展的功能。同时，各国学前教育在相互交流、相互促进、共同发展过程中逐渐呈现出一些共同的趋势。

1. 学前教育发展的国际化

随着全媒体时代的到来，教育的国际化已经被视为教育现代化的重要标志，学前教育也具备教育国际化的特质。各国最新的学前教育理论传播到世界各地，并与当地的本土文化相融合，形成具有本土特色的学前教育思想，并在此基础上形成多样化、本土化的课程模式，如美国的海伊斯科普课程模式(也称高瞻课程)、早期教育发展适宜性课程模式、意大利瑞吉欧教育课程等。学前教育课程都以儿童的整体发展为课程整合的出发点和落脚点，都强调课程内容的整合性、课程实施的适宜性、课程整合的多方参与性。我国为了深入贯彻落实《幼儿园工作规程》《3－6 岁儿童学习与发展指南》，总结各国学前教育发展的实践经验，建设能够满足各级各类幼儿园发展需要的课程资源。专家或幼儿园做了多方面的探索，也取得了较为明显的成效。比如，当前学前教育的管理者引导幼儿园坚持以游戏为基本活动，积极开展对“一日活动”的研究与实践，提高了保教质量。其中安吉游戏已经从国内走向了国际，在国际上为我国学前教育赢得广泛好评。这是在陈鹤琴的“活教育”思想走向世界之后的新时代中国学前教育课程再次走向世界的代表。

2. 学前教育机构的多样化

学前教育机构呈现多样化的发展趋势。比如，英国的“早期儿童优质服务中心”，澳大利亚的“新型儿童服务中心”以及日本的“社区育儿支援中心”和“幼儿教育中心”等，都是以社区为基础建构起来的多功能的学前教育机构。我国学前教育逐渐建立了以政府为主导、社会参与、公办民办并举的多样化办园体制。具体做法为：一是加大公办园发展支持力度，针对幼儿园分布不均衡的区域，逐年分批新建公办园；二是结合实际情况，充分利用空置厂房、乡村公共服务设施、街道和乡镇辖区内闲置资源，以租赁、划转等形式举办公办园；鼓励和支持社会力量举办民办幼儿园，也鼓励街道、村集体、有实力的国有企事业单位，特别是普通高等学校举办公办园，建成覆盖城乡、布局合理的学前教育公共服务体系。

3. 学前教育的普惠性

目前，世界各国都在大力通过公共财政来支持学前教育的普及，促进教育公平。比如，美国制订了面向国家、保教费全免的“开端计划”，来满足 30％的贫困幼儿的保教需要。在我国，2018 年 11 月《中共中央　国务院关于学前教育深化改革规范发展的若干意见》(简称《若干意见》)发布。这是新时代学前教育深化改革规范发展的行动指南，也是新中国成立以来以中共中央、国务院名义出台的第一个面向学前教育的重要文件，具有里程碑意义。《若干意见》提出，到2020年，全国学前三年毛入园率达到85%，普惠性幼儿园覆盖率(公办园和普惠性民办园在园幼儿所占比例)达到80%，进一步完善学前教育公共服务体系，持续推进学前教育改革发展，着力解决当前“入公办园难、入民办园贵”等问题，更好地实现幼有所育。《若干意见》充分反映出我国与国际社会就发展学前教育所达成的共识。目前普惠园的发展目标已经达到。

4. 教育法规体系日趋完善规范

学前教育法规的确立，保障和促进了学前教育健康发展。以英国为例，2000年以后，英国政府陆续颁布了《基础阶段课程指南》(2000年)、《儿童法案》(2004年)、《儿童保育法案》(2006年)。纵观我国学前教育立法历程，以《奏定蒙养院章程及家庭教育法章程》为始端，到新中国成立后1952年颁布《幼儿园暂行规程(草案)》和《幼儿园暂行教学纲要(草案)》，促进了20世纪50年代学前教育的健康发展。《幼儿园工作规程》和《幼儿园管理条例》的颁布标志着我国学前教育开始走上了依法治教的法制化和科学化道路。进入21世纪以后，《幼儿园教育指导纲要(试行)》《3－6岁儿童学习与发展指南》等的颁布说明学前教育机构的法规体系随着社会发展而逐渐完善。

2020年9月，中央人民政府官方网站和教育部网站同时发布《学前教育法草案(征求意见稿)》。为深入贯彻党的十九大和十九届二中、三中、四中、五中全会精神，落实全国教育大会和习近平总书记关于教育的重要论述精神，促进学前教育事业健康发展，健全学前教育法律制度，根据宪法、教育法及其他有关法律法规，经充分调研与广泛征求意见，教育部研究形成了《学前教育法草案(征求意见稿)》。2023年6月，国务院常务会议经过讨论后通过《中华人民共和国学前教育法(草案)》。

5. 幼小衔接成为重点研究课题

幼小衔接作为学前教育界研究的重点课题之一，受到了世界各国的广泛关注。在美国，为了使幼儿更加顺利地适应小学生活，国家规定需对入学前的5岁幼儿进行为期一年的预备教育。我国也开展了相关研究，针对幼儿园小学化问题提出了禁止各类幼儿园从事违背学前教育规律的实验和活动，注意小学与幼儿园的双向对接，坚持小学“零起点”教学等有效衔接措施。例如，本着以《3－6岁儿童学习与发展指南》为指引，以广泛传播正确的教育理念和科学教育知识为手段，以促进幼儿身心全面和谐发展为最终目的，济南市编写了《幼小衔接工作指导手册》。针对幼小衔接中涉及的教育因素，划分为幼儿园篇、学校篇、教师篇、家长篇四个章节，旨在引导教师、家长树立正确的儿童观、教育观、发展观，并采取丰富多样的教育途径，实施科学有效的教育方法，力求多方参与、密切配合、共同携手，为帮助幼儿顺利步入小学做好充分准备。

6. 突出丰富的环境教育对儿童发展的影响

学前教育机构环境的丰富性与适宜性，是影响儿童健康成长的重要因素。学前教育领域的环境包括物质环境和精神环境。物质环境包含生活环境、学习环境和教育环境；精神环境一般指社会文化心理环境，如成人的表率作用、家庭的生活氛围等。比如，法国的学前教育机构通过提供多样化的工具和材料，让儿童在分析、重组材料的过程中，学会组合、拼装等技能，从而促进儿童的逻辑思维发展。与国外学前教育机构中的环境创设相比，我国幼儿园、托儿所等的环境创设更倾向于外部环境创设，如在墙面、家园合作栏、儿童的意见栏等方面进行装饰，创造明亮、阳光的优质环境；而在培养儿童的规则意识、社交技能等方面的精神环境创设上则相对不足。

7. 实施高质量的学前教育质量评价

随着对学前教育质量评价讨论的不断深入，越来越多的国家制定了更为人性化、弹性化的教育质量评价标准。德国 2002 年颁布的《全国托幼机构教育质量标准目录》开始注重对托幼机构的物理环境、人际环境、制度环境及相关工作进行全面评价。我国为了细化质量评价，完善评价监测机制，也采取了一些举措。教育部出台了多个相关文件，如《教育督导条例》《幼儿园办园行为督导评估办法》《幼儿园责任督学挂牌督导办法》，推动学前教育质量评价督导的规范化、科学化。

二、国内外学前教育机构的产生与发展

(一)国外学前教育机构的产生与发展

德国教育家福禄培尔 1837 年在勃兰根堡创办了一个儿童教育机构，招收 1～7 岁儿童，并于 1840 年将其命名为幼儿园(Kindergarten，取意儿童如大自然万物在花园中自由、茁壮地生长)。这是世界上第一个被命名为幼儿园的学前教育机构。在以后的二三十年中，其他国家相继开办了幼儿园，如奥地利、比利时、英国、匈牙利、荷兰、瑞士，以及加拿大、日本、美国等。

进入 20 世纪以后，随着现代社会文明的飞速发展，特别是科学技术的发展，国际竞争加剧，各国为了多出人才、早出人才，普遍重视学前教育。学前教育的社会价值和教育价值开始为全社会所认识，从而使学前教育机构得到了前所未有的发展。

(二)我国学前教育机构与制度的产生与发展

1. 我国学前教育机构的建立和早期发展

在我国，到清末才建立正规学前教育机构。1903 年，湖北武昌出现我国第一所官方开办的学前教育机构—— 湖北幼稚园。清政府制定的《奏定学堂章程》中有《奏定蒙养院章程及家庭教育法章程》，第一次将学前教育列入学制系统。当时幼稚园章程和教材的制定皆借鉴日本的经验，并聘请日本教师。接着北平、上海、湖南、江苏等地也相继成立蒙养院或幼稚园。

2. 国民党统治区学前教育的发展

1922 年，北洋政府颁布了“新学制”，正式将幼稚园列入学制系统，招收 6 岁以下儿童。1932 年，国民政府颁布《幼稚园课程标准》，设置的活动有音乐、故事和儿歌、游戏、社会和常识、工作、静息及餐点等。此时，幼稚园的教育内容和方法从效法日本到学习欧美，强调儿童的自由发展，甚至房舍布置、设备玩具也都搬用外国的。正如人民教育家陶行知指出，当时幼稚园有“外国病、花钱病、富贵病三种大病”。但也有一些教育家致力于研究和创立适合我国国情的学前教育机构。陈鹤琴于 1923 年创办南京鼓楼幼稚园，对幼稚园的课程、教材、教法、设备等方面进行了实验研究。陶行知主张在工农中普及幼稚教育，并创办了第一个乡村幼稚园和劳工幼稚园。张雪门创办了北平香山慈幼院的幼稚师范学校和幼稚园。

3. 解放区学前教育的发展

1934 年，中华苏维埃共和国临时中央政府内务人民委员部颁布了《托儿所组织条例》，规定了组织托儿所的目的、入所条件、保教人员标准、编制和环境设备等。当时曾在江西瑞金试办了两所托儿所，收了 20 余名幼儿，主要对象为红军子女。1941 年颁布的《陕甘宁边区政府关于保育儿童的决定》，对于产妇卫生、保育儿童、托儿所的建立、孕妇与儿童的待遇和营养标准、保育员待遇都做了

具体规定。针对当时动荡的战争环境，儿童保育有多种入托做法。

①寄宿制的保育院、托儿所由边区政府举办，设在较安全的后方。

②整日制的托儿所由机关、工厂、学校、部队等单位主办，收托本单位干部、职工子女。

③日托变工托儿所、哺乳室，是劳动母亲变工的托儿形式，由母亲轮换看管幼儿。

④小学附设的幼稚班为入学儿童的弟弟妹妹开办，解决其照看弟弟妹妹的问题。

4. 新中国学前教育的发展

第一，历史转折时期。新中国成立后，我国借鉴苏联经验对学前教育进行了整顿、改造和发展。在教育思想上，改革旧的学前教育思想、内容和方法，学习当时苏联先进的学前教育理论和经验，形成了我国学前教育思想。在办园方向上，幼儿园逐渐转为向工农子女服务，为国家建设服务，让普通劳动人民的子女成为幼儿园的受教育者。从此，促进儿童健康成长，方便家长参加社会主义建设成为我国幼儿园的双重任务。教育目标中提出对儿童进行德智体美全面发展教育，在这一目标的指导下对幼儿园具体的教养目标、各年龄班的教育任务等也都重新进行了规定。

第二，波折动荡时期。随着我国社会主义建设的深入，学前教育虽然有起有伏，但总体是向前发展的。幼儿园数量大增，1965 年的幼儿园数量是 1950 年的 10 倍；教师队伍也基本建立起来；幼儿园教育的各项规章制度大体确立，社会主义学前教育的新体系基本形成。在“文化大革命”期间，我国学前教育遭到了严重的破坏。“文化大革命”结束后，我国学前教育以更成熟、更坚定的步伐，开始进入新的发展历程。

第三，法制化时期。1978 年，党的十一届三中全会召开，我国社会主义建设进入了崭新的历史阶段。随着经济的持续发展和改革开放，学前教育机构的发展也出现了重大变化。

随着我国经济改革的深入，学前教育机构的发展从计划经济下的单一办园模式中解放出来，其发展趋势是由国家、企业、机关办园转向各种社会力量办园，特别是农村、个人、法人团体等积极办园，幼儿入园率不断提高。为恢复和发展学前教育，教育部门制定颁发了一系列法律法规文件，使广大学前教育工作者重新明确了学前教育的方向。1989 年 6 月，国家教育委员会为了加强幼儿园的科学管理，提高保育和教育质量，制定颁布《幼儿园工作规程(试行)》。该规程不仅明确地规定了幼儿园的保教目标、任务，而且用专门的章节对幼儿园教育从原则到活动的组织、教育的形式和方法等做了规定。2016 年又对该规程做了重新修订。1989 年 8 月，为了加强幼儿园的管理、促进学前教育事业的发展，经国务院批准，国家教育委员会颁布了《幼儿园管理条例》。这是新中国成立以来，经国务院批准颁发的第一个学前教育法规。2001 年 7 月，教育部颁布《幼儿园教育指导纲要(试行)》。它就规程中有关“幼儿园的教育”这一部分内容做出了更为具体的规定，在规程与教育实践之间架起了过渡的桥梁。2023 年 6 月，《中华人民共和国学前教育法(草案)》经国务院常务会议讨论通过。这些法规的颁布与实施进一步推动了我国学前教育的科学化、规范化的进程。

本讲要点

本讲主要是学习、了解学前教育产生和发展的历史过程，认识学前教育产生的历史背景；初步理解学前教育在社会中的地位和作用；识记现代学前教育的发展趋势。

学以致用

结合实习对教师进行问卷与访谈调查，分析当前学前教育的发展趋势。

模拟练习

单选题

1. 世界上第一所学前教育机构是(　　)。

A. 幼儿园　　B. 幼儿之家　　C. 湖北幼稚园　　D. 南京鼓楼幼稚园

2. 在原始社会时期，学前教育是完全融合在生产和生活中的，其主要任务是(　　)。

A. 开发幼儿的智力　　B. 增强幼儿的体质

C. 保证幼儿存活　　D. 培养幼儿处理事情的能力

3. 我国创办的第一所学前教育机构是(　　)年在湖北武昌创办的湖北幼稚园。

A. 1840　　B. 1904　　C. 1903　　D. 1947

4. 教育没有阶级性的社会是(　　)。

A. 奴隶社会　　B. 原始社会　　C. 封建社会　　D. 资本主义社会

5. 学前教育机构是(　　)的产物。

A. 物质基础　　B. 上层建筑　　C. 大工业生产　　D. 经济发展

6. 2020 年 9 月 7 日，教育部发布关于(　　)公开征求意见的公告。

A.《中华人民共和国学前教育基本法》

B.《中华人民共和国学前教育法草案》

C.《中华人民共和国学前教育法》

D.《中华人民共和国学前教育法草案(征求意见稿)》

模拟练习答案

第一讲　学前教育机构的产生与发展

第二讲

学前教育思想的产生与发展

头脑风暴

2021年7月，中宣部、中央文明办、中央纪委机关、中组部、国家监委、教育部、全国妇联印发的《关于进一步加强家庭家教家风建设的实施意见》指出，要以习近平新时代中国特色社会主义思想为指导，立足新发展阶段、贯彻新发展理念、构建新发展格局，以培育和践行社会主义核心价值观为根本，以建设文明家庭、实施科学家教、传承优良家风为重点，强化党员和领导干部家风建设，突出少年儿童品德教育关键，推动家庭家教家风建设高质量发展。

对于家风、家教，你是如何看待的？结合《关于进一步加强家庭家教家风建设的实施意见》谈谈你的看法。

在学前教育发展的漫长历程中，人类关于学前教育的思想和认识不断深化，形成了丰富的学前教育思想。这些教育思想为我们当下更好地开展学前教育工作提供了借鉴。

一、国外学前教育思想

(一)国外古代学前教育思想

在原始社会，每一个儿童都被视为家族未来的成员。他们在妇女的哺育和照护下，逐渐了解家庭的惯例、氏族的立法、历史传说、风俗禁忌和图腾信仰等。奴隶社会和封建社会的学前教育是与种姓制度和宗教神学密切相关的。学前教育内容主要集中在信仰、公德意识的养成和良好行为习惯的培养方面，儿童通过耳濡目染初步了解有关知识和内容。比如，古印度的学前教育始终被浓厚的神学说教统治。而雅典的教育目标是多方面的，它不仅包括要培养英勇的战士，还要把年轻人培养成有文化知识的政治家、能说善辩的思想家、精明能干的商人和国家的统治人才。

(二)国外近代学前教育思想

1. 夸美纽斯的学前教育思想

夸美纽斯是17世纪捷克教育家，是教育史上一位里程碑式的人物，对世界教育的发展做出了卓越贡献。夸美纽斯的专著《母育学校》，是世界上第一部论述学前教育的专著，集中体现了夸美纽斯的学前教育思想。他认为学前教育应该在家庭中进行，家庭就是母育学校，母亲就是母育学校的教师。母育学校为幼儿以后所要学习的一切奠定基础。

2. 洛克的“白板说”

洛克是英国的实科教育和绅士教育的倡导者，他关于教育的专著是《教育漫话》。洛克的学前教育思想主要体现在两个方面。第一，他反对天赋说，提出了“白板说”。他认为人脑开始只是一张“白纸”，没有特性也没有观念；人的一切观念都来自后天的经验，根本就没有什么天赋原则。根据这种观点，洛克认为，人的发展是由教育决定的，而不是由先天的遗传因素决定的。这是由他的思想局限性决定的。他的思想受当时时代发展的制约，但他很重视强调教育的重要性。第二，他提出了绅士教育的思想。洛克认为教育就是要培养绅士。所谓绅士就是一种有德行、有学问、有能力、有礼貌的人。为了实现绅士教育的目的，洛克设计了一整套具体的实施办法，安排的教育内容涉及体育、德育、智育等。

3. 卢梭的自然主义教育思想

卢梭是法国的启蒙思想家、哲学家、教育家、文学家，是18世纪法国启蒙运动的代表人，其主要教育著作是《爱弥儿》。

(1)自然主义教育理论

针对传统的封建教育违背人性和自然的弊端，卢梭提出了自然主义教育理论，即教育要“归于自然”。这是他教育观的基础。他认为必须让儿童充分使用大自然赋予他们的一切力量；教育要考虑到儿童的一切身体的需要，包括智慧方面和体力方面的需要。

(2)教育的阶段论

他认为人的发展和教育分四个阶段：0～2岁的婴儿期、2～12岁期、12～15岁期、15岁到成人期。

(3)自然后果法

他提倡自然后果法。他指出：“我们不要为了惩罚孩子而惩罚孩子，应该是他们觉得这些惩罚真是他们不良行为的自然后果。”

4. 裴斯泰洛齐的学前教育思想

裴斯泰洛齐是19世纪瑞士的民主主义教育家。他是世界上第一个明确提出“教育心理学化”口号的教育家，并且是西方教育史上第一位将教育与生产劳动相结合思想付诸实践的教育家。裴斯泰洛齐的教育代表作是《林哈德和葛笃德》。

(1)倡导爱的教育

他是实施爱的教育的典范。他倡导爱的教育，认为教育的主要原则是爱。他认为道德教育就是爱的教育，爱的最高表现形式是宗教教育。他强调家庭教育的重要性，尤其强调母亲在家庭教育中起到不可忽视的作用。

(2)论和谐教育

裴斯泰洛齐提出了体育、劳动教育、德育和智育的和谐教育思想。生活在社会变革时代的裴斯泰洛齐之所以十分重视人的和谐发展和教育，是以他的资产阶级人道主义社会政治观和他对社会现实的认识为基础的。

5. 福禄培尔的学前教育思想

福禄培尔是德国的学前教育家，他毕生从事学前教育，建立了较完善的学前教育体系。福禄培尔创办了世界第一所被命名为幼儿园的教育机构。他认为幼儿园的主要教育目标不在于儿童能从中学到多少知识，而在于促进儿童的身心发展。为了实现教育目的与任务，福禄培尔设计了一整套幼儿园课程。他把课程分为四大领域，即宗教与宗教教育、自然常识与数学教育、语言与语言教育、艺术与艺术教育，被誉为“幼儿园之父”。

(1)教育顺应自然

福禄培尔基于性善论，把教育顺应自然作为儿童教育的基点和中心。教育顺应自然的思想贯穿了他的教育思想的始终。“自然”主要包括两层含义：一方面是指大自然；另一方面是指儿童的天性，即儿童的生理和心理特点。在论述教育顺应自然时，自然主要指后者。在福禄培尔看来，教育应当顺应自然的发展，人应当像自然那样按照其本性自由健康发展。他认为教育应当顺应儿童的活动本能和兴趣需要。这并不意味着放任儿童自流、任其发展，而是指教师、父母和其他成员应为儿童提供发展的条件和空间，运用正确而行之有效的手段顺应儿童的自然性向，促使儿童健康、茁壮地成长。据此，他明确提出幼儿园的主要任务是增强儿童的体质，发展他们的感官，提升他们对周围生活的认识，发展他们的语言和创造力，养成他们在同伴中过集体生活的习惯，养成他们守秩序和初步自我照料的习惯以及进行初步的道德教育等。

(2)作业教学和恩物教学

作业是福禄培尔为幼儿园确定的一种教育活动形式。福禄培尔为儿童设计了许多适合他们完成的作业，主要有绘画、纸工、用小木棒或小环拼图、串联小珠、刺绣等，还包括一些劳动活动，如初步的自我服务和照料植物等，并开辟劳动园地，组织儿童进行栽种。恩物是福禄培尔为幼儿游戏和作业所设计的一套教具(玩具)。它是根据自然界的法则、性质、形状等原理，用简易明白的物体制成的，是儿童了解自然、认识自然的初步训练工具。

(3)游戏理论

福禄培尔强调游戏的教育价值，他是第一位阐述游戏功能及价值的教育家。福禄培尔把游戏的教育价值提高到前所未有的地位，他强调成人要允许幼儿自由地、尽情地游戏，不可以随意干涉和破坏。同时他要求成人关注和指导幼儿的游戏。他认为幼儿时期的游戏并非是无关紧要的小事，它有高度的严肃性和深刻意义。

(三)国外现代学前教育思想

1. 杜威的学前教育思想

杜威是美国教育家，是20世纪影响较大的教育家之一。他的代表作有《民主主义与教育》《儿童与课程》。

(1)教育即生长，教育即生活，教育即经验的不断改造

“教育即生长”，即教育的本质就是促进儿童的本能生长。“教育即生活”，即儿童的本能生长总是在生活过程中展开的，最好的教育就是“从生活中学习”。“教育即经验的不断改造”，即在教育过程中主要不是教给儿童既有的科学知识，而是让儿童在活动中自己去获得经验。

(2)儿童中心主义

在批判传统教育弊病的基础上，杜威提出“教育要以儿童为中心”的口号，主张把教育的重心转移到儿童方面，使儿童成为教育的主宰，重视儿童的本能活动，为儿童的本能生长和儿童活动的开展创造条件。

2. 蒙台梭利的学前教育思想

蒙台梭利以她广博的医学、生物学、哲学、心理学、教育学、人类学和精神病学等知识为基础，在教育实践中逐步形成了自己的教育思想。她采用的特殊的教育方法，被后人称为蒙台梭利教学法

(简称蒙氏教育或蒙氏教学)。

(1)发现儿童

蒙台梭利教育原理以儿童生命为其出发点，是关于生命的原理。她认为，教育的目的在于发现儿童生命的法则，帮助儿童发展其生命。她认为儿童有吸收性心智，提出了儿童感觉特别敏感期的理念，也就是处于不同年龄阶段的儿童对于不同的事物有着不同的敏感度。她归纳出以下几个敏感期。

第一，秩序敏感期。儿童对秩序的敏感从出生第一年就出现并持续到第二年，甚至在出生后的第一个月里儿童就可以感觉得到。这是儿童的一种内部的感觉，以区别各种物体之间的关系，而不是物体本身。第二，细节的敏感期。儿童在1～2岁时会表现出对细节的敏感。他们的注意力往往集中在细节上。比如，鞋子放到了鞋架的旁边，而没有放在鞋架上等。第三，行走的敏感期。这是在儿童发展中容易被观察到的一个敏感期。第四，手的敏感期。儿童会朝外界伸出小手，这个动作的最初推动力代表儿童自我要进入外部世界。第五，语言敏感期。1岁左右的儿童开始学说话，他们所获得的语言是他们从周围环境中听到的。

(2)重视教育环境的作用

在蒙台梭利学校中，每一位教师要根据儿童不同阶段身心发展的不同需要，设计出一个能够帮助儿童发展的“生命的、活动的真实环境”。所以，为儿童提供一个适当的教育、生活环境是非常重要的。

(3)重视教师在教育中的指导作用

在蒙台梭利学校任教的教师被称为指导员。其教学任务有别于其他的学校。因为在这里，教师只要做到观察指导、示范、准备三点就够了。教具(活动材料)非常重要，儿童的活动主要是通过教具进行的。教具要根据儿童的身心特点及所需要的环境来设计。总体来说，蒙台梭利的教育理论和方法就是通过教育引起儿童的兴趣和自由活动，在活动中使儿童形成一个生活集体，从这个集体中培养出真正的儿童，培养他们的责任感。

(4)教育的基本内容

教育的基本内容包括肌肉练习、感官教育、数学教育、日常生活训练、初步的知识教育以及文化历史教育等。感官教育理论是“儿童之家”的重要特色，也是蒙台梭利教学法的一大特点。蒙台梭利认为儿童正处在各种感觉的敏感期。这时加强相应的教育，可以不失时机地使儿童的感官得到充分的发展。感官的训练有利于发展儿童对事物的观察力和辨别力，从而使其智力得到发展。

总之，蒙台梭利认为，要开展一种合乎科学的教育活动，其基本原则是使儿童获得自由，使儿童的天性得以自然表现。

3. 皮亚杰的学前教育思想

皮亚杰的学前教育理论是自19世纪西方开始教育心理学化运动以来影响较大的儿童心理学理论。教育学上，皮亚杰受到卢梭、裴斯泰洛齐、福禄培尔、蒙台梭利、杜威等人及20世纪上半期儿童中心主义教育思潮注重儿童研究、倡导内发论和儿童中心论、崇尚活动教学等思想的影响。皮亚杰认为儿童心理的发展是先天因素和后天学习相互作用的过程，主体通过动作对客体的适应是儿童心理发展的真正原因。[1] 基于其认知结构主义心理学的理论基础，皮亚杰的儿童心理发展理论及学前

---

① 梁志燊:《学前教育学》，81页，北京，北京师范大学出版社，2000。

教育思想主要包括如下内容。

(1)制约儿童心理发展的四种因素

皮亚杰认为制约儿童心理发展的各因素主要有四种：成熟、物体经验、社会经验、平衡化。成熟主要指神经系统的成熟。成熟只是影响儿童发展的因素之一。物体经验指个体对物体做出动作中的练习和习得经验，包括物理经验和数理逻辑经验。物理经验指个体作用于物体，获得物体的特性知识，如大小、轻重、形状等；数理逻辑经验指个体作用于物体，从而理解动作与动作之间相互协调的结果，这种经验不存在于物体的本身。在数理逻辑经验中，知识来源于动作，而非来源于物体。社会经验指个体与社会的相互作用及社会传递，包括社会环境、社会生活、文化教育等。平衡化指儿童自我调节的过程。平衡是不断成熟的内部组织和外部环境的相互作用，它可以调节上述三种因素的作用。他认为，平衡化或自我调节是儿童心理发展中的重要因素、决定因素。

(2)儿童思维发展的四个阶段理论

他把儿童的发展分为四个阶段。① 一是感知运动阶段(0～2岁)。此时儿童尚未掌握语言，主要是通过感觉运动图式和外界相互作用，并与之取得平衡。儿童主要利用感知动作去征服周围的世界。在感知运动阶段，儿童通过自己对环境的适应，创造出自己的世界。二是前运算阶段(2～7岁)。此时儿童的感知运动图式开始内化，成为表象。随着语言的出现和发展，儿童用表象符号代替事物，用表象和语言描述事物。这时的儿童以自我为中心，即考虑一切事情都只从自己的角度出发，以自己为中心，总是从一个角度来观察事物，不考虑别人的意见，在理解上缺乏逻辑性和相对性。思维具有表象性及直觉性特点。三是具体运算阶段(7～12岁)。儿童出现具体运算的图式，能进行初步的逻辑思维。“运算”这个概念是皮亚杰从逻辑学引进来的。在这个阶段，儿童的思维特征是运算具有可逆性，并获得守恒概念，标志着思维水平质的飞跃。但在这个阶段，儿童要依靠具体事物的帮助才能顺利解决问题。四是形式运算阶段(12～15岁)。此时儿童的思维与成人接近。这时儿童能用抽象符号进行逻辑思维及运算。它属于儿童思维的高级形式。综上可知，感知运动阶段出现思维的萌芽；前运算阶段出现表象思维和直觉思维；具体运算阶段出现初步的逻辑思维；形式运算阶段才出现比较复杂的逻辑思维。

(3)儿童教育的四个基本原则

从儿童心理发展过程的理论出发，皮亚杰提出了一系列儿童教育的原则。一是适宜性原则。教育要符合儿童心理发展阶段，符合儿童心理发展的水平。教育应配合儿童的认知发展顺序，按儿童的认知发展顺序编制课程。何时教、教什么、教学进度应按儿童心理认知状态的变化来设计，父母或教师的职责不应放在加速儿童学习上，而应努力丰富儿童相应发展阶段的生活经验。皮亚杰还规定各个时期教育的重点：由于儿童2岁以前只有感觉运动智力，教育者应多为他们提供各种有趣的物体，如玩具、模型等，供他们观察、摆弄。学前早期为促进儿童表象思维的发展，应注意选择具体形象的教材，如童话故事、图画等，为他们安排游戏活动。学前晚期应采取观察、测量、计算等活动，使儿童掌握质量、容量、速度、时间、数量等初步科学概念。二是主动性原则。教育者要发展儿童的主动性。皮亚杰十分重视主体在教育中的作用。他认为，儿童的教育必须是一个主动的过程。教育必须致力于发展儿童的主动性。儿童只有自我发现东西，才能积极地被同化。儿童的心理

---

① 梁志燊：《学前教育学》，82～84页，北京，北京师范大学出版社，2000。

发展是一种主动积极和不断的建构活动。三是活动性原则。教育者应重视活动在教育中的作用，强调儿童的实际活动。皮亚杰认为认知起源于动作。他认为，认知的形成主要是一种活动的内化作用，儿童只有具体地、自发地参与各种活动，才能获得真正的知识。教育者应该引导儿童通过实际生活和具体事物进行学习。游戏是儿童特有的一种活动。皮亚杰将游戏分为四类：练习性游戏、象征性游戏、规则游戏、构造游戏。四是交往性原则。教育者要重视儿童的社会交往。皮亚杰强调社会交往在儿童心理发展中具有重要作用，推动儿童个性的发展，也是儿童认知发展的重要源泉。

(4)四个方面的学前教育思想

皮亚杰的学前教育思想主要包括以下四个方面。一是强调活动的重要性。他十分注重"活动教学法"，提出让儿童在活动中学习。他注重科学实验及视听教学，强调教师应为儿童提供合适的器材，供他们自由研究、实验；重视游戏在儿童学习过程中的作用；根据不同年龄阶段安排不同的游戏。皮亚杰认为，对于儿童来说，无论何时，只要能成功地把初步的阅读、算术或拼读改用游戏方式进行，儿童就会热情地沉溺于这些活动游戏中，并获得真正有益的知识。二是强调兴趣和需要的重要性。兴趣和需要在儿童心理发展中具有动力作用。在儿童的感知运动阶段、前运算阶段等，教师要多利用实物、模型等直观材料，通过开展多种多样、丰富多彩的活动，激发和调动幼儿的兴趣，满足儿童的需要。三是重视发现式教学。教师应给儿童提供相应的材料和设备，让儿童自由探索事物、发现问题、寻找问题、解决问题，这就是发现式教学。四是强调主动学习、主动建构。皮亚杰认为智力发展是一种积极的、主动的建构过程。教师必须发挥幼儿的主动性，鼓励他们学会自己学习，培养他们的创造力。

二、我国学前教育思想

(一)我国古代学前教育思想

1. *颜之推的儿童家庭教育思想*

颜之推是我国魏晋南北朝时期的文学家和教育家。他撰写的《颜氏家训》是我国第一本论述家庭教育的著作。他把儒家的"少成若天性，习惯如自然"作为自己的指导思想。他主张从胎教开始，并对胎教提出严格的要求。

(1)论学前家庭教育的意义

他提出，学前家庭教育的好坏关系到一个人甚至一个家庭的成败兴衰。家长对年少子女的教育容易奏效。

(2)学前家庭教育原则和方法

他主张的学前家庭教育原则是及早施教，抓紧时机，早到胎教。学前家庭教育方法有严慈结合、均爱勿偏、熏渍陶染。

2. *王守仁的学前教育思想*

王守仁是明朝的哲学家、教育家。王守仁认为教育的目的是明人伦。他主张从"致良知"入手，通过教育把个人的私欲灭掉，保存个人固有的天理"良知"，养成封建道德品性。

(1)重视躬行实践

他认为真知必须行，应在行动中学习，以求真知；重视独立思考。他认为教学是要引导学者"各得其心”，学习贵于“自求”“自得”。

(2)主张循序渐进

他认为学习必须“从本原上用力，渐渐盈科而进”。

(3)主张因材施教

他认为教师教人如医生治病，要顺应天性，因人施教。

(二)我国近代学前教育思想

随着工业的兴起与发展，儿童社会化意识初步萌芽，我国也进行了社会化的学前教育尝试。维新运动领导人康有为提出，在理想的大同社会中，儿童不是父母的私有财产，而为社会所共有；每个人一出生便离开父母，由政府设立的公共教育机构担任其教养责任。教育目标是“养儿体，乐儿魂，开儿知识”。康有为的学前教育思想推动了我国最早的社会性学前教育机构诞生。蒙养院诞生不久，学前教育一直存在照搬照抄国外的问题。1928 年，陶行知和陈鹤琴提出《注重幼稚教育案》。该教育案指出幼稚教育的总目标是“以增进幼稚儿童身心的健康；力谋幼稚儿童应有的幸福与快乐；培养人生基本的优良习惯；协助家庭教养幼稚儿童，并谋求家庭教育的改进。”在该案的指导下，一些教育家进行了平民化、科学化、民主化的教育实验。

(三)我国现代学前教育思想

1. 陶行知的学前教育思想

陶行知是我国的人民教育家、民主革命家。他的主要学前教育思想与贡献如下。

(1)普及民众教育的思想，提出“小先生制”

普及民众教育，是陶行知一生孜孜以求的理想。他还想出了用“小先生制”的办法来解决民众教育普及问题。

(2)艺友制师范教育

陶行知提出了艺友制师范教育的方式。他指出，艺是艺术或手艺，友是朋友；凡用朋友之道教人学做艺术或手艺便是艺友制；教师的生活或职业也是一种艺术或手艺，学做教师有两种途径：从师或访友；凡用朋友之道教人学做教师，便是艺友制师范教育。

(3)生活教育理论

陶行知的生活教育理论即“生活即教育”“社会即学校”“教学做合一”。生活即教育，就是生活是教育的源泉，生活就是教育，是供给人生需要的教育。社会即学校，就是应把社会生活组织到学校中来，使学生在学校中受到大社会所需要的训练。教学做合一是以生活为中心，怎样做就怎样学，怎样学就怎样教。陶行知还倡导解放儿童的创造力，提出“六个解放”：解放儿童的头脑，解放儿童的双手，解放儿童的眼睛，解放儿童的嘴巴，解放儿童的空间，解放儿童的时间。

2. 陈鹤琴的学前教育思想

陈鹤琴是我国的儿童教育家，开创了我国儿童心理的科研工作，是我国以观察实验法研究儿童心理发展的较早的学者之一。他于 1923 年创办了我国最早的学前教育实验中心——南京鼓楼幼稚园。他先后提倡适合国情的中国化学前教育，创建了中国特色的学前教育理论体系。

(1)创立“活教育”理论

他反对死教育，提倡活教育，提出教育的目的是做人，做中国人，做现代中国人。他提出幼儿园教育的目标应当是培育人，培育身体健康、能建设、能创造、能合作、能服务的现代中国人。他认为要以大自然、大社会为活教材，与实际紧密地结合。他提出活教育的十七条原则，如“凡是幼儿能做的，让他自己做；凡幼儿能想的，让他自己想”等，奠定了幼儿园教育原则的基础。

(2)提出幼儿园课程理论

陈鹤琴汲取了杜威的“做中学”、陶行知的“教学做合一”思想，提出了“做中教，做中学，做中求进步”的教育思想。他认为分科的教学法不符合教育原理，提倡“整个教学法”，即“把儿童所应该学的东西整个地、有系统地教给儿童”，尊重儿童的主体性，重视儿童动手动脑，重视直接经验的价值等思想，奠定了幼儿园教育原则的基础。他还重视幼儿园与家庭的合作。1929 年，陈鹤琴负责编制的《幼稚园课程暂行标准》经中小学课程标准起草委员会审查通过，开始在全国试行。该标准由三部分组成：第一部分为幼稚教育总目标：第二部分为课程范围，包括音乐、故事和儿歌、游戏、社会和自然、工作、静息、餐点七个方面；第三部分是教育方法，提出了 17 种教育方法及要点。该标准成为指导我国当时幼稚教育的纲领性文件，使我国的学前教育不再盲目仿效他国，对推动我国学前教育的改革和发展具有划时代的意义。

3. 张雪门的学前教育思想

张雪门的行为课程理论是我国比较有影响的课程理论。他著有《幼稚园行为课程》一书，主要的学前教育思想如下。

(1)行为课程理论

行为课程理论认为课程是适应生长的一切有价值的材料。对儿童来说，生活就是教育。课程和教材来源于儿童直接的活动。课程是经过选择的有价值的经验，是儿童的直接的实际的行为和活动。张雪门确定了选择幼稚园教材的标准或条件：教材必须合于现实社会生活的需要；教材必须合于社会普遍生活的标准；教材必须合于儿童目前生长阶段的需要；教材必须合于儿童目前的学习能力。上述四种标准是互相联系的。选择教材时应该进行全面的思考。

(2)幼稚园课程的特点

幼稚园课程是整个的、直接的、偏重个体发育的。整个的强调幼稚园课程不能像中学和大学的课程一样采用分科组织，而是一种具体的整个活动。直接的强调幼稚园课程应注重儿童的直接经验，让儿童通过亲身活动来获得经验，对儿童具有更大的发展价值。偏重个体发育的强调在幼稚园时期，儿童身体的发展比其他任何时候都迅速，而且儿童的情绪、兴趣、性情等心理的发展都与这个时期有密切关系。所以，幼稚园课程应更多地重视儿童本体，而不是强调社会制约性，同样不能过多地强调间接经验和知识。

(3)幼稚园课程的编制

张雪门认为，编制幼稚园课程时应特别注意四点：儿童对于自然界和人事界没有分明的界限，他们看宇宙间的一切的一切都是整个的；在幼稚生时期，满足个体的需要实甚于社会的希求；编制课程时不能忽视社会的希求，但更应注意儿童现在的需要和能力；幼稚园课程应根据儿童自己直接的经验编制。因此，幼稚园课程不能是学科式的，学科式的课程不适合儿童生活。他认为幼稚园课程由游戏、自然、社会、工作与美术、故事和歌谣(言语与文学)、音乐、常识等方面组成。每一方面都包括许多具体的内容。

本讲要点

从学前教育思想的发展来看，人们对学前教育价值的认识经历了以下几个阶段的变迁：追求工具性价值阶段—重视学前教育内在价值的孕育阶段—儿童中心价值的确立阶段—儿童的自身价值和社会价值结合的探索阶段。在教育家和学前教育思想方面，主要介绍了国外的夸美纽斯、卢梭、福禄培尔、蒙台梭利、皮亚杰等和我国的颜之推、王守仁、陶行知、陈鹤琴、张雪门的思想。本讲要求感受学前教育思想的发展脉络，带着一种价值追求，去理解什么是“好的学前教育”，什么是人们理想的、期望的学前教育，对学前教育的理想与信念有所思考。

学以致用

你认为什么是好的学前教育？如果你是一位教师，你将如何诠释学前教育？结合各位思想家的观点请谈谈你认为儿童该如何教育。

模拟练习

一、单选题

1. 历史上第一部学前教育专著是(　　)。

A.《儿童与课程》　　B.《童年的秘密》　　C.《母育学校》　　D.《世界图解》

2. 学前教育史上第一个承认游戏的教育价值，有系统地把游戏列入教育过程的教育家是(　　)。

A. 欧文　　B. 蒙台梭利　　C. 福禄培尔　　D. 柏拉图

3. 认为人的“自然状态”都是好的，人本性热爱正义和秩序，渴望平等的人是(　　)。

A. 卢梭　　B. 荀子　　C. 孔子　　D. 董仲舒

4. 福禄培尔在幼儿园教育时间中创制的活动玩具被称为(　　)。

A. 恩物　　B. 积木　　C. 凡物　　D. 念物

二、简答题

简述福禄培尔的学前教育思想与实践。

模拟练习答案

第二讲　学前教育思想的产生与发展

第三讲 影响学前教育发展的社会因素

头脑风暴

在某市，为了入幼儿园，家长提前半夜排队的情况一直存在，另外“入园贵”的情况也存在。

结合近几年国家与地方政府出台的有关支持学前教育的政策，说说你对入园难现象的看法，分析近几年国家或地方出台有关支持学前教育政策的原因。

一、学前教育与社会经济

(一)社会经济的发展促进学前教育机构的产生与发展

在原始社会，儿童在生活和劳动中受的教育是极简单的。随着社会经济的发展，社会劳动逐渐变得更加复杂。在奴隶社会和封建社会的漫长历史时期，学前教育长期处在自然状态，发展也很缓慢。资本主义大工业的兴起导致出现了学前教育机构产生的社会需要。在 18 世纪及 19 世纪初期，生产上运用了蒸汽机和其他机器，大大发展了经济，提高了生产力，增加了社会物质财富，为建立学前教育机构提供了物质基础。学前教育机构的设置与发展要求有一定的财力和人力，这和社会经济发展水平直接有关。

(二)学前教育的任务、内容、形式、手段等受社会经济发展水平的影响

社会经济发展的水平制约着教育发展的目的和任务，影响着教育发展的规模和速度，促进教学方法、教学手段和教学组织形式的改进。

学前教育的最终目的是为社会培养人才，使年青一代能顺利参加生活和社会生产劳动。由于社会经济发展的水平不同，对年青一代提出的要求不同，教育的任务也不同。在历史发展的过程中，学前教育的任务从总的趋势来看在不断变化着：从最初带有慈善的性质，只能负起儿童生活和安全照管的任务到能注意到儿童身体的健康，再到注意儿童行为习惯的培养，现在转向儿童身体的、社会的、情感的及智力的全面发展。在这一变化的过程中，社会经济发展直接影响对学前教育所能提供的财力和人力，它是影响学前教育任务变化的主要因素之一。社会经济的发展也为学前教育发展提供了物质基础。在教育方法手段方面，现在学前教育的游戏类型多种多样，玩教具也多种多样；与儿童的日常生活结合日趋紧密，采用了观察、操作和实验等多种方式的活动，并且运用了录音、投影、电影、电视以及计算机等现代化教学手段。

(三)学前教育为促进社会经济的发展服务

教育促进社会经济的发展是当前我国及世界其他各国普遍研究并重视的问题。教育为社会经济发展提供一支适应现代发展水平的生产和技术的人才队伍：劳动力和技术人员、管理人员以及科研

和设计人员。学前教育是整个教育的最初阶段。一些教育家和心理学家的研究表明，提高人的素质不只要靠入小学后的教育，更要注重入学前的教育。学前教育在提高劳动力素质方面的作用和在促进社会经济发展方面的作用越来越为人们所重视。学前教育关系到千家万户的生活和工作，能减轻家长养育幼小子女的负担，使他们有充沛的精力投入工作和学习，直接保护和解放劳动力，从而为发展经济服务。

二、学前教育与政治 ●●●

(一)学前教育的性质受社会政治的影响，并由政治制度所决定

1. 政治制度决定学前教育的领导权

学前教育是为社会培养人的工作。对子女进行教育，进行什么样的教育，要把他们培养成什么样的人，这些有关学前教育的领导权，是由政治决定的。在不同形态的社会，由于社会的政治不同，学前教育的性质也就不同。社会的政治制度发生变革，学前教育性质也相应地发生变革。

2. 政治制度决定学前教育的对象及其权利

在历史上不同形态的社会中，学前教育的性质也不同。在原始社会中，生产资料公有，提倡共同劳动，没有阶级的划分，儿童出生后在氏族或家庭中受教育，教育是没有阶级性的。自奴隶社会起，进入阶级社会，教育就有了阶级性。在封建社会中，地主阶级的子女从小在家庭中接受封建礼教的教育。而农民的子女不可能受到应有的教育，只能在生活和劳动中获得劳动技能。

3. 学前教育方针政策、目的任务及教育制度等问题主要由社会的政治决定

新中国成立以后，我国进行了教育改革，接收了原有的旧式幼儿园，并新办了一批学前教育机构；改变了收托制度和收托对象，面向广大干部、群众和工农子女招生；降低了收费标准；改半日制为全日制。幼儿园的布局、类型、收托制度等都贯彻为生产服务、为群众服务的方针，幼儿园还根据教育方针确定了教育任务和教育内容，使学前教育具有了社会主义性质，并从培养人及减轻家长教养幼小子女的负担两方面为社会的政治服务；在当前是为实现社会主义现代化建设的宏伟目标服务。

(二)学前教育对政治的反作用

学前教育的政治功能主要表现在学前教育是社会政治关系再生产的重要手段。学前教育能为政治、经济培养所需要的人才。学前教育通过传播思想、形成舆论来作用于政治。例如，美国在20世纪60年代贫穷战斗运动中，为三至六岁处境不利儿童制订了“开端计划”，为他们提供教育以及营养、医药的服务，使他们从早期开始就能获得较好的发展，以便能改变不利的处境。从这一方案的实施中我们看出学前教育与社会政治的密切联系。

三、学前教育与人口 ●●●

学前教育具有的人口与家庭功能不能忽视。在当代社会，人口问题日益显著。一些国家或地方“人口爆炸”已经成为困扰社会可持续发展的一个紧要问题。另外一些国家或地方人口的出生比例持续下降也带来较多问题。学前教育的实施可以提高人的认识水平，使人们自觉地执行人口政策，开展优生优育，提高人口的素质。

（一）学前教育与人口增长

大力发展学前教育，能够提高社会大众对学前教育事业的认识。家庭作为社会的重要组成单位，其成员的观念与行为会受到学前教育事业发展的影响。首先，教育程度的提高可以转变人们的传统生育观念。其次，良好的学前教育有助于提高劳动者的素养。家长认识到学前教育的重要性，就会加大对孩子教育的投资，随之产生的费用就比以往高很多。另外，人口数量的增加对学前教育的规模扩大提出了要求，也对学前教育质量提出了更高的要求。

（二）学前教育与人口质量

人口质量是表明人口各方面素质综合发展水平的概念，包括人口的身体素质、科学文化素质和思想道德水准等。学前教育具有提升人口质量的功能，首先表现在对学龄前儿童的培养方面，通过学前教育提高学龄前儿童的各方面素养，使其成长为德、智、体、美、劳和谐发展的一代新人，增强他们创造美好生活与享受美好生活的能力。

（三）学前教育与家庭结构

学前教育对家庭结构的影响主要表现在两个方面。第一，学前教育会影响家庭人口要素。例如，家庭由多少人组成等。学前教育的普及影响到人们的生育观念和教育投资，对家庭成员的数量产生影响。第二，学前教育会影响家庭结构。在世界家庭平均人口逐年减少的情况下，核心家庭已经成为各国家庭的主要模式，即由父母和未婚子女所组成的家庭。大量研究发现，隔代教养会对儿童产生较大的负面影响，因此不能忽略家庭结构给儿童发展带来的影响。

四、学前教育与文化

通常来说，广义的文化是指人类所创造的物质财富和精神财富的总和。狭义的文化则专指人类创造的精神财富，即社会的思想、道德、科技、教育、艺术、文学、宗教、传统习俗等。我们所说的文化取其狭义概念。

（一）文化对学前教育的影响

文化对学前教育的影响体现在如下几方面。第一，影响学前教育的培养规格。学前教育所要培养的人的规格，除了受到一定的社会政治、经济因素的制约外，往往也深刻地反映了文化因素的影响。比如，文化的民族差异性要求学前教育体现出对人的素质与能力需求的差异。第二，影响学前教育所传授的内容。学前教育就是通过传递、延续、内化和更新文化而造就人才的活动。学前教育内容的选择相当程度上受到文化因素的影响。比如，民族传统文化中可利用的课程资源，包括语言、仪式、民间游戏、社会活动、民族文化传统等，这些都为幼儿园课程提供了丰富的资源。第三，影响着教师与儿童的关系和教育教学方法。教师对待儿童的态度，往往是由其所处的特定文化背景和文化传统造就的。

（二）学前教育对文化的影响

在现代社会，各级各类教育都受到文化的影响，反过来也影响文化的传承和发展。学前教育也不例外。其影响概括起来表现在以下几个方面。

1. 保存和传递文化

学前期儿童正处于文化意识的萌芽时期。这个时期正确引导儿童热爱本民族文化和传统文化，对其将来正确处理多元文化背景下的矛盾具有重要的意义。新时代鼓励优秀传统文化进入幼儿园。教育部关于印发《完善中华优秀传统文化教育指导纲要》的通知明确指出："加强中华优秀传统文化教育，是深化中国特色社会主义教育和中国梦宣传教育的重要组成部分；是构建中华优秀传统文化传承体系，推动文化传承创新的重要途径；是培育和践行社会主义核心价值观，落实立德树人根本任务的重要基础。"近几年，国家开始了教材改革，其中全国统一的部编教材包括语文、历史等教材，大幅增加了中华优秀传统文化的内容。相应的幼儿园的教育内容也发生了一些变化。

2. 选择和传播文化

学前教育要靠具体的内容来开展，那么选择什么样的内容教育儿童，其实也就是选择什么样的文化问题。因此，学前教育具有选择和传播文化的功能。

3. 创新文化

学前教育在保存和传递文化的过程中，把已有的社会文化财富内化为儿童个体的精神财富，变为他们的知识、才能、信仰、思维能力、实践能力等，使其具备创新文化的能力和个性，进而推动了文化的发展和更新。学前教育选择文化并将选择后的文化确定为教育内容，使得经过选择的文化有了创新，更加适应社会发展的要求，更加具有生命力。

本讲要点

本讲介绍了学前教育和社会发展之间的关系，指出社会的多方面因素都会对学前教育的发展产生影响。理解学前教育与社会经济、政治、人口、文化等社会因素之间的关系，明确学前教育在现代社会中的地位和作用。在充分了解教育与其他社会现象关联的基础上，能联系实际正确认识学前教育的价值，发挥学前教育的积极、正面的社会功能，并对学前教育的理想与信念有所思考。

学以致用

选取不同文化水平和家庭结构的大班幼儿家长进行访谈，分析他们对待幼儿特长培养的不同态度。

模拟练习

一、简答题

1. 简述学前教育对文化的影响。
2. 简述政治对学前教育的影响。

二、论述题

1. 论述文化对学前教育的影响。
2. 论述学前教育与人口的关系。
3. 论述学前教育如何为社会经济发展服务。

模拟练习答案

第三讲　影响学前教育发展的社会因素

考点分析

本单元在幼儿园教师资格考试大纲中对应的要求如下。

1. 了解中外学前教育发展简史和教育家的学前教育思想。

2. 能够结合学前教育的现实问题进行分析。

拓展阅读

胡金平、周采:《中外学前教育史》，北京，高等教育出版社，2011。

第四单元

学前教育的基本观念

思维导图

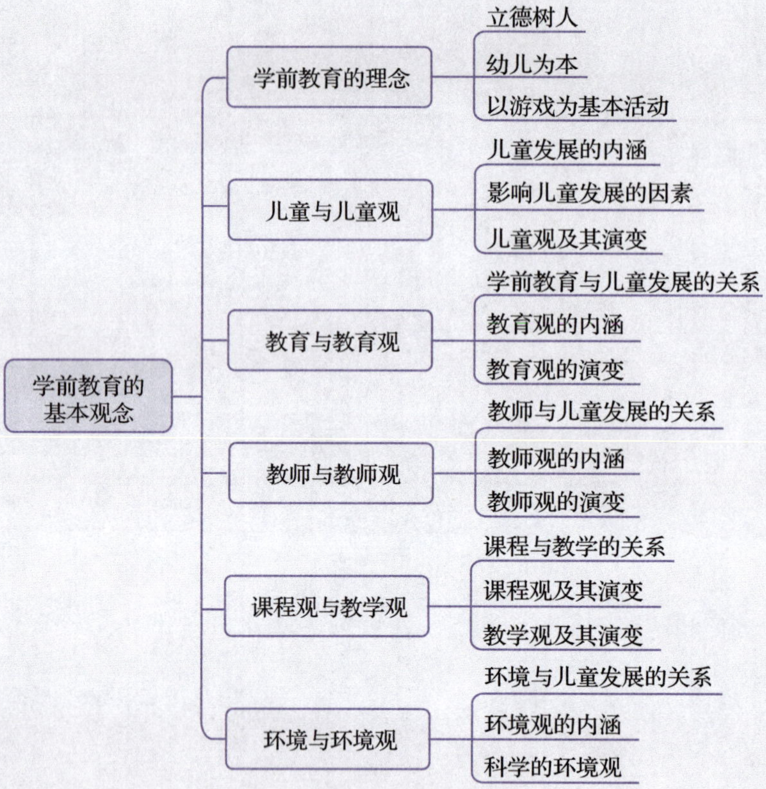

学习目标

1. 从儿童观、教育观、教师观、课程观、教学观和环境观的演变史中了解学前教育基本观念的发展路径，并深入思考学前教育观念的演变对当代学前教育改革的启示。

2. 掌握当代科学的儿童观、教育观、教师观、课程观、教学观和环境观的基本观念。

3. 学会运用学前教育中的基本观念来解释和分析现实中的各种学前教育现象。

第一讲

学前教育的理念

头脑风暴

上海首批特级教师赵赫老师为了让幼儿玩得更“野”些，她第一个将“小山坡”引入幼儿园运动场地，又在池塘边建了小水车；赵赫表示，与其现在让幼儿在学英语、学拼音、学各项技能上奔波，还不如把更多“玩”的时间留给幼儿。在关注幼儿的身心发展方面，应当教导幼儿关心别人，从小培养幼儿关心别人的意识。这会对他们将来的成长有帮助。她把将近60年的光阴献给了一群群在成长起步阶段的幼儿，成为上海市学前教育界德高望重的前辈。

在幼儿园，我们看到很多教师兢兢业业，关爱幼儿，保护幼儿。当然也有个别幼儿园教师出现对幼儿不尊重甚至有其他不适宜的言行。作为将来的一名幼儿园教师，你如何看待幼儿园教师这一职业？你认为幼儿园教师应该秉持什么样的教育理念？具备什么样的专业素养？

本讲谈的是学前教育的理念。理念可解释为思想、信念、观念，是左右我们态度、行为的一种无形而强大的观念力量。作为担负着培养幼儿这一特殊工作的教师，作为身处价值观日益多元化的社会中的教育工作者，不可以没有正确理念的指引。因此，本单元重点围绕新时期教师应秉持的“立德树人”“幼儿为本”“以游戏为基本活动”等涉及教育价值观、儿童观、教师观、教学观、课程观、环境观的基本理念进行阐述，以帮助教师进一步理解并践行《幼儿园教师专业标准（试行）》所倡导的学前教育理念。

一、立德树人 ●●●

党的十八大报告指出：“把立德树人作为教育的根本任务，培养德智体美全面发展的社会主义建设者和接班人。”这是首次将“立德树人”确定为教育的根本任务。

（一）“立德树人”的内涵

在我国传统词汇中，“立德”与“树人”是独立存在的，各有其意。《辞源》将“立德”之“立”解释为“树立”，进而将“立德”释为“树立圣人之德”。在《辞源》中，对“树人”之“树”的解释为“种；植”，并将“树人”释为“培植人才”。[①] “立德”与“树人”并提，直至合二为一，始于当代的教育实践。关于“立德”的理解，孔颖达在《春秋左传正义》中注道：“立德。谓创制垂法，博施济众，圣德立于上代，惠泽被于无穷。”可见，“立德”重在主体自身形成其德性、成就其德业，并以此影响他人。就教育者来说，“立德”意味着自身以德立世并垂范他人；“树人”就是培养人才，即促进人的全面发展。“立德”强调的是道德养成，“树人”强调的是能力培养；“立德”是“树人”的前提和基础，“树人”是“立德”的

---

① 广东、广西、湖南、河南辞源修订组，商务印书馆编辑部：《辞源》修订本，1781、2550、2552页，北京，商务印书馆，2009。

归宿和目标。

（二）对“立德树人”理念的理解

“立德树人”是对“师德为先，育人为本”理念的深化，是每一位教师都必须秉持的基本理念。根据国家颁布的《学前教育专业认证标准》和《幼儿园教师专业标准（试行）》对合格幼儿园教师的要求，“践行师德”被放在第一位。教师应以立德树人为己任，遵守教师职业道德规范，具有依法执教意识和一定的教育情怀，认同教师工作的意义和专业性。

1. 师德是教师最基本、最重要的职业准则和规范

所谓师德即教师的职业道德，是教师在教育教学工作中必须遵循的各种行为准则和道德规范的总和。师德为先，即教师在开展教育教学活动、履行教书育人职责的过程中，必须将师德放在首位。

在学前教育阶段，教师的职业对象是处于身体、智力、情感和社会性发展的关键时期的儿童。该时期儿童的身心发展具有多重矛盾性和特殊性，这决定了教师职业是一个非常复杂、对教师素质要求很高的职业。师德是众多教师素质中最为重要的素质。只有具备了高尚的师德，才能在面对复杂的学前教育活动时，充分履行教师的职责。

另外，由于幼儿的可塑性大、模仿性强，教师的言行举止会对幼儿的发展产生潜移默化的影响。因此，教师一定要做到以身作则、为人师表，发挥榜样的价值引领与道德示范作用，潜移默化，以德育人。

2. 热爱学前教育事业，具有职业理想，践行社会主义核心价值体系，履行教师职业道德规范，是师德的核心

教师落实师德为先理念的前提是热爱学前教育事业，能够把个人的发展、进步同社会主义事业和国家的繁荣富强紧密联系在一起。把教师职业作为自己的职业理想是教师实现自身价值、追求幸福人生的重要途径。教师应认真学习并将社会主义核心价值体系落实在自己的教育教学过程中，以社会主义核心价值体系为检验自身师德水平的重要标志。履行教师职业道德规范，依法执教是教师在教育实践中应有的行为规范。

3. 关爱幼儿，尊重幼儿的人格，富有爱心、责任心、耐心和细心是教师师德的重要内容，也是师德为先理念对教师的具体要求

关爱幼儿是师德的灵魂，没有爱，就没有真正的教育。要做到关爱幼儿、尊重幼儿的人格，就必须了解幼儿。了解是爱和尊重的前提和基础。幼儿园教师要充分认识并尊重幼儿期的特性和价值，理解并尊重幼儿的学习方式和特点，关注幼儿发展的个别差异，保教并重，学会把教育寓于幼儿的生活和游戏之中，为幼儿提供健康、丰富、适宜的教育环境，让幼儿在愉快的幼儿园生活中健康地成长。

富有爱心、责任心、耐心和细心是《幼儿园教师专业标准（试行）》对合格教师的基本要求。教师只有富有爱心，才能做到关爱幼儿，尊重幼儿的人格，对学前教育事业充满热情并积极促进幼儿的发展。只有充满爱心、责任心、耐心和细心的教师才能满足幼儿成长发展中的各种需要，体现出学前教育对个体生命的意义与价值。

4. 为人师表，教书育人，自尊自律，做幼儿健康成长的启蒙者和引路人

如前所述，幼儿处于人生发展的第一个阶段，好模仿是他们的心理特点。在这个阶段，教师的

榜样作用非常明显。教师的工作一方面是教书，另一方面是育人。习近平总书记对教师的期望就是做“四有”好老师。为人师表、教书育人也是中小学(含幼儿园)教师职业道德规范的基本要求 。

二、幼儿为本

“幼儿为本”是“以人为本”的科学发展观在学前教育中的具体体现，是学前教育本质的重要内涵，也是教师应秉持的核心理念。

(一)“幼儿为本”的内涵

“幼儿为本”即“幼儿本位”之意。“本”可解释为基础、主体、根本、本原、本质、出发点、目的等。故“幼儿为本”可具有多层含义。但珍爱幼儿的生命，尊重幼儿的价值，满足幼儿的需要，维护幼儿的权利，促进每一个幼儿的全面发展等，乃是“幼儿为本”的核心内涵。①

(二)对“幼儿为本”理念的理解

“幼儿为本”是《幼儿园教师专业标准(试行)》中的基本理念。具体要求是尊重幼儿权益，以幼儿为主体，充分调动和发挥幼儿的主动性；遵循幼儿身心发展特点和保教活动规律，提供适合的教育，保障幼儿快乐健康成长。践行“幼儿为本”理念应遵从以下行为准则。

1. 尊重幼儿作为“人”的尊严与权利

“幼儿为本”的第一要义是要尊重幼儿的权利。幼儿作为独立的个体，有着自己独立的人格，拥有自己的基本权利。《儿童权利公约》强调儿童享有与成人平等的人格和权利。《幼儿园教育指导纲要(试行)》强调：“幼儿园教育应尊重幼儿的人格和权利。”教师应当认识到“幼儿为本”理念下的教育是帮助幼儿最终成长为成熟的、有责任感的、能正确地行使自己权利的合格社会公民，而不是把他们变成成人的附属品。

2. 尊重幼儿期的独特性和价值

幼儿是不同于成人的存在。我国颁布的《教师教育课程标准(试行)》指出，幼儿期是充满想象和创造并具有巨大发展潜能的时期，是以游戏为主要方式来探索、理解、体验周围世界，建构自己的经验、知识和同伴文化的时期，是与其他生命阶段不同的一个不可替代的时期。教师应当认识到幼儿期在人生发展中的独特地位和价值，理解保教结合的重要性。尊重幼儿期的独特性、尊重幼儿生活独特价值的学前教育才是“幼儿为本”的教育。

3. 尊重幼儿的身心发展特点与保教规律

《3－6 岁儿童学习与发展指南》指出：“幼儿的学习是以直接经验为基础，在游戏和日常生活中进行的。要珍视游戏和生活的独特价值，创设丰富的教育环境，合理安排一日生活，最大限度地支持和满足幼儿通过直接感知、实际操作和亲身体验获取经验的需要。”教师必须理解幼儿的身心发展特点和学习方式，遵循这些规律对幼儿进行科学保教，让幼儿在游戏中、生活中学习、发展、健康成长。

4. 促进每一个幼儿生动、活泼、主动、全面地发展

《国家中长期教育改革和发展规划纲要(2010－2020 年)》指出：“树立科学的质量观，把促进人的

---

① 教育部教师工作司：《〈幼儿园教师专业标准(试行)〉解读》，37 页，北京，北京师范大学出版社，2013。

全面发展、适应社会需要作为衡量教育质量的根本标准。”教师应当树立科学的儿童观与教育观，使每个幼儿都接受有质量的教育。只有基于这样的信念，才能真正地把“幼儿为本”落到实处。

三、以游戏为基本活动

游戏是儿童的第一心理需要。儿童对游戏的需求就像对食物、睡眠、安全等基本需求一样。游戏是发挥儿童生命潜能的必要途径。在游戏中，儿童可以学到适应未来社会生活的技能、技巧，掌握社会生活的规范和要求。所以，儿童需要游戏，幼儿园应该以游戏为基本活动。

(一)“以游戏为基本活动”的内涵

《幼儿园工作规程》明确了游戏在幼儿园教育中的地位，将“以游戏为基本活动，寓教育于各项活动之中”作为幼儿园教育的一条指导原则，指出“幼儿园应当将游戏作为对幼儿进行全面发展教育的重要形式”。因此，我们应把游戏作为主要的活动形式，渗透在幼儿的一日生活中。以游戏为基本活动就是要让幼儿在游戏活动中主动学习，积累学习经验，培养主动性。

(二)对“以游戏为基本活动”理念的理解

要贯彻“以游戏为基本活动”这一理念，幼儿园要以幼儿的身心发展规律和学习特点为基础，为幼儿创造丰富的环境进行自主游戏，把幼儿活动的目标、任务、内容、要求融于各种游戏之中，让幼儿在游戏中获得情感体验，在游戏中快乐地学习和发展。“以游戏为基本活动”理念具体体现在如下几方面。

1. 在游戏中幼儿的主体性

在游戏中，幼儿的自主能力以及主体意识能得到充分发挥。这不是传统教学中被动接受知识经验的灌输，而是让幼儿对于学习活动有更多的自主权。

2. 教育的开放性

众所周知，一个人的生活过程就是这个人积累经验的过程，而对幼儿来说更是如此。游戏就是幼儿的生活，幼儿往往是在游戏的过程中获得有益的经验。游戏是有着综合意义的实践活动，幼儿在游戏活动中对知识与经验的学习都是以综合的方式获取的。游戏也是培养幼儿综合能力的重要方式。

本讲要点

教育理念是指导教育行为的思想观念和精神追求。教师的学前教育理念对于幼儿的学习成长起着关键作用。作为担负培养幼儿责任的教师，作为身处价值观日益多元化的社会中的教育工作者，不能没有正确理念的指引。我国颁布的《幼儿园教师专业标准(试行)》提出的师德为先、幼儿为本、能力为重、终身学习等基本理念，反映了新形势下教师专业发展的丰富内涵。作为教师，我们应该正确理解“立德树人、幼儿为本”的基本内涵，把“立德树人”作为教育的根本任务，把促进幼儿全面发展作为“立德树人”的根本目的。坚持“幼儿为本”的教育理念，把促进幼儿快乐健康成长作为幼儿园工作的出发点和落脚点，促进每一个幼儿生动、活泼、主动、全面地发展。

学以致用

学会运用学前教育的基本理念分析和解释现实中的各种学前教育现象。

模拟练习

单选题

1. 为了体现“幼儿为本”的教育理念，教师不正确的做法是(　　)。

A. 尊重幼儿的人格　　B. 让幼儿主动选择课程

C. 为幼儿提供适合的教育　　D. 调动幼儿的主动性

2. 教师职业道德区别于其他职业道德的显著标志就是(　　)。

A. 为人师表　　B. 清正廉洁　　C. 敬业爱业　　D. 团结协作

3. 师德修养的时代性特点需要教师(　　)。

A. 随时代变化，彻底变革师德内涵

B. 向西方发达国家学习，重新确立师德规范

C. 与时俱进，丰富和发展中华民族的优秀师德

D. 以不变应万变，守护祖国的师德传统

4. 幼儿萌萌午休时不睡觉，还发出吵闹的声音。何老师把她关在厕所里，以免影响其他幼儿休息。何老师的做法(　　)。

A. 不正确，侵犯幼儿的人身权和人格尊严

B. 不正确，侵犯了幼儿的思想自由和受教育权

C. 正确，有利于保障其他幼儿午间休息的权利

D. 正确，有利于引导萌萌养成良好的生活习惯

5. 幼儿园应以(　　)为基本活动，寓教育于各项活动之中。

A. 学习　　B. 上课　　C. 玩耍　　D. 游戏

模拟练习答案

第一讲　学前教育的理念

第二讲

儿童与儿童观

头脑风暴

有人说“儿童是种子”；有人说“儿童是花朵”；有人说“儿童是希望”；还有人说“儿童是未来”……如果让你用一句话来形容儿童，你会怎么说？并说说你的理由。

本讲重点围绕儿童发展的内涵、影响儿童发展的因素、儿童观及其演变几个方面来进行具体阐述。

一、儿童发展的内涵 ●●●

儿童发展是一切教育活动的出发点和归宿。它决定了儿童在教育教学活动中的重要性，也反映了儿童在教育过程中应当具有的主体地位。因此，正确认识儿童发展是做好教育工作的前提和基础。

(一)儿童发展的含义

儿童发展是指儿童在生理和心理等方面有规律地进行量变和质变的过程。生理的发展是指儿童机体的正常生长和发育，包括形态的增长和功能的成熟。心理的发展是指儿童的认知、情感、社会性、个性等方面的发展。

(二)儿童发展的特点

1. 顺序性

儿童发展的顺序性是指儿童身心发展具有一种相对稳定的次序。比如，“三翻六坐九爬爬”“七滚八爬周会走”等都说明了儿童动作的发展具有一定的顺序性。儿童动作的发展一般是粗大动作(蹬腿、抬手等)发展在先，精细动作(自主够物和手的操控技能)发展在后。而儿童手指的精细动作发展则更晚。儿童身心发展过程中的这种顺序是固定不变的。先前的发展变化是紧随其后的发展和变化的基础，儿童发展的顺序性使儿童身心发展成为一种连续的、不可逆转的过程。

2. 阶段性

儿童发展的阶段性又称儿童发展的年龄特征，是指儿童身心发展的连续性过程中，不同年龄阶段会表现出某些稳定的、共同的典型特点。这些特点在表现方式、发展速度及发展的结构方面，与其他阶段相比都具有不同的特征。一般而言，从出生到成熟经历着如下几个时期：婴儿期(0～3 岁)、幼儿期(3～6 岁)、学龄期(6～16 岁)。时期与时期之间不仅有量的差异，也有质的差异。每一时期儿童的身心发展都有着不同的发展水平，其主要的活动形式体现着该时期的特征。例如，婴儿期主要是身体的生长发育，其思维发展处于直觉行动时期；幼儿期则是智力发展与个性形成的启蒙时期，思维的明显特点是从直觉行动思维向具体形象思维过渡。

3. 不平衡性

不平衡性是指儿童在连续不断的发展过程中，不同年龄段的发展速度和水平是有明显差异的。

儿童身心发展的不平衡性表现在两个方面：一方面是指身心发展同一方面的速度在不同的年龄阶段是不平衡的。另一方面是就个体身心发展的不同方面而言的。比如，不同个体在心理发展过程中的心理机制、运动系统的活动能力、感知觉的灵敏度、智力、知识范围、学习成绩、兴趣、态度以及其他各自不同的心理特征，都存在不同程度的差异性。

从儿童发展的不平衡性来看，儿童各种心理机能的发展存在一个最佳年龄段，即关键期。如果在这个关键期为儿童提供适当的条件，就会有效地促进儿童该方面的发展；如果错过了这一时期，将来弥补起来就比较困难。因而，教育者应充分利用儿童发展的关键期来对儿童实施科学合理的教育。

4. 个别差异性

个别差异性是指儿童个体之间以及个体身心发展的不同方面之间，其发展程度和速度存在差异。这种差异性主要源于个体的先天素质、生活环境、教育以及自身的主观能动性的不同。比如，有的儿童语言表达能力很强，但数学能力却不好；而有的儿童却正好相反。

美国教育心理学家霍华德·加德纳提出的多元智能理论认为，人的智能是多种多样的；教育要尊重儿童发展的差异性，承认儿童的发展是多元的；不同的发展条件、不同的社会环境、不同的文化都在影响着儿童的发展。这就要求教育应尊重儿童的个体差异性，因材施教；根据每个儿童的心理特点进行个别教育。教师也应改变用统一目标、同一方法和评价手段来对待全体儿童的传统教育模式，通过多种途径了解儿童在不同发展方面的特点和差异，给予儿童充分的活动自由，对不同儿童运用不同的指导方法，有针对性地促进儿童发展。

二、影响儿童发展的因素

儿童的发展既不是在自然状态下发生的，也不是完全受环境的影响和制约的，而是内外环境相互作用的结果。通常认为，影响儿童发展的因素有遗传素质、环境和教育以及儿童的主观能动性。

(一)遗传素质

遗传素质是指个体从上代继承下来的生理解剖特点，如体貌、身材的内部构造、神经类型等方面的特征。遗传素质为儿童的发展提供了生理基础和物质前提。

1. 遗传素质为儿童的身心发展提供物质基础

儿童的体态、生理结构与机能的主要特征都是由遗传素质决定的。比如，对于先天失明或色盲的儿童，我们很难将其培养成画家；对于先天失聪的儿童，我们很难将其培养成音乐家和演说家。

2. 遗传素质决定儿童身心发展的基本过程

无论是男孩还是女孩，其身心发展的阶段和速度基本一致。每个阶段的儿童具有该阶段的年龄特征。比如，儿童腿脚动作的发展总是遵循从爬、坐、站立到行走和跑跳的顺序；手的动作发展则是遵循从抓握到投掷的顺序；语言的发展则要经历语音、单词句、多词句、简单句四个阶段。儿童身心发展的这些阶段和每一阶段的年龄特征主要由遗传素质所决定，一般具有不可更改性。

3. 遗传素质决定儿童的个别差异

遗传素质决定儿童体貌、生理机能等方面的细微差异，这些差异影响着儿童的心理发展。比如，在神经类型方面，天生敏感的儿童可能对周围的一切变化反应较灵敏和迅速；而神经活动较迟钝的儿童，其心理反应就可能要慢一些。

遗传素质为儿童的发展提供了物质前提和可能性，但遗传素质在儿童发展中不起决定性作用。要想把儿童从上代遗传的可能变为现实，还需要发挥环境、教育以及儿童自身积极的实践活动的作用。

（二）环境和教育

环境是影响儿童发展的不可或缺的外部因素，包括一切能影响儿童身心发展的外部条件，如家庭条件、幼儿园的教育质量、儿童的社会生活环境等。由于儿童可塑性强，容易受到周围环境的影响，因此环境因素对于处在人生初期的儿童影响最大。儿童周围自然物质环境的优劣影响着儿童的身心健康，家庭和社会为儿童营造的居住环境、提供的生活和游戏设施设备影响着儿童身心发展的速度和水平。儿童需要不断与周围环境进行互动，汲取外界的各种信息，通过同化和顺应来建构自己内部的认知结构。儿童在与周围环境相互作用的过程中学会与他人交往，掌握社会的行为规则，实现自身的社会化。

教育是一种特殊的环境，在儿童发展的过程中起着主导作用。托幼机构作为教育儿童而专门设立的社会机构，有专门对儿童进行保育和教育的教师，有较为系统、全面、针对性强的教育活动。教师根据不同年龄段儿童的教育目标选择教育内容，根据儿童身心发展的水平和特点选择教育方法、组织教育活动。

（三）儿童的主观能动性

儿童的发展是在与周围环境积极相互作用的过程中实现的。儿童一方面接受环境的影响，另一方面也主动作用于环境。儿童有自己独特的心理结构和特点，有自己的兴趣和需要，对环境的作用有所选择，因此同样的环境对不同儿童可以产生不同的影响。

总之，遗传、环境、教育和主观能动性是影响儿童身心发展的重要因素。这四个因素在儿童身心发展的过程中相互联系、相互影响，缺一不可。遗传为儿童的发展提供物质基础，环境为儿童的发展提供保障，教育推动儿童的发展，儿童的主观能动性则是其身心得以健康发展的关键。

三、儿童观及其演变 ●●●

（一）儿童观的概念

儿童观是人们对儿童认识和看法的总和。它涉及儿童的能力与特点、地位与权利、儿童期的意义、儿童生长发展的形式和成因、教育同儿童发展之间的关系等诸多问题。

（二）儿童观的演变

在人类社会漫长的发展过程中，不同时期形成了不同的儿童观。

1. 古代的儿童观

在我国古代，儿童被看成国家和家庭的财产。儿童被看作未来的劳动力和兵源，被看作父母的隶属品和家族繁衍的工具。在中世纪的欧洲，没有儿童的概念，儿童被看作缩小了的成人，儿童的价值、权利和特点被完全忽视。

2. 近代的儿童观

文艺复兴时期提倡人权、反对神权，在新的人类观影响下开始出现新的儿童观。捷克教育家夸美纽斯提出"种子论"，认为在人的身上自然地播有知识、道德和虔诚的种子，通过教育便可以使他们"生长"出来。尽管这一时期人们承认了儿童的兴趣与自由，但是人们并未意识到儿童本身具有独特的价值，儿童仍然被当作父母的所有物。17 世纪，英国教育家洛克提出"白板说"，认为儿童生来是一块白板，具有巨大的可塑性。18 世纪，法国教育家卢梭否定了儿童期仅仅是为将来的成人生活做准备这一观念，认为儿童是有着自身内在发展规律的自然存在；儿童具有自身特有的看法、想法和感情，是具有独立存在价值的个体。他提出，希望儿童在成人以前就要像儿童的样子，人们应当尊重儿童、尊重儿童期；如果打乱了这个次序，就会造成一些果实早熟，它们长得既不丰满也不甜美，而且很快就会腐烂。卢梭的这一观点在儿童观演变史以及儿童教育史上具有重大的意义。所以人们常常把"儿童的发现"与卢梭联系在一起。

3. 现代的儿童观

继卢梭之后，教育领域出现了"教育心理学化"运动，主张教育应以心理学规律为依据。这也包括对儿童心理的认识。这一运动主要发生在 19 世纪，代表人物为裴斯泰洛齐、赫尔巴特和福禄培尔。他们认为认识和研究儿童是教育的前提。裴斯泰洛齐认为人是依据特有规律发展的有机体，幼儿是一颗等待生根开花的种子；福禄培尔认为幼儿园是"花园"；教师是"园丁"；儿童的生长如花朵，在适当的条件下逐渐开放；开花是由种子决定的，花开得如何取决于阳光、水分和土壤。他们对儿童心理的一些认识为建立科学的儿童心理学奠定了基础。

19 世纪末，儿童观的发展出现重大飞跃。比如，杜威的进步主义儿童观认为教育应以儿童为中心，提出"教育即生长""教育即生活""做中学"等理论。蒙台梭利的儿童观以对儿童的尊重和重视为基础，认为儿童是具有内在生命力的个体。他们都强调尊重儿童，坚信儿童的发展潜能，主张教育应当在不违背儿童自然本性的前提下进行。同时，儿童心理学家皮亚杰以科学方法研究儿童的心理，揭示儿童心理发展的规律，创立了颇具特色的儿童心理发展理论，为科学地认识儿童做出了贡献。

(三)当代科学的儿童观

科学的儿童观是指那些符合儿童本质的认识观点。由于认识总是发展的，因此科学的儿童观有一定的相对性。目前，科学的儿童观主要包括以下几个方面的含义。

1. 儿童是人

儿童作为人，具有和成人一样的人格和尊严、一样丰富的精神世界、一样的差异性。儿童稚嫩、不成熟，这恰恰代表着人类发展的轨迹以及学习和发展的可能性。

2. 儿童是发展中的人

儿童是不同于成人的正处于发展中的人。一方面，儿童的身心发展尚未成熟，各方面尚未完善，需要科学、合理照顾和保护；另一方面，儿童具有巨大的发展潜能和被塑造与自我塑造的潜力，有自己独特的认识方式和成长特点，他们需要时间和空间去发展。不能把他们等同于成人，或把成人的一套标准强加于他们，或放任他们自然、自由地发展，而是要提供与他们身心发展水平相适应的教育，使他们的潜能得到充分、自由的发展。

3. 儿童是权利的主体

儿童与成人彼此平等、具有相同的价值，法律赋予了儿童基本的权利。1959 年，联合国大会通过《儿童权利宣言》，肯定儿童和成人一样，应当得到尊重，享有生存、生活和学习的权利；成人和社会应当保障儿童的这些权利。1989 年，联合国大会一致通过《儿童权利公约》，为保护儿童和保障其权利订立了一套全面的国际法律准则。《儿童权利公约》的基本精神体现为如下四个基本原则。

一是儿童优先考虑的原则。任何事情凡是涉及儿童，都必须以儿童的利益为重。二是尊重儿童人格的原则。不仅要关注儿童的生存与发展的权利，还要注意儿童的生活与发展的质量。三是尊重儿童意见的原则。不论什么事情，只要涉及儿童，都要认真听取他们的看法。四是一视同仁的原则。不论儿童来自什么文化背景、出身如何，是男孩还是女孩，是正常还是异常，都应受到公平对待，而不应受到任何歧视。我国宪法与未成年人保护法规定儿童应享有生存的权利、受教育的权利、受尊重的权利。

4. 儿童是学习的主体，是具有主观能动性的教育对象

儿童不是白纸，也不是软弱无力、被动接受成人呵护的受体，而是一个主动的、有能力的学习主体。在幼儿园教育活动中，儿童是自身学习与发展的主体，他们具有主观能动性、创造性和进行自我教育的可能性。在受教育过程中，儿童并不完全盲从教师。每个儿童都在以他们自己的方式去理解和接受教师的教育影响，并以他们自身独特的方式做出反应。

本讲要点

儿童的发展是指儿童在其成长过程中，伴随着生理的逐渐成熟与社会生活经验增长的影响，其心理和生理能力不断提高的变化过程。儿童的发展具有顺序性、阶段性、不平衡性和个别差异性等特点。教师应当正确认识和理解儿童发展的特点，树立科学的儿童观和儿童发展观，提供与儿童发展相适宜的教育，促进儿童富有个性地发展。遗传、环境、教育和儿童的主观能动性是影响儿童发展的四个主要因素。这四个主要因素相互联系、相互影响，共同制约着儿童的身心发展。儿童的发展是这四个主要因素合力作用的结果。儿童观是人们对儿童的总的看法，是成人如何看待和对待儿童的观点的总和。在人类社会发展过程中，人们对儿童的认识经历了从“小大人”观、“白板说”到认为儿童是“花草树木”；从把儿童看成家族的“私有财产”、国家的“未来资源”到认为儿童是“有能力的主体”。每个时期的儿童观都带有那个时代的烙印。教师应当批判性地加以继承和借鉴，树立现代科学的儿童观：儿童是人，是发展中的人；儿童是权利的主体，又是学习的主体。

学以致用

一个有成就的作家，愿意和儿童站在一起，善于从儿童的角度出发，以儿童的耳朵去听，以儿童的眼睛去看，特别是以儿童的心灵去体会。

你如何评价如上儿童文学作家陈伯吹的这段话？

模拟练习

单选题

1. “人心不同，各如其面”这句话提示教师在教育活动中应该关注（　　）。

A. 幼儿的个别差异性　　　　B. 幼儿的主体性

C. 幼儿的自主性　　　　D. 幼儿的发展性

2. 某幼儿园把小学一年级语文、数学知识作为主要教学内容，这种做法有违(　　)。

A. 儿童身心发展的稳定性　　B. 儿童身心发展的个别差异性

C. 儿童身心发展的互补性　　D. 儿童身心发展的顺序性

3. 平时嗓门很大的小强，在回答教师问题时声音却很低。教师批评说："声音这么小，难道你是蚊子吗?"话音刚落，全班哄堂大笑。该教师的做法(　　)。

A. 合理，有助于促进幼儿自主学习　　B. 合理，有助于激发幼儿主动反思

C. 不合理，没有体现对幼儿的尊重　　D. 不合理，歧视幼儿的生理缺陷

4. 王老师在幼儿园保教活动中遵循"三个允许"的原则：允许幼儿犯错，允许幼儿改错，允许幼儿提出不同的意见。这样做的理由是因为(　　)。

A. 幼儿是独特的人　　B. 幼儿是发展中的人

C. 幼儿是具有独立意义的人　　D. 幼儿是具有主观能动性的人

5. 以下做法体现了"以人为本"儿童观的是(　　)。

A. 教师对犯了错误的幼儿大声呵斥

B. 表演游戏中，教师按照剧本中的语言、动作去规范幼儿

C. 教师让每个幼儿都参与游戏

D. 教师在课堂提问时只关注自己喜欢的幼儿

模拟练习答案

第二讲　儿童与儿童观

第三讲

教育与教育观

头脑风暴

午睡后，小班幼儿准备吃香蕉。在活动室里，幼儿举着手里的香蕉说道："老师，我扒不开……"老师严肃地说："自己扒，扒不开就别吃！"然后自豪地对实习教师说："老师不能当保姆，上次吃香蕉我就让他们自己扒……这也是锻炼他们的自理能力。"

你赞同该教师的教育方式吗？你认为真的需要通过这样的方法锻炼幼儿的能力吗？如果是你，你会怎么做呢？

本讲重点围绕学前教育与儿童发展的关系、教育观的内涵及教育观的演变来进行具体阐述。

一、学前教育与儿童发展的关系

(一)学前教育促进儿童的发展

学前教育在儿童发展中起着主导的作用，学前期是儿童个体发展的启蒙时期。这一时期的教育对于儿童最初的对人、对事的情感和态度的形成和发展起着重要的作用，为他们今后的行为、性格和人格发展奠定了基础。具体来说，主要体现在以下几个方面。

1. 学前教育促进儿童的身体发展

身体发展是儿童发展的重要组成部分，它是实现儿童全面和谐发展的基础。学前期是儿童大脑发育的关键时期。在这一时期，儿童大脑的可塑性很强。如果受到外界丰富的刺激、良好的教育，大脑神经系统就能得到很好的发育。根据儿童身体发展和大脑发育的特点，学前期通过给儿童提供合理的营养、充足的睡眠和丰富多样的活动能促进儿童身体健康发展。反之则会给儿童的健康带来严重的损害。

2. 学前教育促进儿童的社会性发展

幼儿期是个体社会化的起始和关键时期。人的行为习惯、态度、性格雏形等都是在 6 岁前基本形成的。这一时期是儿童形成礼貌、友好、帮助、分享、谦让、合作、责任感、慷慨大方、活泼开朗等良好社会性行为和人格品质的重要时期。幼儿园作为一种有目的、有计划、有组织的专门培养人的教育机构，促进了儿童个体的社会化。在幼儿园，教师根据一定的社会要求，引导儿童朝着社会所期望的方向发展。可以说，在儿童社会化发展的过程中，幼儿园教育与其他教育相比，发挥着核心、主导的作用。高质量的学前教育促进了儿童社会性的发展。

3. 学前教育有助于儿童的认知发展

幼儿期是人的认知发展较为迅速、重要的时期，在人一生认识能力的发展中具有十分重要的奠基性作用。儿童具有巨大的学习潜力，如在 3 个月时便能进行多种学习活动；1 岁时能学会辨认物体的数量、大小、形状、颜色和方位；具有很强的模仿力、想象力和创造力。幼儿期还是个体心理多方面发展的关键期。在关键期内，个体学习某些知识经验或行为的形成比较容易。而如果错过了这一时期，在较晚的时期再来弥补则是很困难的，有的甚至是不可能的。同时，幼儿期还是人的好奇心、求知欲、想象力、创造性等重要的非智力品质形成的关键时期。

儿童具有的学习潜力为他们自身的发展提供了可能性，但要将这种发展的可能性变为现实，需要通过丰富的环境刺激来激发儿童的潜力，提高儿童的认知能力。而学前教育正好能为儿童提供丰富的感性经验与环境刺激，并给予积极的引导，促进儿童的认知发展。

(二)学前教育受儿童身心发展特点和规律的制约

在学前教育与儿童发展的关系中，学前教育促进了儿童发展。但是反过来，学前教育的目标、任务、内容和方法又受到儿童身心发展特点和规律的制约。

1. 学前教育要以儿童为主体

儿童是学前教育的对象。在教育过程中，教师有目的、有计划、有组织地对儿童施加影响，促进他们的全面健康发展。教师的作用对于儿童来说是外部影响，儿童要通过自身的活动来接受这些影响。因此，教师必须以儿童为主体，以儿童为中心；尊重他们的人格和权利，了解他们的兴趣和需要，听取他们的想法；平等对待他们，关注个别差异，促进每个儿童富有个性地发展。

2. 学前教育要符合儿童的年龄特征

不同年龄阶段的儿童具有不同的年龄特征，教育要符合儿童的年龄特征。比如，儿童的身高和体重在出生第一年内增长最快，身体各器官的结构和功能也处在不断发育成熟的过程中。此时，婴儿快速生长的身体却十分娇弱，需要成人精心呵护、合理喂养。儿童随着身心的发展，3 岁时开始成熟和充实起来，个性也开始逐步发展。这时的教育要求教师充分利用游戏、日常生活、操作活动等多种方式来锻炼儿童的观察力、记忆力、想象力、注意力和思维能力，促进他们认知能力的发展。教师需要创造条件鼓励儿童与不同年龄阶段的其他儿童交往，引导他们学习、掌握与他人交往和相处的方法；充分利用一日生活的各个环节，帮助他们学习做力所能及的事情，培养其良好的生活自理能力和习惯。

3. 学前教育要遵循儿童发展的规律

《幼儿园教育指导纲要(试行)》明确指出，幼儿园教育应尊重幼儿身心发展的规律和学习特点，以游戏为基本活动，保教并重，关注个别差异，促进每个幼儿富有个性的发展。儿童的发展是一个从简单到复杂、从低级到高级的连续不断的演进过程。学前教育必须遵循这个规律，依据儿童的生理特征和接受水平选择儿童身心发展的最佳期进行教育，促进儿童健康成长和发展。

二、教育观的内涵 ●●●

(一)教育观及其结构

1. 什么是教育观

教育观是关于教育现象和问题的基本观念体系，即关于教育的本质、目的、功能、体制、内容、方法、教师和学生等方面的基本看法。教育受一定社会的政治、经济制度和生活水平等的制约并受意识形态、文化传统及科学技术等的影响。教育观具有历史性和时代性，在阶级社会还常带有阶级性。

2. 教育观的结构

教育观有广义和狭义之分。广义的教育观一般是对各种教育的认识形成的教育观，如家庭教育观、学前教育观、成人教育观等。狭义的教育观是指对教育中的共同问题或基本问题的认识形成的教育观，如教育的本质观、教育价值观等。教育观的核心是教育价值观，即人们关于教育对人和社会的意义或作用的根本性看法和态度。

(二)学前教育观

学前教育观是人们基于一定的儿童观而形成的关于学前教育的基本观点和看法。其主要包括为什么要对儿童开展教育、要把儿童教育引到什么方向以及如何教育儿童等基本内容。学前教育观的核心是学前教育价值观。

三、教育观的演变

(一)教育观的历史演变

教育观是以儿童观为基础的。在历史发展过程中，随着儿童观的不断演变，教育观也在不断发生着变化。由于我国与西方儿童教育观的历史演变有着相似的路径，因此我们以西方儿童教育观的历史演变为代表来阐述。

1. 古代的儿童教育观

在古代西方，由于人们更多关注的是教育对象对国家、社会及宗教的价值，因此在教育观上更多追求的是教育的外在工具性价值。

到了中世纪，宗教神学把工具性的教育价值观推向极致，强调教育对于维护宗教控制的作用。教会统治着人们的精神生活，垄断了教育。受“原罪说”儿童观的影响，儿童教育观方面认为儿童生而有罪，因此要求儿童尽早开始赎罪，抑制儿童的自然本性。

工具性教育价值观是成人主义儿童观(“小大人”论)在教育观上的反映，具体表现为：以对成人教育的方式对待儿童，无论是教育内容还是教育方式，儿童与成人都没有什么差异；以同样的方式对待所有的儿童，不尊重儿童的个体差异。

2. 近代的儿童教育观

文艺复兴时期所确立的人文主义价值观强调以人为中心，重视人对其自身和现实生活的价值。弗兰西斯·培根认为，人的知识是通过经验获得的，教育必须面向人类自然的直接经验。他虽然转向关注人的直接经验世界，却把教育引向教师可以利用学生的感官和感官经验来传递知识的传递教育观。夸美纽斯提出“教育适应自然”的理论。卢梭认为，儿童是“自然”的人，本性善良、纯洁。他强调保持儿童的“自然人”的本性，因此教育要适合人的本性，要遵循自然。他坚决反对压抑儿童个性和束缚儿童自由，反对严格的纪律和死记硬背。卢梭的思想在教育思想史上算得上是一次革命。他使教育由“教师中心”变为“儿童中心”。此后，裴斯泰洛齐和福禄培尔继承并发展了卢梭的“教育适应自然”的思想。

3. 现代的儿童教育观

继卢梭之后，杜威提出一种新的生长观。他认为，教育不是强迫儿童去吸收外面的东西，而是要使儿童与生俱来的能力得以发展。在此基础上，杜威提出“教育即生长”的教育观。蒙台梭利推崇“以儿童为师”“向儿童学习”的儿童观。在儿童教育中，她严格批评了传统教育“不了解儿童的本性，只按成人的眼光和标准去要求儿童，处处限制儿童的活动，压制他们的个性”等问题，并提出教育必须尊重儿童的心理特点和个体差异的教育观。

“儿童本位”教育观的核心思想就是教育要适应儿童的自然本性，应依据儿童的身心发展特点和规律开展教育活动。具体表现在：教育应有一定的顺序性，其顺序与儿童身心发展相一致，符合不同年龄阶段儿童的心理特征；教育应考虑儿童的个别差异，因材施教；教育必须符合人的认识规律，与认识过程相一致，循序渐进，不能揠苗助长。

4. 后现代的儿童教育观

第二次世界大战以后，“对儿童提早进行知识教育，发展儿童的智力”开始成为教育的核心目标。儿童的全面发展教育被忽视，开始出现科学主义与人文主义教育价值观的对立。此外，伴随经济、科技的飞速发展，社会对教育的政治价值、经济价值、科技价值等外在的工具价值十分重视，继而出现了本体价值和社会价值的对立。

随着人们对教育实践和教育理论思考与探索的深入，教育理论界出现了像皮亚杰、罗杰斯、马斯洛等具有创新意识和批判精神的教育理论家。罗杰斯认为，人类生来就有学习的潜能；教育应以学习者为中心，充分发挥他们的潜在能力。马斯洛的自我实现理论认为，从根本上说，教育的职能和目的是激发学习者的学习动机，发展学习者的潜能和积极向上的自我概念，从而使学习者能够自己教育自己，最终达到自我实现的目的。人的自我实现过程实际上正是人的本体价值与社会价值的完美结合过程。

后现代的儿童教育观进一步强调意义生成、共生构建，认为教育的目的是促进儿童、成人和社会共同发展。作为社会的重要成员，儿童既受到既定习俗、知识、文化的影响，同时也影响着社会的发展。即教育是双向的，成人和儿童都是教育实践的受惠者。儿童教育不存在既定的目标、单向的设计、封闭的氛围，其教育机制在于对意义的追问、探究。在不断的意义生成过程中，儿童和成人不断地共生、发展。

(二)科学的学前教育观

1. 学前教育是基础教育的重要组成部分，是我国学校教育和终身教育的奠基阶段

学前教育必须以儿童全面素质的形成和发展为宗旨，以培养创新精神和实践能力为核心，为实现儿童终身的可持续发展奠定基础。

2. 学前教育是有目的、有计划地推进儿童在已有经验和发展水平的基础上获得身心全面和谐发展的活动

幼儿园应当为儿童提供丰富多样的教育活动，将环境作为重要的教育资源，创设开放的、多样的区域活动空间，提供丰富的玩具、操作材料和儿童读物，支持儿童自主选择和主动学习，激发儿童学习的兴趣和探究欲。

3. 学前教育是一种追求质量和效率的整体性影响活动

幼儿园应重视一日生活对儿童发展的重要作用，综合使用各种教育手段，将教育灵活地渗透在一日生活的各个环节。

4. 学前教育是以儿童发展为出发点和归宿的社会实践活动

学前教育应尊重儿童的人格和权利，尊重儿童身心发展的规律和学习特点，以游戏为基本活动，保教并重，关注个别差异，促进每个儿童富有个性地发展。

5. 学前教育是社会主义教育事业的重要组成部分，学前教育的发展需要社会各方面的参与和支持

学前教育作为社会主义事业的重要组成部分，在社会主义事业中有着独特的作用。学前教育要发挥相应的作用，离不开社会各方面的参与和支持。

本讲要点

学前教育与儿童发展之间相互影响、相互制约。学前教育影响儿童身体、认知、社会性和人格的发展，同时又受儿童发展的制约。学前教育要以儿童为主体，符合其年龄特征、遵循其身心发展规律。教育观是关于教育现象和问题的基本观念体系，即关于教育的本质、目的、功能、体制、内容、方法、教师和学生等方面的基本看法，包括广义和狭义的教育观。广义的教育观一般是对各种教育的认识形成的教育观；狭义的教育观是对教育中的共同问题或基本问题的认识形成的教育观。教育观的核心是教育价值观。伴随着儿童观的历史演变，以教育价值观为核心的教育观经历了从工具性教育价值观、教育内在价值观、儿童中心教育价值观到教育本体价值和社会价值观的对立与融合四个阶段。教师应当树立现代科学的学前教育观。

学以致用

观看纪录片《小人国》，讨论并总结大李老师在幼儿园教育教学行为中体现的教育观。

模拟练习

单选题

1. 小乐很有舞蹈天赋，小小年纪已经参加过很多大型比赛，但他不愿意参加幼儿园组织的科学活动。吴老师劝说道："老师很喜欢会跳舞的小乐，可是如果你在其他方面也很能干的话，大家会更加喜欢你。"方老师的做法(　　)。

A. 合理，教师应该关注幼儿的全面发展

B. 合理，幼儿必须在各个学习领域平均发展

C. 不合理，不尊重幼儿的兴趣爱好

D. 不合理，不利于幼儿发展特长

2. 适合幼儿发展的内涵是指(　　)。

A. 追随幼儿的兴趣　　B. 适合幼儿发展的规律与特点

C. 任其自由发展　　D. 跟随幼儿的发展

3. 强调个体兴趣和需要，注重让儿童在生活情境中学习的课程组织形式是(　　)。

A. 以儿童为中心的组织形式　　B. 以社会问题为中心的组织形式

C. 以学科为中心的组织形式　　D. 以学问为中心的组织形式

4. 在幼儿园工作实践中，一些教师认为上课是传授知识、发展幼儿智力的唯一途径，组织幼儿进餐、睡眠等只是保育工作。这种思想有违(　　)。

A. 循序渐进原则　　B. 发挥一日生活的整体功能的原则

C. 重视年龄特点和个体差异性原则　　D. 尊重幼儿原则

5. 对杜威"教育即生长"观点的正确理解是(　　)。

A. 教育是以儿童的本能和能力为依据　　B. 儿童的生长以教育目标为依据

C. 教育以促进教师的专业成长为基础　　D. 教育应促进儿童的身体发育

模拟练习答案

第三讲　教育与教育观

第四讲

教师与教师观

头脑风暴

有人把教师比喻成父母，关爱孩子、荫庇孩子；有人把教师比喻成园丁，播种知识，播种希望；有人把教师比喻成工程师，规划设计，绘制蓝图……

你赞同以上的比喻吗？你愿意把教师比喻成什么呢？说说你的看法。

本讲主要从教师与儿童发展的关系、教师观的内涵及教师观的演变几个方面来进行具体阐述。

一、教师与儿童发展的关系 ●●●

教师与儿童发展之间是双向交互作用的。教师影响儿童多个方面的发展，同时又受到儿童身心特征的影响。具体表现如下。

(一)教师对儿童发展的影响

1. 对儿童心理的影响

教师对儿童心理的影响有积极和消极两个方面。如果教师对儿童的表现持关注、支持和认可的态度，并给予积极的回应，就能激起儿童更强的表达愿望，能使他们更想说、更爱说，当然也就更乐意说、更能说。反之，如果教师对儿童持不闻不问、否认、缄默的态度，则会大大影响他们表达的积极性。尤其是对语言能力较弱和性格内向的儿童，教师若无从回应，久而久之就会使他们产生消极的自我意识，渐渐地对语言表达失去兴趣，变得不想说、不爱说。这在一定程度上阻碍儿童心理的健康发展。

2. 对儿童认知能力的影响

儿童的认知发展水平直接决定着儿童自我概念的发展水平，其认知能力的发展处于具体形象思维阶段。① 好奇、好问是儿童的天性，是学习动机产生的源泉，也是学习获得良好效果的保证。所以，保持儿童的好奇心、激发其学习和探索的兴趣是教师的职责之一。教师的作用是减轻儿童的认知负担，提高儿童的学习效率，使他们对学习产生浓厚的兴趣和积极的学习动机，激发他们自我成长的动机。因此，教师对于儿童来说至关重要，有助于儿童认知能力的发展。反之，则会遏制儿童的求知欲和积极性，影响儿童现在乃至以后的认知能力的发展。

3. 对儿童情绪的影响

教师能够起到稳定儿童情绪、激发其积极情感的作用，并为他们的情绪情感发展提供良好的心理支持。教师给儿童恰当的赞扬、鼓励、肯定和安慰，会使他们感受到被尊重和关爱、被理解和接纳而产生被重视感和安全感。反之，则会影响儿童的自尊自信，容易使他们产生抵触情绪，不利于

---

① 方建移、张英萍：《学校教育与儿童社会性发展》，226页，杭州，浙江教育出版社，2005。

其情绪、情感的正常发展。

4. 对儿童行为的影响

儿童行为规范的形成在一定程度上也受教师的影响。他们尚不能在思维和语言水平上直接理解道德，而只是在感觉和行动上理解道德。因此，教师对儿童的行为规范的养成不是通过说教产生影响的，而是通过教师的暗示潜移默化发生作用的。

儿童的行为具有一定的波动性，难以保持。已产生的某种道德行为还需要经过多次和不同形式的正向强化才能逐渐成为他们的一种自觉行为。教师及时的表扬、鼓励、奖励对儿童良好的行为表现会起到加强和促进的作用；及时、恰当的批评、否定等对儿童不良的行为表现也会起到减弱、消除作用。

(二)儿童发展对教师的影响

儿童发展既是一切教育活动的出发点，也是一切教育活动的归宿。因此，儿童在教育教学过程中必然会在客观上影响教师。

儿童在教育教学过程中对教师的重要影响首先来源于儿童对自身发展的能动建构特性。从出生开始，儿童不是消极被动地接受环境刺激的影响和塑造，而是积极主动地参与自身发展的建构。儿童对环境的刺激和影响具有主动的选择性，是环境的积极影响者。教师作为教育活动的组织者、实施者，其活动客观上受到儿童心理发展水平、特点、规律的影响和制约。总体上看，儿童心理的发展具有一定的顺序性、阶段性和整体性，存在心理发展的年龄特征和规律；要求教师以此为依据确定或调整具体教育目标、内容和方法，促进儿童的心理发展。另外，每个儿童又具有独特性，既存在个体间的差异，也存在个体内部不同方面的不平衡性。这就要求教师结合每个儿童的特点因材施教。

当然，教师作为教育活动的另一主体，并不是消极被动地接受儿童的影响，而是儿童发展的积极引导者。教师依据儿童发展的水平、特点和规律，设计、组织与实施教育活动，提出儿童发展的任务和要求，选择适宜的教育教学方法，以促使儿童主动、能动地发展。儿童发展对教师的影响必须以教师自身的主动加工处理为前提和中介。①

二、教师观的内涵 •••

(一)教师观

教师观是社会及公众对教师这种职业及其从业人员的看法和观点。它不仅反映着教师在特定社会环境中的社会地位和价值，同时也对教师职业的人才吸引力度、工作环境等产生反作用。教师观的核心是教师本质观。

(二)学前教育专业教师观

学前教育专业教师观是指学前教育专业教师对本职业的特点、作用、任务、责任、师生关系、教师角色以及科学履行职责必须达到的专业标准等基本问题的认识和态度。学前教育专业教师观的形成与发展往往受制于两个方面。一是社会对儿童及学前教育的认识，即儿童观与教育观会影响到

① 庞丽娟：《教师与儿童发展》，125～126 页，北京，北京师范大学出版社，2003。

学前教育专业教师对本职业的认识和理解。可以说教师观就是基于儿童观和教育观形成的。二是学前教育专业教师观的发展与社会的整体特点紧密相关，其要随着社会的变动而呈现不同的时代特征。①

三、教师观的演变 ●●●

(一)教师观的历史演变与发展

在我国，先秦时期儒家思想是较为重视教育的，重视教育必然重视教师。从孔子到荀子以及《学记》都有一些关于教师的论述。孔子的教师观主要包括两个方面的内容。一是对教师自身要求，即以身作则，要求学生做到的，教师自己首先要做到。他强调教师要作为学生的典范，强调无言之教的威力，认为教师行为端正、道德高尚，本身就是一种教育力量。此外，以身作则不仅指教师自身的言行，还指教师在对待教育这个工作应有的一种态度，即“学而不厌，诲人不倦”。二是对待学生的态度要宽严结合。教师一方面要严格要求，另一方面要温和宽厚。孔子的学生曾赞扬孔子说：“子温而厉，威而不猛，恭而安。”这体现了孔子对学生宽严结合的态度。②

荀子提出君师并重是治国之本，因为教师是礼的化身，是传播礼、实施礼的代表。在他看来，是否尊重教师是一个国家兴衰的标志：“国将兴，必贵师而重傅；贵师而重傅，则法存。国将衰，必贱师而轻傅；贱师而轻傅，则人有快，人有快则法度坏。”

《学记》指出：“知至学之难易，而知其美恶，然后能博喻；能博喻，然后能为师。”“既知教之所由兴，又知教之所由废，然后可以为人师也。”这是强调教师不仅要了解所传授的教学内容，还要注重启发诱导；既要了解教育教学成败的规律，还要了解学生的学习特点，做到长善救失。③

宋明理学家朱熹认为为学是学生自己的事，教师只是一个指引者、引路人、证明人。

1. 古代的教师观

在西方，古希腊哲学家、教育家苏格拉底最先将教师形象地比喻成“产婆”，即教师通过启发、引导使学生自己找到问题的答案、得到启迪。柏拉图认为，教师是把学生从经验的世界引向理念的世界；教师应善于引导学生，把他们内在的“善”通过教育开发引导出来；教师的责任就在于给学生划出是非界限，指明正确的道路。在古希腊、古罗马时期，人们对教师的角色定位是理性的引导者。

2. 近代的教师观

在这一时期，在我国，王夫之重视教师在教育过程中的主导作用，认为教师关系到整个社会的人心道德，要求教师在实际行动和道德行为上能做学生的榜样。他认为，教师乃学生的模范、众人的表率，因此要求教师在道德修养方面应当相当突出。

西方从文艺复兴到19世纪末，经过两次大的思想解放运动之后，出现了两种典型的教师观，即自然主义教师观和主知主义教师观。

自然主义教育观认为，自然是知识的源泉，教育的目的在于培养自然人；教育要遵循自然，适应儿童的天性和身心的发展，追求儿童个性解放和自由。受此观点的影响，自然主义教师观开始出

① 柳海民：《教育原理》，496页，长春，东北师范大学出版社，2000。
② 施克灿：《传统教师观的历史沿变及意义》，载《教师发展研究》，2018(2)。
③ 施克灿：《传统教师观的历史沿变及意义》，载《教师发展研究》，2018(2)。

现。卢梭认为，教师是儿童天性发展的辅助者；作为培养儿童自然天赋的导师，教师应首先是一个道德卓越的人，还应成为一个具有丰富学识、极大耐心而又谨言慎行的儿童伙伴。

主知主义教育思想主张把传播知识和发展理智作为教育教学过程的基础与目的，注重研究知识传授的方法与途径，强调教师的权威以及在教育教学中的主导地位。代表人物有洛克和赫尔巴特。洛克以其“白板说”的儿童观为基础，对教师角色的观点为：教师是民治社会的导师，是理性的代言人，是师生关系平等的维护者，是生活礼仪的践行者。赫尔巴特认为，道德教育是教育的最高目的；教师的责任就是创造一种秩序，具体运用惩罚、命令、强迫作业和威吓等方式进行管理。这是一种典型的“以教师为中心”的传统教师观。

3. 现代的教师观

我国教育家陶行知认为，教师的终极目标是成为“第一流的教育家”；教师的基本任务是“千教万教，教人求真”；教师要诉求“真知识”；教师的师德修养要“爱满天下”“捧着一颗心来，不带半根草去”。陈鹤琴也十分重视教师问题，提出了当时颇为新颖的教师观：儿童本位；做儿童的合作者、支持者和引导者；敬业、乐业、专业和创业。

“儿童中心主义”教师观的代表人物是杜威和蒙台梭利。杜威倡导“以儿童为中心”的教学模式，反对外铄的、固定的教育。因此，他认为，教师应是培养儿童思维能力的领导者、教学活动的发起者和组织者、儿童心智的研究者和师生互动中的交往者。教育过程是儿童和教师共同参与的过程，也是儿童和教师真正合作和相互作用的过程。在此过程中，儿童与教师双方都是作为平等者和学习者参与的。

蒙台梭利认为，自由活动和自我教育是儿童在发展中应该享有的基本权利。首先，教师是儿童权利实现的保障者。教师的首要任务是激励儿童，让儿童的生命自由发展。同时，教师还要为儿童的自由活动和自我教育创设安全的、舒适的“有准备的环境”。其次，教师在教育儿童的过程中应是一位出色的观察者。再次，一位好的教师应当是一个科学工作者，是儿童发展的研究者。最后，教师在儿童的自由活动和自我教育的过程中扮演着指导者的角色。蒙台梭利认为，尽管儿童的发展是通过吸收周围环境的信息而实现的，但是如果缺乏教师的引导和协助，儿童的发展将难以实现。这就要求教师除了要做观察、研究之外，还应进行指导、引导和示范工作。

人本主义心理学的代表人物弗洛姆、马斯洛和罗杰斯等人都反对传统的教师角色观，反对只将教师看成知识的传授者和道德的示范者。他们都提倡尊重学生、理解学生、关爱学生，与学生平等交往，做学生的朋友。弗洛姆认为，教师即爱的实践者。马斯洛认为，教师是学生发展过程中的旅伴，是激励者。一位好的教师要给学生充分的自由发展的机会，鼓励他们的创造性，激励他们关注人生的意义，对自己的选择负责。罗杰斯认为，教师在学生学习过程中的作用仅仅是一个侍者，应学生之呼声而共鸣。教师的任务是提供一种促进学习的气氛和允许学生自由选择学习环境，使学生知道如何学习。

后现代主义是20世纪60年代出现在西方发达资本主义国家的一股文化思潮，也是当代社会中具有重大影响的一种西方思潮。后现代主义教师观认为，在教育过程中，教师和学生的关系是一种交互、作用、共生的关系。教师不再是知识的权威，而是学习探索过程中的参考者与协调者；教师变成了一个学习团体中平等的成员。教师由外铄的、强制的、灌输的角色，转变为理解的、唤醒的、启动的和发现的角色。

(二)当代幼儿园教师观

党的十八大以来，党中央高度重视教师队伍建设问题。2018 年 9 月，习近平总书记在全国教育代表大会上发表重要讲话，指出教师是人类灵魂的工程师，是人类文明的传承者，承载着传播知识、传播思想、传播真理、塑造灵魂、塑造生命、塑造新人的时代重任。在多元价值观冲击的当下，教师要严格要求自己，不断完善自己，在教育领域守住初心、牢记使命、淡泊名利，努力做学生成长的引路人，做一个有理想信念、有道德情操、有扎实学识、有仁爱之心的好老师。

基于对当前各理论流派所呈现的儿童观、教育观的理解，根据当代社会经济、文化发展的特点，当代科学的幼儿园教师观包含以下基本观点。①

①幼儿园教师是我国教师队伍中一股朝气蓬勃的力量，是儿童发展的促进者，应该受到社会的关心和尊重。

②幼儿园教师是儿童健康和安全的保护者，是儿童德、智、体、美、劳全面和谐发展的引导者，是儿童学习活动的支持者、合作者和引导者。

③幼儿园教师从事的是儿童早期启蒙工作，是一项需要全身心投入并具有广博知识的工作。

④幼儿园教师从事的是一项需要童心、爱心和责任心的工作。

⑤幼儿园教师是研究者，应以关怀、接纳、尊重的态度和儿童交往，要关注并敏感地察觉儿童在活动中的反应，善于反思。

⑥幼儿园教师是一门专业的职业，需要掌握不断更新的专业知识、能力和方法。

本讲要点

教师与儿童发展之间是双向交互作用的；教师影响着儿童心理、认知能力、情绪和行为的发展，同时又受到儿童身心特征的制约。教师观是社会及公众对教师这种职业及其从业人员的看法和观点。它不仅反映着教师在特定社会环境中的社会地位和价值，同时也对教师行业的人才吸引力度、工作环境等产生反作用。随着儿童观和教育观的历史演变，教师观经历了从“以教师为中心”到“儿童中心主义”再到后现代主义倡导的“平等中的首席”的演变过程。后现代主义教师观认为，在教育过程中，教师和学生的关系是一种交互、作用、共生的关系。教师不再是知识的权威，而是学习探索过程中的参考者与协调者；教师变成了一个学习团体中平等的成员。幼儿园教师应当树立科学的教师观：幼儿园教师是儿童发展的促进者，是儿童学习活动的支持者、合作者和引导者。

学以致用

观看纪录片《小人国》，分析里面教师言行中所体现出的教师观。

模拟练习

单选题

1. 针对环境污染，张老师带领本组教师编写《保护环境学生读本》。这体现了张老师是(　　)。

① 虞永平:《学前教育学》，51 页，苏州，苏州大学出版社，2001。

A. 课堂教学的组织者　　B. 课程的建设者和开发者

C. 学生学习的指导者和促进者　　D. 课堂教学管理者

2. 周老师入职以来，积极参加市里和学校组织的各种教研及培训活动，跟踪学科前沿发展动态，学习新知识、新方法，不断更新知识结构。这表明周老师具有(　　)。

A. 尊重学生的理念　　B. 终身学习的意识

C. 教学管理的能力　　D. 课程开发的能力

3. 现代教师观在教学活动中强调(　　)作用。

A. 教师的权威　　B. 学生的主体

C. 社会参与　　D. 教师主导和学生主体

4. 下列选项中(　　)是“教师中心论”的代表人物。

A. 赫尔巴特　　B. 夸美纽斯　　C. 维果茨基　　D. 奥苏伯尔

5. 教师工作的对象具有独特品质：充满生命活力，并处于不断发展变化之中；教师所传授的内容也在不断地发展变革；教学过程又是一个复杂的动态变化过程。这要求教师在教学过程中必须扮演(　　)的角色。

A. 传道者　　B. 研究者　　C. 示范者　　D. 解惑者

模拟练习答案

第四讲　教师与教师观

第五讲
课程观与教学观

头脑风暴

幼儿在吃早餐时，发现饼干变了，有月亮形状的，有橘子味的。幼儿就此展开讨论，教室一片喧闹。作为教师，你应该怎么办？

不同的课程观往往体现不同的课程价值取向，形成不同的课程形态，并隐含不同的课程思维方式。它直接或间接地影响着人们对课程问题的思考和解答。本讲主要从课程与教学的关系、课程观及其演变、教学观及其演变几个方面来进行具体阐述。

一、课程与教学的关系

关于课程与教学的关系，最为简化的说法就是“课程”是指“教什么”，而“教学”则是指“如何教”。美国学者奥利瓦认为，课程是教育的方案、计划、内容以及学习经验，而教学则是教育方法、教学活动以及课程的实践与呈现。课程的决策追求计划性，教学的决策追求方法论；课程计划先于教学，既为课程也为教学做决定。课程是教学的蓝图，教学是课程的实践，课程与教学包含在学校或教育系统之下。课程与教学的目的都是使学生学习与成长。为了达成教育目的与目标，课程与教学缺一不可，两者之间的关系非常密切。

在我国，对于课程与教学的关系，比较有影响的主要有以下四种观点。

(一)课程与教学并列

这种观点认为课程和教学各自相对独立，互补交叉。比如，布鲁纳指出，课程和教学看着是分离的实体。我国也有学者明确指出，课程与教学是教育实践的两个领域，并阐述了课程与教学两者相互独立和相互分离的观点。① 即课程是在教学过程之前、教学情境之外预设的目标、内容与计划，是规定的、制度化的文本；教学是忠实地执行课程计划、传授教学内容的方法、手段与过程。

(二)课程包含教学

这种观点认为课程是一项完整的系统工程，它由前期研究、课程设计、课程开发、课程实施及课程评价等几个阶段或部分组成。其中的课程实施即教学，因此教学是课程体系的一个部分或一个环节。甚至在一些课程专家看来，课程囊括了教育的所有问题，课程即教育，教育即课程。

(三)教学包含课程

这种观点在夸美纽斯、赫尔巴特等人的教学思想中都有鲜明体现。在苏联的教育学著作中，自凯洛夫时代起，“课程”一词就极少见，“课程”为“教学内容”所取代，属于教学论研究的范畴。20 世

① 刘要悟：《试析课程论与教学论的关系》，载《教育研究》，1996(4)。

纪八九十年代，我国的教学论著作大多将课程作为其中的一部分加以探讨，如王策三的《教学论稿》、李秉德的《教学论》等。吴也显在《教学论新编》中还明确指出，课程是教学系统中的构成要素之一。

（四）课程与教学整合

课程与教学整合的观念发端于20世纪初。杜威在《民主主义与教育》等著作中深刻地揭示了传统教育中课程以学科为中心，远离儿童以及课程与教学分离等问题及其根源。他提出了认识的连续性原则并系统地阐述了以经验为基础将儿童与学科统一起来、将课程与教学整合为一体的思想。

总体而言，课程与教学相互有关联，却又彼此不同；二者既相互联系，又相互独立。课程与教学可以分开来研究与分析，但在实践中无法分割，也无法独立地发挥作用。

二、课程观及其演变

（一）课程观的内涵及演变

课程观即人们对课程的基本看法和主张，或者可以进一步具体地理解为关于课程“是什么”的观念。它是人们依据一定的哲学观、教育观以及心理学、社会学等方面的认识，形成的关于课程的基本观点和一般看法。[①] 根据不同课程观的价值取向划分，主要有三种主流的课程观，即学科中心主义课程观、儿童中心主义课程观与社会中心主义课程观。

1. 学科中心主义课程观

从教育价值取向来看，学科课程的教育目的在于保持国家和社会的稳定和发展，并提高教育的质量：其目标在于使儿童成为有理智的、理性的人。学科中心主义课程观强调以知识的学科逻辑来组织编排课程，把课程的构成要素看成静态的知识，主张按照学科的逻辑体系使知识结构化，即形成学科，再按照某种顺序依次为儿童开设这些课程。比如，布鲁纳强调按照学科的基本结构选择和编排课程内容，再以螺旋式方式呈现给儿童，促进儿童的认知结构水平不断由低向高发展。由于学科中心主义课程观强调知识的授受和学业标准，因此教师在课程实施过程中处于支配地位，起着主导作用；而儿童往往处于被动地位，会采用死记硬背的方式学习知识。

2. 儿童中心主义课程观

儿童中心主义课程观强调坚持儿童本位，即把儿童作为教育的中心，重视儿童的本能、兴趣、自由和独立性的发展；把儿童的自我实现看成教育的价值追求。该课程观坚持“经验论”的课程本质观，所以任何能够增加和改造经验的活动都属于课程的内容。它主张学校课程的主要内容由活动组成，包括园艺、木工、金工、烹饪、缝纫、编织等。在教材组织方面，它要求考虑儿童的发展次序，提倡“心理学化”，即直接经验化——把各门学科的知识恢复到原来的经验形式，使间接经验转化为儿童的直接经验。儿童中心主义课程观在课程内容上注重知识对儿童的个人意义，强调课程、教学与儿童生活密切结合。

杜威作为儿童中心主义的代表，主张通过“做中学”，即儿童依据自己的兴趣和动机，通过自己的主动活动和探究（游戏、活动、操作、探究、交往是儿童基本的学习活动方式）获得经验。存在主义者也提倡师生对话，即不是由教师向儿童提供知识，而是鼓励儿童思考，使他们获得个体化的知

---

① 施良方：《课程理论——课程的基础、原理与问题》，12页，北京，教育科学出版社，1996。

识。而人本主义者更提倡“个人经验”，即由儿童自由表达、自行其是；强调儿童亲自体验各种经验，形成自我概念和独立自主的个性。

3. 社会中心主义课程观

社会中心主义课程观坚持的是社会本位，强调课程的社会价值。该课程观认为，课程目标在于“社会的改造和重建”；而组织课程的内容与结构的原则是“从做实验、犯错误来获得反馈，从而发现自己是什么样的人”。改造主义者认为各门学科之间要有机地联系，即实现课程的综合化，这样使课程结构具有统一性。学校课程要关注而不是回避重大的社会问题(如经济危机、民族歧视、环境污染等)。这样不仅可以使儿童认清和分析这些社会问题，克服学科课程之间互不连贯的情况，还可以使儿童通过分析和解决问题而获得相关的背景性知识。以社会问题中心原则来组织课程内容，实际形成的就是核心课程。

该课程观还认为，为了使儿童接受新的社会理想，教学就不能是强制性的，而应该主要采用“劝说”或“说服”的方法——当教师和儿童讨论问题时，教师作为小组的领导者，同时也作为小组的成员参加讨论，最后由儿童自己总结结论。可见，此时教师是没有任何特权的，儿童却有极大的自主权——可以公开提出自己的观点，提出解决问题的方案与策略，而且可以为自己的理由辩护。①

(二)现代的学前教育课程观

吸取历史上课程观的合理成分，联系新的历史条件下人的全面发展的需要，我国学前教育课程改革需要建立起新的课程观。

1. 建构活动和经验倾向的动态课程观

现代的幼儿园课程的重心由学科转向经验，课程本质观由静态走向动态，将原来静态的、预设的课程转变为动态的、形成性的课程。幼儿园课程的涵盖性增强，幼儿在园的一日生活皆课程。活动倾向的课程观认为幼儿园课程是为幼儿安排的有组织、有计划的各种活动的总和。经验倾向的课程观强调幼儿园课程是为促进幼儿身心和谐发展所提供的有益的经验。

2. 课程向生活回归

《幼儿园教育指导纲要(试行)》指出，幼儿园教育活动内容的选择要贴近幼儿的生活；充分利用自然环境和社区教育资源，扩展幼儿生活和学习空间。幼儿的发展是全方位的，幼儿的身心发展水平和特点决定了幼儿园的课程应该是幼儿的课程。幼儿园课程内容的选择应该关注幼儿生活中的事物，以幼儿的兴趣为指向，为他们提供完整的生活经验，让幼儿在生活中体验课程。课程向生活回归更加注重课程的重建意识，注重对幼儿直接经验的运用。幼儿的许多实践经验都是从实践中获取的，所以教师可以从幼儿的一日生活中观察、提取到可以运用的课程内容。

3. 儿童是课程的主体

21世纪将是以儿童发展为本的世纪。当前幼儿园课程将以建构为核心，使儿童成为课程的主体，使幼儿园课程真正成为儿童的课程。

儿童是积极主动、有能力的学习主体。他们在不断地和外界发生相互作用的过程中发展着自己，成为发展中的主体。教师在课程实施过程中应鼓励、引导儿童表达自己的感受和想法，主动与儿童

① 韩例芬:《课程观研究综述》，载《牡丹江教育学院学报》，2008(3)。

进行对话，以浅显易懂的对话来引导他们表达学习课程的感受。儿童是课程的创造者和开发者，因此应发挥儿童对课程的批评能力和建构能力的作用。

三、教学观及其演变 ●●●

教学观，顾名思义就是对教学的总体性认识或基本看法。① 教学观不仅存在于不同的理论书籍中，也实存于教师的头脑中，并决定了教师在教学过程中将如何行动。教学观折射出教师教学的理念。纵观教学观的历史演变过程，其主要经历以下几个时期。②

(一)古代的生活教学观

在远古社会，阶级还没有产生，教学与社会生产和生活紧密联系在一起；教学的目的就是使下一代在极其恶劣的自然环境下能够生存下来；教学的内容仅限于一些关于生活的经验和生存的本领；教学也只能在个别的、局部的生产和生活中通过口耳相传自然地进行。整个原始社会的发展极其缓慢，这一时期的教学与生活融为一体；教学是为了生活、生存的需要，教者和学者都在不知不觉中进行着传递生活经验的活动。这一时期的教学观也就是生活教学。

(二)近代的知识教学观

在近代教育中，随着培根的“知识就是力量”的呼喊，英国社会学家斯宾塞的“科学知识最有价值”的判断及牛顿力学的诞生使原本丰富多彩的生命世界变成了一个精确量化的机械世界。这种对科学知识的顶礼膜拜在打破了宗教迷信的同时却又产生了对科学的迷信。在这一时期，在科学理性的影响下，知识成了整个教学的圆心。学生就像一个装知识的容器：“只会用心地听课，记住老师讲的每一句话，从而理解它们的逻辑结构和意义，并尽量一字不漏地把它们记在活页笔记本上，以便他们以后记住这些笔记，顺利地通过考试。”③这种以知识为中心的教学的特点是重教轻学，教师是课堂的权威和主角，学生则是观众和配角；师生之间是主宰与服从、控制与被控制的关系，教学成为一种经验化、模式化和静止化的操作过程。这种知识教学观强调对知识的接受和掌握，却背弃了人的需要，一味追求教学的可操作性，忽视了创造性，忽视了学生的精神交往，使学生看不到学习内容和生活的相关性。其结果导致了教学的教条化、模式化和精致化，并将人异化为一种工具。

(三)现代的以人为本的教学观

从古至今，关于教学的理解，可谓是仁者见仁，智者见智。在这一时期，人们对于教育又有了新的诠释。有学者认为：“教学过程是师生积极互动，通过实物、语言或意义的传递和共享，达到理解与协调，进而影响和调节主体间相互关系，共同发展的过程。”④裴娣娜教授认为，教学从终极目的的意义上是要促进人的发展。⑤ 郭思乐认为：“教学就是在教师的支持下，激起、强化、优化学生的自主学习的过程。”⑥以上教学观都不同程度地强调教学中学生的主体作用及对学生的尊重，是一种以

---

① 叶澜：《教育学原理》，185 页，北京，人民教育出版社，2007。
② 李宪勇、徐学福：《试论教学观的历史嬗变》，载《大学教育科学》，2009(3)。
③ [美]埃里希·弗洛姆：《弗洛姆著作精选——人性、社会、拯救》，612 页，上海，上海人民出版社，1989。
④ 徐仲林、徐辉：《基础教育课程改革理论与实践》，61 页，成都，四川教育出版社，2005。
⑤ 裴娣娜：《教学论》，116 页，北京，教育科学出版社，2007。
⑥ 郭思乐：《以生为本的教学观：教皈依学》，载《课程·教材·教法》，2005(12)。

人为本的教学观。

本讲要点

课程是教学的蓝图，教学是课程的实践，课程与教学包含在学校或教育系统之下，两者的目的都是使儿童学习与成长。我国关于课程与教学的关系比较有影响的观点有四种：课程与教学并列，课程包含教学，教学包含课程，课程与教学整合。课程观是人们依据一定的哲学观、教育观以及心理学、社会学等方面的认识，形成的关于课程的基本观点和一般看法。根据不同课程观的价值取向划分，主要有三种主流的课程观，即学科中心主义课程观、儿童中心主义课程观与社会中心主义课程观。教师应当树立科学的学前教育课程观：在具体的幼儿园课程实践中，应注意将原来静态的、预设的课程转变为动态的、形成性的课程；坚持课程内容向生活回归的理念，注重对幼儿直接经验的运用，发挥幼儿在课程实施中的能动性；在课程实施过程中应鼓励、引导幼儿表达自己的感受和想法，主动与幼儿进行对话，以浅显易懂的对话来引导他们表达学习课程的感受。

学以致用

在幼儿园课程中，哪些是静态课程观的体现？哪些是动态课程观的体现？

模拟练习

单选题

1. 造成20世纪课程与教学分离的认识论根源是(　　)。

A. 一元论　　B. 二元论　　C. 多元论　　D. 经验论

2. “以人为本”体现在教学中要求教师(　　)。

A. 统筹兼顾　　B. 一切以教材为标准

C. 因材施教　　D. 立足长远

3. 美国教育家杜威将(　　)和课程的本质联系起来。

A. 学科知识　　B. 活动过程　　C. 儿童经验　　D. 教学计划

4. 强调知识学习的课程是(　　)。

A. 学科课程　　B. 综合课程　　C. 核心课程　　D. 广域课程

5. 与课程是学校组织的活动的观念属同一渊源的课程观是(　　)。

A. 学科课程观　　B. 经验课程观　　C. 活动课程观　　D. 目标课程观

模拟练习答案

第五讲　课程观与教学观

第六讲

环境与环境观

头脑风暴

一些家长在为孩子选择幼儿园时，主要考虑的是有没有空调设备，是否有电脑室，幼儿园的面积大不大，玩具多不多，等等。你如何看待这些选择？你是如何理解“幼儿园环境”这一概念的？

本讲重点围绕环境与儿童发展的关系、环境观的内涵及科学的环境观来进行具体阐述。

一、环境与儿童发展的关系

环境是人类赖以生存和发展的各种条件的总和。儿童发展的环境可以分为物质环境和精神环境两类。物质环境是有形的、静态的环境，如物质材料、设施、场地等；精神环境则是无形的、动态的环境，主要指人际关系和心理氛围，如亲子关系、师生关系、同伴关系、幼儿园的园风等。教育生态学家尤·布朗芬布伦纳认为，一个人的发展总是与其所处的生态环境相关。生态环境包含微观系统、中间系统、外部系统和宏观系统，形成了一种同心圆式的结构。

根据教育生态学的观点，幼儿园环境是儿童整个生态系统中的一个微观系统。这个小系统内部包含设施设备、同伴关系、师幼关系以及幼儿园与家庭、社区等系统之间的互动。

现代心理学的研究表明，环境对于儿童认知、社会性等各方面的发展具有深远的影响。

(一)环境有助于儿童认知的发展

儿童的认知是在与周围物质环境相互作用的过程中不断发展的。只有接触物质环境，儿童才可能感知、观察和动手操作物体，才可能认识物体的物理特征，掌握物体的结构和多种使用方法等。因此，物质环境对锻炼儿童的感知、观察能力和注意力，激发儿童的好奇心和探究兴趣，丰富儿童的想象力，培养儿童的动手、动脑能力和创造意识，无疑具有十分重要的作用。

此外，良好的人际关系，如亲子、师幼、同伴之间积极、安全的依恋关系，能为儿童提供情绪情感上的安全，使儿童能够充满信心地、大胆地去探索周围陌生环境，从而为儿童认知能力的发展提供机会。

(二)环境有助于儿童社会性的发展

1. 物质环境影响儿童社会性的发展

(1)物质环境的内容及其所营造的氛围会对儿童的行为产生暗示和引导作用

研究发现，以关心、友好、互相帮助等为主题的墙面布置能引导儿童产生积极的社会行为；整洁、优雅的环境会使儿童情绪安定，符合规范的行为和亲社会行为增多；而肮脏、杂乱的环境则使儿童情绪浮躁，违规行为增多。

(2)活动空间的特性在很大程度上影响着儿童社会性的发展

研究表明，单位面积内参与活动的儿童过多，易使儿童产生争执、争吵和打斗等消极行为；而儿童过少则不利于交往的发生。①

(3)活动材料的性质与数量对儿童的社会交往行为具有相当大的影响

战争类玩具如枪炮、坦克等易导致男孩甚至女孩攻击、打闹等行为的产生。而积塑等操作性材料则能使儿童开展更多的交流、合作、轮流、协商等交往行为；在活动材料丰富的情况下，儿童间的争抢、侵犯和破坏性行为都相对较少。

由此可见，物质环境对儿童社会性的发展具有重要影响。在教育过程中，教师应提供适宜的物质环境并通过引导儿童与物质环境的积极相互作用来促进儿童的发展。

2. 精神环境促进儿童社会性的发展

儿童社会性各方面的发展是在与他人的相互作用过程中实现的。在与父母、教师、同伴等的交往和互动过程中，儿童通过观察学习、亲身实践等方式获得社会知识和技能。同时，良好的亲子、师幼、同伴关系能使儿童产生安全感和归属感，这是儿童情感健康发展的后盾和依赖。

二、环境观的内涵

(一)什么是环境观

环境观是人类对其所赖以生存的环境以及人与环境相互关系的基本认识。一个人对环境的不同认识和价值取向将直接或间接地影响其对环境的态度和行为。环境观是建立在自然科学和社会科学的综合知识基础上的。因此，随着人类文明的发展，人类的环境观也在不断发展。

(二)幼儿园环境观

幼儿园环境观是人们关于幼儿园环境的基本观点和看法。幼儿园环境是指支持与影响教师与幼儿在园活动的一切外部条件的总和。幼儿园环境有广义和狭义之分。广义的幼儿园环境包括幼儿园内外环境，狭义的幼儿园环境专指幼儿园的内部环境。从结构上看，幼儿园的内部环境包括物质环境、心理环境、生活制度与常规要求三个部分。但是这三个部分实际上都是由“物”与“人的活动”这两种要素构成的。它是由幼儿园的全体工作人员、幼儿、各种物质器材、人事环境以及各种信息要素，通过一定的文化习俗、教育观念所组织、综合的一种动态、教育的空间范围和场所。这种空间范围既是物质的，又是精神的；既具有保育性质，又具有教育性质；既是开放的，又是相对封闭的。它不仅受到特定的地理环境、空间方位的影响，又受到特定历史阶段的社会氛围的影响。

三、科学的环境观

《幼儿园教育指导纲要(试行)》明确提出环境是重要的教育资源，应通过环境的创设和利用，有效地促进幼儿的发展。蒙台梭利曾指出，在教育上，环境所扮演的角色相当重要，因为孩子从环境中吸取所有的东西，并将其融入自己的生命之中。在瑞吉欧的教育理念中，“环境”是幼儿学习的“第三位教师”。教师应深知环境对于幼儿发展的影响和意义，树立科学的环境观。

① 庞丽娟:《教师与儿童发展》，311页，北京，北京师范大学出版社，2003。

（一）国外三种教育模式下的环境观①

1. 蒙台梭利教育模式下的环境观——有准备的环境

蒙台梭利强调环境对儿童心理发展的作用，认为大自然赋予了儿童内在发展的力量，儿童具有一颗有吸收力的心灵：儿童除了通过教育的方法获得知识经验，还可以从他们周围的环境中获得经验、汲取知识。蒙台梭利认为人的心理发展变化是在个体与环境的相互作用下不断进行的，两者的相互作用可以促进儿童心智更加健全地发展。蒙台梭利强调教师、儿童、环境三者的相互作用，主张儿童、教师要与环境进行积极的互动，要为儿童创设一个有准备的环境。有准备的环境包括以下几个特点。①自由理念。儿童只有在自由、开放的环境中才能够真实地表现自我，并把自己的潜能发挥到极致。②结构与秩序。儿童在学习环境中能够将学习材料进行排列，并呈现出某种固定的结构。③真实与自然。儿童学习的环境应该尽可能还原我们真实的生活。④美感与气氛。儿童学习的环境必须整洁、美观，让儿童获得温馨、舒适的感受。⑤适合社会性的发展。环境必须符合儿童身心发展的规律、有利于儿童自然地生活成长。

在有准备的环境中，儿童就能够按照自己内部的需要、发展速度和节奏来行动，表现出热爱秩序、长时间地集中注意力、尽最大努力反复进行某种操作，并最终成长为具有优秀品质的社会成员。

2. 瑞吉欧教育模式下的环境观——环境是第三位教师

瑞吉欧教育把环境当作除父母与教师之外的“第三位教师”，环境如同教师一般对儿童的身心发展起着巨大的推动作用。具体做法如下。①每一处环境都有用。即环境具有教育功能。例如，天花板上悬挂着许多不同形状的雕塑品，这些都是儿童用透明的、五颜六色的、平常少见的材料做成的。教师把它们挂上去让儿童欣赏、评论。厨房、餐厅和洗涤室都有水槽。除了洗涤物品外，儿童还可以在这里进行玩水活动等。②环境具有问题性。环境中的一切事物都能够对儿童的认知产生一定的刺激。例如，洗涤室与洗手间里的镜子都被切割成不同的形状，以便吸引幼儿用有趣的方式看着自己的影像，并进一步探究不同形状对影像的影响。③环境具有一定的相关性。将能够引起相关经验的各种环境因素组合起来，就能够最大限度地发挥环境的教育意义。例如，为儿童创设水中倒影、镜中像和光与影等一系列一一关联的环境，促使儿童在原有经验基础上提出疑问、讨论解决方案、尝试各种操作，从而建构出新经验。④环境富有弹性。考虑到儿童身心发展的阶段性，环境必须根据儿童的需要进行不断的组合和创新，以激发他们的探索欲望。例如，在“小水坑里的智慧”活动中，当阳光在墙壁上投下树枝斑驳的影子时，教师就把一块布挂在这面墙上，让儿童清晰地随时观察光与影子的变化。

▶想一想

作为“第三位教师”的环境

瑞吉欧教育环境的创设与它深层的对儿童的认识非常一致：儿童是学习者和研究者，是社会中的人，不断与周围环境互动，能进行长时间的调查，解决重要的问题，对美有一种天生的追求。于是他们把幼儿园看作一个促进社会互动、探索、学习的“容器”，一个有教育内涵、包含教育信息、充满各种刺激、能促进交互性体验和建构性学习的环境，努力使环境成为“第三位教师”。瑞吉欧的幼儿园到处展示着儿童个体、小组或集体完成

① 罗会：《幼儿园环境创设的教育价值取向——基于三种教育模式环境观的比较》，载《教育教学论坛》，2018(43)。

的工作以及大量的记录，洋溢着对美和和谐、对学校文化的基本因素——社会互动的关注，在材料的投放上颇费心思，以吸引和激发儿童对周围环境做出敏锐而积极的反应，进行深入的探索，同时创造一种交流的环境：人与人的交流、人与物的交流，寻求一种“我们的墙能说话”的境界。

瑞吉欧的幼儿园建筑更是与众不同。教室与教室、教室与艺术工作室乃至厨房、档案室等都通过“中心”(学校中央的一个过道，连接学校内部的不同建筑，主要功能在于提供一个聚会和交流的场合)联系在一起。教室内部既有适合不同小组开展合作活动的场所，也有供儿童独立开展工作的安静的私人空间；每间教室的隔壁都有一个小艺术实验室，可供开展延伸活动。全园还设立了一个大的艺术工作室(这是瑞吉欧幼儿园的建筑中有特色的一部分)。它能提供充分的复杂材料和工具，给儿童运用各种表征、在各种表征之间转换提供机会，让儿童发现自己擅长用哪种语言进行沟通；它帮助教师理解儿童工作的过程，发现儿童的个体差异以及在选择表达方式上的性别差异，回顾和反思儿童的工作历程，不断地修正自己观察和记录的方法，与其他教师以及教研员共同探讨并发展策略，进行研究并寻求自我发展；它还使家长和学校有了交流的媒介。

阅读上述材料，谈谈你对“作为‘第三位教师’的环境”这种观点的看法。

资料来源：王春华，《瑞吉欧幼教模式述评》，载《比较教育研究》，2001(10)。

瑞吉欧教育主张幼儿、教师、家长及社区环境的互动与合作，强调环境的教育功能，认为幼儿与环境呼吸共存，幼儿依赖并作用于环境。瑞吉欧教育的方案教学、项目活动和家园沟通等都以环境为基础。教师提供一个富有挑战性、变化性的环境，使幼儿之间更好地互动和交流，激发幼儿的探索兴趣，使幼儿原有的经验得到提升。

3. 华德福教育模式下的环境观——回归自然、生活，平衡与协调的环境

华德福十分重视儿童与自然的关系，他认为儿童是自然界的一部分，自然界的秘密就隐藏在儿童的天性之中。因此，在儿童生活环境的创设方面，我们必须尽量保留自然的本来面目，引导儿童关注周围的环境。华德福教育认为儿童生命的前 7 年主要是身体的成长；在 7 岁之前，儿童主要是通过模仿的方式学习，他们会模仿周围环境中的人或事物。因此，教师要给儿童呈现美好的自然环境和材料，为他们创设一个温馨、健康、和谐、善良的适合儿童进行模仿学习的环境。华德福幼儿园的环境特色体现在两个方面。①主张为儿童创设一个自然、生态的室外环境。户外园区的天然沙地、木质的活动设施、天然绿色的草坪，到处散发着泥土的气息。华德福教育主张把原始自然的东西呈现给儿童，室外环境创设贴近自然。②创设一个温馨、贴近儿童生活的室内环境。室内总体的环境应该简洁、素雅、淳朴、自然，墙面环境以暖色调为主，墙壁宜刷成温暖的粉红色。室内的光线多采用舒适、柔和的自然光。室内儿童的玩具几乎都是低结构的，是具有华德福教育特征的“无五官”羊毛毡玩偶、木头、贝壳等，即以不完整或原始的形式呈现的玩具和一些取自大自然的天然物品。

(二)科学的幼儿园环境观

1. 创设动态的环境

幼儿是在与环境的互动中发展的。赋予幼儿园的环境以生命，为幼儿创设一个动态、富有挑战性的环境能够激发幼儿的活力。环境创设要做到不同的季节、时期布置不同的环境创设的主题内容。为了确保幼儿对创设的环境的内容保持新鲜感，环境创设达到一定教育目的、收到预期的效果后，应及时更换环境创设的内容。只有经常更换内容，才会使幼儿保持对周围环境的浓厚兴趣，愿意参

与到教师创设的环境中，实现环境与幼儿的有效互动，发挥环境对幼儿的教育作用。

2. 重视精神环境的创设

目前，部分幼儿园注重物质环境的创设，一定程度上忽视了精神环境与物质环境的关系。因此，教师在创设环境时应关注幼儿园精神环境的创设，为幼儿营造一个安全、信任、温暖的活动氛围。

3. 让幼儿参与到环境创设中

幼儿是环境的主人，幼儿园环境是幼儿进行活动的引导者和发现者。幼儿需要通过自身的活动来了解、感受、参与环境创设。教师在进行幼儿园环境创设时要考虑到幼儿的身心发展特点和规律，不能凭主观臆想。由于成人和幼儿审美喜好和心理感受存在差异，因此教师对环境创设不能全权包揽。在进行幼儿园环境创设时，教师要引导、鼓励幼儿积极参与到环境创设中来，把重点放在引导幼儿自己布置环境上，提供符合幼儿年龄特点的材料，锻炼幼儿的观察思考能力和动手操作能力。教师要从思想上认识到幼儿才是环境的主人，只有幼儿参与创设环境才能和幼儿产生互动，才能与幼儿进行对话。参与不仅是幼儿的基本权利，还是其发展的内在需要。

4. 重视环境创设的教育内涵

幼儿园环境创设要考虑到安全性、教育性、适宜性、发展性等原则。教师要重视环境创设的教育功能，关注周围的环境、社会生活，将大自然、大社会中的有利教育因素利用起来，丰富幼儿园的教育环境。

本讲要点

环境是人类赖以生存和发展的各种条件的总和。根据教育生态学的观点，幼儿园环境是儿童整个生态系统中的一个微观系统。这个小系统内部包含设施设备、同伴关系、师幼关系以及幼儿园与家庭、社区等系统之间的互动。环境对于幼儿认知、社会性等各方面的发展具有深远的影响。环境观是人类对其所赖以生存的环境以及人与环境相互关系的基本认识。一个人对环境的不同认识和价值取向将直接或间接地影响其对环境的态度和行为。幼儿园环境观是人们关于幼儿园环境的基本观点和看法。教师应了解蒙台梭利教育的环境观——有准备的环境，瑞吉欧教育的环境观——环境是第三位教师，华德福教育的环境观——回归自然、生活，平衡与协调的环境等，树立当代科学的环境观，即创设动态的环境、重视精神环境的创设、让幼儿参与到环境创设中以及重视环境创设的教育内涵。

学以致用

有的幼儿园为大、中、小班幼儿创设的角色游戏区，没有任何区别，都只放了几把小椅子、一张小桌子、小床及其他小家具。“三年一贯制”，角色游戏的主题与内容没有任何变化。这样的环境创设是否合理？为什么？

模拟练习

单选题

1. 根据构成内容的性质差异，幼儿园环境可分为(　　)。

A. 物质环境和精神环境

B. 生存环境、安全环境、活动环境和交往环境

C. 保育环境和教育环境

D. 物质空间环境、组织制度环境和文化心理环境

2. 幼儿园的环境创设主要是指(　　)。

A. 购买大型玩具　　　　　　　　B. 安装塑胶地板

C. 合格的物质条件和良好的精神环境　　D. 选择较清静的场所

3. 教师的教育理念、教育行风、人际关系和情感氛围属于环境中的(　　)。

A. 广义环境　　B. 物质环境　　C. 精神环境　　D. 教育环境

4. 一所幼儿园能否成为真正的儿童乐园，主要取决于幼儿园的(　　)。

A. 物质环境　　B. 精神环境　　C. 保育环境　　D. 教育环境

5. 在布置幼儿园的墙面时，教师与幼儿一起开动脑筋、共同讨论、动手制作，最后把墙面布置得很漂亮。这符合幼儿园环境创设的(　　)原则。

A. 环境与教育目标的一致性　　　　B. 发展适宜性

C. 开放性　　　　　　　　　　　　D. 参与性

模拟练习答案

第六讲　环境与环境观

考点分析

本单元有关幼儿园教师资格证考试大纲的要求如下。

1. 理解科学的儿童观、教育观、教师观的内涵，能够以正确的教育价值观分析和评判教育现象。

2. 了解心理环境对幼儿发展的影响，理解教师的态度、言行在幼儿心理环境形成中的重要作用。

中篇

如何实施学前教育

第五单元

幼儿园教育的目标与基本内容

思维导图

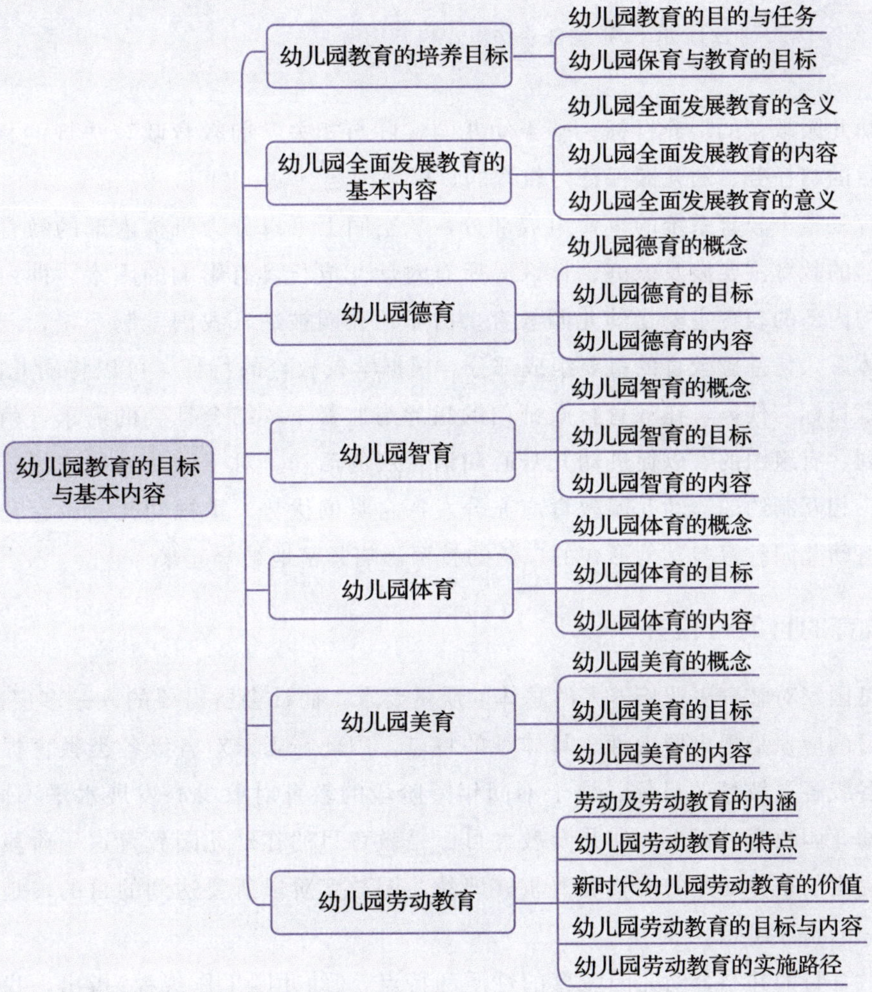

学习目标

1. 掌握幼儿园教育的培养目标与幼儿园全面发展教育的概念。
2. 能尝试依据幼儿园全面发展教育的基本内容进行教育教学方案的设计与制定。
3. 树立正确的幼儿园全面发展教育观。

第一讲

幼儿园教育的培养目标

头脑风暴

自从兰兰上幼儿园后，兰兰妈妈一直希望兰兰能够学到本领，因此希望幼儿园教师能够教一些算数、认字等内容。如果是你，你能给兰兰妈妈提哪些建议？你觉得幼儿园教育的培养目标应该是什么？幼儿园应该承担哪些任务？

本讲涉及幼儿园教育的培养目标，基于幼儿园实际与相关学前教育政策法规的相关规定，围绕幼儿园教育的目的与任务、幼儿园保育与教育的目标来阐述。

幼儿园教育是整个教育系统的重要组成部分，从空间上可以分为机构内部的教育和机构外部的教育。机构外部的教育主要涉及家庭、社区等所有对幼儿成长具有影响的因素，即所有以幼儿为对象的教育。机构内部的教育主要指幼儿园教育。由于幼儿园被纳入我国学制系统，因此幼儿园教育属于学校教育体系，是基础教育的重要组成部分。根据学校教育的特征，可以将幼儿园教育定义为：根据国家的教育目标与任务，在教育行政部门的指导与监督下，结合社会的需求，由幼儿园实施的有目的、有计划、有组织的，以促进幼儿身心和谐发展的活动。对于幼儿发展来说，内外的教育影响是相互联系、相互制约的。幼儿园教育应充分发挥自身的优势，重视幼儿园教育与其他教育影响之间的关联，将幼儿园教育与其他形式的广泛的教育影响紧密地结合起来。

一、幼儿园教育的目的与任务 •••

教育目的是国家对教育事业培养人的总体的质量要求。而社会所需要的人是多层次、多规格的，这决定了教育目的应该呈现出层次性、具体性的特点。因此，国家对各级各类教育提出了特殊的具体的要求，即各级各类教育的目标。处于不同年龄阶段的教育对象身心发展水平不同且各有特点，而这也反映在幼儿园教育目标上。幼儿园教育目标是教育目的在幼儿园教育这一阶段的具体化，是国家对幼儿园提出的培养幼儿的规格和要求，即幼儿园教育阶段所要达到的目的，是全国各类型学前教育机构统一的指导思想。

根据我国教育目的并结合幼儿园教育的性质和特点，《幼儿园工作规程》指出，我国幼儿园教育的任务为："贯彻国家的教育方针，按照保育与教育相结合的原则，遵循幼儿身心发展特点和规律，实施德、智、体、美等方面全面发展的教育，促进幼儿身心和谐发展。幼儿园同时面向幼儿家长提供科学育儿指导。"国家通过这一目标对全国幼儿园教育进行领导和调控。此外，这一目标也是确定我国幼儿园的任务、评价幼儿园教育质量的根本依据。我国幼儿园担负的双重任务如下。

(一)幼儿园对幼儿实施保育和教育

幼儿园作为以幼儿为教育对象的教育机构，是我国对幼儿实施保育和教育的组织。幼儿园通过对幼儿实施德、智、体、美、劳方面全面发展的教育，促进其身心和谐发展。

(二)幼儿园为家长提供科学育儿指导

幼儿园不仅负有教育幼儿的责任，而且负有为在园幼儿家长提供科学育儿指导的任务。幼儿园保护和照顾幼儿，促进幼儿的身心全面和谐发展。此外，幼儿的教育不可完全依附于幼儿园一方，家庭也需要承担一定的教育责任。由于家长缺乏专业的科学育儿思想，因此幼儿园具有提供科学幼儿指导、提升家长保教能力的责任。通过完成这一任务，幼儿园显示出其他教育机构不可替代的功能，充分体现出自身的特殊价值。这是我国幼儿园的一大特色，也是我国幼儿园的社会使命。理解与贯彻幼儿园的双重任务必须把握以下要点。

1. 不断提高幼儿园的办园质量

随着家长教育观念和意识的提升，他们更加充分地认识到学前教育在人一生发展中的重要意义。家长不仅希望孩子在幼儿园健康快乐地成长，还希望孩子能接受良好的教育，所以幼儿园教育质量的好坏成为家长关心的主要内容。随着我国社会主义市场经济的深入，幼儿园数量增多，入园难的问题已经得到基本解决，家长更多地把目光放在一个好的幼儿园上。因此，提高保育教育质量越来越成为幼儿园生存和发展的关键。幼儿园只有把自身的教育质量提升上去，才会生源充足，才能令家长满意，形成良性循环，获得良好的社会效益。

2. 努力拓展为家长育儿服务的内容范围

在日常教学中，教师利用假期时间进行个别家访，和家长交换育儿意见，共同采取有针对性的措施，对幼儿进行家园一致的教育，努力争取家长的理解，使家长积极配合教师一同进行家园共育。在家访中，教师虚心和家长共同商讨有关教育的问题，耐心给家长讲道理，指导家长正确育儿。另外幼儿园也采用“引进来，走出去”的方式：一方面请专家进园为家长开设科学育儿的讲座；另一方面走出去，与社区、社会机构展开合作，为家长提供育儿指导。利用家访、家长会、家长学校、育儿讲座等形式，提升家长的科学育儿水平。

3. 建立制度化的幼儿园工作运行机制

实现幼儿园双重任务的必要保障就是要建立制度化的幼儿园工作运行机制。理由是幼儿园任务的双重性决定了幼儿园的工作量大、时间长、头绪多、牵动广、无小事、责任重等特点。针对这些特点，我们必须厘清工作头绪，创设与工作任务相适应的环境、设备、人员配置，建立制度化的全园工作运行机制，才能切实保障幼儿园任务的完成。由于幼儿园属于一个专门化的教育机构，小到一日生活作息时间安排，大到课程方案设计，任何组织和个人均不可干涉幼儿园的教育教学工作安排。如若根据家长喜好随意调整幼儿园教学工作，将会使幼儿园工作陷入无序状态，难以完成教育好儿童与服务家长的双重任务。

二、幼儿园保育与教育的目标

(一)幼儿园保教结合的含义

保教结合是我国幼儿园教育的一大特色，是幼儿园一贯坚持的原则。“保”就是保护幼儿的健康。“教”即幼儿园的教育教学，这是按照德、智、体、美、劳全面发展教育的要求，有目的、有计划地对幼儿进行的教育。

(二)幼儿园保育与教育的主要目标

幼儿园保育与教育的主要目标包括如下四方面。

第一，促进幼儿身体正常发育和机能的协调发展，增强体质，培养良好的生活习惯、卫生习惯和参加体育活动的兴趣。

第二，发展幼儿的智力，培养正确运用感官和运用语言交往的基本能力，增进对环境的认识，培养有益的兴趣和求知欲望，培养初步的动手能力。

第三，萌发幼儿爱家乡、爱祖国、爱集体、爱劳动、爱科学的情感，培养诚实、自信、好问、友爱、勇敢、爱护公物、克服困难、讲礼貌、守纪律等良好的品德行为和习惯以及活泼开朗的性格。

第四，培养幼儿初步的感受美和表现美的情趣和能力。

(三)幼儿园保育与教育的重要性

幼儿园保育与教育的重要性体现在：幼儿生理、心理健康及卫生保健与幼儿园教学活动的顺利进行是相互影响、相互制约的；幼儿园是整个国民教育中最初的一环，也是关键的一环。幼儿园教育不同于家庭教育，也不同于小学教育，是介于家庭教育和小学教育之间的环节；保育、教育是互相联系、有机渗透的。

本讲要点

幼儿园教育是根据国家的教育目标与任务，在教育行政部门的指导与监督下，结合社会的需求，由幼儿园实施的有目的、有计划、有组织的促进幼儿身心和谐发展的活动。《幼儿园工作规程》将我国幼儿园教育的任务表述为："贯彻国家的教育方针，按照保育与教育相结合的原则，遵循幼儿身心发展特点和规律，实施德、智、体、美等方面全面发展的教育，促进幼儿身心和谐发展。幼儿园同时面向幼儿家长提供科学育儿指导。"国家通过这一目标对全国幼儿园教育进行领导和调控。当前幼儿园担负着双重任务，不仅负有教育幼儿的责任，而且还负有为在园幼儿家长提供科学育儿指导的任务。其中教育幼儿即对幼儿实施保育与教育："保"就是保护幼儿的健康。"教"即幼儿园的教育教学。

学以致用

目前，我国由于升大学竞争和就业竞争的现实性矛盾，还存在学校教育陷入应试教育模式中的现象。而这种竞争也影响到学前教育阶段，如社会上风行的"零岁方案""神童方案"。一些家长和学前教育机构难以摆脱这种短时的教育做法，表现为重知识灌输、轻能力培养，重智力培养、轻人格因素培养等错误倾向。一些幼儿园迫于家长压力或经济利益的驱动，办起了各式各样的兴趣班、特长班。请你从如何正确理解我国学前教育目标这一角度分析以上现象。

模拟练习

单选题

1.《幼儿园工作规程》所提出的教育目标中，"培养儿童活泼开朗的性格"属于(　　)目标的范畴。

A. 智育　　B. 体育　　C. 德育　　D. 美育

2. 对幼儿实施全面发展教育是我国幼儿园教育的基本出发点，也是我国(　　)所规定的幼儿园教育任务。

A.《中华人民共和国教育法》　　B.《幼儿园管理条例》

C. 幼儿园教育法规　　D.《幼儿园工作规程》

3. 对幼儿实施德、智、体、美、劳全面发展的教育，促使其身心和谐发展，这是(　　)

A. 我国的教育目的　　B. 我国幼儿园的性质

C. 幼儿园教育内容　　D. 我国幼儿园教育目标

模拟练习答案

第一讲　幼儿园教育的培养目标

第二讲 幼儿园全面发展教育的基本内容

头脑风暴

如果问家长"你认为什么样的孩子是全面发展的"，不同家长的回答不同。有的家长很重视在幼儿园教育基础上再给幼儿增加很多的学习项目，如器乐、舞蹈、声乐、绘画、武术、口才、思维训练等。有的家长认为除了幼儿园所学的，还要培养其他各种兴趣，这样才算全面发展。

你认同家长的这些观点吗？说说你的看法。如果我们想让幼儿得到全面的发展，那请思考幼儿的全面发展应该涉及哪些方面，教育内容应该包含哪些。

一、幼儿园全面发展教育的含义

(一)素质教育与全面发展教育

马克思主义关于人的全面发展学说是指人的身体和精神的全面、充分而自由地发展。从这个观点出发，我们可以看出全面发展教育思想是素质教育的理论依据。

首先，素质教育是对全面发展教育的具体落实和深化。这是因为尽管人的素质与人的全面发展在本质上是一致的，但它们却有各自的立足点和表述方式。同样，素质教育与全面发展教育在本质上是一致的，但它们也有各自不同的结构和侧重点。素质教育强调的是培养和发展儿童的生理、心理、文化、品德等素质，是对培养对象发展方向和内容的具体要求；全面发展教育通常是强调对儿童进行德、智、体、美、劳方面的教育，是对教育目的和内容的宏观规定。全面发展教育概念的形成，既是我们对全人类教育遗产的继承和发展，也是对我国各级各类教育的总要求。所以，素质教育不论是在理论上还是在实践中，既不能脱离全面发展教育，也不能取代全面发展教育。全面发展教育规定着素质教育，素质教育是全面发展教育的具体化。

其次，素质教育是未来真正意义上的全面和谐发展社会的组成部分，也是通向全面和谐发展教育的根本途径。"全面和谐发展"是现代社会教育的基本特征，也是我国教育整体的发展方向。素质教育虽有全面发展之意，但素质教育从根本上说是为提高国民素质和培养高层次人才奠定基本素质的基础教育，不可能代表各级各类各种教育全面和谐发展的整体意义。所以，真正意义的全面和谐发展教育是一种整体的、未来的、高度现代化的教育模式，素质教育是全面和谐发展教育的重要组成部分。素质教育力求教育目标、教育方法和教育效果的一致性。全面实施素质教育，不仅有利于充分发挥教育的本体功能，而且还使全面发展落到实处。所以，素质教育是使我国的儿童教育朝着促进人的全面和谐发展的未来方向发展的根本途径。

(二)幼儿园全面发展教育的概念

所谓全面发展教育是对含有各方面的素质培养功能的整体教育的一种概括，是为使受教育者多方面得到发展而实施的多种素质培养的教育活动的总称，是由多种相互联系而又各具特点的教育所组成的。幼儿园全面发展教育是指以儿童身心发展的现实与可能为前提，以促进儿童在德、智、体、美、劳诸方面全面和谐发展为宗旨，以适合儿童身心发展特点的方式、方法、手段加以实施的、着眼于培养儿童素养的教育。《3－6 岁儿童学习与发展指南》提出："关注幼儿学习与发展的整体性。儿童的发展是一个整体，要注重领域之间、目标之间的相互渗透和整合，促进幼儿身心全面协调发展，而不应片面追求某一方面或几方面的发展。"由此可见，幼儿园全面发展教育是现在幼儿园教育的重要任务。如何理解幼儿园全面发展教育？

第一，幼儿的全面发展是幼儿自身应具有的重要权利。《儿童权利公约》指出，生存与发展是儿童的基本权利。《幼儿园工作规程》第六条体现了对幼儿发展权利和保护的重视。即幼儿园教职工应当尊重、爱护幼儿，严禁虐待、歧视、体罚和变相体罚、侮辱幼儿人格等损害幼儿身心健康的行为。

第二，幼儿的全面发展应包括德、智、体、美、劳诸方面的发展。这几个方面在人的全面发展中都具有重要的意义和地位。偏重任何一方或削弱任何一方都是不对的，都不能称为"全面发展教育"。德、智、体、美、劳这几方面是一个有机的结合体，它们彼此联系、相互作用、相互影响。因此，幼儿园课程要能推动幼儿在这几方面均衡发展，要基于幼儿全面发展的理念来进行整体设计。

第三，幼儿的全面发展应是幼儿身心各方面的和谐发展，各个方面不可孤立发展。幼儿的发展除了身体、认知、语言的发展外，还应有社会性、情感等方面的发展。我们应尊重幼儿的年龄阶段特点和需要，促进幼儿身心各方面得到全面发展，培养一个健康的人。

第四，幼儿的全面发展应是指通过教育促进每一个幼儿在原有水平上得到充分发展，帮助幼儿在自己原有水平的基础上得到提升，因材施教，尊重个体差异，允许幼儿实现自己有特色的发展。

第五，幼儿的全面发展应是引导幼儿生动活泼、主动发展的过程。教师设计的活动应符合幼儿的需要，基于幼儿的生活经验，尊重幼儿的主体性，提供宽松的环境和材料，让幼儿能够充分地活动、主动地活动；力求使幼儿的活动性贯穿于活动发起、进行和结束的全过程中，使幼儿的活动达到预期的目的且能充分发挥其创造性。

第六，幼儿的全面发展是与适应未来社会对人才素质的要求紧密相关的。培养全面发展的人才是时代的召唤和社会的需要，因此我们的幼儿园教育应顺应社会的需要，在幼儿园教育现有的目标基础上，渗透未来社会对人才素质的要求。

二、幼儿园全面发展教育的内容

幼儿园全面发展教育的内容主要表现在两个方面。一方面，幼儿园的教育内容是广泛的、启蒙性的，涉及幼儿周围环境和生活的方方面面，可以按照幼儿学习活动的范畴相对划分为健康、语言、社会、科学、艺术五个方面。无论是哪一个领域都涉及幼儿发展的核心经验，均能够促进幼儿的知识、技能、能力、情感、态度等各方面的发展。另一方面，幼儿的学习是综合的、整体的。教育过程中应依据幼儿的已有经验和学习的兴趣与特点，灵活、综合地组织和安排各方面的教育内容，使幼儿获得相对完整的经验。从全面发展教育的角度出发，可以将其归纳为德、智、体、美、劳几个方面的教育内容。

三、幼儿园全面发展教育的意义 ●●●

（一）对个体发展的意义

①德育可以促进幼儿的品德发展，使幼儿讲文明、懂礼貌，遵守社会公共秩序，从而帮助幼儿适应社会生活，促进幼儿健康发展。

②智育可以极大地激发幼儿的好奇心、求知欲，满足幼儿不同方面的认知需要，教给幼儿解决问题的方法，促进幼儿智力的发展，并为以后的学习打下良好的知识与智力基础。

③体育能促进幼儿身体的正常生长发育，发展幼儿的体能，全面增强幼儿的体质，培养幼儿积极的情绪，并为幼儿其他方面的发展奠定良好的身体基础。

④美育能够培养幼儿感受美、发现美的能力，陶冶幼儿的心灵，能够引导幼儿通过不同的艺术形式表达对美的见解和体会，促进其审美能力和智力的发展。

⑤劳动教育可以培养幼儿爱劳动的行为习惯，使幼儿掌握一定的劳动技能，完成力所能及的劳动，发展幼儿的自理能力，促进幼儿品德和智力的发展。

（二）对社会发展的意义

①德育是中华民族发展至今的重要灵魂，能够反映出我国作为中华文明礼仪之邦的厚重的文化底蕴和内涵核心。德育工作是社会主义精神文明建设的重要组成部分，是社会主义物质文明建设不断发展的保证。

②智育能为提高社会的文化科学水平奠定基础，能够推动社会生产力和现代科学技术的发展，是社会进步和文明的“催化剂”。

③体育有利于提高全民族的身体素质，改善现代人的生活方式，为全人类的社会生活注入活力。体育多为群体活动，能够协调人际关系，从而促进社会和谐发展。

④美育能够促使健全人格的形成，能为提高全民族的素质打下基础，从而构建更加美好的社会。

⑤劳动教育可以帮助全社会形成劳动观念，养成劳动习惯，尊重劳动成果。

本讲要点

人的全面发展的核心是人的劳动力的全面发展，即人的智力和体力的充分、统一的发展。同时，它也包括人的才能、志趣和道德品质的多方面发展。人的全面发展是全面发展教育的目的，全面发展教育又是实现人的全面发展的教育保障和教育内涵。所谓全面发展教育是对含有各方面的素质培养功能的整体教育的一种概括，是对为使受教育者多方面得到发展而实施的多种素质培养的教育活动的总称，是由多种相互联系而又各具特点的教育所组成的。全面发展教育的内容主要涉及德、智、体、美、劳方面的教育。开展全面发展教育对个人、对社会都有着重要意义。应该正确掌握全面发展教育的相关理论知识，根据幼儿的年龄特点，在日后幼儿园的工作实践中更好地贯彻全面发展教育理念。

学以致用

了解戴尔·卡耐基的成长故事，说说自己可以得到什么启发。

模拟练习

单选题

1. 我国幼儿园教育的基本出发点是(　　)。

A. 对幼儿实施全面发展教育　　B. 对幼儿开展智力教育

C. 保护幼儿健康成长　　D. 对幼儿进行道德教育

2. 幼儿园全面发展教育是以(　　)为前提，以促进幼儿在德、智、体、美、劳诸方面全面和谐发展为宗旨的教育。

A. 幼儿身心发展的可能　　B. 幼儿目前的发展状况

C. 幼儿的潜力　　D. 幼儿身心发展的现实与可能

3. 如果培养出来的人只有聪明的头脑但身体虚弱，或者有强壮的身体却智力低或道德败坏，都会给个人或社会造成困扰。这体现了(　　)。

A. 儿童的发展是协调的发展　　B. 儿童的发展不是片面的发展

C. 儿童的发展是整体的、全面的发展　　D. 儿童的发展是有个性的发展

模拟练习答案

第二讲　幼儿园全面发展教育的基本内容

第三讲

幼儿园德育

头脑风暴

如今网络上有时会出现关于不良品行孩子的报道，引发了社会各界的热议。思考面对年幼不懂事的孩子，你认为幼儿园的德育应该如何进行？

开展幼儿园德育工作既是社会发展的需要，也是幼儿身心发展的需要。其重要意义表现在如下几方面。

第一，幼儿园德育是经济全球化时代的需要。经济全球化是人类社会发展的必由之路，是一个历史性的过程，也是当今现代科技发展的必然产物。它不仅为全球的经济发展带来机遇，也让全球资源的配置朝着效益最佳的地区组织集聚，发挥出最大的经济效益。在经济全球化时代，新的教育思想和新的德育观念不断涌现。

我们应该用经济全球化的观念来看待新时代背景下人才的素质发展。如果安于现状可能意味着求稳求安、不思进取，循规蹈矩可能体现着畏难怕险、死板僵化等弱点。我们要求新一代应具有开拓创新的精神，善于独立思考，具有竞争意识、坚强的毅力等个性品质。因此，不论从德育的目标上看，还是从德育的内容要求上看，都需要推陈出新，冲破原有思维定势，来适应社会和经济的发展。

第二，幼儿园德育是实施其他方面教育的方向和动力保证。一个人的全面发展的动力是品德和性格。纵观古今，有很多教育家、思想家都认为性格、意志比天资聪慧要重要得多。墨子云：“志不强者智不达。”爱因斯坦曾说：优秀的性格和钢铁般的意志比智慧和博学更为重要。智力上的成就在很大程度上依赖于性格的伟大。这一点往往超出人们通常的认识。我国对智力超常儿童的相关研究表明了这样一个观点：构成天才的重要因素离不开意志品质，即坚持性、目的性、进取心等。

儿童不仅处于智力发展的最佳阶段，也处于人格形成的基础阶段。2 岁儿童的大脑基本具备了人脑发展的主要生理特征，产生了自我意识萌芽。3～6 岁的儿童已经拥有了明显的个性倾向行为，因此表现出不同的兴趣、能力与性格。由于先天因素和后天环境的共同影响，儿童不仅需要塑造性教育，也需要对不良个性品质进行矫正的矫正性教育。所以，幼儿园德育具有较为重要的意义。

第三，幼儿园德育是促使儿童形成良好的道德品质的特殊需要。在经济飞速发展的背景下，家长越来越重视儿童的教育问题。其中儿童的不良行为问题引起了人们广泛的关注。有些儿童在智力发展水平和身体状况方面表现出较大的优势，然而在品德、行为习惯方面存在较多的缺陷。有些家长对儿童的溺爱、娇惯，导致儿童出现任性、粗暴、行为无约束等问题，并开始意识到德育问题的严重性。

一、幼儿园德育的概念

德育就是有意识地实现社会思想道德的个体内化，或者说有目的地促进个体思想品德社会化。“德”即个体品德，指人的个性品质中的德性。狭义的“德”指个体的道德品质；广义的“德”指思想品德，包括思想品质、政治品质、道德品质。与此相联系，德育也有狭义与广义之分。狭义的德育与道德教育同义，是道德教育的简称。广义的德育包括思想教育、政治教育、道德教育。当前我们所说的德育大多指广义的德育。

自新中国成立以来，我国学前教育界关于幼儿园德育的内涵解释主要有以下两种。一种认为幼儿园德育是向幼儿进行道德品质教育，即品德教育，培养他们良好的品德、文明习惯和性格；另一种认为幼儿园德育主要是指对幼儿道德品质方面的教育，是根据幼儿的年龄特点，由教育者依据社会主义道德教育的要求，使幼儿掌握具体的浅显的道德要求并形成良好的道德行为习惯，为未来道德品质的形成打下基础。前一种解释阐述了受教育者(幼儿)和幼儿园德育的内容(良好的品德、文明习惯和性格)。后一种解释则根据幼儿的身心发展特点，提出幼儿园德育是社会与教育者、教育者和受教育者之间的活动。而且这种活动不是自发的，而是一种施加影响的活动，并指出幼儿园德育所包括的内容(具体浅显的道德要求、良好的道德行为习惯)。

二、幼儿园德育的目标 ●●●

《幼儿园工作规程》提到幼儿园德育的目标："萌发幼儿爱祖国、爱家乡、爱集体、爱劳动、爱科学的情感，培养诚实、自信、友爱、勇敢、勤学、好问、爱护公物、克服困难、讲礼貌、守纪律等良好的品德行为和习惯，以及活泼开朗的性格。"

幼儿园德育的目标应该以情感教育为抓手，遵循幼儿品德形成与发展的客观规律，同时也应符合幼儿的年龄特点和身心发展规律。《幼儿园工作规程》所提到的"五爱"及对幼儿行为规范等要求，正是这种教育目标倾向的体现。

三、幼儿园德育的内容 ●●●

(一)培养幼儿的文明行为习惯

文明的行为涉及人们生活的方方面面。文明行为是人们将内部心灵、性格特征反映在行为上的外部表现，具体体现了一个人的文化素养。培养幼儿的文明行为习惯主要包括以下内容：待人热情、有礼貌，能主动、有礼貌地称呼人和正确使用礼貌用语"请""您""早""好""谢谢""对不起""没关系"；别人对自己讲话时要注意听，并能有礼貌地回答别人的问题；别人说话时不随便打断，不乱插嘴；富有同情心；遵守本班和幼儿园以及公共场所的各项规则和纪律；爱清洁，讲卫生，保持环境整洁、不随地吐痰和乱扔果皮；不折花草，不到处乱涂乱抹，不随便拿别人的东西。把握新时代中国特色社会主义现代化建设中关于精神文明建设的精髓，践行幼儿文明礼仪系列活动，有助于幼儿文明行为习惯的培养。

(二)培养幼儿对同伴的友爱互助品质

幼儿在园重要的人际关系是师幼关系和同伴关系。良好的同伴关系不仅有利于幼儿适应幼儿园生活，同时还能够促进幼儿的人际交往。培养幼儿对同伴的友爱互助品质包括以下内容：能和同伴愉快地在一起生活，和同伴能友好地相处，爱自己的同伴，说话和气，不打人、不骂人；在游戏和日常生活中做到友爱、互助、互相谦让，不争夺、不独占玩具和图书等，关心同伴，愿意帮助同伴做事，能帮助有困难的同伴；初步学会正确评价自己和别人的行为，愿意学习同伴的优点，不讥笑别人的缺陷和缺点；自己有了进步不骄傲，愿意克服缺点，学习同伴榜样，不模仿不良的行为；与同伴发生争执要讲道理，不动手，不争吵，逐步学会自己解决彼此间的纠纷问题，不欺侮同伴。

（三）培养幼儿爱父母、爱教师、爱幼儿园的情感

幼儿自出生之后便与父母朝夕相处，父母不辞辛劳日夜照料他们的生活起居，满足他们不断生长的需求，爱抚他们。幼儿出生后逐渐与父母建立起依恋的情感，这是一种自然的情感。教师应在此基础上有意识地培养幼儿对父母、家人的爱，逐步发展幼儿的社会性情感。教师可通过丰富的教学方法和实践活动，让幼儿了解并体验父母对他们的关怀和爱护，学会对父母有礼貌，爱父母，知道有好吃的东西请父母吃，帮助父母做一些力所能及的家务劳动，如擦桌椅等；同时让幼儿知道父母或家人在学习、做事和休息时，不去打扰他们。教师可以请家长帮助幼儿了解父母的职业，收集有关父母工作的资料，使幼儿初步了解父母工作的内容及辛劳，使幼儿学会尊敬父母，愿意听从父母的教诲。

在此基础上，将幼儿爱父母的情感逐步延伸到爱教师、爱幼儿园，这也符合幼儿自我中心的特点。教师通过日常生活、游戏、学习等活动与幼儿直接交往，真诚关心、了解和爱护班上的每个幼儿，培养幼儿对教师的情感并使幼儿知道教师工作的一些具体内容及其意义，进一步让幼儿学会关心和尊敬教师，愿意接受教师的教育。

不仅要培养幼儿热爱父母、长辈和教师、同伴的情感，还要培养幼儿热爱幼儿园、热爱班集体的情感。从家庭进入幼儿园，对幼儿来说是一个重大的生活转变，不仅是生活环境的变化，还有人际关系的重大转变。教师要关心、爱护每个幼儿，通过一系列的教育措施，使幼儿逐步适应幼儿园的新环境。具体表现在教师应组织良好的班集体，建立有秩序的生活制度，开展丰富的游戏活动，营造愉快、友好、轻松的气氛，使幼儿喜欢参加班级的生活活动、学习与游戏活动，进而喜欢上幼儿园，爱幼儿园，并在这一过程中逐步培养幼儿爱集体的情感。

（四）培养幼儿爱劳动、爱劳动人民的情感

2020 年 3 月 20 日，《中共中央　国务院关于全面加强新时代大中小学劳动教育的意见》出台，为大中小学开展劳动教育提出了进一步的指示方向。同年 7 月 7 日，教育部印发《大中小学劳动教育指导纲要（试行）》（简称《劳动纲要》），全面解读了劳动教育是什么、为什么、怎么做等几个方面的内容，为大中小学实施劳动教育提供了具体的实施方案。《劳动纲要》的颁布不仅宣示了劳动教育的重要性，还体现了如今教育体系完善的急迫性。我们常说教育要从娃娃抓起，劳动教育也不例外。越是教育的初始阶段，越应该重视劳动精神的熏陶。学前教育作为基础教育的重要组成部分，承担着开启学校教育的重要任务。良好的劳动习惯的养成，有利于幼儿的终身学习和终身发展。

培养幼儿爱劳动、爱劳动人民的情感，可以通过让幼儿参加简单劳动活动和认识成人劳动两方面来进行。幼儿在亲身参加劳动活动中能够感受到乐趣，通过劳动树立劳动最光荣的理念，学会爱护劳动成果，爱惜物品和公共财物。

由于幼儿身心发展水平和年龄特点的限制，他们劳动和游戏的关系非常密切，幼儿劳动的动机更多是满足活动的需要。他们在劳动过程中更感兴趣的是动作和参加劳动的过程，而不仅仅是获得劳动成果。到学前末期，幼儿劳动教育活动的社会性动机逐渐起作用。幼儿开始能够有目的、有计划地进行劳动，初步关心劳动的成果，能坚持完成既定的劳动任务。

一般来说，幼儿劳动活动包括自我服务、为集体的劳动、种植和饲养等。首先是自我服务。比如，自己穿脱衣服、鞋袜，洗手脸、刷牙，收拾玩具、用具等。其次是为集体的劳动。它具体包括幼儿为班级、幼儿园或家庭进行的劳动。比如，有擦桌椅、值日生工作和大扫除等，主要培养幼儿为集体服务的思想和能力。除此以外，日常生活中的劳动还有栽培植物和饲养小动物等，可以使幼儿动手动脑，启发幼儿的求知欲，培养幼儿良好的劳动习惯。有条件的幼儿园可让幼儿参加一些合适的社会性劳动，如拾麦穗、拾树叶等。教师还可以利用各种天然材料或废旧材料教幼儿制作一些简单的玩具或者艺术作品。组织幼儿认识成人劳动和接近一些劳动者，是培养幼儿爱劳动和尊敬劳动人民情感的重要途径。一开始教师可以先向幼儿介绍他们生活中熟悉的与贴近幼儿生活经验的成人劳动，然后再逐渐扩展到认识成人劳动的范围。比如，从关心家人和教师、炊事员的劳动到认识理发员、邮递员、售货员、人民警察、工人和农民的劳动。幼儿要认识成人的劳动，可先了解某种劳动活动的部分内容，再完整地观察成人的劳动。教师还可通过让幼儿观赏艺术作品，向幼儿介绍成人劳动。教师通过向幼儿介绍他们能理解的一些成人劳动形式，使幼儿初步了解成人劳动的意义，从而培养他们对劳动人民的尊敬和热爱的感情。

(五)培养幼儿诚实、勇敢的品质

1. 培养幼儿诚实的品质

诚实的品质主要表现在以诚实的态度对待人和事，不说谎，敢于承认错误，不推卸责任，未经别人同意不随便拿别人的东西等。

诚实的品质必须在早年开始培养。教师要为幼儿树立诚恳老实的良好榜样，不在幼儿面前撒谎、作假。经常给幼儿讲一些体现诚实的故事，表扬幼儿诚实的行为，让幼儿知道诚实的行为很重要。教师要以关心爱护的态度对待幼儿，让幼儿信赖他人，敢于在他人面前说真话，不怕承认自己的过错。对幼儿合理的愿望与要求，教师应给予满意的答复；如果过分地严格和限制，则容易使幼儿说谎或背着成人干坏事。教师应经常了解幼儿的情况，对某些问题进行仔细的调查。同时，教师要为幼儿建立必要的行为规则。例如，使用别人的东西要得到本人同意，用毕要归还本人；不是自己的东西不能带回家；各种物品摆放要有固定的位置……这样可帮助幼儿明确什么是对的，什么是错的，避免不良行为的发生。

要正确对待幼儿的说谎。小班幼儿一般是很少说谎的，因为他们分不清楚想象和现实，而中、大班幼儿则容易出现说谎的行为。发现幼儿说谎时，首先，要分析造成说谎的原因。比如，幼儿不能区分真假，不能区别愿望或想象与事实，或者因为记忆不清晰导致所说的与事实不符。对于这种“说谎”，教师要给予理解，帮助幼儿分析清楚。其次，如果是幼儿因为怕受批评，或推诿责任而说谎，就要重点予以纠正。因此，教师应针对不同情况做出不同的指导，帮助他们厘清想象与事实，或让幼儿明辨是非，指明说谎是不好的行为，积极帮助他们改正，并继续给予信任。另外，教师不要给幼儿说谎或不经允许乱拿东西的机会，要求幼儿做到物品放置有序列，发现丢失物品时应及时查找。若发现幼儿有说谎或乱拿东西的苗头教师要及时纠正。对个别常说谎和乱拿东西的幼儿，教师要以信任与爱护的态度进行个别教育，以具体形象的方式讲解这种行为的错误及其后果，鼓励幼儿改正。教师还要经常关心和帮助幼儿，防患于未然。

2. 培养幼儿的勇敢精神

幼儿的勇敢精神是指幼儿能积极参加各种活动，不怕羞、不胆怯，勇于克服困难，会独立地解决自己生活中碰到的难题。教师要以支持和鼓励的态度引导幼儿参加各种活动，帮助他们完成任务；创造各种机会，使幼儿得到锻炼，克服困难，取得胜利，增强他们的信心和勇气，培养他们的勇敢精神。对个别胆怯、畏缩的幼儿，教师要有意识地加强培养和教育。教师应避免引起幼儿胆怯的各种因素，如过分严格、恐吓、讲可怕的故事等。教师通过对幼儿的关心和爱护，引导幼儿积极参加体育、游戏等活动，逐步帮助幼儿克服恐惧心理。

在实施培养幼儿勇敢精神的教育中，教师要注意帮助幼儿区别勇敢与鲁莽，告诉幼儿勇敢不是盲目大胆的鲁莽行为。在培养幼儿勇敢精神的同时，教师要教育幼儿做事谨慎，对幼儿进行安全教育，禁止幼儿从事危险活动。

(六)培养幼儿爱祖国的情感

幼儿是社会主义事业的接班人，是多年后祖国建设的骨干力量。因此，要培养幼儿关心和热爱祖国的情感，激励他们逐步树立长大实现振兴中华的远大理想，为以后进一步形成爱国主义思想打下基础。

幼儿已开始接触周围社会生活中的具体事物，又受到他人对待周围事物的态度和情感体验的感染。两岁以后，幼儿初步的社会情感逐步发展起来，这样就为培养爱祖国的情感打下了良好的基础。但是，幼儿对内容丰富、含义深刻又比较抽象的“祖国”概念，是不可能全部理解的。教师要从他们周围生活中接触到的具体的、易于理解的事物着手。幼儿热爱祖国的情感是从热爱亲人、热爱家乡和周围生活开始，并在积累关于社会生活、人们的劳动和大自然的事实和概念的过程中不断形成和发展起来的。

培养幼儿爱祖国情感的内容主要是培养幼儿热爱周围生活、热爱人民的情感。对幼儿进行热爱祖国的教育时，要考虑幼儿的年龄特点。向幼儿介绍祖国的内容应该适合幼儿的理解水平，要以幼儿的实际生活经验为他们思维活动的支柱，使他们依靠具体的事物或形象来理解，并受到教育和感染。要结合幼儿自我中心的特征，培养幼儿热爱周围生活的情感，由近及远，逐步扩大范围。比如，使幼儿逐步爱家庭、爱幼儿园、爱自己的家乡、爱祖国首都——北京以及我国一些其他地方，培养幼儿热爱祖国美好的大自然和丰富多彩的社会生活的情感。培养幼儿热爱人民的情感，也是从培养幼儿热爱最亲近的人开始的，如爱父母、爱教师、爱小朋友，然后逐步扩大到热爱劳动人民(如工人、农民、解放军、服务员、司机等)，热爱各族人民。教师还可以通过具体事例，结合人物事迹，向幼儿介绍祖国发展的成就，使幼儿通过耳濡目染感受到祖国的伟大。教师还可向幼儿介绍各国小朋友的故事，并引导他们以理解、尊重、平等的态度对待生活习惯不同、文化差异较大的不同国家或民族的人们。

教师应该通过多种途径，采取生动、活泼、具体、形象、吸引力强的方式对幼儿进行爱国主义教育。教师要因地制宜，组织幼儿直接观察和实地了解家乡的自然风光、人文建筑、民俗风情等，形成热爱家乡的情感，同时进一步激发和培养他们对祖国的归属感。另外，具有爱国教育意义的故事、儿歌、图片、舞蹈及节日活动都是进行爱国主义教育的重要内容。教师还要把爱祖国的教育和幼儿的实践活动紧密联系起来，可以结合对祖国的认识，组织幼儿开展一些趣味性强、有教育意义的活动。比如，收集家乡工艺品、土特产或相关的图片，举办“可爱的家乡”展览会等。幼儿在这些活动中可以更自由、更充分地表露和丰富自己的情感，增强在生活中所获得的积极情绪体验，又可进一步加深对祖国的认识和热爱。促进幼儿发展热爱祖国的情感，重要的是通过感染的作用。教师要准备丰富的教育内容、生动感人的事例和多样的教育活动来影响幼儿的情感，满怀激情地用自己的感受和发自肺腑的对家乡、对祖国热烈而深沉的爱来影响幼儿、感染幼儿和教育幼儿。这将会对幼儿产生巨大的潜移默化的作用。

(七)培养幼儿活泼、愉快、主动、开朗的性格

幼儿积极愉快的情绪与活泼开朗的性格和身体的健康有着十分密切的联系。因此，要保证幼儿的健康，为幼儿建立合理的生活制度，保证幼儿充足的营养和睡眠时间，安排适当的体育活动和游戏等。这些对幼儿的身心健康是非常重要的。

培养幼儿活泼、愉快、主动和开朗的性格应该自幼年开始，使他们在日常活动中拥有朝气蓬勃、活泼开朗的性格和积极愉快的情绪，能主动地与他人交往，喜欢参加各项活动；在游戏活动中能积极主动地选择自己喜爱的玩具和材料进行游戏。同时，应该培养幼儿对周围事物积极的态度，使幼儿有进取精神。在生活中，活泼大方，不忸怩，敢向教师大胆地提出自己的愿望和要求，遇事能听从教师的提醒和劝告。

与此同时，教师的情绪及态度对幼儿的身心发展有着重大影响。教师应该以积极愉快的情绪对待幼儿，并处处关心和热爱幼儿。幼儿的生活应该丰富多彩、轻松愉快，教师应该通过多种活动，如游戏、唱歌、表演、讲故事等，增加幼儿的快乐体验，培养他们活泼愉快的情绪。对幼儿冷漠或过分严格以及滥用惩罚，会使幼儿产生畏惧、受压抑的心理状态；过分溺爱，什么都不让幼儿自己动手去做，会造成幼儿依赖和被动的心理；片面追求过于死板的常规管理，会压制幼儿的积极性，使他们失去天真活泼的性格特征，变得呆滞、循规蹈矩。这些错误的做法不利于培养幼儿活泼开朗的性格和愉快乐观的情绪。

(八)对有不良性格或行为的幼儿的教育

由于不同环境和教育的影响，有的幼儿往往表现出一些不良的性格或者行为，如固执、任性、爱发脾气、不守纪律等。经过耐心的、正确的教育，幼儿是可以克服这些缺点的。

教师必须以真挚的感情热爱幼儿，坚持正面教育，取得幼儿的信任。在此基础上，教师再采取一系列教育措施，则可促使幼儿做出较大转变。如果对他们恐吓、训斥，则会伤害他们的自尊心和自信心，进而造成幼儿与教师疏远、对立。这样会增加教育的困难，也是极端错误的。每个幼儿都是一个独立的个体，都有自己的优缺点。个别幼儿往往因为缺点较突出且因常犯错误而受到更多的责备，他们的自尊心、自信心会受到伤害。教师要对他们进行全面、正确的分析，发现和表扬他们的长处和微小进步；同时提出要求，经常提醒、督促，帮助他们改正缺点。教师应以发展的眼光看待幼儿，相信他们会有进步，引导幼儿相互帮助、团结友爱、共同进步。

针对不同幼儿不同的性格缺陷，教师要采取不同的教育方法。比如，有的家庭对幼儿过于放纵，没有约束，造成幼儿行为散漫，则要通过向幼儿提出恰当的要求和进行必要的约束来加强行为规范教育。有的幼儿由于注意力不集中而造成做事不稳定，则要通过有力措施培养幼儿的注意力，防止幼儿注意力分散。总之，使用的方法要有针对性，即使对同一个幼儿选择的教育方法也应随着情况的变化而有所不同。对有不良性格或行为幼儿的教育，教师应当更多地采用正面引导方法，努力做到防范在前、矫治在后。

本讲要点

德育就是有意识地实现社会思想道德的个体内化，或者说有目的地促进个体思想品德社会化。德育对人才的发展起着定向的作用。不同历史条件下、不同社会制度的国家都把德育作为教育的一个重要组成部分，以保证培养出来的人为国家服务。《幼儿园工作规程》指出："萌发幼儿爱祖国、爱家乡、爱集体、爱劳动、爱科学的情感，培养诚实、自信、友爱、勇敢、勤学、好问、爱护公物、克服困难、讲礼貌、守纪律等良好的品德行为和习惯，以及活泼开朗的性格。"这很好地揭示了幼儿园德育的目的和内容。对身心发展尚不成熟的幼儿来说，他们是非善恶的观念意识尚未确立，因此我们更应重视幼儿的德育，以促进幼儿良好的道德品质和行为的形成。

学以致用

离园活动时，幼儿拿着自己从家里带来的玩具在教室里自由地玩耍。萧萧没有带玩具来，看见雯雯在玩球，他就跑过去对她说："雯雯，我们一起玩滚球吧！"雯雯同意了。可是当雯雯刚把球滚过去时，萧萧马上抱起球躲到一边自己玩了起来。也不管雯雯怎样哭闹，萧萧就是不把球还给她。这时教师对萧萧说："你为什么抢别人的球玩？"萧萧说："我没带球来，这个球是向她借的！"教师说："你刚才这样的做法不是借，而是抢！你要借球必须得到别人的同意后才能拿去玩。"

请结合你所学的知识，假如你是当时的教师，谈谈你打算如何开展有关活动来培养幼儿的亲社会行为。

模拟练习

单选题

1. 幼儿园德育是指根据幼儿身心发展的特点和实际情况，按照社会的要求有目的、有计划地对幼儿施加教育影响，发展幼儿的社会性，培养幼儿(　　)的教育活动。

A. 政治觉悟　　B. 道德品质　　C. 思想觉悟　　D. 人生观

2. 教师向幼儿传授交通规则相关知识，教育幼儿遵守各项活动规则。这是幼儿全面发展教育中(　　)的内容。

A. 德育　　B. 体育　　C. 美育　　D. 智育

3. 下列(　　)不属于利用日常生活中的美来进行教育。

A. 社会生活中的好人好事　　B. 学会分辨行为的美丑

C. 仪表端庄大方　　D. 说话文雅

4. 幼儿园德育必须从情感入手，重点放在(　　)的形成上。

A. 道德认识　　B. 道德情感

C. 道德意志　　D. 道德行为

5. 实施幼儿园德育的基本途径是(　　)。

A. 专门的品德课　　B. 日常生活、游戏

C. 上课　　D. 日常生活

模拟练习答案

第四讲
幼儿园智育

头脑风暴

小明刚进幼儿园时已经可以熟读唐诗三百首，还能背诵九九乘法表。教师、家长都经常夸他是个聪明的孩子，让其他小朋友多向他学习。小明的爸爸妈妈经常被邀请去分享育儿经验，他们认为孩子不应该花时间去玩，应该多花点时间去学习知识，因此小明所有的时间都在学习。有的家长听后认为小明爸爸妈妈的育儿经验十分有道理，对小明的教育非常成功。也有的家长对此不太认同。对此你怎么看？

一、幼儿园智育的概念

智育是有目的、有计划地使受教育者掌握系统的科学基础知识和基本技能、促进受教育者智力发展的教育过程，也是全面发展教育的一个组成部分。幼儿园智育是有目的、有计划地让幼儿获得粗浅的知识和技能，发展智力，增进幼儿对周围事物的求知欲和探索兴趣，学会学习，并养成良好学习习惯的教育。

幼儿园智育的核心在于培养幼儿的思维能力。做好幼儿园智育，应把握好以下几个要点。

①处理好智力与知识、技能之间的关系。智力与知识、技能有着密切的关系，它们相互联系、相互制约。知识、技能是智力发展的基础，而智力发展是获得知识与技能必备的条件。知识的贫乏与浅薄不利于智力的发展，而智力的高低决定掌握知识的深度和运用知识的灵活程度。

②重视幼儿非智力因素的培养。非智力因素是指不直接参与认识过程的心理因素，包括情感、意志、性格、兴趣等方面。这些非智力因素虽然不直接参与幼儿的认识活动，但是却能通过影响幼儿在认识活动中的积极性、主动性、坚持性，从而影响幼儿的学习与发展。智力因素与非智力因素是智力活动的两个方面。它们虽有相对的独立性，但二者是相互联系、相互影响、相互制约的。只有二者都处在最佳状态时，幼儿的智力活动才能取得成功。

③注意幼儿知识的结构化。如果知识是零散的、杂乱的、琐碎的，那么幼儿很难凭借这些知识去解决问题、寻找答案。这些非结构化的知识对幼儿思维的发展没有多大意义。因此幼儿的智力发展不是取决于对个别知识和技能的掌握，而是看这些个别知识能否结合成一个反映事物或现象之间的规律或联系的结构。

二、幼儿园智育的目标

《幼儿园工作规程》对幼儿园智育的目标做了阐述："发展幼儿智力，培养正确运用感官和运用语言交往的基本能力，增进对环境的认识，培养有益的兴趣和求知欲望，培养初步的动手探究能力。"从中可以看出，幼儿园智育的目标并非仅单纯看重知识的累加，而是旨在提升能力、增进认识，并强调学习兴趣的培养。

幼儿的学习兴趣主要包括探究的兴趣、求知的兴趣、创造的兴趣以及动手的兴趣。发展幼儿正确运用感官动手动脑探究的能力，也就是发展幼儿正确运用视觉、听觉、触觉、嗅觉等感觉器官来感知外部世界的能力。幼儿语言能力的发展与思维的发展有着密切的关系。幼儿的理解、表达等能力对其智力发展的影响很大。动手能力与人的智力发展有着密切的关系。对于处于直觉行动思维阶段的幼儿，他们的思维往往离不开动手，要借助手的探索来认识客观世界。

三、幼儿园智育的内容 ●●●

幼儿园智育的内容是根据智育的任务而设计的。具体来说包括以下几个方面。

(一)发展幼儿正确运用感官的能力和动手操作能力

幼儿智力发展的首要条件是感知觉的发展。幼儿是依靠对客体的形状、色彩、声音、活动等特性来进行思考的，他们的思维直接依靠对周围事物和现象的感知与操作。这一过程就是通过感知觉获得的直接经验为幼儿进行分析综合提供前提条件。研究表明，感知觉发展好的幼儿或者动手能力强的幼儿，对事物有较浓厚的兴趣，好奇心和探索的欲望较强。

视、听、闻、摸、尝是幼儿认识事物的基本途径。教师要在保证幼儿安全的前提下，鼓励幼儿多做练习，运用多种感官接触事物，引导幼儿在摆弄实物和活动中分辨并比较物体或现象在色彩、形状、大小、长短、粗细、软硬等方面的特征与异同，发展幼儿的感知觉和动手操作能力，以达到对事物的完整认识。

(二)发展幼儿运用语言交往的能力

语言是交际的工具，幼儿期是口头语言发展的重要时期，幼儿思维的发展和语言能力的发展息息相关。因此发展幼儿的口语交际能力是智育的重要内容。教师应为幼儿提供适宜、宽松的语言交往环境，让幼儿能够运用清楚、完整和连贯的语言表达自己的想法和要求，并能自如地运用语言与他人进行交往。幼儿掌握口语之后，才能更好地与他人交际，从事各种活动，才能用语言提出问题、思考问题和回答问题。在幼儿的一日生活中，教师应多提供机会让幼儿说话，让他们讲述自己所遇到的事物、现象及自己的体验、感受、想法和要求，发展幼儿的语言表达能力。

(三)增进幼儿对环境的认识

因为幼儿对周围的环境和现象充满好奇，所以幼儿园的教育应当贴近幼儿的生活经验，促进幼儿在原有经验的基础上提高。这方面的教育主要是帮助幼儿认识和了解周围的生活环境，提供关于环境的多种多样的经验，以促进幼儿的发展。幼儿认识事物始于直接感知，因此引导幼儿获得的知识必须是关于他们周围生活中常见的事物和现象的粗浅的、具体的知识，而且必须有科学性和教育性。这些知识包括有关生活的常识、社会常识、自然界的常识、数的初步知识、音乐和美术的知识、语言方面的知识等。

一般来说，幼儿对环境的认识包括以下几个方面。①有关自然界的知识，即植物、动物、地理环境及各种自然现象等。②有关物理的知识，即各种物体、材料的特征、属性和作用等。③有关数学的知识，即简单数的概念、简单计算，形状、空间、时间、量等方面的概念及知识。④有关社会生活的知识，即不同的劳动职业、劳动工具、社会机构、安全卫生常识、人与人之间的关系等。教师的任务不是去口头传授这些知识，而是提供条件和机会让幼儿通过看、听、触摸、操作、变换、分解、组合等多种途径，获得尽可能多的经验，并在此基础上进行分析、综合、概括，从而形成对环境的认识。

(四)培养幼儿的好奇心和学习习惯

好奇心是幼儿求知兴趣和欲望的最初表现。保护幼儿的好奇心，把它进一步发展为学习的兴趣和欲望是幼儿园智育的重要内容。处于3～6岁年龄阶段的幼儿对周围的许多事物具有天生的好奇心，有着强烈的探索和了解事物的欲望。这种好奇心驱使幼儿对新事物充满着兴趣，总是爱问为什么，乐于进行探索活动。教师要注意培养和保护幼儿的好奇心，把各类活动与幼儿自身的需要和兴趣结合起来。教师要多给幼儿提供可直观感知和探索的材料，激发幼儿想亲自去摸一摸、动一动的兴趣，尽可能地满足幼儿的这种欲望，耐心地解答幼儿的各种问题，并鼓励幼儿提出问题。

学习习惯是幼儿获得知识、发展智力以及今后继续学习的重要条件。它包括幼儿学习时能否集中注意力、能否积极克服困难、能否爱护文具、能否认真完成学习任务等。学习习惯的养成是长期的，需要家园配合。培养幼儿的学习习惯比让幼儿单纯掌握一些知识更重要。

(五)发展幼儿的智力

智力的发展是幼儿认识事物、学习知识所必需的。智力的发展包括认识过程的发展、良好智力品质的培养及智力活动方法的掌握。发展幼儿的智力包括：促进幼儿认识能力的发展，如发展幼儿的感知觉、观察能力、语言能力、思维能力、想象和创造能力等；培养幼儿良好的智力品质，如思维活动的速度、灵活性，观察事物的准确性、敏锐性等；帮助幼儿尝试使用智力活动的方法和技能，如观察事物或现象的方法、分析解决问题的方法、操作的方法和技能等。

感觉的发展是智力发展的首要条件。它是幼儿认识活动的前提，能保证幼儿迅速地、准确地接收外界的信息，从而认识周围的现实世界，并使得记忆、想象和思维等智力活动成为可能。3岁左右幼儿的注意、记忆、想象、思维等心理过程具有明显的无意性、兴趣性和不稳定性。在幼儿园教育中，教师要向幼儿提出一定的具体要求，提供合适的、有助于幼儿智力发展的环境和条件，提供探索活动的机会，允许幼儿有自己的设想和解决问题的方法，不以成人的习惯和思维方式去要求幼儿。

本讲要点

幼儿园智育的意义主要体现在早期智力开发对社会及个人发展的价值上，具体包括：智育是社会生产力发展和社会文明进步的必要条件；早期智育可促进大脑的正常发展；早期经验对幼儿发展有影响。《幼儿园工作规程》对幼儿园智育的目标做了阐述：“发展幼儿智力，培养正确运用感官和运用语言交往的基本能力，增进对环境的认识，培养有益的兴趣和求知欲望，培养初步的动手探究能力。”幼儿园智育的基本内容包括：发展幼儿正确运用感官的能力和动手操作能力；发展幼儿运用语言交往的能力；增进幼儿对环境的认识；培养幼儿的好奇心和学习习惯；发展幼儿的智力。应掌握幼儿智力的相关知识要点，结合幼儿的年龄阶段特征，这样才能更好地在幼儿园中开展智育活动。

学以致用

当今有些家长认为，孩子认识很多字、背很多唐诗、会写算术题就是聪明；在幼儿园看到孩子做游戏就认为在幼儿园学不到知识，智力得不到提高。你赞同家长的做法和观点吗？请结合所学知识谈谈家长对于幼儿园智育存在的教育误区。

模拟练习

单选题

1. 培养幼儿求知的兴趣和欲望以及良好的学习习惯是(　　)的教学内容之一

A. 体育　　B. 智育　　C. 德育　　D. 美育

2. 教育者有目的、有计划地使受教育者掌握系统的科学基础知识和基本技能，促使受教育者智力发展的教育过程是(　　)。

A. 美育　　B. 智育　　C. 德育　　D. 体育

3. 教师鼓励幼儿大胆、清楚地表达自己的想法和感受，尝试说明、描述简单的事物或过程，这是幼儿园智育内容中(　　)的要求。

A. 发展幼儿的语言运用能力　　B. 教给幼儿有关社会生活的常识

C. 培养幼儿的感知能力　　D. 培养幼儿的动手操作能力

4. 在幼儿园智育实施的过程中，不正确的做法是(　　)。

A. 利用一日生活中的各种生活情景引导幼儿学习和思考

B. 引导幼儿应用语言来表达和归纳自己所获得的经验

C. 创设适宜的学习环境

D. 以集体上课为主，尽量少采用游戏方式

5. 幼儿园教育中如果以小学生上课的方式向幼儿灌输许多过难、过深的书面知识，这会使幼儿对学习产生厌倦和畏难情绪。这就要求幼儿园智育要(　　)。

A. 培养幼儿良好的学习习惯　　B. 培养幼儿的感知能力

C. 培养幼儿学习的主动性　　D. 激发和保护幼儿的学习兴趣

模拟练习答案

第四讲　幼儿园智育

第五讲

幼儿园体育

头脑风暴

现在有些幼儿看动画片等电视节目的时间很长，平常的活动局限在室内，身体接受不到阳光、空气等自然因素的刺激，不利于健康成长。请从幼儿园体育的视角谈谈如何发展幼儿的体能。

体育是幼儿健康快乐成长不可或缺的重要条件。健康快乐成长不仅包括身体的生长和发育，也包括正常的心理发育和良好的社会适应。幼儿如果离开成人的照顾，缺乏适宜的锻炼，便无法健康成长。因此我们可以认识到体育对于幼儿的重要性。体育能够对幼儿大脑的生长和发育产生影响，从而推动幼儿智力的发展。具体过程过程如下：通过身体运动可以有效地刺激幼儿的大脑皮层，从而增加大脑皮质的厚度，提高幼儿脑细胞活动的强度、灵活性、均衡性以及大脑的分析、综合能力，建立多种复杂的神经联系；此外还能使幼儿的脑细胞获得更多的氧气和营养物质，这对于正处于迅速生长发育的幼儿的神经系统来说无疑是有益的。

此外，体育可以影响幼儿的社会性和人格的发展。一般而言，身体活动能力强的幼儿往往得到较多的赞许，这使得这些幼儿成为同伴羡慕的对象。长此以往，他们会形成肯定性的自我概念，更倾向于对自己进行积极的正面评价。这种积极的自我概念能够使幼儿更加坚强勇敢、积极向上、自尊自信。相反地，那些身体活动能力较弱、缺少成功体验的幼儿，则更容易形成消极负面的自我概念，对自己形成消极的评价，从而胆小怯懦、内向退缩。这就告诉我们，体育不仅会影响幼儿的生理变化，而且会使幼儿产生心理和社会适应上的变化。体育能够培养幼儿活泼开朗、勇敢坚毅、乐观进取等精神品质。同时，体育活动中包含许多社会性活动，所以能培养幼儿互助、合作、同情、友爱、服务、负责、公正、诚实、宽容等社会态度。

一、幼儿园体育的概念

广义的体育泛指人类社会的各种体育活动。狭义的体育则专指在教育机构中进行的，保证受教育者的身体正常生长发育的一种有目的、有计划、有组织的教育活动。

幼儿园体育是指幼儿园进行的，遵循幼儿身体生长发育的规律，运用科学的方法，以增强幼儿的体质、保证幼儿健康为目的的一系列教育活动。

幼儿园体育关系到未来国民身体素质的提高，是幼儿身心发展的需要，也是实施其他各育的物质基础。培养适应未来社会发展需要的健康下一代，使他们成为社会主义现代化事业的建设者和接班人，是我们遵循教育方针、坚持教育总方向、实施体育的重要任务。幼儿园体育的质量关乎未来国民素质水平的高低，健康身体的锻炼要从小抓起。培养幼儿参与体育活动的兴趣，养成幼儿坚持体育锻炼的习惯，增强幼儿适应环境和抵抗疾病的能力，帮助幼儿形成强健的体魄，是从根本上提高本国劳动力身体素质的有力措施。

体质即人体的质量。一个人的体质强或弱，受多方面的影响，既有遗传的因素，也受制于后天条件的影响。它表现在体格、体能、适应能力和心理因素等方面，是身心各方面因素的综合表现。

概括起来，体质包括以下几个方面。

①体格。体格是指人体的形态结构。它包括人体的生长发育、体型和身体姿势等。

②体能。一是组织器官的工作能力(如脉搏、血压、肺活量等指标)；二是身体素质，即人体活动时肌肉活动所表现出来的能力(如速度、力量、耐力、灵敏、柔韧、协调等)；三是基本运动能力，指人的基本的活动能力(如走、跑、跳、投掷、攀登、钻爬等基本动作)。

③适应能力。机体对外界环境的各种变化(如冷热、风雨、干燥、潮湿、噪声等)的适应能力，以及机体对各种疾病的抵抗能力和病后恢复能力。

④心理因素。它包括人的感知能力、思维、记忆、注意能力以及个性、社会性方面的特征等。

一个健康的幼儿不仅要体格发育正常，形态端正无异常，体能正常无障碍，而且要活泼愉快，自信自主，富有好奇心，乐意分享和合作。

二、幼儿园体育的目标 ●●●

第一，保护幼儿的生命与健康，促进幼儿身体正常生长发育，增强体质。从幼儿的生理特点来看，幼儿身体的各器官、系统正在生长发育，总体上还不够成熟，对于环境的适应能力和对疾病的抵抗力还有待提高。在生活方面，幼儿缺乏独立生活能力，安全意识比较薄弱，需要成人的照顾和帮助。因此，幼儿园体育的重要目标就是保护幼儿的生命与健康，积极开展各项体育活动，锻炼幼儿的身体，提高幼儿身体各项器官、系统的生理机能，促进幼儿身体的正常生长发育。为了保证幼儿身体的正常发育，提供合理的营养就十分重要。对于正在迅速生长发育的幼儿来说，营养是幼儿生长发育所需要的重要物质基础，同时充足的营养也是健康发展的重要前提。合理的营养可以保证幼儿的正常生长发育，增进幼儿身体的健康，促进幼儿智力的发展；而营养不良则会使幼儿的生长发育受到阻碍，身体瘦弱矮小，易感染各种疾病，对大脑的发育会产生不良的影响。

第二，发展幼儿的基本动作，培养幼儿对体育活动的兴趣。基本动作是人体进行各种活动的基本能力，如走、跑、跳、钻、爬、投掷、攀登等，是幼儿独立生活和进行各种活动的必要条件。为了发展幼儿的基本动作，使幼儿形成坚持锻炼的良好习惯，教师应该充分调动幼儿参与体育活动的积极性和主动性，通过组织一些有趣的体育游戏，创设宽松的环境，培养他们对体育活动的兴趣。另外，教师要关注幼儿在户外体育活动中安全意识的培养，在引导幼儿练习各种基本动作的同时，还可以教给幼儿一些锻炼和保护身体的简单知识与方法，从而使幼儿注意动作练习的规范，提高幼儿的自我保护能力。在体育活动中，教师还应培养幼儿良好的情绪、意志品质和个性，促进幼儿的身心发展。

第三，培养幼儿良好的生活习惯和卫生习惯。良好的生活习惯和卫生习惯是保证幼儿健康的必要条件，也是一代新人必须具备的素养。但幼儿良好习惯的养成只靠幼儿园教育还不够，还应做好家园共育工作，要求园所和家庭协调一致。在园、在家都要教育幼儿注意保持个人清洁卫生和环境卫生，养成良好的生活、卫生习惯。教师和家长应为幼儿提供必要帮助和指导，使幼儿逐步学会照料自己的生活，养成良好的生活卫生习惯和独立生活的能力，增进幼儿的自我保护能力。这不仅直接关系到幼儿的身体健康，而且有利于幼儿良好品质和行为习惯的培养，同时也能为今后的独立生活打下良好的基础。

三项目标的实现是相辅相成、不可分割的，都要遵循幼儿身心发展的规律。教师需要通过锻炼和保护两方面的手段，共同达到增强幼儿体质、增进幼儿健康的目的。因此这三项目标不是彼此孤立的，而是相互影响、渗透和依存的。

三、幼儿园体育的内容

幼儿园体育的内容主要涉及四个方面：生活卫生教育、自我保护与保健知识教育、身体运动与锻炼教育以及心理卫生教育。

(一)生活卫生教育

生活卫生教育的目的是使幼儿获得必要的卫生知识，养成良好的生活习惯和卫生习惯，从而促进幼儿身体良好发育，为增强身体素质打下良好基础。

第一，个人卫生习惯的培养。良好的个人卫生习惯能有效地保护幼儿的身体健康。教师应当使幼儿养成锻炼后有出汗要及时洗澡、洗手、勤换衣服等良好习惯；注意爱护自己的身体器官，知道身体器官的重要性，知道保护身体器官的方法，如不用脏手揉眼睛，不用手随便抠鼻子，不随便将彩色笔、玩具等物放入口中。

第二，环境卫生教育。环境卫生教育的内容包括保护生活环境和大自然环境。教师应该教育幼儿维护自己生活场所和运动场所的整洁和卫生，体育器械要清洁与摆放整齐，不随便在墙上乱写乱画、不随地大小便、不乱扔废弃物等。此外，教师还应该让幼儿懂得保护环境对人类生存的意义、对体育的积极影响。

第三，个人生活习惯的培养。个人生活习惯的培养应涉及幼儿良好的睡眠习惯培养。教师应让幼儿按时睡觉，独立安静地自然入睡；注意幼儿睡眠姿势应以仰卧或向右侧卧为宜，不俯卧、不蒙头睡等。个人生活习惯的培养还应涉及幼儿良好的饮食习惯，如注意饮食结构的多样化，不挑食、不偏食；吃饭定时定量，不暴饮暴食；注意幼儿饮食卫生，不喝生水，不吃腐烂或霉变的食品，生吃瓜果要烫洗等。这些良好生活习惯的养成对幼儿身体的成长和开展体育活动有良好的促进作用。

为了培养上述幼儿良好的生活卫生习惯，首先，教师要创设良好的环境和制定严格的生活作息制度，为幼儿提供干净宽敞的房舍、场地和必需的设备，还应帮助幼儿了解物品的位置及用途。严格的生活作息制度能使幼儿每天在同一时间内重复生活卫生程序，这样有助于幼儿良好卫生习惯的养成。其次，教师要注意成人教育的一致性和一贯性。这样才能使幼儿已形成的习惯得以巩固。最后，教师应经常提醒、督促和检查幼儿的生活卫生习惯，并给予幼儿适当的帮助和鼓励。培养卫生习惯的主要方法有演示、讲解、练习、榜样示范、表扬鼓励等。教师还可以利用游戏、文艺作品等形式对幼儿进行教育，并且应与家长密切配合，共同完成这一任务。

(二)自我保护与保健知识教育

自我保护与保健知识教育是使幼儿获得一些必要的保健知识与安全知识，懂得保护自己，能注意不伤害他人；让幼儿形成爱惜自己和他人的生命与健康的观念，不断增强和提高自我保健与自我保护的意识和能力。其主要包括以下两个方面。

第一，预防保健教育。教师要使幼儿逐渐树立预防疾病的观念，知道“病从口入”，懂得保持个人卫生或公共卫生都是为了预防疾病；引导幼儿配合医务人员的预防与治疗工作，在疾病流行期间等特殊时期，能够按照要求佩戴好口罩，不去人多拥挤的地方，勤洗手；愿意配合打预防针，生病后不怕吃药，能配合治疗等。

卫生保健工作是幼儿园工作的重要内容之一。卫生保健工作除了有专门的保健员或医生主要负责外，还需要依靠教师、保育员、炊事员以及家长、社会等多方面的配合和支持。针对在园幼儿，园所应结合实际情况和园所的条件制定切实可行的卫生保健制度，并要坚持严格执行贯彻。一般来说，幼儿园的卫生保健工作应该包括六个方面。①建立健康状况检查的制度，包括教师、工作人员、幼儿的健康检查。幼儿的健康检查包括入园体检、定期健康检查(如展间检查、学期体检)。②安排合理的生活制度，护理好幼儿的日常生活。③做好疾病的预防工作及常见病的治疗工作。④坚持做好经常性的清洁卫生消毒工作。⑤做好卫生安全工作，严防意外事故的发生。⑥做好营养调配及膳食卫生工作。

第二，安全教育。幼儿园对幼儿进行安全教育，就是把幼儿的生命和安全放在首位，是保护幼儿生命、保证幼儿健康的重要内容。安全教育应该包括基本的安全知识教育和简单的自我保护技能的训练两个方面。幼儿的体力和能力有限，经验知识缺乏，但又具有强烈的好奇心和好活动、好冲动等方面的年龄特点。他们对于危险的事情还不能做出准确的判断，不能预见行为可能造成的危险后果，又缺乏自我保护能力；在发生危险后很难进行自救，更难以避开危险来保护自己。因此，教师不仅有责任保护幼儿的生命安全，还应该对幼儿进行安全教育，让幼儿具备一定的安全知识和自我保护技能，培养他们预见危险、避开危险、安全自救的自我保护能力。

基本的安全知识教育是教育幼儿通过各项活动的规则，懂得简单的安全知识。比如，不把东西放入口中、鼻腔和耳内，不拿尖的东西奔跑玩耍，不触摸电线和电源插头，不玩火，不在池塘边、江河边、马路边玩耍等。简单的自我保护技能的训练，包括让幼儿学会简单的自救技能，面临危险和意外事件时能够冷静地进行自救和脱险，如在鼻出血、烫伤、着火、走失、发生意外自然灾害时学会自救等。

(三)身体运动与锻炼教育

身体运动与锻炼的目的是通过开展各项体育活动与体格锻炼，提高幼儿基本动作的技能，促进其生长发育，增强其体质。其主要包括以下几个方面。

第一，运动常识教育。比如，吃完饭后不能马上进行运动量大的活动，快跑后不要立即停下来，要慢跑或走一会儿等。

第二，体育活动。体育活动的主要内容包括三个方面。一是基本动作训练。基本动作是指走、跑、跳、钻、爬、投掷、平衡、攀登。基本动作练习的目的是发展幼儿的基本动作，使他们动作灵敏、协调，姿势正确。二是基本体操和队列队形练习。基本体操包括模仿操、徒手操和轻器械操。模仿操是幼儿按照儿歌的词音或教师说的形象做出各种形象的动作，如学小兔跳、小鸟飞、大象走等。徒手操是由活动身体各部分的不同动作所组成的，如上肢运动、下肢运动、体转运动、跳跃运动等。轻器械操是在徒手操的基础上，手持轻器械(如木吸铃、红旗、花铃棒等)进行的体操动作。小班主要以模仿操为主；中班以徒手操为主，加上简单的轻器械操；大班以徒手操为主，加上较复杂的轻器械操。队列队形练习包括站队（圆圈队、纵队、横徘），变队（一路纵队变为两路、四路小纵队等），转身（左转、转等），散开和集合等。三是体育游戏。这是幼儿最喜欢的体育活动。四是器械活动，包括大型固定器械活动、中小型可移动器械活动、手持小型器械活动。

第三，身体锻炼。其目的在于增强幼儿各器官、系统的机能，提高和改善其对外界自然环境变化的适应能力，增强抵抗力，促进生长发育，从而增强体质，增进身体的健康。幼儿身体锻炼的途径一般可分为两大类。①专门的身体锻炼，又称三浴锻炼，即利用自然因素，如日光、空气和水进行锻炼，可进行空气浴、日光浴、冷水浴等。②日常生活中的锻炼，如组织多样的户外游戏、散步、早操、晨间锻炼，呼吸清爽的空气，早晨起床后用冷水洗手洗脸等。幼儿进行体格锻炼时应遵守以下基本原则：循序渐进性的原则，恒常性、持久性的原则，多样性、兴趣性的原则，个别对待的原则。

（四）心理卫生教育

在幼儿园，教师除了保护和增进幼儿的身体健康外，还应该重视幼儿的心理健康，对幼儿开展个性心理品质的训练和培养以及人格发展的培养和教育，从而起到维护心理健康的作用，保证幼儿人格的健全和身心的协调发展。

对幼儿进行心理卫生教育的目的是增强幼儿的心理承受能力和心理强度，改善心理品质，培养活泼愉快的性格，使他们更好地适应社会生活。其主要包含以下两个方面。

第一，自信和自尊的培养。教师要经常称赞和鼓励幼儿，使他们体验到成功的愉快，能正确对待挫折，培养他们的自信心和自尊心；关注幼儿的感受，保护其自尊心和自信心；鼓励幼儿自主决定，独立做事，增强其自尊心和自信心。

第二，积极愉快情绪的培养。积极愉快的情绪和健康的身体是密切相关的。教师应关注幼儿积极情绪的培养，重视幼儿的心理健康问题。具体来说，教师应以身作则，提供良好的示范，以积极愉快的情绪对待幼儿，不乱发脾气，热爱幼儿，安排丰富多彩、轻松愉快的活动，增强幼儿的快乐体验，培养他们活泼、愉快的情绪。教师应该关心和爱护每一个幼儿，使他们生活在轻松、自由、温暖的环境中，使幼儿感到安定和愉快。针对新入园的幼儿，教师应做好情感的疏导，理解幼儿在陌生环境中的不适，耐心地帮助幼儿顺利地适应幼儿园生活，让他们喜爱新的环境。对于由家庭生活环境不利或父母抚养方式不当而造成的心理上有障碍的幼儿，教师应设法帮助他摆脱精神压力，使其身心健康成长。同时教师要培养全体幼儿活泼开朗的性格、良好的情绪和精神状态，为其健康发展奠定良好的基础。

本讲要点

体育是幼儿园全面发展教育的一个重要内容。幼儿期是儿童身体迅速生长发育的时期。体育对于保持幼儿的身体健康、促进他们正常地生长发育具有十分重要的意义。教师应该正确地认识体育，明确体育在其他各类教育中的重要作用，重视幼儿园体育并有效地促进其他各育的发展。幼儿园体育的目标主要涉及三个方面：一是保持幼儿身体健康，锻炼幼儿的身体，促进幼儿身体正常生长发育，增强体质；二是发展幼儿的基本动作，培养其对体育活动的兴趣；三是培养幼儿良好的生活习惯和卫生习惯。幼儿园体育的内容包含生活卫生教育、自我保护与保健知识教育、身体运动与锻炼教育、心理卫生教育等。

学以致用

某幼儿园进行全园体操比赛，各年龄班参加，并评出一、二、三等奖，届时请家长观看。有的班级教师为了获得奖励，获得家长的赞赏，每天花大量时间训练幼儿的体操，每天的户外活动都用于训练。训练时，教师对做操认真、符合要求的幼儿进行表扬，对做操不认真、不符合要求的幼儿进行呵斥、责备。这样导致有的幼儿不愿上幼儿园。请用幼儿园体育的相关知识点评析该案例。

模拟练习

单选题

1. 儿童全面发展教育的基础是(　　)。

A. 德育　　B. 智育　　C. 体育　　D. 美育

2. 幼儿园要十分重视体育活动，每日至少要保证幼儿户外体育活动有(　　)。

A. 1 小时　　B. 2 小时　　C. 3 小时　　D. 1.5 小时

3. 幼儿园体育活动的组织形式有(　　)。

A. 早操、体育课、户外体育活动　　B. 基本体操、基本动作练习、体育游戏

C. 体育游戏、体育课、户外体育活动　　D. 体育活动、体育课、基本体操练习

4. 幼儿的基本动作练习主要是通过(　　)完成。

A. 体育课　　B. 早操　　C. 户外体育活动　　D. 体育游戏

5. 狭义的体育是专指在教育机构中进行的，保证受教育者的(　　)正常生长发育的一种有计划、有目的、有组织的教育活动。

A. 心理　　B. 身体　　C. 肢体　　D. 大脑

模拟练习答案

第五讲　幼儿园体育

第六讲

幼儿园美育

头脑风暴

张老师给幼儿展示了一张示范画，并说“哪个小朋友跟老师画的一模一样，哪个小朋友的画就会得到展览的机会”。你同意张老师的做法吗？为什么？

一、幼儿园美育的概念

美育就是审美教育，是指教育者按照美的规律，通过各种审美教育媒介，有目的地提高幼儿对审美对象的鉴赏与创造能力，培养他们的审美心理结构，最终达到个体人格的完善。它是素质教育不可缺少的组成部分。

审美教育可以进一步地发展人的艺术天性。另外，审美与认识都是智慧的表现，二者的发展具有一定的平行关系，而且二者在同一个主体那里肯定会相互影响。科学家往往以审美方式去探索世界，去探求科学的真理。同样，艺术家是思想丰富的人，他们的感受很深刻，并能把私人的思想、情感和印象转化成公共的形式。

幼儿园美育即根据幼儿的身心特点，利用美的事物，通过组织幼儿的审美活动来培育幼儿感受美、欣赏美、表现美的情趣和能力的教育活动。也就是说，它是以各种幼儿感兴趣的内容和活动形式达到丰富幼儿的情感世界、提升幼儿的审美情感，使幼儿得到全面健康发展的教育活动。

二、幼儿园美育的目标

《幼儿园工作规程》提出：“培养幼儿初步感受美和表现美的情趣和能力。”《幼儿园教育指导纲要(试行)》对于艺术目标的表述为：“能初步感受并喜爱环境、生活和艺术中的美”“喜欢参加艺术活动，并能大胆地表现自己的情感和体验”“能用自己喜欢的方式进行艺术表现活动”。《3－6岁儿童学习与发展指南》将艺术领域的目标定为“感受与欣赏”“表现与创造”，强调引导幼儿通过自己的方式去表现美和创造美。幼儿园美育的目标可以划分为如下两个层次。

(一)幼儿园美育目标的第一层次

幼儿园美育目标的第一层次是较为具体的目标，那就是审美教育必须促进幼儿对美的敏感性，逐步形成初步的审美心理结构和审美感受，促进审美表现与创造能力的发展。幼儿的美感表现具有如下特点。

1. 幼儿的美感表现具有模仿性

受幼儿的知识基础、经验积累以及审美活动技能的影响，幼儿的美感一开始较多地表现出对成人的模仿，对一些事物的审美态度与成人对这些事物的态度往往是联系在一起的。而且，幼儿还往往模仿成人在审美活动中的表情、动作、语态，这一点在幼儿的游戏活动中经常可见。对一个玩具或别的事物喜欢，幼儿会表达出父母常说的词或话，如“多漂亮啊”“真好看”，并做出父母曾做的抚摸这一玩具或物品的动作。有时幼儿为了表示喜欢，也可能模仿一些艺术作品中的人物，即审美对象影响幼儿进一步的更为广泛的审美。

2. 幼儿的美感表现具有活动性

幼儿的美感表现总是同游戏、歌舞、绘画、手工、观察等一系列具体的活动联系在一起的。没有由幼儿通过动作传递的、产生的体验，就不可能产生真正的美感，这是由幼儿的身心发展水平决定的。

3. 幼儿的美感表现具有表面性

对幼儿来说，形式的、外表的美容易感知，幼儿表现和反映的也主要是形式的、外表的美；内在的美是幼儿较难感知和表现的。一般来说，幼儿对美的感知和表现还较为肤浅。

虽然幼儿的审美与艺术是他们的天性，但是若不加以保护和培育，这种天性可能会受到现实社会的工具理性以及不恰当的教育的影响。因此，为保护并促进幼儿的发展，教师有必要通过审美欣赏和审美创造两条途径来对幼儿实施符合其身心发展规律的美育。其中，艺术活动是幼儿园美育的主要领域。

第一，培养幼儿对美的感受力。幼儿对美的感受力也就是幼儿能否感知和发现周围环境中的自然美、社会美和艺术美。对幼儿审美能力的培养，应从提高幼儿的审美感知能力开始。这是因为对于美的事物的欣赏，必须以对美的对象的感知为起点和基础。人们要认识美、欣赏美，首先必须对美的事物产生感觉。

第二，培养幼儿对美的想象力。幼儿感知审美对象，只是审美的开始。因为审美感知只能让幼儿欣赏审美对象的外部特征，却无法探及审美对象美的内核。而审美想象就可以使幼儿深入审美对象的内在意蕴，获得更深层次的审美体验和感受。2 岁左右时儿童的想象开始萌芽，这也成为审美活动中重要的构成因素之一。无论是美的欣赏还是美的创造都需要有想象的参与，因此我们要提高幼儿的审美想象能力。

第三，培养幼儿对美的表现力。幼儿在发现美并运用想象获得深层次的审美体验后，会倾向于对美进行表现和表达。比如，听到音乐手舞足蹈、拿起画笔画画等，这些都能体现幼儿对美的表现能力。因此在培养幼儿感知美、欣赏美的基础上，教师可以进一步培养幼儿初步的表现美和创造美的能力。教师可以多给幼儿提供表现美、创造美的环境，提供支持幼儿审美表现的物质材料，让幼儿运用自己喜欢的方式对美进行表达。

（二）幼儿园美育目标的第二层次

幼儿园美育目标的第二层次是为将来幼儿成为一个人格健全完善的人打下良好的基础。人的心理发展包括知、情、意三个方面的发展。美育的功能就在于怡情养性，使人具有高尚的情操和崇高的理想。所以，对幼儿进行审美教育，通过对其审美心理结构的培育，可以和认知教育、道德教育共同推进幼儿整体的、健全完善的人格的发展。

认知、伦理、审美是人的生命结构中不可或缺的三个组成部分，美育是一种使人成为完整的人的教育，是使人渐趋理性化和社会化的教育。现代社会是高科技、频交往、重合作、求正义的社会，更是重情感的社会。如果社会缺少了情感、削弱了情感，就不会有生气。作为这个社会中的个体，缺少了情感，就难以展现生命的真正本质和活力，就不能高扬人的主体性。因为人的主体性是在主体活动中实现的，而主体活动中缺少了审美活动，就缺少了人的情感升华的基础。因此，美育的目标是造就适应不断发展的未来社会的新人。

三、幼儿园美育的内容

幼儿园美育的内容是其目标实现的载体，主要包括艺术美、自然美与社会美三个方面。

(一)艺术美

艺术美包括幼儿能理解和接受的各种文学、音乐、美术等艺术作品。

1. 音乐、舞蹈

音乐、舞蹈是听觉艺术和伴随听觉艺术的身体造型艺术。幼儿从妈妈那里听到了温柔、酣美、催人入睡的摇篮曲，从此音乐将伴随着他的生命成长。幼儿从音乐中找到了快乐，激发了想象。通过音乐，幼儿表达了自己的情感。有时音乐还可以帮助幼儿进行情绪的宣泄。很小的幼儿就能在成人的启示下闻乐而动，能实现听觉艺术和身体形态艺术的结合和统一。舞蹈使幼儿对听觉艺术所蕴含的美以身体的动作表现出来。音乐、舞蹈作为幼儿园美育的手段，重在引导幼儿感受，尤其让幼儿在多感官的活动中去感受，让音乐中的美通过各种感觉渠道融入幼儿的心田，汇成幼儿愉快的、积极向上的生命动力。

2. 美术

美术是视觉艺术，通过线条、色彩在空间直观地向幼儿展示美，因而极具感染力。绘画、纸工、泥工及其他手工作品都可以成为幼儿的审美对象。通过教师的引导，幼儿能初步了解美术作品的形式，初步了解线条、色彩、布局等在展示美的过程中的作用。教师通过美术作品的美育，让幼儿从对美术作品包括自己的作品的鉴赏中感受到美，让幼儿从线条、色彩、形象中体验和感知其中蕴含的情感。同时，教师通过使幼儿掌握适当的美术表达技能，通过美的表现和创作的活动，使幼儿把自己的情感表现出来。

3. 文学作品

文学作品以形象生动的语言表现美，所以是语言艺术。文学作品通过语言塑造人物形象或情景，绘声绘色地把它们表现出来，能对幼儿产生极大的感染力。故事、童话、诗歌都是重要的儿童文学作品形式。有些文学作品通过绘画、图书、幻灯、录像片等形式表现，使语言艺术与形象艺术结合起来，更能引发幼儿的审美兴趣。在感受文学作品的美的同时，幼儿会通过语言表达自己对美的理解，发挥自己的语言创造力，把心灵中的美传播在语言——文学作品之中。

(二)自然美

自然美包括幼儿身边的动物、植物、山河湖泊、日月星辰等美丽的事物，这些都包含了自然景物和周围环境的美。大自然蕴含着多种多样的美，是美的宝库，也是重要的美育资源。幼儿园美育不应脱离幼儿周围的自然环境，应充分利用周围的自然环境，根据幼儿的兴趣和年龄阶段特征将大自然中无数的美的事物纳入幼儿园的课程中。比如，清秀的山峦、幽静的松林、微波荡漾的湖泊、湍急的溪流、波浪轻拍的海滩、麦浪滚滚的农田等，这些都可以成为幼儿审美活动的对象。幼儿天真好奇，对于大自然会特别向往，在探索大自然的过程中也能够发现大自然的美，如鸟儿美妙的叫声、花朵艳丽的色彩、山川的气势磅礴等。大自然总能吸引幼儿，幼儿总是那么主动、自愿又深情地投入大自然的怀抱。因此教师应充分利用这一有利条件。有的幼儿园开展的“乘凉相云”“树叶动物”“树皮寻宝”等活动，就是以培养幼儿的审美想象力为目的，充分挖掘自然界中美的教育资源，让幼儿在与大自然的互动中去感受大自然的美。教师利用一定方式和手段对幼儿进行审美引导，即有意识地引导幼儿初步了解、体验自然美的特有方式，将对自然美的审美活动内化为他们的知识、自身的倾向和习惯，同时发展幼儿的审美想象力，净化、美化幼儿的性情。

（三）社会美

《美学百科全书》指出，社会美为存在于人类社会生活中的美。社会生活的多层次、多侧面形成了丰富多彩的社会美。社会美首先表现在人类改造自然和社会的实践过程中；其次表现在实践活动的产品中，人的美是社会美的核心。① 社会生活总是通过各种线索、渠道在影响着幼儿对美的感知。社会生活中充满着美，美的景象、美的人、美的行为是幼儿审美的对象。对于幼儿来说，社会美应该源自幼儿日常生活中常接触到的和熟悉的人、事、物，如父母长辈的关爱、教师同伴的帮助、我国传统手工艺品、著名的特色建筑等。幼儿对这些内容比较熟悉，更容易建立一定的情感联系，能够引发情感共鸣，为创作提供情感经验。对于教师来说，把社会生活作为审美对象，必须注重对幼儿审美兴趣的激发，并且注意审美引导。社会生活是复杂的，有高尚的行为，也有低劣的行为和自私的行为；有气宇轩昂的宏伟建筑，也有脏不可睹的丑陋角落。教师必须让幼儿知道什么才是美的，怎样的表现是美的表现，培养幼儿的审美判断力，鼓励幼儿积极表现美好的行为。

幼儿园美育内容可通过幼儿的专题性欣赏或创作活动来实施，也可以通过日常游戏来实施。例如，角色游戏究其实质是一种戏剧表演，搭建积木则是一种造型艺术。

本讲要点

美育就是审美教育，是指教育者按照美的规律通过各种审美教育媒介，有目的地提高受教育者对审美对象的鉴赏与创造能力，培养他们的审美心理结构，最终达到人格的完善。幼儿园美育在内容上包括艺术美、自然美和社会美。美育与幼儿之间并非遥不可及，而是渗透在幼儿的生活中，不断地丰富幼儿的审美经验，满足幼儿的审美体验，支持幼儿审美情感的表达。幼儿的美感表现具有模仿性、活动性和表面性。因此成人要尊重幼儿的审美表达，切忌以成人的标准看待幼儿的审美表达。

学以致用

对于美育一词，在没有进行有关专业知识学习之前，不同的人理解不同。丽丽认为美育主要就是指会画画、做手工等美术类技能或者会唱歌等在音乐方面具有较高的才华。而黄辉则认为丽丽的看法将幼儿园美育限定为艺术美，其实还包括自然美和社会美。在学习本章有关内容之后，谈谈你对美育内涵的认识；说说如果你是小班幼儿的教师，你怎样用通俗易懂的语言给他们解释幼儿园美育的概念。可以举例说明。

---

① 李泽厚、汝信：《美学百科全书》，388 页，北京，社会科学文献出版社，1990。

模拟练习

单选题

1. 学前阶段美的启蒙重在培养儿童(　　)。

A. 美学的知识　　B. 发现美、欣赏美的能力

C. 表现美的技能　　D. 审美动机

2. 教师引导幼儿欣赏日出日落、云彩变化等自然风光，这是幼儿园美育内容中(　　)的要求。

A. 发展幼儿对美的事物的感知和欣赏能力

B. 培养幼儿初步的创造力

C. 培养幼儿艺术活动的想象力

D. 培养幼儿初步的表现能力

3. 下列有关实施幼儿园美育应注意事项的描述中，正确的观点是(　　)。

A. 幼儿园美育只是面向特长儿童　　B. 幼儿园美育是面向全体幼儿的

C. 幼儿园美育与社会生活无关　　D. 幼儿园美育与幼儿的想象力培养无关

4. 幼儿园美育的目标是(　　)。

A. 使幼儿掌握美学的知识

B. 使幼儿掌握表现美的技能

C. 培养幼儿的审美动机

D. 培养幼儿感受美、表现美的情趣和初步能力

5. 在幼儿园美育内容中居于主要地位的是(　　)。

A. 艺术教育　　B. 自然美教育

C. 社会生活美教育　　D. 美术教育

模拟练习答案

第六讲　幼儿园美育

第七讲

幼儿园劳动教育

头脑风暴

某幼儿园大班开展了“小小值日生”的活动，让全班孩子轮流当值日生。每天会安排四名幼儿负责完成班级活动室的劳动任务，如摆放桌椅、扫活动室地板、擦桌子、分发碗勺、清洗毛巾和水杯等。小明非常不喜欢劳动。每次轮到他做值日的时候，他总是说自己不会做、不愿意做。教师不停地耐心引导，最终还是没有办法。教师想和小明的家长沟通，但是家长却认为这些琐事没必要让孩子来做，教师自己做就好了，还要求教师以后不要再安排小明当值日生。如果是你，你怎么看待这件事？

2018 年 9 月 10 日，习近平总书记在全国教育大会上强调要培养德、智、体、美、劳全面发展的社会主义建设者和接班人，提出要在学生中弘扬劳动精神，教育引导学生崇尚劳动、尊重劳动，懂得劳动最光荣、劳动最崇高、劳动最伟大、劳动最美丽的道理，长大后能够辛勤劳动、诚实劳动、创造性劳动。根据习近平总书记的指示，在幼儿园教育中，我们应根据幼儿的年龄特点进行劳动教育，重视劳动教育在幼儿全面发展过程中所发挥的重要作用，培养德、智、体、美、劳全面发展的社会主义接班人。

一、劳动及劳动教育的内涵

劳动主要是指生产物质资料的过程，是人维持自我生存和自我发展的唯一手段。劳动是指人们有目的、有意识地运用体力和智力改造外部世界的实践活动。劳动的本质是人和自然之间的某种互动交换的活动过程。① 按照传统的劳动分类理论，可以把劳动分为脑力劳动和体力劳动两大类。阶级社会时期曾经出现脑力劳动和体力劳动相互分离和对立的情况，体力劳动者在这个时期沦为受剥削、受压迫的对象。但无论何种劳动，都是人类社会赖以生存和发展的基础，是人类基本的实践活动。有了劳动，人类才得以生存，社会才得以发展。

裴斯泰洛齐强调“劳动与教育结合”“体力与脑力结合”，应根据幼儿的身心特点实施劳动，在劳动教育过程中渗透爱，使他们的“脑、心、手”三种力量和谐发展。② 可见，劳动教育应注意将劳动与教育相结合，是指教育者向受教育者施加的一种以劳动观念、劳动知识技能、劳动习惯为教育内容的活动。劳动教育是国民教育体系的重要内容，是幼儿成长的必要途径。对幼儿进行劳动教育不应仅停留在体力层面，还应引导幼儿通过劳动获得相关的劳动体验和知识。在幼儿小小的心灵里，种下对劳动人民的深厚情感，能使他们学会尊重劳动人民，珍惜劳动成果，获得劳动技能，养成劳动习惯。

---

① 霍力岩：《幼儿劳动教育：内涵、原则与路径》，载《福建教育》，2018(47)。

② 刘黎明：《彰显劳动教育的精神内涵：裴斯泰洛齐劳动教育思想的现代阐释》，载《中国德育》，2017(10)。

二、幼儿园劳动教育的特点

结合劳动的内容和幼儿身心发展的特点，幼儿园劳动教育有以下特点。

(一)适宜性

3～6岁幼儿的动作技能尚未完善，精细动作比粗大动作发展晚，肌肉的力量和耐力较差。另外，该阶段的幼儿安全意识和自我保护意识较弱，一旦发生危险无法做到及时保护自己。教师应在幼儿劳动前注意规避安全隐患，给幼儿提供安全的劳动环境。安排的劳动活动要强度适宜，否则劳动强度过大容易使幼儿疲劳且有损幼儿的身体健康。因此幼儿园劳动教育应根据幼儿的年龄特点来进行选择和设计，排除安全隐患，选择适宜幼儿发展水平和需求的劳动内容和劳动工具，不适宜让幼儿从事强度过大、时间过长、具有危险性的劳动。

(二)趣味性

“好玩”是3～6岁幼儿的天性。在游戏中，幼儿能够感到愉悦。游戏有利于幼儿的身心健康成长，也能促进幼儿认知的发展。由于幼儿对于游戏总是具有浓厚的兴趣，幼儿园劳动教育应具有趣味性，与幼儿的游戏相结合。教师应创设相应的游戏情境，提供相应的游戏活动材料。这帮助幼儿在游戏中快乐地学习劳动本领，获得劳动技能，自然而然地养成劳动习惯。

(三)生活性

人们的生活离不开劳动。无论是体力劳动还是脑力劳动，均渗透于人们生活的方方面面。因此幼儿园劳动教育不能脱离对幼儿生活的把握。教师应充分了解幼儿的生活经验，在生活中创设条件和机会对幼儿进行潜移默化的劳动教育。具备一定的劳动能力是幼儿未来生活的基础和准备，在生活中应培养幼儿热爱劳动、珍惜劳动成果的好习惯。

(四)一贯性

劳动习惯和劳动品质的养成不能一蹴而就，急于求成，而需要一点一滴慢慢地积累。“三天打鱼，两天晒网”式的劳动教育不利于幼儿劳动习惯的养成，应经常让幼儿投入劳动中，保持幼儿从事劳动活动的一贯性和持续性。此外，幼儿园和家庭应相互配合，达成一定的教育共识。家长在家中应与幼儿园保持劳动教育的一贯性，不可在园主张幼儿自己的事情自己做，从事集体服务劳动，而在家中却处处包办代替、不给幼儿从事劳动的机会。只有双方保持劳动教育的一贯性，保证对劳动教育看法的一致性，才能培养幼儿的劳动习惯和态度。

三、新时代幼儿园劳动教育的价值

陈鹤琴指出：“对幼儿进行劳动教育，培养幼儿的劳动习惯和技能，不仅是‘生活’使其然，而且与幼儿体力、智力、道德和美感的发展之间，有着不可分割的联系。”①《教育部　共青团中央　全国少工委关于加强中小学劳动教育的意见》指明了劳动教育的功能及劳动教育与其他诸育的关系，即“以劳树德、以劳增智、以劳强体、以劳育美、以劳创新”。可见，劳动教育具有重要的价值，能够促进幼儿各方面的发展。

---

① 吴玲：《陈鹤琴幼儿劳动教育思想探要》，载《安徽师大学报(哲学社会科学版)》，1998(1)。

（一）劳动教育有助于幼儿品德的形成

劳动教育是幼儿园德育的一个重要内容。在从事劳动的过程中，幼儿体会到了劳动过程的辛苦和获得成果的喜悦，深深体会到劳动人民的辛苦和不易，自然而然地会萌发出对劳动人民的尊重和热爱之情，更加珍惜劳动成果。幼儿体验种植活动的不易，就会发现一朵小花的盛开需要长时间的浇水和施肥，自然在外出看到美丽的花花草草的时候，会珍惜他人的劳动成果，不会轻易摘折；值日的幼儿和教师一起打扫活动室的卫生后，体会到脏乱环境会给值日生带来辛苦和不便，会珍惜活动室的整洁环境，不会轻易地破坏，会与教师共同维护一起通过劳动换来的整洁环境。在这样的一个过程中，幼儿更容易对他人产生同理心和认同感，更愿意去帮助、关心他人，养成善良的品德，进一步发展高级的情感。

（二）劳动教育有助于幼儿知识经验的积累

劳动教育可以扩大幼儿的经验范围，增长幼儿的知识经验，在一定程度上有助于幼儿智力的发展。在劳动活动中，幼儿逐步学会使用劳动工具，积累一定的劳动知识。比如，在擦玻璃的时候，幼儿发现用湿抹布去擦的话，玻璃上会出现一道道水纹，这样擦玻璃只会越擦越脏；在教师的引导下，幼儿发现原来用报纸沾着水来擦，不但没有水纹，还会擦得又干净又亮。在种植植物的过程中，幼儿发现原来植物的生根、发芽、开花、结果都离不开土壤、阳光、空气和水；在观察植物成长情况的过程中，幼儿学会了观察记录的方法。

（三）劳动教育有助于幼儿身体的健康成长

通过从事劳动活动，幼儿的肢体可以得到充分的锻炼和发展，以有利于身体的健康和体质的强健。从活动室内的扫地、擦桌、洗手帕、叠被子等的劳动中，幼儿的大肌肉、小肌肉都能够得到不同程度的锻炼，有助于动作的发展。在种植、饲养过程中，幼儿在户外进行除草、浇水、喂食、清理等劳动时，接触阳光和大自然的机会增多，提高了对自然环境的适应能力，增强了抵抗力，有利于身体健康。

（四）劳动教育有助于幼儿审美情感的发展

幼儿通过劳动感受到经过自己努力劳动之后获得的劳动成果。比如，经过打扫后变干净的活动室地板、整理后的整齐摆放的玩具和图书、洗干净后亮堂堂的杯子和干净的手帕、每天浇水除草的植物开出的漂亮的小花、通过自己的手工劳动制作出的精美的手工制品等，都是劳动成果。这些经过幼儿劳动换来的干净、整洁和精美的劳动成果，都会给幼儿带来一定的审美体验。幼儿感受到付出辛劳的价值，产生一定的审美情感，自己的身心也变得愉悦。

（五）劳动教育有助于幼儿创新能力的培养

在劳动中，幼儿的动手能力和问题解决能力得到了很大提高。一旦幼儿具有一定的动手能力和成功解决问题的经验，幼儿会更有自信和能力，更善于将头脑中的奇思妙想付诸实践。这样有助于幼儿创新能力的培养。幼儿在劳动中碰到的问题和困难都是在真实情境中产生的。幼儿在真实情境中解决真实的问题，借助自己的思考和工具找到解决问题的办法。当幼儿在自己的努力下打破常规通过各种尝试解决问题后，他们的创新能力就得到发展。

四、幼儿园劳动教育的目标与内容

目前为止，我国尚未出台统一的关于幼儿园劳动教育的大纲，部分地区出台了有关劳动教育的纲领性文件。现参照《广州市中小学劳动教育指导纲要》《上海市中小学劳动教育实施纲要》中对于劳动教育的相关表述，将幼儿园劳动教育的目标与内容进行如下梳理。

(一)幼儿园劳动教育的目标

成人的劳动是为了创造社会财富和满足生活需要而进行的社会性活动，幼儿受其身心特点的影响无法以追求劳动结果为主要目标。[①] 教师应将劳动与教育相结合，围绕幼儿的生活经验和年龄特点，组织幼儿参与各种劳动活动，引导幼儿在体验劳动活动的过程中形成劳动观念、获得劳动技能、养成劳动习惯，促进幼儿的身心发展。

(二)幼儿园劳动教育的内容

1. 形成劳动观念

①认识简单的工具，如剪刀、小刀、尺子、锯子等。

②知道生活中常见的劳动工具，如扫把、畚斗、吸尘器、水桶、抹布等，了解相关的使用知识。主要是了解简单手工工具的使用知识。

③了解植物栽培、动物饲养等简单知识。

④初步学会一些简单的自我服务劳动、家务劳动和简单的校内外劳动知识。

2. 获得劳动技能

(1)自我服务劳动

自我服务劳动体现为自己的事情愿意自己做，不会的能够努力尝试。具体内容包括：平时能够自己走路和上、下楼梯，自己背书包；进园后，能够把自己的书包放在相应的柜子中；盥洗后，能够把自己的手帕和水杯按照要求摆放整齐；用餐后，能够把用过的碗、勺放在指定的位置；午睡时，能够自己脱衣服并且叠放整齐，睡醒能自己穿衣服鞋袜，整理好自己的床铺，叠好自己的被子；离园时，能够自己整理好书包，把书包背好耐心等待家长。

(2)集体服务劳动

集体服务劳动体现为愿意为集体付出自己的劳动，平时能够为集体做一些力所能及的事。具体内容包括：协助保育员教师做好活动室的卫生工作，如洗杯子、洗手帕、扫地、摆放桌椅、擦桌子等；集体游戏后能够积极主动地整理玩具和户外活动器具，发现阅读区图书摆放不齐会主动整理好；愿意服务集体，进餐时能协助教师分发碗筷和食品，能够主动帮助需要帮助的伙伴等。

(3)其他类型劳动

手工、木工、饲养、种植等均属于该类型劳动。手工、木工这一类型的劳动要求幼儿掌握特定劳动工具的使用技能，如剪刀、小刀、锯子、锤子等，注意在使用过程中的操作规范和安全事项。教师应提供丰富的工具和材料，与幼儿一起参与活动室环境的布置和创设，使幼儿初步学会利用锯、扎、钉、结、剪、折、粘贴等技能，进行简单的创意手工、木工制作。幼儿对于植物和动物总是充满喜爱和好奇。在饲养、种植过程中，教师要引导幼儿耐心地照料自己饲养、种植的动植物，每天给动物喂食，清扫动物的生活环境，给植物浇水，定期松土和除草。长期的饲养种植过程会使幼儿具有一定的责任心、耐心和爱心。

---

① 陈虹利：《新时期加强幼儿劳动教育的思考》，载《吉林省教育学院学报》，2016(9)。

3. 养成劳动习惯

①让幼儿投入各种劳动中，初步体会劳动过程的不易和创造劳动成果的愉悦，感到愉快和满足，热爱劳动。

②让幼儿学会热爱大自然、爱护公物、勤俭节约，愿意与他人分享劳动成果，初步养成良好的劳动习惯，增强服务他人、社会的意识。

③使幼儿端正劳动态度，懂得劳动光荣、懒惰可耻，幸福生活靠劳动创造，懂得尊重劳动人民，珍惜劳动成果。

五、幼儿园劳动教育的实施路径

(一)利用其他领域活动渗透劳动教育，培养幼儿劳动的品质

劳动教育的实施不能只靠单一呆板的行为练习，也应该用直观形象的方式让幼儿明白劳动的内涵价值，让幼儿懂得劳动最光荣、劳动最伟大。因此，教师可以通过其他领域的教育活动渗透劳动教育，在幼儿心中埋植劳动的种子，培养幼儿劳动的品质。在语言和艺术领域方面，教师可以通过一些歌颂劳动、赞扬劳动的绘本、儿歌等，让幼儿感受到劳动是一种光荣的品质，是值得赞赏的。在社会领域方面，教师可以通过一些与劳动主题相关的节日活动渗透劳动教育。例如，“五一劳动节”可以让幼儿将自己制作的感谢卡送给清洁工、园艺工等，感谢他们的劳动付出给我们带来整洁干净的生活环境；“植树节”则可以组织幼儿一起种植树苗，让幼儿参与种植树苗的全过程，定期浇水和施肥，观察树苗的成长过程。教师通过在这些不同领域活动中渗透劳动教育，可以加强幼儿对劳动的认识，使幼儿尊重劳动人民，珍惜劳动成果，培养幼儿的劳动品质。

(二)提供参与劳动活动的条件和机会，使幼儿体验劳动的快乐

教师可通过有计划、有目的地为幼儿创设劳动的环境，提供参与劳动的条件和机会，放手让幼儿自己尝试，根据幼儿的生理和年龄特点提供适合的劳动工具。提供的劳动工具应充分考虑幼儿的身高和力量，不宜过大、过重。首先，教师应在日常生活中让幼儿自己的事情自己做，让幼儿自己穿脱衣服、自主进餐，教幼儿学会穿衣叠被、整理书包的方法，让幼儿更加自主自立，更有自信和成就感，体验独立完成自我服务劳动的快乐。其次，教师可以通过值日制度为幼儿提供为集体服务的机会，让班上的每一名幼儿轮流进行值日生劳动，让他们都有机会参与完成活动室环境的各项劳动任务，共同为保持活动室的整洁环境做贡献。教师还可以创设“木工坊”“手工作坊”等区域，让幼儿在区域活动过程中学习一些劳动的本领，如锯木头的操作流程、钉钉子的方法、缝纫的技法等，让幼儿在制作手工制品的过程中提升动手能力，体验到劳动的快乐。

(三)幼儿园与家庭、社区深化合作共育，使幼儿形成劳动的习惯

《幼儿园教育指导纲要(试行)》强调幼儿园应与家庭、社区合作，引导幼儿了解自己的亲人以及与自己生活有关的各行各业人们的劳动，培养其对劳动者的热爱和对劳动成果的尊重。因此实施幼儿园劳动教育不能缺少家长和社区的参与，社会要发挥在幼儿园劳动教育中的支持作用。幼儿园应加强与家庭和社区的联系，达成对劳动教育的共识，保持劳动教育的一贯性。寻求家长的配合，让家长在家里为幼儿分配一些简单的家务劳动，如帮家长分发碗筷、摆放餐具，协助家长扫地、拖地、擦桌子等，让幼儿不论是在园还是在家都参与力所能及的劳动。寻求社区的合作，定期组织一些社

区劳动活动，如到社区的街道上清扫落叶、帮助老奶奶和老爷爷打扫活动室的卫生、到社区的花园里除草等。这样通过幼儿园、家庭、社区的相互配合，实现劳动教育价值的最大化，帮助幼儿在日积月累的劳动过程中形成劳动的习惯。

本讲要点

本讲主要阐述幼儿园劳动教育的基本概念、特点、价值、目标与内容和实施路径。幼儿园劳动教育是国民教育体系的重要内容，是幼儿成长的必要途径。幼儿园劳动教育具有适宜性、趣味性、生活性、一贯性的特点。对幼儿进行劳动教育具有重要价值，有助于幼儿的品德形成、知识经验积累、身体健康成长、审美情感发展、创新能力培养。幼儿园劳动教育的实施路径具体包括：利用其他领域活动渗透劳动教育，培养幼儿劳动的品质；提供参与劳动活动的条件和机会，使幼儿体验劳动的快乐；幼儿园与家庭、社区深化合作共育，使幼儿形成劳动的习惯。

学以致用

请以“劳动节”为主题，设计一个大班幼儿园教育活动方案，要求列出活动目标、活动准备、活动过程、活动延伸，内容具体，措施可行。

模拟练习

单选题

1. 幼儿园劳动教育是国民教育体系的重要内容，是幼儿成长的(　　)。

A. 重要途径　　B. 根本途径　　C. 必要途径　　D. 唯一途径

2. 社会要发挥在劳动教育中的(　　)作用。

A. 支持　　B. 保障　　C. 推动　　D. 鼓励

3. 按照传统的劳动分类理论，可以把劳动分为脑力劳动和(　　)两大类。

A. 生产劳动　　B. 体力劳动　　C. 集体劳动　　D. 自我服务劳动

4. 人们的生活离不开劳动。无论是体力劳动还是脑力劳动，均渗透在人们生活的方方面面。这体现了幼儿劳动的(　　)特点。

A. 适宜性　　B. 一贯性　　C. 趣味性　　D. 生活性

5. 幼儿园开展劳动教育，让幼儿尝试做些力所能及的劳动。但是家长在家中却处处包办，教师有要求劳动任务的才做，没有的就不做。这一点不符合幼儿园劳动教育的(　　)特点。

A. 适宜性　　B. 一贯性

C. 趣味性　　D. 生活性

模拟练习答案

第七讲　幼儿园劳动教育

考点分析

本单元与幼儿园教师资格证考试大纲相关的要求如下。

1. 理解幼儿园教育的性质和意义，理解我国幼儿园教育的目的和任务。

2. 掌握幼儿园全面发展教育的基本内容和相关理论知识。

第六单元

学前教育的基本方法

思维导图

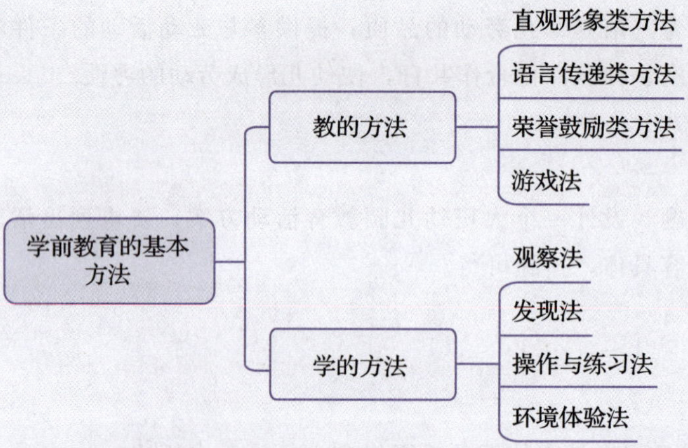

学习目标

1. 理解和掌握各类教与学的方法的含义及各种方法的优势与不足。
2. 尝试对幼儿园教育教学活动案例中使用的教与学的方法进行辨析和评价。
3. 树立科学正确的教学观。

第一讲

教的方法

头脑风暴

中三班的活动室里，实习教师小王正在组织幼儿用蜡笔画春天的活动。她先给幼儿展示了几幅春天的图画，问幼儿喜不喜欢春天，想不想把春天画出来。当幼儿回答“想”后，小王就让幼儿开始画。画着画着，一个幼儿说：“老师，我画了一辆小汽车。”小王说：“你怎么画小汽车呢？老师让你画春天啊。”幼儿说：“可是我不会啊！”小王：……

思考：如果你是小王，你将会如何回应这位幼儿呢？

教师在教育教学活动的组织过程中，如何有效地把教育目标、教育任务、教育内容传递给幼儿？恰当的教法选择是非常直接有效的举措。

教育教学活动的组织过程中，教师教的方法可以归纳为以下四大类。

一、直观形象类方法

直观形象类方法是引导幼儿通过感官直接感知、认识学习对象的方法。幼儿园常用的直观形象类方法主要有演示法、示范法、范例法和参观法。

直观形象类方法在各领域的使用要求

演示法和示范法在教学活动中经常是结合起来使用的。例如，在音乐活动中，教师会演示某种小乐器。这时教师通常会亲自示范如何演奏它们，让幼儿整体感知乐器的使用过程。在教学过程中，教师运用演示法时出示的教具和实物要特征明确、形象生动；演示的过程中要适时配合讲解，满足幼儿观察的需要。教师的示范要突出教学内容的重点，并且要兼顾美感和趣味性，从而激发幼儿的兴趣。

(一)演示法

演示法是指教师向幼儿展示各种实物、直观教具或做实验的方法。演示法要求教师通过向幼儿展示具体实物、教学用具或展示实验的方法传达教学内容。比如，在幼儿园语言类活动中，教师一边讲故事，一边操作故事中的各种角色玩偶；在科学类活动中，教师向幼儿展示“找空气”的实验过程。

运用演示法的具体要求如下。

①演示要尽可能让全班幼儿都能看得见。

②要让幼儿运用各种感官去充分感知学习对象。

③实验过程的演示要注意演示完整现象的变化过程。

④演示结合语言讲解，便于幼儿直观形象地理解学习对象。

⑤演示前要做好充分的准备。

(二)示范法

示范法是指教师通过自己的语言、动作所做的表演，为幼儿提供具体模仿的范例的方法。示范分语言示范和动作示范两种。教师要展示自己的操作和表演，或为幼儿提供其他模仿的对象。比如，在音乐教育活动中，教师演唱歌曲和展示舞蹈动作；在语言教育活动中；教师讲故事、朗读诗歌和散文。

在语言、科学类活动中，教师经常运用语言示范发展幼儿的叙述和讲述能力；在美工、音乐、体育类活动中，教师则通过动作示范帮助幼儿掌握学习内容或动作要领。在舞蹈、体育等活动中，由于幼儿对以客体为中心辨别左右有困难，教师一般采用镜面示范(教师面对幼儿示范，让幼儿伸出左手，教师伸出的是右手，他们的指向方位是一致的)。幼儿判断左右方位时表面上是以教师(客体)为中心，实际上是以自己为中心辨认左右的。这样幼儿不容易弄错左右方位。

运用示范法的具体要求如下。

①示范动作时要选择好位置使每个幼儿都能看清楚。

②示范动作时要慢些，而且要清楚准确，并适当加以解释。

③语言示范时要声音洪亮、吐字清楚、语气语调适宜、语速适中。

(三)范例法

范例法是以精选的知识经验以及事实范本为教学内容，帮助幼儿掌握一般的、有普遍意义的知识或技能，形成独立和主动学习能力以及独立批判、判断能力的方法。它在科学类活动、社会类活动和美工类活动中常常会用到。

运用范例法的具体要求如下。

①范例要有典型性，能够充分说明相应的原理和道理。

②范例要符合幼儿的年龄特征，保证幼儿能够理解。

③范例的表述要简洁、生动，便于幼儿掌握。

(四)参观法

参观法是根据教学目的的要求，组织幼儿到幼儿园外一定的场所去观察、探究，从而扩大知识领域、巩固知识或验证知识、提高认知水平的一种方法。

参观可以分为三种。①准备性参观。它是在学习某一新内容之前进行的，为幼儿学习新知识积累一定的感性材料，奠定学习基础。②并行性参观。它是在学习某一新课题的过程中进行的，目的是让学习的内容与实际生活更加紧密，巩固幼儿已经学习的知识和经验。③总结性参观。它是指在某一活动结束后进行的，帮助幼儿验证、加深理解、巩固已经学过的知识和经验。

参观法有这些优点：加强幼儿与社会实践的联系，使幼儿接触实际，了解社会，获得正确、鲜明、真实的印象，把所学知识与实践有效结合；扩大幼儿的眼界，激发幼儿的学习积极性和求知欲；培养幼儿观察和调查研究的能力，使幼儿受到全面的教育影响。

运用参观法的具体要求如下。

①参观前，做好准备工作，向幼儿提出注意事项和应遵守的纪律。

②参观过程中，要指导幼儿收集相关资料，做好参观记录。

③参观后，应该检查计划的执行情况，组织总结性的谈话，帮助幼儿把零散的经验结构化和系统化。

二、语言传递类方法

语言传递类方法是指以语言为载体，教师向幼儿描绘情境、叙述事实、解释概念、说明道理，帮助幼儿直接获得知识和经验的方法。它包括讲解法与讲述法、谈话法和讨论法。

语言传递类方法
在各领域的使用要求

（一）讲解法与讲述法

讲解法指教师用口头语言针对学习内容向幼儿分析、解释、说明相应道理的方法。讲述法指教师用生动形象的语言向幼儿叙述事实材料或描绘所讲的对象的方法。讲解法与讲述法也被统称为讲授法。两种方法都是教师运用语言进行教学的方法。

运用讲解法与讲述法的具体要求如下。

①讲解与讲述的内容要准确，有科学性和思想性。

②讲解与讲述要层次清楚、重点突出、难点突破，有系统性、连贯性和逻辑性。

③讲解与讲述的语言要清晰、准确、简练、生动、形象、通俗易懂，必要时还可适当重复，符合幼儿的理解力和接受水平。

④讲解与讲述要配合适当的表情和肢体语言，提升讲解、讲述的效果。

在具体教学活动中，教师应减少单独运用讲解或讲述的情况，应根据教学内容和幼儿的需要将讲解、讲述与其他方法结合起来，更好地激发幼儿的学习兴趣。

（二）谈话法

谈话法是指用提问、问答、讨论等方式进行教学的方法，是幼儿园教育教学中经常使用的一种方法。

运用谈话法的具体要求如下。

①应在活动中创设宽松的谈话氛围，为幼儿提供表达的机会；同时应在幼儿已有的知识经验基础上进行谈话。

②所提的问题须经过周密思考，要围绕主题、紧扣教学目的，具体明确、有启发性；同时要面向全体幼儿，又要照顾个别幼儿的水平。

③问题设计要有逻辑性，以引起幼儿步步深入地思考。

④要引导幼儿学会倾听和表达，耐心倾听幼儿的回答，以身示范。

⑤要鼓励幼儿大胆说出自己的想法，充分尊重他们的意见，并根据谈话过程中的具体内容深化主题。

⑥谈话结束时，应针对谈话主题做出简短明确的小结，帮助幼儿形成正确的观念和概念。

（三）讨论法

讨论法是指教师与幼儿双方围绕教学内容或者某一话题和主题，自由自主地发表看法和观点，表达自己对事物的感知和体验的方法。幼儿之间可以相互交流、相互学习。讨论法是幼儿在教师的指导下为解决某个问题而进行探讨、辨明是非真伪以获取知识的方法。

运用讨论法的具体要求如下。

①讨论的问题要有挑战性，在讨论中要启发引导幼儿，讨论完以后要做好讨论的小结。

②在讨论前应围绕讨论的主题进行活动设计，在讨论过程中要引导幼儿紧扣主题展开。讨论前要围绕讨论做好经验准备。

③要将讨论与谈话区别开来。谈话说的是一般性的话题，讨论则是围绕一个中心话题或开放性的问题展开的。

④讨论要面向全体幼儿，使每位幼儿都有参与的机会。注意激发大多数幼儿参与，避免一言堂现象出现。要适时提醒或点名，让更多幼儿参与讨论。

⑤鼓励幼儿大胆表达，认真倾听别人的发言，并充分尊重同伴的意见。当讨论难以进行或在讨论中出现争执时，要及时对讨论话题进行引导。

三、荣誉鼓励类方法

荣誉鼓励类方法是教育教学中一系列强化性的方法，使用恰当能有效地提高幼儿学习的积极性，有效帮助幼儿成长。

(一)表扬法、鼓励法、奖励法

在幼儿园教育教学活动中，表扬法、鼓励法、奖励法是一类常用的行为强化方法，对幼儿参与活动有正向的积极促进作用。当幼儿在活动中表现较好和有所进步时，教师要及时给予表扬，以鼓励幼儿积极投入活动，适当的时候可以给予物质奖励和精神奖励。

运用表扬法、鼓励法、奖励法的具体要求如下。①表扬要及时。②要注意使用频率，表扬不能滥用。③表扬一定要针对具体事情或言行，不要笼统表扬。④以精神奖励为主、物质奖励为辅。

荣誉鼓励类方法
在各领域的使用要求

(二)批评法、惩罚法

批评法、惩罚法也是一种行为强化方法，可以矫正幼儿的不良行为，是当幼儿的行为失当时教师及时指出并对其行为进行相应指导的方法。适当的批评和惩罚对改变行为有一定的意义，但是要注意在具体的教育活动中少用、慎用。

运用批评法、惩罚法的具体要求如下。①要以顾及幼儿的自尊心、尊重幼儿的人格为前提，减少批评和惩罚可能带给幼儿的消极作用。②批评与惩罚要公正，要注意幼儿的年龄特征。③批评、惩罚要针对具体的事情或言行，且结合说理进行。

(三)竞赛法

竞赛法是教师在设计和组织幼儿园教育教学活动过程中为提升活动的挑战性常用的方法。竞赛法要求把幼儿要学习和练习的内容设计成有一定规则的竞争活动，引领幼儿在竞争活动中获得认知和体验、掌握学习内容的方法。

运用竞赛法的具体要求如下。①小班幼儿的规则意识薄弱，一般不采用竞赛法；中、大班幼儿的规则意识增强，能够有效理解规则，可以采用竞赛法。②竞赛当中强调遵守有关规则，培养幼儿的良好品质。③竞赛的结果以精神奖励为主、物质奖励为辅。

(四)榜样法

榜样法是根据幼儿善于学习模仿的特点，在教育教学过程中提供一定的榜样，让幼儿在活动中仿效，从而帮助幼儿明白相应道理的方法。

运用榜样法的具体要求如下。①榜样要可敬、可信、可亲。榜样可敬，才有权威性，才值得幼儿模仿；榜样可信，才有真实性，才值得幼儿学习；榜样可亲，才有感染力，才会引领幼儿学习。②优先选用幼儿身边的榜样，让他们感觉榜样的力量和榜样更容易模仿。③榜样的选择要符合幼儿的年龄特点和学习能力，要求不能过高。

四、游戏法

游戏是幼儿的基本活动，幼儿园在教育教学活动的组织过程中应充分利用游戏的形式来促进幼儿的成长和发展。

游戏法指以游戏为手段，贯穿整个教育教学活动过程，把教育的目标、内容、要求、任务融于各种游戏之中，让幼儿在愉快的游戏中掌握知识、习得技能的一种方法，其实质是让幼儿成为学习和发展的主体。在实际的操作中，游戏化的教育应渗透于幼儿园一日活动的每一个环节中。突出的表现就是活动区活动中的游戏、户外活动中的游戏和教师专门组织的集体教学中的游戏。

游戏法在各领域的使用要求

游戏法要求教师以游戏的口吻或用有规则的游戏组织幼儿活动的方法。游戏法能将教育目标和幼儿的兴趣相结合，使幼儿在游戏的过程中轻松地完成学习任务。幼儿园各领域的教学活动都可以适当地采用这种方法。教师既可以将游戏作为教学活动中的一个部分，也可以用一个游戏作为线索贯穿整个教学活动。这要求教师清楚地认识到所采用的游戏是为教学活动服务的，所确定的游戏目标和游戏规则应与教育内容的要求相吻合，不可过于强调游戏的形式而忽视教学内容。比如，教师在进行分类教学时，组织幼儿玩“小司机停车”游戏：每个幼儿分别从装有红色、黄色、蓝色玩具方向盘的篮子中任选一个方向盘，扮演小司机，自由地模仿开汽车的动作，并根据教师的信号声找到与自己的方向盘颜色一致的停车场。在快乐的游戏中，幼儿按颜色分类的能力得到提高。

运用游戏法的具体要求如下。

①注意采用发展适宜性原则，针对不同年龄、不同对象、不同水平来开展适宜的游戏活动。在游戏进行中，幼儿可能会因为对某个无关紧要的游戏情节感兴趣，而使游戏偏离教育目标的要求。此时，教师应在尊重幼儿兴趣的基础上，灵活地将他们的注意力吸引回来，以保证游戏作用的充分发挥。

例如，“熊和石头人”是幼儿非常喜欢的一个传统游戏。游戏的高潮是“大熊走出来，小朋友变成石头人”的场景，教师可以利用这个游戏场景引导幼儿感受音乐情绪的变化和大熊出来时的重音。实际游戏的情形经常是，有些幼儿在大熊走出来的时候尖叫，或是早就摆好了姿势不动，反而不太注意大熊出来时音乐的变化。这时，教师就应帮助幼儿分析大熊出场的时间并寻找对策，在鼓励幼儿想办法的基础上，引导幼儿注意音乐的变化。

②明确游戏规则。游戏规则是根据游戏目的和教育活动的目的而提出的，它能在游戏中起组织、约束、调整幼儿游戏行为和相互关系的作用。教师可借此机会培养幼儿良好的行为习惯和规则意识。

③掌握指导游戏的技能。游戏的方法要多种多样，并且贯穿在教育活动、生活活动当中。对游戏的指导是一门艺术，它是建立在教师爱心的基础上的。

④创设游戏角。游戏角是幼儿游戏的小天地，是他们心目中的天堂。创设丰富的游戏角，使幼儿更好地开展游戏活动。教师既可以将游戏作为教学活动中的一个环节，也可以将一个游戏贯穿于整个教学活动中。在“小司机停车”游戏中，教师就是将游戏贯穿于整个教学活动过程中的。

本讲要点

本讲主要介绍了幼儿园教育教学活动中常用的教的方法：直观形象类方法、语言传递类方法、荣誉鼓励类方法、游戏法，分为多种具体的方法。每一种方法在幼儿园教育教学活动的设计、组织和实施过程中都有一定价值和作用。游戏法作为幼儿园较为重要的一种教法被单列出来说明，旨在强调游戏在幼儿园教育教学中的重要地位。

学以致用

阅读大班健康领域活动“我给毛毛想办法”的设计方案，阅读后交流：这个活动的设计方案中用到了哪些教学方法？说说这些方法使用合理吗？为什么？

大班健康领域活动
“我给毛毛想办法”的设计方案

模拟练习

单选题

1. 下列方法中不属于直观形象类方法的是（　　）。

A. 演示法　　B. 示范法　　C. 范例法　　D. 表扬法

2. 下列方法中不属于语言传递类方法的是（　　）。

A. 讲解法与讲述法　　B. 谈话法　　C. 多媒体教学法　　D. 讨论法

3. 教师带幼儿到郊区小农场参观，让城市里的幼儿看到了真正的猪、牛和羊。采用的这种教学方法称为（　　）。

A. 直观形象法　　B. 实践法　　C. 行动操练法　　D. 情感体验法

4. 下列哪种方式是教师与家长谈话交往时较好的方式。（　　）

A. 谈话时不涉及别的孩子，以平等的身份采用日常用语与家长交谈

B. 只是向家长报告孩子的优点，让家长高兴

C. 对存在问题的孩子，向家长指出他们的教育观有问题

D. 只是向家长谈孩子的问题，要求家长注意或配合教育孩子

模拟练习答案

第一讲　教的方法

第二讲 学的方法

头脑风暴

一天，雨后天晴，中一班的幼儿在院子里的小水坑里踩水玩。突然，明明看到一只蚂蚁在他脚边爬过。他停止踩水，蹲下来看蚂蚁，只见蚂蚁爬过了一个浅水坑继续向前爬。他兴奋地喊其他幼儿过来看："快来看啊，蚂蚁会游泳!"很多幼儿都跑过来看蚂蚁。昊昊说："你瞎说，蚂蚁才不会游泳呢。"刘老师也闻声过来看蚂蚁，昊昊立刻问："刘老师，你说蚂蚁是不是不会游泳?"思考：假如你是刘老师，你会怎么回应幼儿的问题呢？为什么？

本讲的主要内容是学的方法。《3－6岁儿童学习与发展指南》强调："理解幼儿的学习方式和特点。幼儿的学习是以直接经验为基础，在游戏和日常生活中进行的。要珍视游戏和生活的独特价值，创设丰富的教育环境，合理安排一日生活，最大限度地支持和满足幼儿通过直接感知、实际操作和亲身体验获取经验的需要，严禁'拔苗助长'式的超前教育和强化训练。"因此，教师应尊重和理解幼儿的学习方式与方法，因为这些学习方法主要是幼儿开展主体性学习时经常采用的。如果教师有意识地进行引导，将有助于幼儿学习的主动性、积极性、创造性等良好品质的形成。过去教学更多是研究如何教，现在以儿童为主体的理念要求我们更多地研究儿童如何学。本讲重点围绕观察法、发现法、操作与练习法、环境体验法这四种方法来阐述教师如何正确运用这些方法引导幼儿积极主动地学习。

一、观察法

观察法是幼儿学习的基本方法之一。

(一)观察法的含义

观察法是指在教师的引导下幼儿运用自己的感觉器官直接感知周围的事物及人等，发现事物之间的异同及其内部之间的联系等方面的方法。观察法要求教师有目的、有计划地引导幼儿运用多种感官去感知给定的客观事物与现象，使之获得感性经验，并在此基础上形成概念。对于幼儿来说，观察法可以促使他们有意识地观察周围事物，丰富其感性经验。同时，观察法不仅可以培养幼儿的学习兴趣，还可以激发他们观察和探索周围世界的欲望，形成对事物深度认知的学习习惯。因此，观察法是幼儿园教育教学活动中常用的一种方法。

观察能力是智力的基础和源泉，也是有益于幼儿终身发展的学习品质和科学素养的重要组成部分。生物学家达尔文说过："我既没有突出的理解力，也没有过人的智慧，只有在对那些稍纵即逝的事物所做的惊人观察上，我可能在众人之上。"①

---

① 陈馥贞:《观察法教学与观察能力的培养》，载《内蒙古师范大学学报(教育科学版)》，2002(5)。

观察是幼儿在各方面学习的重要方式，也是后继学习过程中进行思考、想象、理解、表达的前提和基础。例如，春天到了，教师带领幼儿到户外观察春天天气的变化以及给动物、植物、人带来的变化。班杜拉的充气人偶实验证明了观察是幼儿社会学习的一种重要方法。在美术活动中，观察大自然和社会中的美好事物及人物，捕捉生活中的美，是形成幼儿感受美、欣赏美、表现美、创造美的情趣和能力的重要基石。

《3—6岁儿童学习与发展指南》还进一步指出，成人要善于发现和保护幼儿的好奇心，充分利用自然和实际生活机会，引导幼儿通过观察、比较、操作、实验等方法，学会发现问题、分析问题和解决问题；帮助幼儿不断积累经验，并运用于新的学习活动，形成受益终身的学习态度和能力。

(二)观察法的种类

观察法主要包括顺序观察法和比较观察法。

1. 顺序观察法

顺序观察法就是引导幼儿按照一定的顺序去观察事物，并逐步养成这种观察习惯的方法。顺序可以是从上到下、从外到内、从左到右、从里到外等。

试一试

小实验：准备一张画有多种事物的图片，到幼儿园找几名幼儿，请他们分别观察这幅画上有什么。有些幼儿观察后就是随意乱指，杂乱无章地说都有什么；而另外一些幼儿从上到下、从左至右地说出观察结果。哪种观察更好呢？显然是有顺序的观察更好，因为这样的观察既全面又细致，不会有遗漏。

2. 比较观察法

通常比较观察法更多地运用在相近或相似的两种或两种以上事物之间的对比认知过程中。例如，教师可以引导幼儿观察苹果和橘子、鸡和鸭、杨树与松树等的不同和相同的地方。在对事物进行比较以后，幼儿会对事物之间的差异与联系的方面理解得更深。

(三)运用观察法的具体要求

①明确的观察目的。即观察前，教师要引导幼儿带着一定的目的去观察。比如，春天到了，可以让幼儿到户外寻找春天的季节特征。

②做好观察前的准备工作。具体包括制订观察计划，明确观察对象，选择恰当的观察时间和地点，备好观察记录的纸和笔等。

③充分调动幼儿的观察兴趣，引导其学会观察的方法。

④放手让幼儿自主观察，逐步形成具有独特视角的观察能力。例如，观察一只小白兔。从不同角度上看，画出来的小白兔就会富有个性特点。

⑤引导幼儿学会归纳、总结观察结果，形成系列化知识，便于记忆和运用。

二、发现法

发现法是美国认知主义心理学家布鲁纳倡导的一种自主性学习方法。他认为教学不能仅仅理解为教师传授前人的经验和书本知识，使学生处于被动的接受状态，而应是一种主动探究的过程。正如德国教育家第斯多惠所说，教学不是奉送真理，而是教人发现真理。发现学习有助于激发学习者的学习兴趣和培养学习者的创造性思维。

(一)发现法的含义

发现法是指在教学过程中教师不直接把现成的知识和结论讲授给幼儿，而根据教学内容和幼儿的认知特点，引导他们通过直接操作、观察、讨论等方式去自己探索发现知识的方法。

我国新时代所需要的现代化建设人才必须具备发现能力。只有从小开始培养发现能力，才能使未来我国的高科技发展有人才保障。对于幼儿来说，直观性是发现学习的桥梁，教师应通过实物直观、模具直观、语言直观等引导幼儿去发现。《3—6岁儿童学习与发展指南》指出，幼儿的科学学习是在探究具体事物和解决实际问题中，尝试发现事物间的异同和联系的过程。例如，在大班数学活动“6的组成”中，教师可以让幼儿通过自己操作学具材料发现：6分成两部分，有几种分法？从6分成的两组数字“2和4”“4和2”中发现这两组数字有什么一样的地方？有什么不一样的地方？幼儿从中发现互换规律，教师再接着启发幼儿发现互补规律。

(二)运用发现法的具体要求

①创设问题情境，激发幼儿发现问题的兴趣。例如，在“自然测量”活动中，教师创设问题情境：妈妈看到小明的鞋子穿着小了，但是家里没有尺子，旧鞋的鞋号也看不清、记不得了，而且小明还得穿着这双鞋上幼儿园。请小朋友帮小明的妈妈想想办法，怎么给小明买一双合适的新鞋呢？幼儿会想出用一段比原来鞋子长一点的绳子，用小木棍，用手拃(张开大拇指和中指，两指尖的距离为“一拃”)，利用脚步等测量的多种方法。

②将发现与观察、操作相互结合。提出开放性问题，将幼儿的发现引向深入，使发现式学习成为幼儿的一种自主性学习习惯。

③对幼儿的发现给予适当的鼓励和评价。即使知道他们发现的答案，也要抱着新奇的态度允许他们尝试错误。

④引导幼儿进行深入思考，学会将发现的结果用自己的方式记录下来。

三、操作与练习法

(一)操作与练习法的含义

操作与练习法是指幼儿在教师的指导下按照一定的要求和程序，摆弄实物、教具、玩具等材料，动手动脑，获得新的知识技能或巩固旧的知识技能，找到客观事物变化及其相互关系的方法。平常在幼儿园采用的实验法都可以归纳为操作与练习法的一种。

《3—6岁儿童学习与发展指南》指出：“幼儿科学学习的核心是激发探究兴趣，体验探究过程，发展初步的探究能力。”“幼儿的思维特点是以具体形象思维为主，应注重引导幼儿通过直接感知、亲身体验和实际操作进行科学学习，不应为追求知识和技能的掌握，对幼儿进行灌输和强化训练。”认知心理学家皮亚杰指出，儿童的知识经验建构必须通过他们自己的操作活动去完成。由于幼儿的思维处于直觉行动思维和具体形象思维阶段，只有通过不断的操作与练习，他们才能从多次操作与练习的结果中进行抽象概括，产生从直觉行动思维到具体形象思维再到抽象逻辑思维的飞跃。离开操作与练习，幼儿只是被动地作为教师演示教具的观察者的话，会大大影响他们思维的发展及对抽象知识的理解。

科学探究能力、美术技能和运动技能的形成更适合用操作与练习法。对幼儿来说，许多技能的习得都不是一蹴而就的，必须通过反复操作和练习才能熟练掌握。例如，让幼儿反复往球门里踢球，在图画中给所有花朵涂色来练习涂色技巧等，都是操作与练习法的具体运用；幼儿自己进行的齿轮转动、斜坡上的摩擦力等科学小实验，都是很好的操作练习内容。

(二)运用操作与练习法的具体要求

①明确操作与练习的目的和要求，激发幼儿操作和练习的兴趣。比如，学习“4 的相邻数”这个新内容后，就让幼儿通过对三组实物或图形学具一一对应摆放后的比较，找出比 4 多 1 和少 1 的数字分别是 5 和 3。

②为幼儿提供丰富的多层次材料，尤其注意提供个性化操作材料，倡导幼儿独立自主操作，尽量避免相互模仿操作。因为相互模仿操作会影响教师对幼儿学习水平的观察、分析与评价，不利于教师对幼儿的针对性指导。操作与练习的形式应多样化，可以与游戏相结合，防止枯燥乏味。

③提出启发性问题，引导幼儿边操作、边思考，总结提升操作经验。

四、环境体验法

(一)环境体验法的含义

体验是指幼儿通过亲身实践认识周围事物，以主体在认识过程和心理过程中所积累的经验为对象，对经验带有感情色彩和主观能动的反刍、体味，是人类的一种心理感受。

环境体验法是指幼儿在教师创设的教育环境下，体验各种活动，在具体的情境中去感受、探索，体验情绪情感，从而发现知识、理解知识、获得知识、形成技能及解决实际问题的一种学习方法。

环境体验主要包括生活环境体验、职业工作环境体验、游戏体验和情绪情感体验等几种形式。

《幼儿园教育指导纲要(试行)》指出，要为幼儿的探索活动创设宽松的环境，让每个幼儿都有机会参与尝试，支持并鼓励他们大胆提出问题，发表不同意见，使他们体验发现的乐趣。现代儿童心理发展学研究表明，儿童的学习是与其生活紧密相连的，儿童的学习必须通过参与来进行；如果缺少了动手、动脑的机会，就不可能有真正有效的学习。

由此可见，幼儿的体验在学前教育中是至关重要的，尤其是对他们来说比较抽象的数学学习。例如，体验超市购物时，教师可以让每个幼儿带 10 元钱，自己计划买几样喜欢的东西，结账后看看还剩下多少钱；也可以让每个幼儿数数看一共买了多少件东西；等等。这些问题都是幼儿在实际生活中遇到的，教师需要引导幼儿来解决。这样幼儿就可以用自己已有的知识去解决生活中的实际问题，在具体的情境中学习数学知识和技能，轻松愉快地完成学习目标。因此，环境体验是促进他们身心发展的一条有效途径。教师不仅要关心幼儿是否学到知识，还应关注幼儿是否获得了切身体验、体验到了什么以及如何感觉、表达自己的体验。

心理学研究表明，人的认知和情感密不可分，儿童的认知、情感、技能、态度是协同形成的；在认知活动中，体验所涉及的感官越多，就越令其难忘，认知活动才越有效。因此，教师在教学活动中要充分利用这一特点，激发幼儿的好奇心，设置幼儿喜欢、感兴趣的主题环境，吸引他们的注意力，充分调动他们的积极性和主动性，让他们去探索、去发现、去尝试。一旦幼儿学会，享受到活动成功的喜悦，就能强化学习动机，激发出真正的情感，并有效地去同化外部世界，建构新的认知结构。例如，在大班社会活动“辛苦的妈妈”中，教师引导幼儿体验妈妈照顾小宝宝的生活：喂奶、换尿布、抱着哄睡、和宝宝聊天等，从而培养他们爱妈妈的情感和帮妈妈做事的强烈动机。幼儿的知识不是“灌出来”的，而是通过体验“悟”出来的。正如南宋陆游说的那样：“纸上得来终觉浅，绝知此事要躬行。”

环境体验方法强调的是主动参与性、多感官多通道相结合。体验学习凸显幼儿学习的主体性，同时还具备活动性、实践性、虚实结合性的特点。[①]

(二)运用环境体验法的具体要求

①改变传统的教学观，在教学中牢固树立开放的教学氛围。

②创设生动的情境，激发幼儿的体验兴趣和动机。例如，教师可以带幼儿去职业体验馆体验建筑工人或者消防队员等职业，通过身临其境做相关的体验活动，培养幼儿热爱各行各业劳动人民的情感。再如，教师在活动区中创设蒙古包或其他少数民族的生活场景，使幼儿对不熟悉的少数民族生活产生浓厚的探究兴趣，乐于参与其中。

③充分调动幼儿的多种感官参与体验活动。在特定的生动具体的生活和学习情境中，教师引导幼儿通过多种感官体验乐趣、体验自主、体验生活、体验过程、体验创新、体验成功，从而培养幼儿积极向上的情绪情感、勇于创新的精神和实践能力。

④引导幼儿将体验后的感想用语言或绘画等方式表达出来，提升他们的经验水平。

总之，上述学习方法可以单独使用，也可以有机结合使用。这样才能使幼儿掌握积极主动的学习方法，进行有效学习，为其终身学习奠定良好的基础。

本讲要点

本讲主要介绍了幼儿的学的方法。常见的幼儿学的方法有观察法、发现法、操作与练习法、环境体验法这四种方法。我们需要理解每一种方法对幼儿的重要性和运用时注意的问题。教无定法，学亦无定法。要将这些方法恰当地结合使用，以使幼儿形成优良的学习品质。

学以致用

1. 请你谈谈运用环境体验法适合进行哪些学习领域或内容的活动。

2. 说说运用操作与练习法的具体要求。

模拟练习

一、单选题

1. 发现法是美国心理学家（　　）提出的。

A. 布卢姆　　B. 布鲁纳　　C. 华生　　D. 杜威

2. 春天到了，教师带幼儿到户外感受春天的天气变化，又从上到下地看一看树枝、花草等萌发的景色。这主要是采用了（　　）。

---

① 庄丹：《运用体验学习模式开启兴趣之门——对幼儿园数学活动的思考》，载《教育现代化》，2017(4)。

A. 观察法　　B. 发现法　　C. 操作与练习法　　D. 环境体验法

3. 中班的几个幼儿用大型积木合作搭建了城堡。这种学习主要是使用了(　　)。

A. 观察法　　B. 发现法　　C. 操作与练习法　　D. 环境体验法

4. 下面哪个不是使用环境体验法的优点。(　　)

A. 儿童可以多感官参与活动

B. 促进儿童对知识、情感有更深刻的领悟

C. 有助于儿童的思维产生飞跃

D. 有助于儿童增长实践经验

5. 在活动区的烧烤店里，浩宇当烧烤师傅，小丽当卖货员，丁丁根据顾客的不同需要将食物穿成串串。很多小朋友都来买串串吃。这种学习方法是(　　)。

A. 观察法　　B. 发现法　　C. 操作与练习法　　D. 环境体验法

二、简答题

1. 运用观察法的具体要求有哪些?

2. 环境体验的主要形式有哪些?

模拟练习答案

第二讲　学的方法

考点分析

本单元与幼儿园教师资格证考试标准及考试大纲相关的要求如下。

1. 理解幼儿园以游戏为基本活动的依据。

2. 熟悉幼儿园环境创设的原则和基本方法。

3. 掌握《幼儿园教育指导纲要(试行)》关于幼儿园教育活动的目标、内容、实施和评价的基本观点和要求。

4. 掌握幼儿园健康、语言、社会、科学、艺术领域教育的基本知识和相应教育方法。

5. 理解整合各领域教育的意义和方法，能够综合地设计并开展教育活动。

拓展阅读

1. 阅读并理解《3—6 岁儿童学习与发展指南》对各领域教育方法的使用要求(包括教的方法、学的方法)。

2. 陈泽铭、王先达：《优秀幼儿教师教育艺术 99 例》，上海，华东师范大学出版社，2011。

第七单元

学前教育实施的基本途径

思维导图

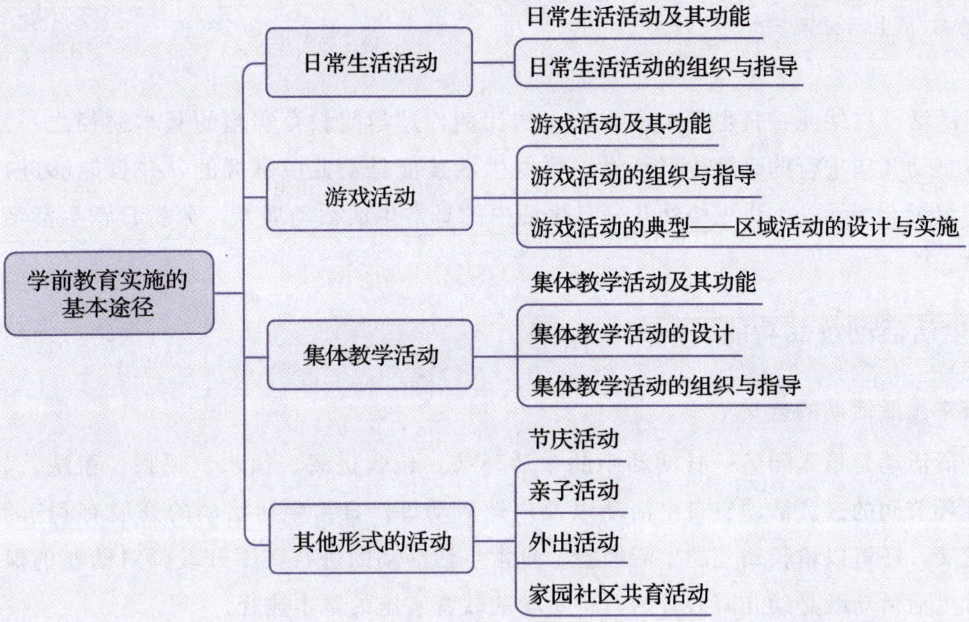

学习目标

1. 掌握学前教育实施的基本途径的类别、概念与功能。
2. 了解学前教育实施的基本途径的组织与指导，协助或尝试组织幼儿园的基本活动。
3. 尝试设计中小型、综合性的亲子活动、节日活动、外出活动、家园共育活动的方案。
4. 在下园实践中配合教师组织、指导亲子活动、节日活动、外出活动等形式的教育活动。

第一讲

日常生活活动

头脑风暴

幼儿的一日生活活动都是在幼儿园进行的，进餐、盥洗、午睡这些基本的生活活动对幼儿的成长与发展究竟有哪些意义呢？以后成为幼儿园教师队伍一员的我们，又应该如何开展和指导幼儿的日常生活活动呢？

日常生活活动在幼儿一日生活中占有较大的比例，是学前教育实施的基本途径之一。教师应了解哪些环节是幼儿应进行的日常生活活动，哪些生活技能是幼儿应掌握的，并且能够进行幼儿一日生活活动的组织与指导。本讲围绕幼儿一日生活中的日常生活活动展开，分析日常生活活动的功能、组织和指导。

一、日常生活活动及其功能

(一)日常生活活动的含义

日常生活活动是指入园后一日活动中的生活环节，包含进餐、饮水、睡眠、盥洗、如厕、入园和离园、各环节间的过渡活动、自由活动以及户外活动等。日常生活活动的开展有利于促进幼儿生理机能的发展，还可以增长幼儿的生活经验。日常生活活动的进行离不开教师对幼儿的保育和教育。幼儿的日常生活活动既是幼儿园必备的，也是学前教育实施的基本途径。

(二)日常生活活动的教育功能

幼儿期是日常生活能力形成的关键期。教师及家长应满足幼儿参与活动的兴趣，为幼儿提供充分发展能力的机会。日常生活活动的开展有助于幼儿形成生活自理能力及适应周围环境的能力，并为独自生活能力的发展打下基础。

日常生活活动是幼儿园教育活动的组成部分，能够有效促进幼儿身心和谐健康发展。教师应根据幼儿的身心发展规律，科学地组织幼儿的一日生活活动，保障幼儿身体的健康。此外，在日常生活中渗透其他领域教育内容还可以促进幼儿智能的发展。

1. 保障幼儿的生命安全和身体健康

幼儿园开展各项活动的前提是保障幼儿的生命安全和身体健康。幼儿园所进行的每一项生活活动都直接关系到幼儿的生命安全和身体健康。幼儿身体的各部分机能尚处于发展中，他们不具备自我保护能力，离不开教师的关心和照顾。教师和保育员在日常生活中运用专业的保育知识照顾幼儿的饮食起居，不仅为幼儿的健康提供保障，而且还有利于幼儿掌握照顾自己的方法。

2. 培养幼儿独立自主的生活能力

人的生存和发展离不开独立自主的生活能力，自理能力是人独立性发展形成的基础。每一个幼儿在班级内都会独立吃饭、如厕、盥洗、午睡、穿衣等。这样的环节每天都会重复进行，幼儿会得到很多独立练习生活技能的机会。教师要充分把握这样的环节，培养幼儿的基本生活自理能力。因而，具有幼儿园集体生活经验的幼儿常常具备较强的独立生活能力。

小班幼儿“折衣服”难题的互动讨论

3. 使幼儿养成良好的生活习惯

教师经过专业的培训，在组织活动和布置环境的过程中能够遵循专业理念，严格执行保育要求，使幼儿生活在安全、有序、卫生的环境中。在教师的组织和引导下，幼儿能够养成良好的生活习惯。例如，教师会要求幼儿在进餐前集体排队洗手。这些行为和要求都潜移默化地帮助幼儿养成了良好的卫生习惯。

4. 使幼儿获得积极愉快的情绪情感体验

幼儿一日生活活动的开展可以满足幼儿生理和心理发展的需要。在这一过程中，幼儿可以感受到教师对其关爱与照料，形成积极轻松的情感体验。例如，每日清晨入园时，教师的热情问好可以让幼儿感受到教师对自己的重视和关爱，从而减轻幼儿入园时焦虑和不安的情绪；教师在卫生间里放上形象、生动的提醒标识，可以让幼儿在轻松愉快的氛围中如厕。日常生活活动的开展有助于建立亲密的师幼关系，也能够让幼儿喜欢幼儿园的生活。

5. 培养幼儿爱护环境的良好品质

幼儿在园活动期间，常常会与幼儿园的设备及各种物品发生接触。因此教师要教给幼儿正确使用物品的方法，让幼儿学会对环境进行清洁和整理，如怎样使用垃圾筒、怎样整理玩具和图书等。这样的整理活动有助于培养幼儿关心环境、维护环境的能力和品质。

6. 促进幼儿的社会性发展

幼儿日常生活活动的进行离不开与同伴和教师的相处。比如，在如厕、洗手、饮水时，幼儿要学会有序排队。这种秩序的形成和社会性的发展需要教师的引导。另外，幼儿园为幼儿提供了与他人交往的真实环境。这种环境使幼儿在每日活动的重复中逐渐形成与他人相处和遵守秩序的习惯，有效地促进了幼儿的社会性发展。

二、日常生活活动的组织与指导

(一)日常生活活动的实施原则

1. 教育性原则

幼儿园一日生活的安排离不开日常生活活动。日常生活活动中包含着许多幼儿解决成长所面临的问题的机会。日常生活活动的实施要充分地挖掘活动中的教育价值，使日常生活活动成为教育教学活动的重要组成部分。

教师在教育过程中不能只重视传统的教学活动，忽视日常生活活动的教育。人们通常认为日常生活活动满足幼儿吃、喝、拉、撒、睡的基本需求就足够了，只有教育教学活动能够帮助幼儿获得知识经验。事实上，日常生活活动中包含着许多积累有价值的知识经验和增长智力的机会。

首先，教师通过观察幼儿的行为表现，发掘教育契机，将生活活动和教育活动有机结合。例如，在盥洗的过程中，教师可以引导幼儿了解“七步洗手法”，学习基本的卫生技能，养成良好的卫生习惯；还可以提醒幼儿节约用水，珍惜水资源。

其次，幼儿园课程可以渗透在日常生活活动中。例如，在艺术领域，在“美丽的树叶”活动中，对于树叶的观察，教师可以结合幼儿园日常生活中的户外散步活动进行。教师在散步的过程中有意识地引导幼儿观察树叶的特征，有选择地挑选符合要求的树叶。

总之，幼儿的一日生活活动都是教育。教师应树立完整的教育观，正确认识日常生活活动的教育价值。

2. 情感性原则

日常生活活动的性质和内容要求教师在活动中要对幼儿付出更多的情感关怀和生活照料，因此日常生活活动的实施需要遵循情感性原则。情感性原则是指幼儿园在日常生活活动的实施过程中给予幼儿情感上的关怀和爱护，使幼儿感到安全与温暖。

幼儿从熟悉的场所进入另一个陌生的场所，心理和生理上都有很多的不适应。因此，幼儿入园时，首先，教师需要投入更多的关心和爱护，让幼儿感受到爱与关怀。幼儿常常会对教师建立起和父母同样的依恋感，都渴望得到关注和爱。这种情绪通常体现在幼儿进餐、睡眠、盥洗等日常生活活动中。教师应耐心观察幼儿，满足幼儿合理的生理需求。幼儿在日常生活活动中常会有不同的活动表现，教师应根据每个幼儿不同的心理特点采取不同的措施。例如，有的幼儿吃饭时常常只吃肉，有的则不吃主食。教师可以针对幼儿具体的表现进行个别指导。

其次，教师应尊重幼儿的身心特点，了解幼儿的情绪状态和心理需求。在日常生活活动实施的过程中，教师应注意幼儿情绪情感的变化。例如，晨间入园时，教师可以通过和幼儿的简单交流以及与家长之间的沟通了解幼儿的情绪状况；持续观察幼儿入园后是否有焦虑、不安的情绪产生。幼儿发生打闹、喊叫的情况时，教师应和幼儿温和地交流，适当地安慰，给予关怀和帮助。这种必要的言语沟通和动作表达会让幼儿与教师逐渐建立亲密的情感联系。

3. 发展性原则

日常生活活动的实施需要教师在照顾好幼儿的生活的前提下，让幼儿形成独立性。因此日常生活活动的实施需要遵循发展性原则。发展性原则是指日常生活的实施应当充分尊重幼儿的生理和心理发展规律，建立合理的生活常规，既要照顾幼儿生活，又要不阻碍其独立性的发展。

(1)建立适宜合理的生活常规

建立适宜合理的生活常规可以帮助幼儿愉快度过幼儿园集体生活。但在日常生活活动的实施过程中，过多的限制性规则和完全随意的活动都是不科学的。

有效的生活常规的建立表现为在不依靠教师管理下幼儿实现的自我约束，在自主活动中遵守常规。幼儿园的日常生活组织要从幼儿的身心特点出发，建立必要的生活常规，培养幼儿良好的习惯和自理能力。养成良好习惯需要幼儿的坚持和教师的引导。因此教师要对幼儿的行为给予一致的反应，强化规则意识，让班级内的幼儿都能学会遵守活动规则。

在制定和执行生活常规的过程中，教师应尊重幼儿的主体地位，从独立制定规则和管理转为师幼共同参与制定规则和共同管理。例如，晨间活动和餐后活动的时间可以让幼儿自由支配，自主活动；进餐时间可以让幼儿参与发放碗筷，监督回收餐具。

生活常规教育应当采用多样化的方法实施。教师应当采用游戏、榜样示范、行为练习、环境提示等方法，使外在的行为转变为幼儿的内心需求，使幼儿形成良好的生活习惯。例如，当幼儿在洗手的过程中不认真时，教师可以让幼儿观看有关洗手的动画视频，让幼儿知道洗手是有利于身体健康的。当在生活环境中放置标志物时，教师可以提醒幼儿遵守规则，使幼儿形成良好的生活习惯，为幼儿遵守社会秩序打好基础。例如，在幼儿园卫生间的坐便器上贴上小贴纸，让幼儿知道不要便溺到其他地方；在班级阅读区放置减少音量的标识牌，让阅读区的幼儿知道要安静看书，不要打扰到其他人。

(2)平衡好照顾幼儿生活和培养幼儿独立性的关系

幼儿从家庭踏入幼儿园这个小社会，必须不断地学习生活技能。在幼儿园日常生活活动的实施中，教师应当处理好照顾幼儿生活和发展幼儿独立性的关系。一方面，照顾幼儿是教师的责任。教师应当合理安排幼儿的生活作息制度，提供安全、有序、温暖的生活环境，帮助幼儿完成各种生活活动，保证其身心愉快地成长。但照顾不等于包办代替，过度的照顾容易造成幼儿对教师的依赖，不利于幼儿自主能力的形成。因此，对于幼儿力所能及的事情应让他们独立完成。例如，在进餐活动时，教师可以通过建立值日生制度，培养幼儿的生活技能，让幼儿在自我服务的基础上学会为他人服务。

(二)日常生活活动的组织与指导策略

1. 入园环节的组织与指导

每日入园前，教师要对本班活动室的卫生情况及安全状况进行检查，准备好幼儿所需的图书、教具、玩具，做好晨间接待工作。幼儿入园时，教师要迎接幼儿，和家长进行简短的交谈，关注幼儿的健康状况和情绪状态，对于有特殊情况的家庭给予一些家庭教育指导。

2. 进餐、饮水环节的组织与指导

幼儿在没有进入幼儿园之前都是在家中进餐，还没有形成集体进餐习惯。要让幼儿适应集体进餐环境，教师和保育员应该协调一致，共同制定各环节的指导要求，帮助幼儿养成良好的进餐习惯，让幼儿在轻松愉快的氛围中进餐。教师应做好餐前准备，包括心理准备和物质准备。

进餐前请幼儿协助分发碗筷、餐巾；组织幼儿如厕、洗手。教师还可以向幼儿介绍餐食中蕴含的营养成分，让幼儿知道均衡的营养能够促进身体健康，帮助幼儿养成良好的就餐习惯。在进餐过程中，教师应有重点地关注幼儿进食时的动作表现。例如，观察幼儿使用餐具的方法，尤其是大班幼儿使用筷子的方法；观察幼儿的饮食量，对于进食速度过快、进餐饭量大、体型过胖的幼儿，要提醒幼儿不宜过快过量进食。对于饭量少、进餐慢的幼儿要注意关注，根据幼儿的进餐情况添饭。在进餐过程中，要使小班幼儿养成自主进餐的意识，要使中、大班幼儿养成良好的饮食习惯。

在饮水时，教师要让幼儿养成一人一杯的良好习惯，让他们独立自主饮水。教师可以通过讲故事、小竞赛等形式提醒幼儿不浪费水，按照自己的喝水量取水。在饮水环节中，教师还要注重指导班级幼儿排队接水，不争抢、不打闹。不仅如此，在一日生活活动的各个环节，教师都要提醒幼儿随时喝水，养成及时饮水的好习惯。

3. 盥洗环节的组织与指导

幼儿在户外游戏或室内游戏活动结束后、餐前、便后都需要进行盥洗。幼儿的盥洗环节同样离不开教师的指导。幼儿园要配备空间充足的盥洗室，按幼儿的数量配备肥皂、毛巾、卫生纸等清洁物品；要保证干净无异味，定时定期消毒。盥洗室的洗手池、便池、毛巾架的大小等要符合幼儿的身高和体型，需要满足幼儿的使用需求。盥洗室的布置还要注重安全，地面要注意防滑和及时清洁，防止幼儿滑倒和摔伤。消毒用品需要放置在幼儿接触不到的地方，避免幼儿误碰误食等。对于幼儿使用的毛巾等要做到常洗、常晒、常消毒。

教师不仅要合理安排幼儿盥洗的时间，还要引导幼儿养成盥洗的卫生习惯，引导幼儿掌握正确的盥洗技能，使幼儿自主自觉如厕、洗手。在盥洗活动中，教师应对幼儿提出具体明确的任务要求，并运用多种方法帮助幼儿形成秩序。

4. 睡眠环节的组织与指导

幼儿身体各部分的生长发育需要充足睡眠的保障。在幼儿午睡的过程中，教师应做好物质环境和精神环境的创设和准备工作。比如，教师要做好幼儿寝室的通风工作、调试好灯光、拉好窗帘、准备好床铺，为幼儿营造一个温馨、舒适的睡眠环境。在温度特殊的季节中，教师要注意室内温度的调节，让幼儿在适宜的温度中午睡。

教师在为幼儿整理床铺时要注意幼儿被褥和床单的清洁与薄厚，根据季节和气温的变化为幼儿更换被褥。在幼儿入睡前，教师要检查床铺上是否有其他物品，不要将玩具、纽扣等物品带进寝室。午睡时，教师要提醒幼儿穿着适宜睡眠的服装入睡。中、大班可以要求幼儿自己脱衣服和鞋袜，并折叠整齐摆放在床铺的下方。小班幼儿需要教师对其进行帮助和个别指导。

新入园的小班幼儿会有难以适应的情况，有的幼儿需要抱着熟悉的玩偶或需要教师陪伴才能入睡。对于这些幼儿，教师应根据其入睡需求给予单独照顾，允许幼儿保持已有的入睡习惯，并引导幼儿逐渐适应新的入睡环境。在睡眠过程中，教师要时刻关注幼儿的具体表现。比如，睡姿是否正确，是否盖好被子，是否存在呼吸困难等情况。午睡后，教师要引导和鼓励幼儿自己整理床铺。先整理完床铺的幼儿可以帮助其他幼儿整理床铺，也可以让幼儿互相帮助系纽扣、拉拉链等。小班幼儿午睡后一般会逐一起床，而中、大班幼儿则可以在大致的时间段内集体起床。起床后教师要组织幼儿盥洗和饮水。当幼儿已经从睡眠状态转化为活动状态后，再开展下一项活动。

5. 离园环节的组织与指导

离园时意味着幼儿在园的日常生活活动结束了，但这一环节也离不开教师的指导。教师应在幼儿离园前引导幼儿整理活动室，整理离园所穿的衣服和物品。重视幼儿离园前的整理活动，有利于幼儿养成整理环境和爱惜物品的习惯。在等待家长的过程中，教师可以安排集体或个别活动，让幼儿在自由活动中度过。

离园时，教师要引导幼儿主动告别，讲文明、懂礼貌。教师要核对家长的身份，严格执行幼儿的接送制度，确保幼儿的人身安全，并将幼儿在园一天的表现简要告知其父母。教师还要照顾好不能按时离园的幼儿。

本讲要点

日常生活活动是幼儿每日学习生活的重要组成部分，也是幼儿学习的基本途径。日常生活活动的实施过程中应贯彻教育性原则、情感性原则、发展性原则。日常生活活动的环节包含入园、进餐、饮水、盥洗、睡眠、离园等，在日常生活活动的各个环节都应该对幼儿耐心指导和帮助。

学以致用

班级内的幼儿在水池洗手的时候总是在水龙头底下冲一冲就结束了，洗手的时候敷衍了事。请想一想教师应该如何引导和帮助幼儿学会正确的洗手方法。利用下园机会，观察幼儿在洗手中存在的问题并收集教师的做法。

模拟练习

单选题

1. 幼儿园教育的中心任务是（　　）。

A. 促进幼儿健康成长　　B. 确保幼儿心理健康

C. 全面促进幼儿素质和谐发展　　D. 使幼儿获得一定的知识

2. 在幼儿园教育实践中，某些教师认为幼儿进餐、睡眠、茶点等是保育，只有上课才是传授知识、发展智力的唯一途径，不注意利用各环节的教育价值。这种做法违反了（　　）。

A. 发挥一日生活的整体功能原则　　B. 重视年龄特点和个体差异原则

C. 尊重儿童原则　　D. 实践性原则

3. 健康是指人（　　）的健全状态。

A. 心理与社会适应　　B. 心理适应

C. 身体与心理适应　　D. 身体、心理与社会适应

4. 教师晨间接待幼儿入园工作的重点是（　　）。

A. 提醒幼儿尽早进入学习状态　　B. 与家长交流，沟通情感

C. 检查幼儿的身心状况　　D. 督促幼儿完成家庭作业

5.（　　）是保证幼儿各方面健康发展的前提。

A. 幼儿适应环境和抗疾病的能力　　B. 良好的生活习惯

C. 参加体育活动的兴趣　　D. 促进幼儿身体的正常发育

模拟练习答案

第一讲　日常生活活动

第二讲 游戏活动

头脑风暴

琦琦妈妈常抱怨女儿的幼儿园教师每天都带着幼儿做游戏，什么都不学。琦琦妈妈想给女儿转到其他的幼儿园。作为学前教育专业的学生，你认为琦琦妈妈应该给琦琦转园吗？游戏对幼儿的发展有什么意义吗？

在学前期，游戏占有特殊的地位。游戏深受幼儿的喜爱，游戏过程中幼儿在身心方面都能得到充分的发展。本讲围绕着游戏的功能、含义以及游戏的指导展开论述。理解游戏的含义和功能，了解游戏的组织与指导，有利于提高幼儿的游戏质量，对于促进幼儿身心和谐发展具有重要意义。

一、游戏活动及其功能

(一)游戏的含义

游戏是儿童的自然天性，儿童在游戏活动中不断地成长。幼儿园游戏特指儿童在幼儿园阶段的游戏活动。《教育辞典》认为，幼儿园游戏是幼儿自愿的主动的一种活动，是他们认识世界、反映现实生活的一种特殊形式。①

幼儿园游戏强调幼儿的主体性和自主性。幼儿园游戏具备游戏的基本特征，即自发的、自由的、伴有愉快情绪的规则活动。幼儿园游戏又具有特殊性，即幼儿的年龄特征决定了幼儿园游戏除了自然条件下的游戏之外，还包含在教师指导下的、含有教育目的的教学游戏。因此，从广义上讲，幼儿园游戏不仅包含幼儿在自然条件下的游戏，也包含在教师指导下进行的教学游戏。

(二)游戏的内涵

1. 游戏是幼儿喜欢的活动，是幼儿学习生活的主要内容

游戏是幼儿喜欢的活动方式之一，幼儿通过游戏进行学习、生活和劳动。游戏也是幼儿园的基本教学途径之一。教师要为幼儿的游戏提供丰富多样的游戏材料，创设适宜的游戏场景。

2. 游戏符合幼儿身心发展的需要

幼儿期是身心发展的高速期。在游戏中，幼儿可以扮演各种角色，通过参与游戏来满足自身发展的需要。游戏的过程既是满足幼儿自身发展需要的过程，也是幼儿主动学习的过程。游戏的内容要依据幼儿的身心发展状态来确定，游戏的形式也应符合幼儿身心发展的需要。

3. 游戏是幼儿自发的学习方式

与教学活动相比，游戏活动是一种特殊的学习方式。幼儿通过游戏来认识世界。幼儿对游戏的

① 张焕庭:《教育辞典》，245～246页，南京，江苏教育出版社，1989。

兴趣激发了学习动机，对游戏的爱好激发了探索探究的欲望。幼儿并不是为了学习或达到某种目标而进行游戏，而是在游戏中自然地学习。幼儿在游戏中通过与游戏材料的互动，动作技能和肌肉得到锻炼和发展；在和同伴的交往过程中学会社会交往的技能等。

(三)游戏的功能

1. 游戏对幼儿身体机能发展的作用

不论是幼儿自发的还是在教师指导下进行的游戏活动，都对幼儿身体机能的发展有着重要的作用和价值。游戏不仅能够巩固和发展幼儿的大肌肉能力，还能发展他们的身体运动技能。身体运动技能的学习与掌握，是幼儿身体机能协调发展的基础。幼儿游戏的过程就是主动积极地学习与掌握运动技能的过程。

户外游戏的开展需要教师提供游戏材料，如足球、平衡木等；幼儿也会自主自发地组织游戏。这些游戏的进行和游戏材料的使用都是建立在幼儿充分了解自身身体能力的基础上对自身身体机能的开发，是对户外环境以及运动材料的认知和探索。各种不同类型的游戏可以帮助幼儿积累不同性质的运动经验，发展不同类型的运动技能。我们常常看到幼儿在外面跑来跑去，看似是对同一动作的单一重复，实际上这些都是在促进幼儿自身运动技能的发展。

2. 游戏对幼儿认知发展的作用

(1)游戏促进幼儿抽象概念的形成

幼儿认知能力的发展都是通过对物体的初步感知建立起来的，幼儿起初是通过和物体的接触依靠知觉和动作来探索物体的特征并对其进行分类的。幼儿可以用一种物体代替另一种物体，把一种场景假想成另外一种场景，把自己扮演成为其他的角色，并试图用符号建立两种事物之间的关系。这种关系是幼儿思维抽象化的先导。

游戏可以帮助幼儿理解抽象的概念，如时间、逻辑、因果等关系。象征性游戏可以帮助幼儿理解抽象的时间、方位等概念；规则游戏中的棋盘类游戏可以帮助幼儿形成逻辑推理能力，形成空间概念。幼儿常常在游戏过程中不自觉地掌握了概念逻辑关系。

(2)游戏促进幼儿解决问题能力的发展

幼儿的游戏经验来源于自己的已有经验、他人的经验以及书本和媒体上的经验，这种经验最初是知识的迁移和模仿。游戏是让幼儿对积累的已有经验经过自己的理解、选择进行加工重组的过程。

游戏的形式是幼儿自主选择的，游戏的开展是幼儿自主推进的。在游戏中，幼儿根据游戏的实际情境运用材料而实现游戏的目的。游戏的这一过程和解决问题时的心理过程是相似的，都要求对情境和工具进行分析，分析已有能力和活动目标的差距。游戏扩大了材料的使用范围，增加了不同操作和不同结果之间联结的因果经验，使幼儿可以在解决问题的时候思维更开放和灵活。

(3)游戏促进幼儿语言的发展

幼儿的语言是在幼儿在环境中与他人交往和沟通时发展的，幼儿会在游戏中积极地表达自己的思想。幼儿在游戏过程中看到的事物、听到的语言以及感受到的内容都会内化成幼儿自己的语言，丰富幼儿自身的语言系统。幼儿园常常开展多种多样的语言游戏，如听说游戏、猜谜游戏等，这些游戏的开展离不开语言的运用。

语言不仅是幼儿的交流工具，还是他们开展游戏的工具。在游戏过程中幼儿需要解决新问题的时候，他们往往会寻求他人的帮助，这就需要借助语言。幼儿进行的角色游戏或语言游戏中常常要求使用详细而完整的语言，可以促进幼儿口语书面化的发展。

3. 游戏促进幼儿社会性的发展

幼儿社会化是指幼儿在一定的生活情境中习得基本的社会规则、礼仪规范以及人际关系等并和周围环境互动的过程。游戏是幼儿主要的交往方式，以同伴交往为基础的游戏可以使幼儿理解对方的动作和意图，从而促进其社会性的发展。

(1)游戏有助于幼儿去自我中心性

幼儿受认知发展水平的影响，常常会以自我为中心，不会站在他人的角度看待问题。游戏可以帮助幼儿去自我中心性。在角色游戏中，幼儿会发现自己与他人的不同，开始注意到自身与他人的差异，并能理解他人的感受。

(2)游戏有助于幼儿亲社会行为能力的发展

亲社会行为是指幼儿对他人和社会做出的积极行为，如分享、合作、助人等。在角色游戏中，因活动的需要，幼儿会产生很多亲社会行为。首先，幼儿在游戏中以角色的身份体验角色的情感。其次，和同伴合作共同扮演角色进行游戏的过程，有助于幼儿分享、合作等积极行为的产生。

4. 游戏对幼儿情绪情感发展的价值

游戏是一种充斥情感交流的活动。游戏可以拉近亲子关系、师幼关系、同伴关系，对情绪情感的发展有良好的促进作用。游戏不仅能够提供传递情感、表达情绪的机会，还可以在特定的情境中控制和矫正幼儿的不良情绪。

(1)游戏有利于发展幼儿的积极情绪情感

游戏的种类和形式灵活多样，可以让幼儿在不同的游戏情境中获得情感体验。幼儿通过自主选择同伴、游戏材料来表达自己的内心意愿，通过这种自由放松的游戏来获得积极的情绪情感体验。在角色游戏中，幼儿通过扮演各种角色来感受人与人之间的关系。在表演游戏中，幼儿通过对文学作品的表演来体验人物的各种情绪情感，从而丰富自身的情感世界。游戏能实现幼儿在现实生活中不能实现的愿望，把想象转化成现实，满足幼儿的好奇心，并使其从中获得快乐。

(2)游戏有利于疏导幼儿的消极情绪

游戏可以促进幼儿消除生活环境中产生的忧虑和紧张感。幼儿在生活和学习过程中会因为一些偶发事件产生消极和负面情绪，游戏是疏导这些消极情绪的有效方式。幼儿享受游戏带来的自由和快乐，还可再现生活情境，从而宣泄和抒发情感，缓解心理紧张。例如，各活动区常常设有“医院”。幼儿争先扮演“医生”给“病人”打针开药。幼儿通过扮演医生的游戏疏导内心对于生活中“打针”“吃药”的抗拒和恐惧感。

(3)游戏有利于幼儿道德感、美感的发展

在游戏中，教师常常要求幼儿轮流参与游戏、遵循规则。这种规则的建立和遵守可以让幼儿体验生活中行为的规范性和秩序感。在角色游戏中，幼儿通过扮演家庭成员以及社会人员来体现人物的个体功能和社会功能。例如，教师要教导学生，医生要治病救人，消防员要灭火，警察要抓小偷。这类角色的扮演都包含着职业责任和职业道德。

游戏可以发展幼儿的美感。鲜艳的颜色对幼儿具有很强的吸引力，幼儿也会被玩具吸引。随着年龄的增长和经验的丰富，幼儿会接触更多的文学、音乐、美术等活动形式，在这些活动中增强美的感受力和审美力。

二、游戏活动的组织与指导 ●●●

幼儿的一日生活大多是在幼儿园中度过的。幼儿园不仅要为幼儿提供游戏的场所和时间，还要挖掘游戏的教育作用，创设有利于幼儿身心发展的游戏场景，设计幼儿喜爱的游戏，引导幼儿自主开展游戏。从游戏的教育作用角度出发，我们可以将游戏分为创造性游戏和规则性游戏。

创造性游戏包含角色游戏、表演游戏、结构游戏，强调游戏中的主动性和创造性。规则性游戏包括体育游戏、智力游戏、语言游戏、音乐游戏等。规则性游戏是教师根据一定的教育目的为幼儿设计的游戏，大部分由教师组织进行，也可由幼儿自发组织进行。

幼儿园游戏具有自然性，是幼儿自愿自发的活动。同时幼儿园游戏又具有一定的教育性，是幼儿园课程的重要组成部分。幼儿园游戏的教育功能的发挥离不开教师的组织和指导。根据幼儿园游戏的不同类型，不同种类游戏有不同的组织与指导策略。

(一)创造性游戏的组织与指导

1. 角色游戏的组织与领导

角色游戏又称想象性游戏、模仿游戏、假扮游戏、社会性游戏。这种游戏形式大约从儿童的2岁开始，直至入小学，发生的高峰期在3～5岁。其在整个学前期存在的时间最长，行为持续最久。这是一种通过使用替代物并扮演角色，以模仿和想象创造性地反映周围生活的游戏。

在角色游戏中，教师要认同幼儿的主体地位，要充分观察幼儿的游戏状态，根据幼儿的年龄特点和兴趣，系统指导幼儿开展游戏。角色游戏的指导要尊重幼儿的兴趣，构建民主、轻松的游戏氛围。教师的指导要体现辅助(间接指导)为主的原则，从而贯彻游戏的教育性和游戏化原则，促进幼儿的身心发展。

(1)鼓励幼儿自主确定游戏主题

幼儿是独立的个体，对于游戏过程中的主题确立、角色分配、同伴选择、材料使用等方面都有自己的想法，教师应予以尊重。

在角色游戏前，教师应了解幼儿已有的生活经验，提供丰富的、幼儿喜欢的游戏内容和游戏材料，让幼儿自主选择表演角色、游戏材料和同伴，鼓励幼儿依据自己的经验和想象开展游戏。

(2)丰富幼儿的生活和游戏经验，加深其对角色的理解

角色游戏是通过角色扮演来再现社会生活经验的活动，而幼儿相关经验的缺乏会影响游戏的开展和对角色的理解。教师应组织相关活动帮助幼儿丰富生活经验。例如，组织观看和主题相关的视频影像；邀请相关职业人员进行讲解；展开讨论交流活动，帮助幼儿丰富生活经验。

(3)适时提升游戏经验，生成新的游戏主题

幼儿所处的年龄阶段不同，其认知发展水平不同，开展角色游戏的效果也不同。有时幼儿常常会围绕着一个主题反复扮演和重复游戏。这需要教师在游戏过程中观察幼儿的游戏情况，同时帮助幼儿深化游戏的主题，提升游戏经验，生成新的游戏主题。幼儿在游戏中遇到问题的时候，也是教师引导幼儿探讨解决问题的办法以及教师提出新建议、生成新主题的好时机，能够让游戏的主题和层次更上一个台阶。例如，在扮演“理发师”和“顾客”的游戏中，幼儿都想扮演“理发师”而没有人愿

意扮演顾客。这时教师可以引出“竞争上岗”的新主题，让游戏走向下一个层次。

(4)提供充分的物质条件支持，创设宽松的心理环境

角色游戏中存在分配角色、分工协商、交流合作等环节，充足的游戏时长是幼儿进行游戏的时间保障。除了提供充足的游戏时间外，教师还要给幼儿提供大小适宜的游戏空间。此外，教师还要为游戏提供适合的游戏材料，使幼儿在游戏中能够对操作的材料进行试验、使用和创造，从而进行角色扮演。

除了物质条件的支持外，教师还要创设宽松的心理环境，即支持、理解、尊重幼儿的游戏需要，让幼儿在轻松愉快的氛围中进行游戏。教师要与幼儿共同分享游戏的快乐，并在游戏中使幼儿感觉到教师对他们的尊重、支持，获得成功体验。

(5)帮助幼儿扮演和分配游戏的角色

幼儿可以在角色游戏中扮演自己想要表演的角色。但幼儿在选择角色时通常只考虑自身对角色的喜好，不会根据角色特点和游戏需要分配角色，有时也会发生争抢角色的情况。因此教师应该指导幼儿合理地对角色进行分配，如采取轮流扮演、民主投票等方式。

除了分配角色外，幼儿还存在对自己的角色扮演不清楚的现象。幼儿在游戏中能模仿某一角色的动作或活动，但不明确自己扮演的角色。这时就需要教师进行指导和启发，帮助幼儿明确自己的角色要求和角色身份，从而更好地开展游戏。

2. 表演游戏的组织与指导

表演游戏是幼儿根据文学艺术作品中的情节、内容和角色，通过语言、表情和动作进行表演的活动。表演游戏融想象和创造于一体，对幼儿的想象力、创造力的发展有着重要作用。幼儿园常见的表演游戏包括桌面表演游戏、玩偶表演游戏、影子戏表演游戏、手指游戏、角色表演游戏等。表演游戏依托于文学艺术作品开展，需要教师对幼儿进行指导和讲解。在表演游戏的指导过程中，教师应注重“游戏性”先于“表演性”。

(1)帮助幼儿选择、编创、理解文学作品

教师应当指导幼儿对作品进行选择和编创。选择的内容应当具有场景典型、角色鲜明、情节简明而生动等特点，适合幼儿表演。选定内容后，教师应通过讲故事、看图书、讲解和讨论等方式帮助幼儿熟悉作品中的人物，理解作品内容，初步设想如何表现作品内容以及人物的表情和动作。

(2)为幼儿创设适合表演的游戏环境，提供游戏材料

教师引导幼儿根据情节内容布置简易舞台和游戏场景，营造表演氛围。教师应根据表演的需要提供服装和道具，或者指导幼儿自己制作服装和道具。参与设计和布置舞台、制作服装和道具具有更大的吸引力，能激发幼儿的游戏兴趣。

教师提供材料是为了支持幼儿开展游戏，而不仅仅把材料当作道具。为此教师要根据幼儿的活动需要进行指导。

(3)运用组织讨论的方式，提升幼儿的表演能力

教师可以通过示范表演、参与表演等方式介入游戏，培养幼儿的表演技能。教师可以组织幼儿观看戏剧、歌舞、木偶剧、皮影等艺术表演让幼儿观察学习，通过小组讨论与互相评议等方式提升幼儿的表演能力。

(4)鼓励幼儿创造性表演

教师应为幼儿的表演游戏营造一种宽松、民主的气氛，不要用表演得“像”还是“不像”作为游戏的评

价标准。教师应该在游戏过程中不断激发幼儿思考，让幼儿自己发现游戏中存在的问题。同时，教师要鼓励幼儿创编动作和丰富表情，对游戏中幼儿的各种形体动作和对话语言进行设计，并及时加以收集整理，在游戏之后介绍分享。

3. 结构游戏的组织与指导

结构游戏是指幼儿通过想象使用一些结构材料来建筑或构造各种建筑物和物体，展现他们对周围事物的认识的活动。结构游戏的材料包括积木、积塑、雪花片、插塑等拼搭类的专门结构材料，沙、石、水、土、雪等自然的结构材料，以及水瓶、瓶盖、纸盒等废旧物品和半成品的结构材料等。教师在指导结构游戏的过程中应遵循幼儿的游戏意愿，支持幼儿开展结构游戏。

(1)提供丰富的游戏材料

丰富的游戏材料是开展结构游戏的物质保证。教师在指导游戏的过程中要考虑所提供的材料的类型和数量，丰富结构游戏的主题，增强幼儿对社会事物的表现力和创造力，激发幼儿动手搭建的欲望和动机。

(2)引导幼儿选择材料

在结构游戏中，为满足幼儿的游戏需要，教师应提供多种多样的建构材料。例如，教师应提供由几何形体构成的小、中、大型的成套积木，金属的、木制的、塑料制的各种质地的基础材料，雪花片以及各种颜色和形状的串珠、插板、拼板等。面对种类繁多的结构材料，教师应引导幼儿依据搭建的主题来选择相应的合适材料。

(3)提供各类辅助材料

教师还应投放一些人物模型、动物、交通工具、花草树木、家庭物品等辅助模型类材料。这样一方面可以帮助幼儿确定游戏内容，另一方面可引发幼儿搭建物体后进行创造性想象，发展游戏情节。教师应根据游戏的实际需要，不断丰富辅助材料，进而丰富游戏内容。

(4)充分利用生活中的废旧物

很多生活材料和废旧物品可以用来开展建构活动。一些未成型的材料，如奶粉桶、纸箱、鞋盒、报纸等通过清洁和消毒可以被用于建构游戏，从而丰富游戏的内容，提供新思路，发展幼儿的想象力。

(二)规则性游戏的组织与指导

规则性游戏是教师在教育目标的指引下为幼儿创编或提供的游戏。幼儿园的规则性游戏包含体育游戏、音乐游戏、智力游戏、娱乐游戏。

规则性游戏的核心在于“规则”，规则的制定和确立是教师指导规则性游戏时必须明确和解决的问题。此外，规则性游戏因其活动性质往往带有一定的竞争性。教师不仅要保证游戏的公平性，还要考虑竞争中处于不利一方的幼儿，鼓励他们积极参与。教师和家长在评价游戏的过程中不以结果为唯一评价标准，更应注重过程。教师要根据幼儿的年龄特点和生活经验帮助幼儿选择不同的规则性游戏。在进行具体的游戏指导时，教师一般需要做到以下三点。

1. 引导幼儿了解游戏的方法，介绍游戏规则

在规则性游戏中，幼儿必须在掌握游戏玩法和规则之后才能开展游戏。因此，教师必须清楚完整地向幼儿讲解和示范游戏玩法，让幼儿充分了解游戏任务、游戏规则。对于游戏中幼儿不易了解的规则和要求，教师更应反复讲解和示范，使幼儿掌握规则后愉快地进行游戏。

2. 根据幼儿认知发展的差异性，调整任务要求和难度

不同认知发展水平和年龄阶段的幼儿对规则的理解和接受程度是不一样的。对于小班幼儿而言，小班幼儿往往只对游戏中的内容感兴趣，对规则并不在意。因此，对小班幼儿不必过于强调规则，应关注幼儿游戏中的具体表现。中、大班的幼儿对游戏的规则逐渐开始在意，因此可以逐步要求他们理解规则并遵守规则。另外，对于相同的游戏，不同年龄段的幼儿可以采取不同的玩法。教师可改变游戏原本的规则，让游戏任务和要求来适应本班幼儿的发展，使规则游戏更符合幼儿的特点和需求。在掌握规则的基础上，教师可以给予幼儿自主协商、制定规则的机会，并引导幼儿通过讨论、协商、表决等方式制定游戏的规则，充分给予幼儿游戏的自主权。

3. 引导幼儿树立规则意识，正确看待游戏结果

规则游戏虽有一定的规则，但教师不应盲目追求游戏的结果，而应注重在游戏中培养幼儿自觉遵守规则的行为。教师应引导幼儿正确看待游戏结果，让他们知道输赢不是最重要的。教师还应根据不同幼儿的性格特点进行个别指导，对于得失心重的幼儿及时关注和疏导。

在规则游戏开展的过程中，教师往往具有多重身份，有可能是游戏的观察者、参与者、引导者和评价者。教师在指导幼儿开展游戏时，应发挥自身的引导作用，引导幼儿树立规则意识。

三、游戏活动的典型——区域活动的设计与实施

(一)区域活动的概念

区域活动也称“区角活动”或“活动区活动”，是指幼儿在班级所创设的区角中进行的自主的学习活动。教师根据幼儿的需求创设区域环境，让幼儿以个别或小组的方式，在区域内自主选择、操作、探索、学习。幼儿在和环境的相互作用中，逐步形成自己的经验与感受。在获得游戏体验的同时，幼儿还可以获得身体、情感、认知及社会性等各方面的发展。

(二)区域活动的教育功能

1. 区域活动是幼儿园的重要活动形式

集体教学活动具有便于系统传授知识、节约教育成本、高效利用教育资源等优势，长期以来是幼儿园课程的主要形式。但集体教学活动存在不能忽视的弊端，如不能因材施教，过于重视教师的主导作用，忽视幼儿的主体地位，不利于幼儿个性的养成等。美国幼儿教育协会在 2000 年出版的《幼教绿皮书》中指出当前幼儿园教育的最大问题是对幼儿个别差异的关注不够，一味要求每个幼儿在同一时空用同样的方式学习。这样的教育方式没有真正重视幼儿个别差异的存在，也没有配合幼儿的差异去调整教育方式。

2. 区域活动有助于幼儿的个性发展

区域活动之所以受到幼儿的喜欢，其中重要的原因就是它能为幼儿提供较宽松的自由发挥的空间。幼儿可以根据自己的需求和兴趣，选择活动区，自由地选择活动材料，自由地操作。对于教育者来说，应从幼儿的需要出发，通过创设符合幼儿需求的区域空间，给幼儿一定的自由发展空间，让他们自由地去活动，促进他们个性的发展。

(三)区域活动的指导策略

区域活动的有效开展离不开教师的支持和组织，而区域活动的不同阶段都需要教师精心准备和

耐心指导。

1. 活动前应做好活动准备

首先，在活动开始之前要做的就是制订计划，如确定各区域的教育目标、幼儿在区域内可以学习的技能、提供哪些必备材料、如何调整区域环境。

其次，要做好时间准备。预留多少的活动时间能让幼儿充分地获得游戏体验？怎样能有效利用现有的游戏时间？例如，大型积木区往往是幼儿较喜欢的区域，通常进区时会要求幼儿先换鞋。对于小班幼儿来说，穿鞋、脱鞋所用的时间就比较长，从而缩短了幼儿的有效游戏时间。因此，教师要有效利用游戏时间，让小班幼儿直接套鞋套进去而不必换鞋。教师还要做好空间的准备，要将各个区域的空间合理规划。比如，美工区和科学区的幼儿在活动中常常会用很多时间来接水和倒水，教师应该意识到将这两个区域设置在离水源较近的位置。

2. 在活动中适时指导

教师在活动中重要的指导就是创设环境、投放材料、注意观察，在操作过程中支持幼儿的操作进程。

首先，要做到有效指导，就要先了解区域活动和集体活动不同的地方。在区域活动中，教师可以观察到每一个幼儿的具体操作进程，了解其个体发展水平。对于操作能力较强的幼儿，不需要进行过于具体的指导，可以通过启发进行间接引导，给他们充分发挥的机会。而对于中等水平的幼儿，在遇到困难寻求帮助时，教师可以通过言语给予提示。对于能力较弱的幼儿，教师则采用示范法或直接指导。其次，可以根据活动内容及每个幼儿的特长，有效地引导幼儿学习与他人合作和共同活动，让能力较弱的幼儿在能力较强的幼儿的帮助和带动下进行活动，实现提高和进步。

每一个幼儿对于事物的理解都带着自己的思想与特点。因而教师要在活动中了解幼儿的发展水平，尊重幼儿的发展特点。创设适宜幼儿发展的区域环境，可以给幼儿一个自由发展、自主学习的空间，同时也给予教师详细了解和观察幼儿的机会。

3. 指导时要注意介入的时机

①当幼儿进行游戏不投入时，教师应引导幼儿进入情境或为幼儿创设具有吸引力的情境。

②当幼儿与同伴沟通出现问题时，教师应适时进入游戏帮助幼儿沟通。

③当幼儿反复重复原有活动，游戏进展有困难时，教师应积极介入游戏情境，生成新的游戏主题。

④当幼儿缺少材料使活动难以继续时，教师应引导幼儿选择或制作游戏材料。

⑤当幼儿运用技能出现困难时，教师应帮助幼儿掌握相关技能。

⑥当游戏中出现负面行为效应时，教师应及时引导活动的积极走向。

4. 活动结束后引导幼儿整理活动区域

区域活动结束后，教师应引导幼儿整理活动区域。这时需要教师进行组织、协调。教师可以要求幼儿先整理较难收拾的区域，如大的积木区或者比较琐碎的棋盘区，告知幼儿在结束前整理。教师要为幼儿提供整理区域的指导策略，如为玩具和区域做好标识，引导幼儿对照标识进行分类和整理。幼儿参与收拾玩具和清理桌面的工作对良好行为习惯的养成具有重要的作用，教师不要忽略对这个阶段的观察和指导。

5. 及时总结，引导幼儿进行自主评价

教师对幼儿的区域活动情况进行评价，观察幼儿在游戏过程中的具体表现并记录，关注幼儿的发展与进步。教师不仅要发展幼儿的关键经验，也要注意拓展幼儿的个别经验。教师要对活动区和材料的适宜性进行评价，还要引导幼儿在活动过程中进行自我评价和他人评价。

本讲要点

幼儿园游戏是幼儿园教育活动的基本形式，是幼儿喜欢的活动，是幼儿学习生活的主要内容。按照游戏在教育中的作用，幼儿园游戏分为创造性游戏和规则性游戏。创造性游戏包括角色游戏、表演游戏、结构游戏。规则性游戏包括体育游戏、音乐游戏、智力游戏、娱乐游戏等。游戏活动的开展离不开教师的指导。教师在游戏开始前应按照幼儿的发展需要创设环境、准备材料；在游戏过程中按照游戏发展过程来更新材料、生成主题、支持幼儿开展游戏；在游戏结束后及时总结和评价。幼儿园通常设有的区域是游戏的主要场所，教师要注重对区域活动的设计与指导。

学以致用

到幼儿园角色表演区进行观察，分析教师在幼儿游戏中的指导行为，了解教师对于游戏指导的具体做法。

模拟练习

一、单选题

1. 传统的七巧板属于(　　)。

A. 积塑游戏　　B. 积木游戏　　C. 拼图游戏　　D. 拼棒游戏

2. 通过扮演文艺作品的角色，再现文艺作品内容的游戏是(　　)。

A. 角色游戏　　B. 表演游戏　　C. 结构游戏　　D. 规则游戏

3.“老鹰捉小鸡”属于(　　)。

A. 表演游戏　　B. 角色游戏　　C. 规则游戏　　D. 结构游戏

4. 将游戏活动划分为创造性游戏和规则性游戏，其划分的依据是(　　)。

A. 幼儿在游戏中的体验形式　　B. 游戏的教育作用

C. 幼儿的认知发展　　D. 幼儿在游戏中的社会行为表现

5. 童话剧、木偶剧属于(　　)的形式。

A. 角色游戏　　B. 表演游戏　　C. 结构游戏　　D. 规则游戏

6. 教师对游戏的适宜介入，表现在(　　)。

A. 教师介入频率过多，主观介入过多

B. 教师在游戏中过度保护

C. 当幼儿主动寻求帮助时，教师介入游戏

D. 教师在游戏中过度干预

模拟练习答案

第二讲　游戏活动

二、简答题

简述幼儿园游戏活动的内涵。

第三讲

集体教学活动

头脑风暴

教学的组织方式主要分为三类：集体教学活动、小组教学活动、个别教学活动。有的教师觉得个别教学活动最好组织，因为毕竟只面对一个幼儿。有的教师认为个别教学活动其实很难组织，需要对幼儿有深入了解，做出有针对性的教学设计，这样反而比集体教学活动更难组织。作为新教师，你觉得哪种教学组织方式最难？如果让你组织一个幼儿园集体教学活动，你觉得应该要遵循哪些教学原则？该如何组织和把握？

开展集体教学活动的目标是促进幼儿身心的全面和谐发展。集体教学活动的组织方式是多种多样的，因此我们需要了解学前教育机构集体教学活动所采用的手段与方法，促进集体教学活动的开展。

一、集体教学活动及其功能

(一)幼儿园教学的含义

教学指的是在某一特定的文化背景和社会环境中，由教育者有目的地指导受教育者学习并促进受教育者发展的过程。《教育大辞典》对教学的定义为：教学是以课程内容为中介的师生双方教和学的共同活动，其特点是通过系统知识、技能的传授与掌握，促进学生身心发展。①

幼儿园教学通常被称为集体教学活动，是由教师的教和幼儿的学共同构成的，是教师有计划、有目的地利用活动材料与幼儿通过双向的互动，从而指导幼儿进行学习的活动。幼儿园集体教学活动是幼儿园教育的基本形式，也是幼儿园课程组织和实施的主要载体。

(二)集体教学活动的功能

集体教学活动是提升幼儿的素质、促进幼儿学习能力发展的重要形式，对于幼儿的发展有着重要意义。集体教学活动不仅能促进幼儿的身心发展，还能提升教师的职业能力与素养，丰富学前教育的理论与实践研究。

1. 集体教学活动有利于促进幼儿的全面发展

教师有计划、有目的地组织和开展集体教学活动，会对幼儿产生直接的影响。集体教学活动的内容涉及生活中的方方面面，活动实施的效果会对幼儿各方面能力的发展产生影响。因此，集体教学活动的质量直接影响到幼儿身心发展的质量和水平。在集体教学活动中，教师要以幼儿为主体，教师的作用更多是引导幼儿开展学习。此外，教师应根据幼儿的活动效果，不断更新自己的教学策

---

① 教育大辞典编纂委员会:《教育大辞典》第1卷，178页，上海，上海教育出版社，1990。

略与方法，提高幼儿参与活动的主动性。

2. 集体教学活动有助于提升教师的专业能力

教师专业能力的提升与发展需要通过实际教育教学的经验积累来实现。只有当教师不断解决教学过程中遇到的各种问题、不断进行自我评价和反思时才能逐步提升专业素养。同时，教师在教学过程中会遇到幼儿提出的各种问题，教师的教育智慧会在回应幼儿问题的过程中不断提升。这些都是需要通过集体教学活动中的经验积累来实现的。

3. 集体教学活动是学前教育理论研究的重要关注点

教育理论研究离不开教育实践活动的支撑，教育理论的革新和发展也进一步指导教育实践。教育理论研究的根本任务是揭示教学规律，分析教学活动中各要素之间的关系，揭示教育教学的实然状态。学前教育理论研究同样离不开幼儿园教学实践的支持，必须扎根于集体教学活动。如果脱离实践经验，空谈教育教学理论，就如纸上谈兵，对教学实践的指导效果不佳。所以集体教学活动常常是幼儿园教育研究者关注的重要领域，是幼儿园教育理论产生的重要阵地。

二、集体教学活动的设计

集体教学活动的设计是指教师对集体教学活动各环节进行的设计和组织安排。集体教学活动的设计是教师针对教学内容进行的规划，也是保证教学效果和教学质量的重要环节。集体教学活动的设计要求教师按照本班幼儿的年龄特征和学习特点，有计划、有目的地确定适宜的教学活动目标，选择合适的教学内容和形式，确定教学手段，准备活动材料，创设活动环境，制订集体教学活动计划的过程。换言之，集体教学活动的设计可以归纳为以下五个步骤。

(一)确定教学活动目标

集体教学活动目标是指某一集体教学活动所要达到的效果，是对幼儿达到的教学效果的具体描述，具有针对性和可操作性。它是幼儿发展总体目标在每个集体教学活动中的具体表现。幼儿园教学活动目标通常依据认知、技能(能力)、情感三个方面来确定。确定集体教学活动目标后，教师可视情况需要，根据幼儿的已有水平和集体教学活动内容，分析确定活动目标中的重点和难点。

(二)选择教学活动内容

集体教学活动内容是根据现阶段幼儿发展目标选定的，是教学目标实现的渠道。集体教学活动内容要支撑教学目标的实现，因此教师需要对集体教学活动内容进行选择、加工、创造。集体教学活动内容的选择要以幼儿的兴趣和需要为出发点，充分考虑幼儿已有的生活经验，以及幼儿掌握和接受知识的程度。除此之外，还要考虑幼儿园现有的物质条件，最大限度地利用、发掘、整合各类教育教学资源，为实现教学目标服务。

(三)设计教学活动过程

教学活动过程的设计是指教师对幼儿园集体教学活动开展过程的设计和规划。幼儿园教学活动过程一般包含导入环节、操作环节、延伸环节等。导入环节主要是运用设疑或者创设情境来激发幼儿参与活动的兴趣；操作环节是围绕教学目标设计各种操作活动，形成幼儿的操作活动经验；延伸环节要注意将活动经验进行延伸，并及时进行活动总结以及反思活动等。

教师要注重规划各个环节之间的连接和过渡，考虑集体教学活动中可能出现的各种问题，并提前做好应对问题的措施。教师在设计活动的过程中不仅要考虑自身的教学行为，还要考虑幼儿的学习接受情况，以及和幼儿之间在语言、行为、情感等方面的互动。只有全面细致地设计出教学过程，才能确保集体教学活动的顺利开展。

(四)做好教学活动准备

教师要根据集体教学活动具体环节的内容做好活动准备。活动准备包含经验准备和物质准备。经验准备是让幼儿具有对本次活动的参与兴趣和参与活动的技能和知识；物质准备则主要是提供活动过程中所需要的活动材料和教学设备等教育资源，以及根据需要创设相应的物质环境，如创设活动区或区角、布置活动主题墙和活动主题展板等。

(五)形成教学活动方案

集体教学活动方案有着自身的书写规范和撰写要求。目前幼儿园运用较多的集体教学活动方案一般由活动名称、活动目标、活动重难点、活动准备、活动过程构成。

1. 活动名称

活动名称要简洁明了，能明确活动内容，体现活动形式和性质以及所在班龄。

2. 活动目标

活动目标一般从知识与技能、过程与方法、情感态度和价值观三个方面进行阐述，可以简化为认知目标、能力目标、情感目标。活动目标要具体，体现可操作性。

3. 活动重难点

活动重难点要依据具体活动内容和幼儿的实际认知经验而定，符合幼儿的已知水平和发展幼儿经验的需要。活动重点是为了达成活动目标而引导幼儿必须掌握的内容。活动难点是对于幼儿认知水平而言，相对抽象的、不易理解的、复杂且难以掌握的内容。

4. 活动准备

活动准备一般包含经验准备和物质准备。经验准备主要是指经验方面或知识方面的准备，根据具体活动需要确定。物质准备包括围绕教学内容为幼儿提供支持其学习的活动环境、活动材料等。材料不宜过多、过杂，要从目标和环节的实际需要出发进行准备。如果需要进行活动场地的布置，要提前做好布置准备。

5. 活动过程

活动过程应包含活动内容的详细安排、教学方法和教学材料的运用和幼儿的操作等。活动步骤要结合活动目标的要求，结合教学设计，展现出各环节组织的内容要点和教学要求。

三、集体教学活动的组织与指导 ●●●

(一)集体教学活动的组织形式

幼儿园常用的集体教学活动组织形式主要是集体活动和小组活动。这两种形式各具特点，适合于不同的教学需要。

1. 集体活动

集体活动是教师对班级内的幼儿进行的有目的、有计划、有组织的集体参与的教学活动。集体活动能够使幼儿在有限的时间内获得一定的知识经验。教师能够在既定的空间和时间内利用教育资源，促进幼儿的发展。让幼儿在集体活动中和同伴交流合作，有利于促进幼儿社会性的发展。

由于集体教学活动中的幼儿数量较多，教师并不能在活动中兼顾每个幼儿的活动状况，因此无法关注到每个幼儿的具体状况。由于每个幼儿的发展水平是不一样的，因此集体教学活动要关注个别差异。

2. 小组活动

小组活动是指将一个班级内的幼儿分为几个小组，每个小组由教师带领在各自的区域开展不同的活动。小组活动能够有效解决集体活动中人数过多的问题，使教师关注到小组内的每一位幼儿。教师能够根据幼儿具体的活动情况进行指导，有利于发挥幼儿的学习主体性和主体地位。小组活动的特殊性质对教师数量、活动材料的数量和班级的活动空间都有着相应的要求。

集体活动和小组活动有各自不同的性质和使用情景。教师应根据不同的活动内容以及幼儿实际的需求选择教学组织形式。只有针对不同情景运用不同的教育组织形式，灵活运用集体活动、小组活动等形式，才能实现教育效果的最优化。

(二)集体教学活动的实施环节

集体教学活动实施包括导入、操作和结束三大环节。

1. 导入环节

导入环节是集体教学活动实施的起点，不仅影响幼儿参与活动的兴趣，还会影响整个集体教学活动的效果。导入环节旨在激发幼儿参与活动的兴趣，将幼儿的注意力吸引到即将开展的活动中，引发他们探究与思考。导入环节可以运用的方法有很多，主要有以下四种。

(1)兴趣导入

幼儿的兴趣就是幼儿学习的动机。用幼儿感兴趣的方式导入活动主题，进而开展教学，是较为常用的方法。吸引幼儿兴趣的方式可以根据幼儿的年龄特点、活动内容以及活动所需的材料等来决定，如运用玩具、玩偶导入等。

(2)游戏导入

游戏是幼儿喜欢的活动方式之一，也是实施教学的基本途径。导入环节可以结合相关的游戏展开，从而自然地引导幼儿进入教学情境，如利用语言游戏、手指游戏、音乐游戏导入等。

(3)情境导入

利用创设情境的方式导入集体教学活动，能够让幼儿快速进入学习情境；同时也可以给幼儿提供一个思考和解决问题的情景，可以充分调动幼儿已有的经验，帮助幼儿在知识迁移的过程中获得新经验。创设的情境可以是真实的生活情境，也可以是其他虚拟情境或社会情境。

(4)问题导入

幼儿对于新鲜的事物会充满好奇和疑问，因此巧妙地设计问题可以有效地引发幼儿的关注和思考。问题导入能够有效地调动幼儿参与活动的热情，在交流和讨论中自然地导入学习内容。

2. 操作环节

操作环节是集体教学活动实施的核心环节，也是幼儿获得知识和经验的环节。在这一环节，教师通过与幼儿的互动，让幼儿主动参与集体教学活动，从而实现教学目标。教师有序地组织教学过程，实现有效的师幼互动，需要注意以下三个方面。

(1)加强观察，挖掘教学契机

教学过程中教师和幼儿的互动情景和模式不是一成不变的。幼儿的思维具有跳跃性，随时可能会出现教师无法预料的新情况。因此，教师在教学过程中要及时观察幼儿的操作，确保教学活动顺利开展，保障幼儿的活动效果。教师应根据幼儿的实际表现调整教学的进程和方式，运用教育智慧对教学过程中出现的问题进行巧妙的化解。

(2)善于提问，推进教学进程

在集体教学活动中，教师需要充分调动幼儿参与活动的积极性。必要的提问是教师在组织集体教学活动过程中常用的教学方法。教师应根据设计好的环节，根据集体教学活动开展的进程而不断提出问题，引导幼儿深入思考。在集体教学活动的不同情境中，教师提问的层次性和有效性格外重要。教师应根据不同的教学内容在教学过程中运用设问、反问、追问、开放性问答的方式，也可以设置简单的、封闭性的问题。教师通过不断的质疑或追问和深度交流，不断推进幼儿的学习活动。

(3)积极回应，激发互动

良好的师幼互动能够促使幼儿积极参与教学过程，有利于提升教学效果。在教学实施环节，教师对幼儿的要求给予及时的应答和反馈，是促进师幼互动的重要条件。教师回应的方式有很多，包括语言、动作、表情等。在对幼儿进行回应时，教师应以肯定、鼓励、引导为主，避免否定和过度干预。

3. 结束环节

结束环节是集体教学活动实施的完成环节。活动是否顺利结束，会影响集体教学活动效果的好坏。结束环节应注意以下三个方面。

(1)注意教学过程结束的策略

教师可以采用语言或行为、动作等方式结束教学活动。教师可以通过语言概括总结教学内容，归纳活动中的关键经验；还可以通过带领幼儿做游戏，进行放松活动或者引导幼儿在收拾玩具和整理场地的活动中结束集体教学活动。

(2)做好延伸活动

活动的结束不代表幼儿经验发展的结束。为了扩充幼儿的学习经验，教师可以在集体教学活动结束时设置延伸环节。有的延伸环节安排在集体教学活动之后，有的则需要在幼儿活动结束后或回到家中安排。教师要预先做好延伸活动的规划，确定哪些经验可以得到延伸，在教学结束时组织幼儿开展延伸活动或者做好后续活动的安排。

(3)及时做好教学评价

教学评价是集体教学活动的重要组成部分。对教师集体教学活动的实施效果进行诊断和评价，可以作为进一步提高集体教学活动质量的依据。对集体教学活动的评价一般在集体教学活动结束后通过教师自主反思进行。教师还可以通过和其他教师的交流来总结自身的不足。

(三)集体教学活动所采用的手段与方法

1. 幼儿园常用的教学手段

教学手段是指教学工具和媒介，是有效地传递信息、促使主体与客体相互作用以及发挥主体学习积极性和主动性的重要因素。

随着教学方法的不断改进，幼儿园常用的教学手段逐渐丰富起来，既包括实物、图片、图书和自制教具等传统教学手段，又包括近年来应用越来越广泛的现代化教学手段，如多媒体、音视频播放器等电化教学手段。教师应根据具体的活动内容灵活选用。

2. 幼儿园常用的教学方法

从教和学的角度来看，幼儿园常用的教学方法有不同的划分类别。有人将其归为活动法、直观法、讲授法。活动法具体包括游戏法、实验法、操作练习法；直观法包括观察法、示范与演示法；讲授法包括谈话法与讨论法、讲解法与讲述法。为更好地提升教育的效果，我们将教学方法分得更细，大的方面分为教与学两大类方法。有关教与学的方法参考“学前教育的基本方法”这一单元，本讲不再赘述。

本讲要点

幼儿园集体教学活动是教师有计划、有目的地利用活动材料与幼儿通过双向的互动而指导幼儿进行学习的活动。幼儿园集体教学活动是教师教和幼儿学的双边活动。幼儿园集体教学活动是促进幼儿全面发展的必要活动，有助于促进教师专业能力的提升以及为学前教育理论研究提供关注点。集体教学活动的设计需要从确定教学活动目标、选择教学活动内容、设计教学活动过程、做好教学活动准备、形成教学活动方案五方面展开。幼儿园常用的集体教学活动组织形式主要是集体活动和小组活动。集体教学活动实施包括导入、操作和结束三个环节。在教学过程中，教师选择合适的教与学的方法，会让教学更有效果。

学以致用

观察一节幼儿园语言领域或健康领域的集体教学活动课，做一份听评课记录。

模拟练习

一、单选题

1. 幼儿园(　　)是幼儿园教育的基本形式，也是幼儿课程组织和实施的主要载体。

A. 个别教学活动　　B. 集体教学活动

C. 正规教学活动　　D. 非正规教学活动

2. 幼儿园集体教学活动实施一般包含导入环节、(　　)和结束环节。

A. 游戏环节　　B. 自由活动环节　　C. 操作环节　　D. 点评环节

3. 在某中班一次美术活动“画熊猫”中，教师确定的目标之一是让幼儿掌握画圆和椭圆的技能。这一目标属于幼儿园的(　　)。

A. 认知目标　　B. 情感目标

C. 技能(能力)目标　　D. 知识目标

4. 教师在制订教学计划时要做好相应的准备。其中活动准备一般包含(　　)和物质准备。

A. 环境准备　　B. 场地准备　　C. 教具准备　　D. 经验准备

5. 在集体教学活动中，让幼儿做手工泥娃娃属于(　　)。

A. 游戏法　　B. 操作法　　C. 示范法　　D. 发现法

6. 我国幼儿园通常不要求在学前教育阶段教幼儿写字，这符合(　　)。

A. 独立自主性原则　　B. 发展适宜性原则

C. 保教结合原则　　D. 综合性原则

二、简答题

简述幼儿园集体教学活动的含义。

模拟练习答案

第三讲　集体教学活动

第四讲
其他形式的活动

头脑风暴

在幼儿园门口等待接孩子的家长围着幼儿园刚刚贴出的通知聊了起来。原来通知上说下周五幼儿园按年段组织全园的亲子活动：小班年段是“心灵手巧”(亲子手工)，中班年段是“老少同乐”(亲子游戏)，大班年段是“祖国您好”(亲子朗诵)。一位家长说：“幼儿园也不选择个好时间，这个时间我们夫妻都在单位，周五固定例会时间不能请假。”另一位家长说：“我也一样，没办法，不去参加亲子活动了。”还有位家长说：“这个亲子活动很好啊，我刚好可以与我的小家伙上台朗诵。”也有家长很体贴教师，说道：“做老师真累。除了上课，还要组织家长和孩子开展各种亲子活动。这次还好，去年是安排在周末时间。”你对上述家长的看法有何想法？阅读本讲内容后，请对上述教师和家长的看法做出评价。

本讲介绍的是其他形式的活动，包括节庆活动、亲子活动、外出活动等。这些活动作为学前教育活动的组成部分，有着其自身的特殊价值。

一、节庆活动

(一)节庆活动的种类

节庆活动指的是各种节日活动、庆典活动。节庆活动大体分为两类：一类是法定节庆活动，另一类是非法定节庆活动。我国的法定节庆活动包括元旦、春节、清明节、“五一”国际劳动节、端午节、中秋节、国庆节。非法定节庆活动又可以分为国际和国内的节假日庆祝与娱乐活动。国际节日有“六一”儿童节、“三八”国际妇女节等；我国传统节日有元宵节、七夕节、重阳节、腊八节等；还有单位或社会组织等的周年庆、开学典礼、毕业典礼等庆典活动以及当地有特色的节庆与娱乐活动。

(二)节庆活动的功能

无论是什么样的节庆活动，都具有一定的功能。与国家法定节日或其他传统节日活动一样，幼儿园的各种节庆活动具有不同的功能。就节庆活动来说，常见的功能有娱乐功能、教育功能、文化功能等。不同的节庆活动，其功能有所不同；同一种教育功能，不同节庆活动因其性质有别，其侧重点也有所不同。教育功能可以细分为德育功能、智育功能、体育功能、美育功能等。以德育功能为例来说，国庆节活动的德育功能主要是进行爱国主义教育，通过开展朗诵、歌唱、亲子手工等活动来实现。重阳节活动的德育功能主要是进行感恩孝道教育，通过结合爷爷奶奶等长辈以前的工作、学习、劳动、生活，开展以感恩长辈、体贴长辈、爱长辈为内容的活动来实现。

幼儿园节日活动的
设计与指导策略

众多的节庆活动作为文化传承的重要途径，保存、传递、继承、创新文化，这就是节庆活动的文化功能。

(三)“六一”儿童节活动的策划、组织与指导

一年当中有两个节日很受幼儿欢迎：一是“六一”国际儿童节，二是我国的春节。前者是幼儿自己的节日，后者是我国的传统节日。“六一”儿童节活动的基本功能有娱乐功能、教育功能、文化功能等。开展“六一”儿童节活动，要注意内容丰富、形式多样，在内容的选择上要考虑以幼儿为本，从幼儿的需要或成长角度出发，让幼儿感受到过儿童节是很幸福、快乐的。因此，具体内容的选择上要体现娱乐性、教育性、安全性和参与性。

欢庆“六一”儿童节活动方案　　“六一”儿童节系列活动方案

要组织好“六一”儿童节活动，教师要做很多方面的准备，当然要促使家长与幼儿共同参与。一是利用常规的集中教育活动让幼儿认识与了解“六一”儿童节；二是利用节日庆祝的形式让幼儿感受与体验“六一”儿童节。组织好“六一”儿童节活动，就是给予幼儿最好的礼物，给幼儿呈现一个快乐而有意义的节日。这也是每个学前教育工作者及父母共同的愿望。

要组织好“六一”儿童节活动，策划工作要做在前面。教师要考虑到活动的目的、主题内容、人数、活动进程、奖品设置、安全预案工作等。如果场地允许，“六一”儿童节活动可作为全园性的活动来实施；场地有限也可分年段或班级来开展。“六一”儿童节活动可以定位于不同的主题。定位于体育为主的活动，就要以各种运动类活动为主，包括幼儿个人、亲子类体育运动等。当然体育类主题活动还是以趣味性为主，不过于强调竞技。定位于表演为主的活动，唱歌、舞蹈、朗诵等才艺活动可以多些，其他活动就要少一些。不同幼儿园的办园特色不同。比如，在科技类特色幼儿园，儿童节设置的是科学探索类的游园活动，科学小游戏、科学小实验、科学小制作等这些动手动脑类活动要多安排一些。总之，教师考虑得越周到、细致，“六一”儿童节活动就越有序、高效。

除了开展常规的“六一”儿童节活动外，教师可以与家长协商做一些具有社会价值的活动，发挥更多的社会效益。比如，走进福利院或孤儿院、老人院等与孤儿或老人一起过“六一”儿童节；也可以与困难家庭幼儿、残疾幼儿等结对子，让幼儿过一个更加有意义的“六一”儿童节。比如，有的幼儿园策划的“六一”捐献衣物与文具等活动，或者开展爱心义卖活动，让幼儿从小就树立爱心，让爱心扩散，从小播种爱的种子。

教师在组织“六一”儿童节活动时，要发挥幼儿、家长的智慧，激励幼儿、家长参与活动的策划与设计，避免独自策划。在活动目的的定位上，教师要从幼儿出发，不能为了展现教学成果、办学特色而使幼儿成为达成某项目标的表演者和工具。从当前一些幼儿园举办的“六一”儿童节活动来看，常见的问题表现为以下几个方面。一是参与面小。只有小部分幼儿参与活动。这些幼儿多是技能好或某方面有特长，其他没有参与的幼儿变成了观众。二是训练过多。提前排练，甚至放弃正常的教

育教学活动。三是节目的安排忽视幼儿的权利和主体性、自主性等。对于幼儿园安排的一些节目，有的幼儿很不喜欢。这些做法偏离了“六一”儿童节的活动宗旨，使“六一”儿童节的功能产生异化，导致出现消极的影响。

谨防“六一”儿童节活动功能的异化

(四)其他节日活动的设计与指导要求

这些节日活动的设计、组织与指导要点、注意事项等与“六一”儿童节活动大致相同。对于这些活动的设计、组织与指导，除了“六一”儿童节活动所提及的要点外，教师还应再注意以下几个方面。① 第一，节庆活动的组织要紧扣节庆活动的性质、主题、目的。第二，节庆活动要形式多样化、内容丰富。第三，要注重幼儿的全过程参与，将节日的主动权还给幼儿。第四，要将节庆活动的精神渗透、延伸到日常保教活动、生活活动当中，让幼儿初步了解节日的来源、象征意义、纪念意义等有关常识。另外，教师还要注意节庆活动的延伸，扩大节庆活动的教育功能，延长节庆活动的“寿命”，而不是让节庆活动仅仅停留在短暂的、有限的节庆时间里。

其他节日活动的设计与指导要求

二、亲子活动

亲子活动是学前教育机构开展的一种较为重要的活动。随着生活水平的提高，家长对教育的重视有了新的变化。越来越多的家长认为孩子的教育不只是教师的事情，有更多的家长愿意参加到幼儿园的各种活动当中。这样家庭与学前教育机构共育方面有了更丰富的内涵，亲子活动就是一种很能体现家园共育精神的活动形式。

(一)亲子活动的内涵

广义的亲子活动是指家长和儿童共同参与的活动。本讲说的亲子活动指的是狭义的亲子活动，是教师有计划、有目的地组织家长和儿童共同参与的活动。亲子活动有助于增进教师与家长、家长与儿童之间的情感交流，推进家园共育，提高活动效益。亲子活动可以是集体形式(多个家长或家庭参与)，也可以是单个家长(家庭)参与的形式。本讲阐述的是以 3～6 岁儿童为对象的幼儿园亲子活动，这些活动可以适当方式延伸到家庭、社区。

(二)亲子活动的功能

亲子活动在儿童成长当中是一种非常重要的活动形式，在促进儿童身心健康发展当中具有重要的作用。它有着如下独特的功能。②

1. 促进儿童的生长发育

很多亲子活动一般都有游戏功能或体育运动功能，它既可以促进儿童身体生长，还可以促进儿童心理健康。而亲子活动恰恰是儿童游戏的一种重要形式，也是家长与儿童交往的一种重要途径。

2. 促进儿童的社会性发展

亲子活动加强了亲子之间的情感联系，可以使儿童产生良好的情绪体验，为建立良好的亲子关

① 郑健成:《学前教育学》第二版，208 页，上海，复旦大学出版社，2014。
② 郑健成:《学前教育学》第二版，197～198 页，上海，复旦大学出版社，2014。

系打下基础，促进儿童健康发展。亲子活动又能让儿童体验初步的社会交往，为儿童和同伴、儿童和家长之间搭建了交往平台，有助于儿童社会性的发展。

3. 促进儿童的认知能力发展

很多家长都会买各种各样的育儿书籍，教师手中也自然有各种书籍。在组织活动时，家长可以利用这些书籍拓宽儿童的视野，增长儿童各方面的知识，促进儿童的认知能力发展。

（三）亲子活动的内容选择

亲子活动的内容广泛，形式多样，需要根据本园、本班幼儿的年龄特点及家长情况来设计。常见的亲子活动有亲子手工、亲子运动会、亲子游戏、亲子演出、亲子春秋游等类型。教师在策划、组织和开展亲子活动时，需要发挥家长、幼儿的智慧和特长，邀请本班甚至别班的幼儿及家长共同参与。这样使亲子活动开展得更有成效、更加体现家园共育理念，从而让亲子活动实现价值的更大化。

适合幼儿园开展的多种亲子活动

（四）亲子活动的组织与指导

教师在组织与指导亲子活动时要注意如下几个基本环节。

1. 开始环节

开始环节的主要任务是用简洁的语言向家长说明活动的目的、内容、注意事项等。一方面是激发家长与幼儿对亲子活动的兴趣，另一方面让家长与幼儿明白如何参与及参与当中包括安全事项在内的注意事项。当参与亲子活动的人数较多时，幼儿大多比较兴奋，教师必须迅速集中幼儿的注意力。

2. 中间环节

中间环节是活动的主要环节。教师指导的重点是提醒家长观察孩子的活动过程，关注孩子的参与性、投入程度，不要仅仅关注孩子参与的结果，防止孩子产生急躁情绪。在这个时候，教师要注意引导或提醒家长，不宜将自己的孩子与别的孩子进行对比，特别是在竞赛类活动中重点引导家长通过参加亲子活动更加了解自己的孩子，发现孩子的闪光点。

3. 结束环节

结束环节是快结束或颁奖环节。教师指导的重点是对活动进行简洁、重点突出的总结或点评，对幼儿和家长的表现予以赞赏。为了发挥亲子活动的长效性，教师可以对家长提出回家后的要求，使亲子活动的影响能进入家庭，提升家长的育儿水平。

（五）设计、开展亲子活动的注意事项

设计、开展亲子活动比组织园内活动，需要教师做更多的工作。要想开展好亲子活动，教师需要注意以下事项。①

1. 提供适宜的活动环境

亲子活动中，场地、玩具、器材等都是必不可少的，同时要配备一些安保人员和设备。教师应根据亲子活动的目的、场地大小、活动时长、活动难易程度等决定活动的人数；在活动前准备好必

① 郑健成：《学前教育学》第二版，200页，上海，复旦大学出版社，2014。

要的设施、器材、玩教具等；在活动中根据幼儿参与情况提供相应的工具与材料。后勤保障必不可少，如提供饮用水、防护用品、医疗用品等，保证活动的顺利进行。

2. 确保亲子活动类型的多样化

教师应根据家长与幼儿的需求和兴趣点，开展丰富多彩的亲子活动，如亲子野外郊游、亲子俱乐部、亲子运动会、亲子才艺大赛、玩具图书馆等。

3. 充分利用各种资源

教师需要充分利用人力资源和物质资源。人力资源主要是指家长自身的资源。要利用家长自身的资源，发挥家长群体的专业性强、社会经验丰富等优势。这样亲子活动开展得更有创意、有趣味。物质资源主要是指生活中的各种自然物、废旧物品等。

幼儿园要充分利用与挖掘家长及社区资源，丰富幼儿园活动的内容。比如，福建幼儿师范高等专科学校附属幼儿园教师程华芬、苏静设计与执教的中班亲子活动“我爱妈妈”系列活动之“巧手作坊”，巧妙地将“三八妇女节”资源、亲子制作家长资源、废物利用环境资源三种资源的创意点结合在一起，开展效果非常好。

4. 处理好自己与家长的关系

在策划亲子活动时，教师应主动邀请家长参与。教师和家长是合作者，都是教育者，不是教育与被教育的关系。教师不能忘记自己的角色，不能把家长置于服从、配合的地位，更不能以居高临下的姿态随意指挥家长。

中班亲子活动：“我爱妈妈”系列活动之“巧手作坊”

三、外出活动

对于幼儿园来说，外出活动包括各种各样的园外活动，也是比较重要的一种活动。

(一)外出活动的含义及其教育功能

外出活动是指幼儿园有计划、有目的地在幼儿园以外开展的活动。外出活动的主要功能包括教育功能和娱乐休闲功能。教育功能包括多个方面，如增长见识、锻炼身体，培养热爱大自然、热爱社会的情感和社会责任感，增强探索能力，激发求知欲望，增进情感交流等。娱乐休闲功能是一般外出活动均具有的功能，如放松心情、享受快乐等。根据活动目标，外出活动可分为如下几类：一是以休闲放松娱乐、增进情感联系为目的的游玩活动，如春秋游、野外亲子活动等；二是以丰富知识、拓宽视野为目的的参观活动；三是以增长知识、提高社会实践能力为目的的社会实践活动；四是专门作为幼儿园教育活动延伸与扩展的活动；等等。

(二)外出活动的组织与领导

外出活动在幼儿园开展得不多，但意义却很大。比如，可以去超市、小学、工厂、农庄、博物馆、革命烈士纪念堂开展参观类活动。美化小区的清洁活动、植树节种树种花活动、社会实践活动基地的体验活动都可以算是社会实践活动。

外出活动就其组织与领导的环节来看，与春秋游活动的组织与领导大致相同。但由于外出活动的目的比较特别，因此在开展外出活动时，教师需要特别注意以下几点。[1]

1. 确定活动的目的

外出活动的主要目的是拓宽幼儿的视野或作为幼儿园教育活动的延伸。

2. 活动前的联系工作

外出活动的准备要细致。活动前要先与参观单位联系，落实参观时间、行走线路、参观内容、安全事项、其他注意事项等。

3. 活动过程中的指导

教师在指导过程中要有全局的意识，在整个参观和社会实践过程中把握主要内容，不拘泥细节部分与次要内容，注意全体幼儿，不过多关注个别幼儿。此外，教师不要讲解过多，要引导幼儿主动去探索和发现。

4. 活动后的延伸活动

活动后的延伸活动做得好，可以扩大外出活动的影响。常见的延伸活动有口头讲述、绘画、手工制作、表演游戏、建构游戏等，让外出活动的效果能更持久。一方面，教师可以通过延伸活动了解外出活动的效果。另一方面，教师可以通过延伸活动巩固和强化外出活动的成果。

(三)外出活动举例及评析

外出活动往往与幼儿园的教育活动相联系。有些教师会将外出活动作为日常教育活动的一个环节，这样能增强外出活动的效果。为了便于大家对外出活动的前期与后续活动有一个整体了解，本书选编了福建幼儿师范高等专科学校附属幼儿园林琼、何圣予老师设计和开展的外出参观活动案例。相信大家对组织外出活动后如何总结和反思会有更深入的了解。

外出参观活动：走近小学……

四、家园社区共育活动

除了幼儿园的各种活动以外，家园社区共育活动也是重要的教育途径。《幼儿园工作规程》指出："幼儿园应该主动与幼儿家庭配合，帮助家长创设良好家庭教育环境，向家长宣传科学保育、教育幼儿的知识，共同担负教育幼儿的任务。"幼儿园是专业的教育机构，一般来说教师比家长更懂得儿童发展的特点与规律和科学的教育方法。幼儿园及教师应该主动地激发家长积极合作的精神，依托社区资源，开展家园社区共育活动，共同促进儿童的发展。

常见的家园社区共育活动有家长助教活动(如"故事妈妈"和幼儿园各种亲子社团活动)、家长志愿者活动、家长学校活动、家长开放日活动、社区育儿咨询、社区联欢活动等。

本讲要点

其他形式的活动包括节庆活动、亲子活动、外出活动、家园社区共育活动。节庆活动具有娱乐、教育和文化等功能。节庆活动要以幼儿和幼儿发展为本，围绕活动的性质和主题，选择多样化的活动内容。活动前要做好活动策划与准备；活动过程中要做好组织与指导工作，面向全体幼儿，以幼

---

① 郑健成：《学前教育学》第二版，210页，上海，复旦大学出版社，2014。

儿为主体，做到人人参与、全程参与，人人获得愉快的体验、得到锻炼和发展，防止活动功能异化而对幼儿产生不良影响。亲子活动是通过引导家长参与幼儿园活动，实现幼儿园与家长的沟通交流，达到对亲子关系的调适、教育资源的最佳整合与利用，从而更好地促进幼儿身心健康和谐发展。外出活动包括以休闲放松娱乐、增进情感联系为目的的游玩活动，以丰富知识、拓宽视野为目的的参观活动等，以增长见识、提高社会实践能力为目的的社会实践活动。外出活动要明确目标定位，做好活动地点的选择、计划的拟订和准备工作，确保活动的安全。在外出活动中，教师可引导幼儿欣赏沿途美景等，向幼儿提出具有开放性、启发性的问题，引导幼儿探索、思考，使他们得到充分锻炼。节庆活动、亲子活动、外出活动都可根据活动开展情况，进一步延伸开展其他教育活动，以巩固和提升所开展活动的教育效果。

学以致用

1. 分小组讨论，尝试设计适合在幼儿园小、中、大班一个班级开展的亲子活动。

2. 尝试设计中班年段的“六一”儿童节活动方案。

模拟练习

一、单选题

1. 下列属于我国法定节假日的是(　　)。

A.“六一”儿童节　　B.“三八”妇女节　　C. 端午节　　D. 重阳节

2. 关于亲子活动，下列说法不正确的是(　　)。

A. 亲子活动是重要的家园共育活动

B. 组织亲子活动首要考虑的是幼儿的兴趣需要

C. 亲子活动需要全体家长参加

D. 亲子活动的组织需要考虑家长参与的方法

3. 组织幼儿外出活动时首先考虑的因素是(　　)。

A. 可行性　　B. 经济性　　C. 趣味性　　D. 安全性

二、简答题

举例说明组织外出活动时应注意哪些工作。

模拟练习答案

第四讲　其他形式的活动

考点分析

本单元与幼儿园教师资格证考试大纲相关的要求如下。

1. 设计或选择丰富多样、适当的保教活动方式，因材施教，以促进幼儿的个性发展。

2. 掌握游戏指导与组织实施教育活动的知识和能力。理解幼儿园游戏的意义、作用与指导方法，能根据幼儿园教育目标和幼儿的实际组织和实施教育活动。

3. 熟悉幼儿园游戏的类型以及各类游戏的特点和主要功能。

4. 了解各年龄阶段幼儿的游戏特点，能提供相应材料支持幼儿的游戏，并根据需要进行必要的指导。

5. 熟悉幼儿园一日生活的主要环节，理解一日生活的教育意义。

6. 了解幼儿生活常规教育的要求与培养幼儿良好生活卫生习惯的方法。

拓展阅读

1. 刘焱：《儿童游戏通论》，北京，北京师范大学出版社，2004。

2. 黄瑾：《幼儿园教育活动设计与指导》，上海，华东师范大学出版社，2007。

3.［日］仓桥物三：《幼儿园真谛》，李季湄译，上海，华东师范大学出版社，2014。

第八单元

学前教育实施的基本要求

思维导图

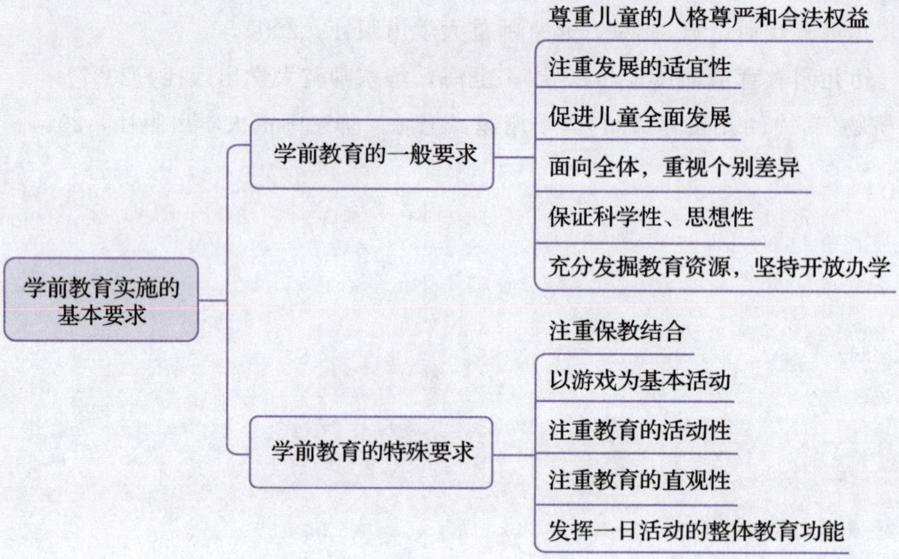

学习目标

1. 理解、识记学前教育实施的基本要求，包括一般要求和特殊要求。
2. 运用学前教育实施的基本要求相关理论与知识，分析学前教育实践中的问题。
3. 尊重儿童，逐步形成正确的学前教育观。

第一讲
学前教育的一般要求

头脑风暴

起床后，幼儿各自做着自己的事情。强强突然走到我身边，扭捏地对我说："于老师，我出汗了。"看他紧张的样子，我马上意识到，他可能尿床了，但又不好意思和老师说。我随他来到床前，看到床单确实湿了一大片。我安慰他说："出汗了没关系，一会儿我帮你把被褥晾干就行了。"……

结合这个案例，你认为该教师在从事幼儿园教育工作时遵循或违背了什么教育要求？这位教师的教育对幼儿的发展可能会带来什么影响？

教育的一般要求是教师在向儿童进行教育时必须遵循的基本要求(也称教育原则)，应始终贯穿于教育工作的全过程。教育的一般要求是根据教育目标、任务和儿童身心发展的特点，并在总结长期教育实践经验的基础上提出来的。一般包括以下几点。

一、尊重儿童的人格尊严和合法权益

儿童作为独立的个体，他们享有基本的人格尊严和权利。同时，儿童不会像成人那样当自己的人格尊严受到侵害时能够进行自我保护。因此，对儿童进行教育，我们首先应尊重儿童，保障他们的人格尊严和合法权益不受伤害。

(一)尊重儿童的人格尊严

教育儿童，首要的是尊重儿童。尊重儿童的人格尊严，是每位教师的责任。儿童虽然年龄小，但他们和教师之间是平等的关系。教师要将儿童作为具有独立人格的人来对待，尊重他们的情感、兴趣、要求和愿望等。各个国家都在出台相应的法律法规，从法律层面保障儿童的合法权益。第一个具有法律约束力的国际公约《儿童权利公约》确立了儿童保护的四项基本原则。第一，儿童最佳利益原则。任何事情凡是涉及儿童，必须以儿童利益为重。第二，尊重儿童尊严的原则。尊重儿童的人格和尊严，保证儿童生存与发展的质量。第三，尊重儿童的观点与意见的原则。任何事情如果涉及儿童本人，必须认真听取儿童自己的观点与意见。第四，无歧视原则。不论儿童的社会文化背景、出身、性别、贫富等，都要受到公平对待。

如果教师能注意倾听儿童的想法，尊重儿童的意愿，处处体现出对儿童的尊重，就会使儿童意识到他们在世界上是有价值的、有能力的，从而建立起自信，获得良好的自我概念，为自身的继续发展奠定基础。但如果教师随意呵斥、惩罚儿童，让儿童感受到委屈、羞辱，他们便会丧失基本的自尊和自信。这种消极的自我概念一旦形成，将会影响儿童终身的发展。

(二)保障儿童的合法权益

儿童是国家的未来和希望，是正在发展中的社会成员，需要许多特别的呵护才能茁壮成长。因此，我国法律给予了儿童许多权利，如生存权、受抚养权、受教育权、发展权等。但是，儿童的权利极易受到忽视和被剥夺，他们需要得到成人的关爱和保护。得到成人的保护也是他们应有的权利。家庭、教育机构、社会应当保障未成年人的合法权益不受侵犯。因此，教师不仅是儿童的教育者，还应当是儿童权益的实际维护者。

二、注重发展的适宜性

教育的出发点和归宿都是促进儿童身心的和谐发展，促进儿童在现有的水平基础上获得充分的发展。教师进行学前教育课程的设计、组织、实施时都应着眼于促进儿童的发展。所提出的教育目标，既不可任意拔高，也不能盲目滞后。内容的安排应以儿童的身心发展为基础，注重儿童的学习准备。① 按维果茨基的理论来说，要找准每个儿童的“最近发展区”，使每个儿童通过教育都能在原有的基础上有所提高，即“跳一跳，摘桃子”。教师应在充分了解儿童已有的知识和理解能力、智力水平的基础上，提出“略为超前”的适度的教育要求，把儿童发展的可能性与积极引导二者辩证地结合起来，既不低估或迁就儿童已有的水平，使其错过发展的机会，又不可拔苗助长，超出发展的可能性。

三、促进儿童全面发展

全面发展是我国教育目的的核心，是各级各类教育都要遵循的基本原则。幼儿园要实施德、智、体、美、劳全面发展的教育，促进幼儿身心和谐发展。要落实促进儿童全面发展的要求需要注意以下几个方面。

(一)儿童的发展是整体的发展，而不是片面的发展

教育必须促进儿童德、智、体、美、劳诸方面全面发展，不能偏废任何一个方面。儿童作为正在发展中的人，有使自身的各种潜质都获得发展的需要；作为社会的预备成员，也应当是全面发展的，这样才符合社会对合格成员的需求。为此，教育应当促进儿童身心的全面发展，才能完成社会交给教育机构的任务。

(二)儿童的发展是协调的发展

协调的发展包括儿童身体的各个器官、各系统机能的协调发展；儿童各种心理机能，包括认知、情感、性格、社会性、语言等方面的协调发展；儿童的生理和心理协调发展；儿童个体的需要与社会的需求之间的协调；等等。协调发展是人身心发展的重要指标。如果这些协调发生了障碍或发展不足，就会影响儿童许多方面的发展。

(三)儿童的发展是有个性的发展

教育除了使每个儿童达到国家统一要求的标准之外，还允许根据每个儿童的特点和可能性，充分发挥他们各自的潜能，让不同的儿童实现具有个性的发展。

四、面向全体，重视个别差异

在教育过程中，教师在关注全体儿童的同时，还应重视儿童的个别差异，因人施教，有针对性

---

① 丁海东：《保教知识与能力(幼儿园)》，9页，北京，北京大学出版社，2014。

地采取有效、合理的方式促进儿童的发展。“面向全体”是强调共性要求，让每个儿童都得到发展；“重视个别差异”则是强调关注个性特点，让每个儿童在各自不同的水平上得到发展。

贯彻这一要求，应注意以下三点。

(一)教育要促进每个儿童的发展

“面向全体”是实现教育目标的立足点，也是我国学前教育的优良传统。教育要面向每个儿童，使每个儿童都能达到教育目标的要求。教师不能只照顾优秀的儿童，而是要保证每个儿童在幼儿园里有同等受教育的机会，平等地对待所有儿童。

(二)教育要促进每个儿童在原有基础上的发展

面向全体，使所有儿童都得到发展，并不是要求所有儿童都达到同等水平，也不是要求每个儿童在所有方面都达到同样高度。由于每个儿童的需要、兴趣、性格、能力、学习方式等各有特点，因此教师必须考虑每个儿童的特殊需要，采取适合他们的方法，制定个别化的教育方案，对其进行有针对性的教育，使每个儿童都能发挥自身的优点和特长，在自己原有的水平上得到应有的发展。

▶想一想

在一次幼儿园的公开活动中，我们特意对幼儿回答问题的机会做了统计。结果表明：全班幼儿共 40 人，本次活动中共有 8 名幼儿有单独回答问题的机会。其中，7 次机会的有 1 人，5 次机会的有 2 人，3 次机会的有 3 人，2 次机会的有 3 人。有 10 名幼儿完全游离于教师的课堂之外。

面对这种情况，如果你是这个幼儿园的教师，你应该怎么做?

(三)合理组织活动，促进儿童的发展

集体活动是我国学前教育机构进行教育的主要组织形式。而小组活动、个别活动开展得相对较少，不利于充分满足不同儿童的不同需要。教师应注意在教育中灵活地使用集体活动、小组活动、个别活动的形式，使每个儿童在现有基础上得到发展。

五、保证科学性、思想性 ●●●

学前教育的重点在儿童学习的兴趣、方法、情感态度的养成上，其目的是促进儿童身心和谐发展，使儿童富有个性地成长。所以学前教育必须保证它的科学性、思想性。贯彻科学性、思想性原则，要做到以下几点。

(一)教育内容应是健康、科学的

选择的教育内容应该是健康、科学的，对儿童有积极向上的引领作用；而且内容和方法都应该是正确规范的，有利于儿童正确地感知客观事物和现象，形成正确的概念和对事物的科学态度。

(二)教育要从实际出发，对儿童的健康发展有利

教师要从实际出发，对儿童进行有针对性的教育；教育形式要活泼，教学方法要多样；教师和家长要以身作则，言行一致，成为儿童行为的表率。

(三)教育设计和实施要科学、正确

教师要了解儿童的年龄特征和认识事物的规律，根据儿童的实际需求，安排相应的教学内容；

教师对知识的掌握应该准确无误，要注意各学科、各知识之间的联系，选择多种教学手段和方法，科学地组织一日活动，合理安排活动时间和活动量。

六、充分发掘教育资源，坚持开放办学

儿童的身心发展是多方面因素相互作用的结果。我们必须认识到儿童自身、儿童群体以及家庭、社会都是宝贵的教育资源，要充分发挥它们的教育作用。家庭、社区、教育机构、田野中，看电视、交谈、游戏等各种活动中，都存在丰富的教育资源，都在对儿童发展发挥着强大的作用。这些教育资源的广泛性、灵活性、多样性、即时性，是学前教育机构提供的资源所难以比拟的。学前教育机构必须在与社会系统的合作中去完成自身的教育任务，发挥学前教育机构在儿童成长中的导向作用。所以，学前教育机构必须是开放的，必须与家庭、社区紧密结合。这既是社会发展对学前教育提出的客观要求，又是学前教育自身发展的内部需求。

▶想一想

菲菲的爸爸是飞行员，对飞机非常熟悉，他的家里有许多飞机模型和有关的画册、海报等。班里的很多幼儿都很喜欢飞机。教师通过平时的观察发现了这个现象。于是，有一天，教师将菲菲的爸爸请到班里为幼儿上了一节关于飞机的课。幼儿都被乐乐爸爸生动的描述和奇特的模型深深吸引，围着菲菲爸爸问长问短，场面很是热闹。

请分析：你赞同教师的这一做法吗？为什么？你认为教育资源有哪些？

本讲要点

本讲阐述了学前教育的一般要求，主要包括尊重儿童的人格尊严和合法权益；注重发展的适宜性；促进儿童全面发展；面向全体，重视个别差异；保证科学性、思想性；充分发掘教育资源，坚持开放办学。本讲还详细阐述了贯彻落实这些要求的注意要点。

学以致用

收集幼儿园教育教学案例，结合学前教育实施的一般要求分析教师的行为是否适宜。

模拟练习

一、单选题

1. 提出“以儿童的最大利益为首要考虑”的是(　　)。

A.《儿童权利公约》

B.《儿童权利宣言》

C.《幼儿园工作规程》

D.《国务院关于当前发展学前教育的若干意见》

2. 促进儿童全面发展的原则要求教师在制订教育计划、设计和实施教育活动时，应当注意的事项不包括(　　)。

A. 儿童的发展是整齐划一的发展　　B. 儿童的发展应是协调的发展

C. 儿童的发展是均衡的发展　　　　D. 儿童的发展是有个性的发展

3. 学前教育机构必须是开放的，必须与家庭、社区紧密结合。这体现了学前教育的(　　)要求。

A. 面向全体，重视个别差异　　　　B. 重视个别差异

C. 尊重儿童的人格尊严和合法权益　　　　D. 充分发掘教育资源，坚持开放办学

二、简答题

1. 落实"面向全体，重视个别差异"的要求，应该注意什么？

2. 在学前教育中如何落实科学性、思想性的教育要求？

三、材料分析题

小明衣着打扮得体，文静可爱，聪明智慧，深得班主任陈老师的喜爱。在每次活动中，小明总是能够获得优先发言和示范的机会，陈老师经常在班里表扬他。小春生性活泼好动，有时会故意捣乱，这让陈老师感到非常恼火。因此在活动中即使小春把手举得很高，陈老师也不会让他发言，有时甚至批评他故意捣乱。后来，小春经常向别的教师和爸爸妈妈说陈老师不喜欢他。

思考：请从学前教育原则或基本要求的角度分析上述现象。

模拟练习答案

第一讲　学前教育的一般要求

第二讲
学前教育的特殊要求

头脑风暴

在幼儿园，如果你问幼儿“我们现在玩游戏好不好”，他们肯定会欢呼说“好”。在这时候，幼儿情绪高涨，无比激动。很多幼儿园在下午没有安排教学活动，每个下午幼儿都是在游戏中度过的。

思考：案例中体现了学前教育的什么要求？你认为应该如何去落实这个要求呢？

由于儿童身心发展的特殊性，学前教育在实施过程中除了要满足一般要求外，还要满足特殊要求。

一、注重保教结合

儿童身心发展的特点和需求决定了保教结合是学前教育的特殊要求之一。“保”是指保育，侧重儿童的身体和生活的养护与照顾；“教”是指教育，侧重儿童的心理机能与行为习惯的培养与塑造。教师应从儿童身心发展的特点出发，在对儿童进行全面教育的同时，重视对儿童进行生活上的照顾和保护，做到教中有保、保中有教，确保儿童真正能健康、全面地发展。落实这一要求需要明确以下三点。

(一)保育和教育是学前教育机构两大方面的工作

保育主要是为儿童的生存、发展创设有利的环境和提供物质条件，给予儿童精心的照顾和养育，帮助其身体和机能良好地发育，促进其身心健康地发展；教育侧重在培养儿童良好的行为习惯、态度，发展儿童的认知、情感、社会性等方面，引导儿童学习必要的知识技能等。保育和教育两方面构成了学前教育的全部内容。

(二)保育和教育工作相互联系、相互渗透

保育和教育就像纬线和经线一样紧密地交织在一起，这种不可分割的关系是由学前教育工作的特殊性和儿童身心发展的特点决定的。虽然保育和教育有各自的主要职能，但并不是截然分离的。教育中包含了保育成分，保育中也渗透着教育内容。这就要求教师在教育工作中注意保育因素，在保育工作中注意教育因素，使两者有机结合起来。只有这样，才能为儿童身心全面和谐发展创造良好的条件。

(三)保育和教育是在同一过程中实现的

保育和教育是在统一的教育目标指引下，在同一教育过程中实现的。有的教师在照顾儿童生活时，忽视了随机地、有意识地实施教育，结果无意识地影响了儿童的发展。这可能会助长儿童的依赖思想，使他们失去锻炼自己能力的实践机会，也可能在无形中剥夺了儿童发展自己的权利。

▶想一想

一位妈妈刚刚给自己儿子报名就读幼儿园小班。在第一周，这位妈妈就说"我家孩子挑食比较严重，我都没有办法纠正。这下上幼儿园好了，孩子挑食问题要交给老师来处理了。"

思考：碰到幼儿园孩子挑食，你会怎么做？

二、以游戏为基本活动

《幼儿园工作规程》明确了游戏在幼儿园教育中的地位，将"以游戏为基本活动"作为幼儿园教育的基本要求之一。2001 年的《幼儿园教育指导纲要(试行)》又进一步强调了这一点：儿童的学习以直接经验为基础；游戏能满足儿童的需求，是适合儿童身心发展特点的学习方式，具有其他活动不可替代的教育价值。因此，应把游戏作为主要的活动形式，渗透到儿童的一日生活中。

(一)满足儿童对游戏的需要

游戏是儿童身心发展的需要，游戏易于唤起儿童的学习兴趣，使儿童在玩中学、学中玩，学得轻松愉快。教师应充分发挥游戏对儿童发展的作用，尽可能为儿童提供充足的游戏时间，因地制宜地创设游戏的机会与条件，保障儿童游戏和在游戏中学习的权利，让儿童在游戏中直接感知、实际操作和亲身体验，使儿童对游戏的需要得到满足，并保持对游戏的兴趣。

(二)充分利用游戏形式组织幼儿园各类教育活动

游戏对儿童有很大的吸引力。为了使幼儿园各类教育活动更适合儿童身心发展的需要，更好地发挥教育的作用，教师需要把游戏的因素渗透到这些活动中去。比如，教师利用游戏化的形式组织幼儿园其他一些非游戏性的活动，使儿童在这些活动中获得游戏体验，在主动积极的活动和交往过程中获得身心各方面的发展。

▶想一想

当前有的幼儿园在开展游戏活动时存在一些问题，其根本的问题就是剥夺儿童游戏的权利。

思考：这些问题具体有哪些表现？

三、注重教育的活动性

儿童认知的直觉性与形象性的方式和特点，决定了他们必须通过活动去接触各种事物和现象、与他人交往、实际操作物体，才能逐步积累经验、获得真知。离开了活动，就没有儿童的发展。

学前教育机构提供的教育不能只让儿童静坐着看和听，而应该用各种办法引导儿童主动活动。因为对他们来说，只有在活动中的学习才是有意义的学习，才是理解性的学习。教师应从儿童身心发展的特点和水平出发，以活动为基础展开教育活动。同时，活动形式应多样化，让儿童能在多种多样的活动中得到发展。落实这一要求要注意以下几点。

(一)以活动为中介，通过各种活动促进儿童的发展

学前教育促进儿童的发展主要是通过活动来实现的。儿童通过参与各种活动在各方面得到发展。因此，在活动的设计、组织、实施过程中，教师要为儿童提供丰富的材料和充分的活动空间、时间，

开展各种类型的活动，提供进行人际交往的机会，为儿童积极主动地活动提供可能。

教师既要相信儿童，放手让他们参加各种活动，又要适时地支持和引导，进行必要的指导和帮助；同时还应激发儿童在活动中的积极性、主动性和创造性，使活动真正成为儿童发展的手段。

(二)教育活动的多样性

儿童的发展需要是多样的，儿童的兴趣是活跃和多变化的，因而需要多样的活动满足其发展。学前教育机构的活动不应当是单一的，因为活动的内容、形式不同，在儿童发展中的作用也是不一样的。教师要注意教育活动的多样性，有效地促进儿童发展。比如，从类型来看，教育活动有集中教育活动、游戏活动、日常生活活动、亲子活动、劳动等；从活动的领域来看，教育活动有健康的、科学的、语言的等领域的活动；从组织形式来看，教育活动有集体活动、小组活动、个别活动等。

典型案例

春天来了，幼儿园洋溢着生机勃勃的气息。幼儿在教师的号召下，纷纷从家里带来小花盆、小罐，开展种植活动，观察种子发芽。幼儿拿着一粒粒菜种、一颗颗花生和绿豆，先松土播种，再浇水施肥。一天天过去了，幼儿亲手种下的种子终于发了芽。每天一早来园后，幼儿跑到小花盆前，兴奋地说："李老师，我的种子发芽了！它长出了两片小叶子！"看着幼儿开心的笑脸，教师也沉浸在他们成功的喜悦中。可有一天，晖晖走到教师跟前，扯着教师的衣服伤心地问："李老师，为什么我的种子到现在还没发芽?"教师摸摸他的头说："你是不是没喂种子喝水啊?"晖晖接着说："我天天都给种子喝很多水，可它就不发芽!"教师说："老师来帮你检查一下种子出什么毛病了!"哎，他的花盆小，又浇了太多的水，多余的水来不及流走。水浸着种子，都发霉了，还怎么发芽呢！查出原因后，教师对晖晖说："你看，你给种子喝太多水了，水多了会把它胀死的。"于是，教师和晖晖把盆里的水倒掉，重新松土，播种子，并告诉他每天只需要浇小半杯水就够了。

下午，教师根据这件事和幼儿展开种子发芽需要什么条件的讨论。幼儿各抒己见。很多幼儿说要多晒太阳，多浇水，种子就会长得壮。晖晖站起来说出自己的看法："不，种子不能浇太多水，要不然胀死了不发芽!"接着，教师向幼儿讲了做什么事都要适当，不能过量，否则就事与愿违的道理。幼儿瞪大了眼睛，静静地听教师解释。他们对于种子发芽需要的条件的认识更深刻了。过了几天，晖晖的种子发了芽。看着他们每天小心地护理自己的小花盆时，教师深深地感到：任何活动都不可忽视每一个细小的环节，还要抓住一些偶发事情进行随机教育，只有这样才能使幼儿获得更全面的知识和发展各种能力。

请分析：为什么不直接将种子发芽的知识教给幼儿，而要让幼儿在自己的操作和活动中尝试去探究和发现?

四、注重教育的直观性 ●●●

儿童思维的具体形象性和第一信号系统占优势，所以他们只有在获得丰富的感性经验的基础上才能理解事物。直观性要求在幼儿园教育活动中有特殊意义，因为幼儿生活经验贫乏，他们主要是通过各种感官来认识世界，是通过直接感知认识周围事物，形成表象并发展初级概念的。

在教育教学活动中，落实直观性要求能使教育教学活动变得生动活泼，激发幼儿活动的兴趣，加深幼儿的印象，有助于幼儿理解和形成具体概念，发展能力，从而取得良好的教育效果。

落实直观性要求应注意如下几方面。

①教师要根据儿童不同年龄的身心发展水平，运用各种形式的直观教学手段，从具体的、有情节的事物向无情节的事物过渡，从实物类型的直观向图片、模型、语言等的直观过渡；②教师通过演示、示范、运用范例等直观教学手段，变抽象为形象，化枯燥为生动的同时，还可以辅以形象生动的、声情并茂的教学语言，帮助儿童理解教学内容；③教师通过具体可见或可操作的活动，使儿童比较容易理解所学的内容，更快地获得各种知识经验。

五、发挥一日活动的整体教育功能 ●●●

幼儿园应充分认识和利用一日活动中各种活动的教育价值，通过合理组织、科学安排，让一日活动发挥一致的、连贯的、整体的教育功能，寓教育于一日活动之中。

(一)一日活动中的各种活动不可偏废

幼儿园一日活动是指幼儿园每天进行的所有保育、教育活动。它包括由教师组织的活动(如幼儿的生活活动、教学活动等)和幼儿的自主自由活动(如自由游戏、区域自由活动等)。无论是幼儿的生活活动还是教学活动，无论是有组织的活动还是幼儿自主自由的活动，都具有重要的教育作用，对幼儿的发展都是不可缺少的。因此，教师不能顾此失彼，随意削弱或取消任何一种活动。

学前教育实践中存在重教育教学活动而轻生活活动和重有组织的活动而轻幼儿自由活动的倾向，因此有必要强调生活活动和自由活动的重要性。

生活活动在幼儿期有特殊的意义。它不仅是幼儿健康成长所必需的，也是幼儿重要的学习内容和学习途径。将它纳入学前教育机构的教育内容，可以说是学前教育的一大特点。自由活动对幼儿健康人格的发展是至关重要的。一个完全被约束的幼儿，会缺乏创造力、想象力，甚至会出现心理问题。教师在教学中应克服上述错误倾向，保证幼儿身心健康成长。

(二)各种活动必须有机统一为一个整体

每种活动不是分离地、孤立地对儿童发挥影响力。幼儿园的一日活动要在共同的教育目标下形成合力，才能发挥教育的整体功能。因此，如何把教育目标渗透到各种活动中，每个活动怎样围绕目标来展开，就成为实践中应当特别关注的问题。

本讲要点

本讲列举了学前教育的特殊要求，主要包括注重保教结合、以游戏为基本活动、注重教育的活动性、注重教育的直观性、发挥一日活动的整体教育功能五个要求。本讲还详细阐述了贯彻落实这些要求的注意要点。

学以致用

收集教师教育教学案例，结合学前教育的特殊要求分析教师的做法。

模拟练习

一、单选题

1. 在幼儿园实践中，某些教师认为幼儿进餐、睡眠、茶点等是保育，只有上课才是传授知识、发展智力的途径，不注意利用各环节的教育价值。这种做法违反了(　　)的要求。

A. 发挥一日生活的整体教育功能　　B. 重视年龄特点和个体差异

C. 尊重儿童　　D. 实践性

2.(　　)是我国学前教育所特有的一条要求。

A. 独立自主　　B. 发展适宜性

C. 以游戏为基本活动　　D. 综合性

3. 有的保育员在照顾儿童生活时，忽视了随机地、有意识地实施教育，结果无意识地影响了儿童的发展。这违反了(　　)的要求。

A. 独立自主　　B. 发展适宜性　　C. 保教结合　　D. 综合性

二、论述题

结合实际论述学前教育的特殊要求。

模拟练习答案

第二讲　学前教育的特殊要求

考点分析

本单元与幼儿园教师资格证考试大纲有关的要求如下。

1. 理解学前教育的基本原则。
2. 理解幼儿园教育的基本特点。
3. 能对教育实践中的问题进行分析。

下　篇

怎样更好地实施学前教育

▶第九单元

▶学前教育的组织与管理

思维导图

- 学前教育的组织与管理
  - 学前教育活动的组织形式
    - 集体活动
    - 小组活动
    - 个别活动
  - 学前教育活动的组织与指导
    - 生活活动的组织与指导
    - 游戏活动的组织与指导
    - 集中教育活动的组织与指导
    - 领域活动的组织与指导
    - 主题活动的组织与指导
  - 学前教育班级保教管理
    - 学前教育班级保教管理的作用
    - 学前教育班级保教管理的内容
    - 学前教育班级保教管理的方法
    - 保教人员协同工作的内容
    - 学前教育各类班级保教管理的策略
  - 学前教育机构与家庭合作共育
    - 学前教育机构与家庭合作共育的内涵
    - 学前教育机构与家庭合作共育的意义
    - 幼儿园与家庭合作共育的内容
    - 幼儿园与家庭合作共育的方式
  - 学前教育机构与社区合作
    - 学前教育与社区的关系
    - 学前教育机构与社区合作的意义
    - 学前教育机构与社区合作的内容和方法
    - 学前教育机构与社区合作的注意事项
  - 学前教育机构与小学的衔接
    - 学前教育机构与小学衔接的含义、意义、特点与任务
    - 幼儿园与小学衔接的内容
    - 做好幼儿园与小学衔接工作的具体措施

学习目标

1. 了解学前教育活动的三种组织形式。
2. 掌握学前教育活动的组织与指导内容。
3. 学会管理学前教育班级保教工作。
4. 掌握学前教育机构与家庭、社区共育的内容与方法
5. 掌握学前教育机构与小学衔接的任务、内容与方法。

第一讲

学前教育活动的组织形式

头脑风暴

关于学前教育活动使用什么样的组织形式，几个同学在一起讨论得很激烈。有的同学说集体活动效果最好，有的同学说小组活动效果最好，也有同学说个别活动效果最好。老师走过来说："你们说得都有道理，不同的内容、不同儿童的发展水平都可能会影响到老师所采用的组织形式。"

思考：你是否认同老师的这种说法？能否举例分析？

一、集体活动

集体活动是全班幼儿在教师的直接指导组织下共同参与的活动。教师需要在短时间内向幼儿提供大量共同经验，让幼儿可以在活动中相互启发，并发展自律、合作意识。这种活动的特点是集中性和统一性，即活动是全员参与的，并有统一的活动目标和要求。中小学教育更多强调集体教学，学前教育更多体现的是集体教育活动或集体教学活动。

集体活动是一种具有高效性的组织形式。在有限的空间和时间内，利用有限的教育资源，尽可能促进所有幼儿在原有水平上共同发展。集体活动可以更多地让幼儿在教师的质疑与挑战中激活思维、分享经验、体验快乐。幼儿要在集体活动中学会倾听并大胆表达自己的看法，学会遵守活动规则和自律，集中学习某方面的知识技能。这对幼儿社会性的发展和知识的获得有积极的帮助。但是集体活动有一定的局限性。即教师需要面向全体幼儿，不能充分考虑每个幼儿的特点、兴趣、需要；幼儿的个体表现机会少，全班幼儿以同样的速度学习同样的内容；教师难以关注幼儿的个性和差异，不利于有针对性地培养幼儿的个性品质和能力。

安排与组织集体活动时，教师应注意：活动内容和方法要符合大多数幼儿的兴趣和需要；活动场地的选择、幼儿座位的安排要灵活多样，材料的呈现要照顾到全体幼儿；活动中要充分调动幼儿参与活动的积极性，尽量给幼儿表达、表现的机会；关注幼儿在活动中的反应(兴趣、情绪和需要)，及时调整教学行为和活动时间；活动中要默契配合，关注幼儿的个体需要，并做出积极的回应。

二、小组活动

小组活动是教师将全班幼儿分成几个小组开展的活动。教师需要为幼儿提供活动环境和需要的材料，并发挥间接指导的作用。在小组活动当中，幼儿可以更多地进行自主探索和协作，充分展现自我。这种组织形式有助于教师对幼儿活动情况的了解和指导，有利于因材施教，有利于幼儿之间的相互交往与合作，可以为幼儿提供更多的交流与操作机会。小组活动有效开展的前提条件是幼儿合作能力的培养。小组活动的价值在于能让幼儿在合作中学习，在共同建构中学会理解、交往，学会遵守共同的活动规则，并可以按照自己的速度和方式做事。

教师在安排和组织小组活动时需要有清晰的目标，提前准备好所有的活动材料；了解幼儿解决问题和完成任务的经验和方法，当幼儿有困难时可针对其能力调整任务难度；多鼓励幼儿与同伴相互学习、交流与合作。

三、个别活动

个别活动是指幼儿的自我学习或教师对幼儿的个别教育活动。这种活动形式可以满足幼儿的个人需要和兴趣。但是，个别活动不是幼儿随心所欲、盲目的活动，而是教师有意安排，有目的、有计划的活动。幼儿的认知、需要、能力存在个体差异，而个别活动可以更好地适应幼儿的差异。同时，个别活动的方法是多种多样的。教师要善于利用各种教育环境，潜移默化地施加教育影响，从而达到促进每个幼儿个性发展的教育目的。

在幼儿园教育实践中，集体活动、小组活动和个别活动都是不可或缺的组织形式。教师要灵活运用以上三种不同的组织形式，以达到更好的教育效果。

本讲要点

学前教育活动是幼儿园为促进幼儿身心和谐健康发展，由教师有计划、有目的地组织实施教与学的正式活动。按照教学活动的组织形式，可以将学前教育活动分为集体活动、小组活动和个别活动。教师需要灵活运用以上三种不同的组织形式，以达到更好的教育效果。

学以致用

去幼儿园见习时，可以调查教师在半日活动当中的哪些环节分别使用了什么样的组织形式。

模拟练习

一、单选题

1. 在下列学前教育活动中，（　　）是能为幼儿提供更多交谈机会的组织形式。

A. 小组活动　　B. 个别活动　　C. 全体活动　　D. 集体活动

2. 在下列学前教育活动中，（　　）的效率是最高的。

A. 小组活动　　B. 个别活动　　C. 全体活动　　D. 集体活动

二、简答题

简述集体活动的优点与不足。

模拟练习答案

第一讲　学前教育活动的组织形式

第二讲

学前教育活动的组织与指导

头脑风暴

每到午睡时间，小二班的李老师就开始忙起来了。这个幼儿不会解鞋带，那个幼儿不会脱衣服，每次都要折腾好久才可以让所有幼儿脱了衣服躺在床上。在这期间，只有几个幼儿不但可以自己脱衣服、脱鞋子，还可以帮助其他幼儿脱衣服、脱鞋子。经验丰富的李老师知道，这些事情不是幼儿不会做，而是他们不想做。因为在家里，他们已经习惯家人帮忙，来到幼儿园寄希望于老师，所以他们始终不自己动手，都在等别人的帮助。于是，李老师在幼儿午睡起床的时候跟所有幼儿说："我发现咱们班的幼儿都很棒，都可以自己穿衣服了，那么今天我们来比一比哪个幼儿穿得最好！"说完大部分幼儿都开始收拾起来，只有几个幼儿迟迟没有动手。李老师鼓励那些做好的幼儿去帮助他们，并且做了相应的指导。通过午睡这段时间，李老师让幼儿的自理能力得到了提升。

思考：你觉得李老师的做法是否有道理？为什么？

幼儿的年龄特点决定了幼儿日常生活活动的重要性。日常生活活动中的每一个环节、每一个方面既是幼儿的学习内容，也是幼儿的学习途径。对于学前教育机构而言，安排好幼儿的每个生活日，在学前教育课程实施中是重要的课题。这就需要每一位学前教育工作者在实践中不断地思考和尝试。本讲主要涉及学前教育活动的组织与指导，以便让教师能更好地组织各类教育活动，提升活动的效益。

一、生活活动的组织与指导

生活活动是幼儿园一日活动的重要组成部分，是幼儿园课程的重要实施途径，约占幼儿在园时间的一半以上。因此，教师需要不断地学习、思考与实践，让幼儿在园的生活活动舒适、愉快又富有教育价值。幼儿的身体机能发育不成熟，神经系统发育尚不完善，在自我调节方面还不能收放自如。这需要教师通过合理安排幼儿的生活活动，来帮助幼儿保持良好的精神状态进行学习和游戏。

学前教育机构在生活活动方面主要着力于培养幼儿良好的作息习惯、睡眠习惯、盥洗习惯、整理习惯等；帮助幼儿逐步了解初步的卫生常识并遵守有规律的生活秩序；帮助幼儿学会多种生活技能，逐步提高幼儿的生活自理能力；帮助幼儿在进餐时进行自我服务，学会用餐，培养幼儿良好的饮食习惯。

(一)餐饮活动的组织与指导

一般全托的或者日托有早晚餐的学前教育机构，其餐饮活动包括早餐、午餐、晚餐和午睡后的点心以及日常生活的饮水。学前教育机构要根据幼儿身体发育的特点来制定正确的饮食制度，确保幼儿进餐定时、定量，两餐间隔 3～4 小时。

1. 精心创设进餐环境——安全、整洁、温馨的餐饮环境

教师和保育员应严格执行餐饮用具的消毒制度，将水桶、杯子放置在适宜幼儿取放的地方，提供的食物和水的温度要适当。选择餐具时应考虑便于消毒，适合并吸引幼儿动手学着自己吃饭。进餐的环境应明亮、宽敞、安静、愉快、轻松。教师切勿大声呵斥幼儿，不能令幼儿感到紧张、压抑。给幼儿提供的食物要品种多样、营养均衡，烹饪方式要利于幼儿消化咀嚼。

2. 把握核心培养目标——培养幼儿良好的进餐习惯

让幼儿学会吃饭并整理卫生，这是活动培养的最低要求。核心目标是培养良好的进餐习惯。为此，教师可以在如下几个方面进行探索。

①按时吃饭，坐定进食。这是幼儿在集体生活中必须遵守的常规。教师要保证幼儿每天有充足的运动，才有利于他们按时吃饭。进餐时可以让幼儿自主选择座位，增强他们坐定进食的自觉性。

②逐步培养幼儿独立吃完自己饭菜的习惯。教师应有意识地对年龄小或刚入园的自理能力差的幼儿进行引导，让他们尝试自己吃；对进食有困难的幼儿给予适当的帮助，让他们可以独立吃完自己的饭菜。

③注意培养幼儿正确的吃饭姿势，保证吃饭时不让饭菜洒出来。年龄较小的幼儿由于动作不协调，常常会将饭菜洒落到桌上或地上。教师面对这种情况时应告知幼儿正确的处理办法，教导他们吃饭时应一手扶碗、一手拿餐具；当出现撒饭的情况时将桌上或地上的饭菜清理干净，然后继续用餐。随着幼儿协调能力的提高以及自理能力的增强，这类情况会随之改善。

④进餐时不宜大声说笑。集体进餐时，幼儿难免会相互之间讨论说笑。教师在此时应告诉他们，在进餐时应先将口中的饭菜咽下去，再与他人交谈，且声音尽量轻柔。

⑤学会收拾餐具。用餐结束后，教师应该提醒幼儿学着自己收拾餐具并将餐具轻轻放入收纳桶。教师及保育员不要因为加快进度而自己收拾餐具，要给幼儿自理的机会。

3. 树立身边的榜样——强化幼儿的自我服务意识

教师应鼓励和支持幼儿进行自我服务。教师应该多用赞赏的眼光、动作、语言鼓励幼儿的自理行为，并适时对幼儿的进步提出肯定和赞美，帮助幼儿树立身边的榜样。在进餐过程中，教师应尽量让幼儿自己照顾自己，尝试自我服务。自主是幼儿乐于自我服务的内动力。教师应多给幼儿自主选择的机会，让幼儿按量取食，既培养幼儿的节约意识，又锻炼他们的自理能力。

4. 兼顾集体指导与个别指导相结合

教师能根据幼儿的不同情况给予有针对性的帮助与指导。在幼儿园，教师难免会遇到挑食、厌食的幼儿。对于这样的幼儿，教师应该让吃饭变得更具趣味性，并告知幼儿食物的功能；对于对进食速度把控不好的幼儿，教师应进行有针对性的指导，吃饭快的要提醒他们细嚼慢咽，吃饭慢的可以给他们早些发饭；对于食量过大的幼儿，教师应该调整他们的饮食结构，达到控制饮食的目的。

(二)睡眠活动的组织与指导

学前期正是儿童生长发育的重要时期。保证儿童充足的睡眠，对他们身心发展有着重要的作用。

1. 环境创设的关键——舒适、安静、温馨

幼儿的睡眠室应该保证空气流通，温度适宜，光线不宜太过明亮。给幼儿准备的被褥应该干净

舒适，提醒家长根据季节和天气适时更换。睡前不宜做剧烈运动，最好播放轻缓的音乐，以便幼儿入睡。

2. 容易忽视的工作——睡眠中的护理工作

在幼儿入睡前，教师及保育员应检查每个幼儿的床铺是否有影响幼儿睡眠的杂物，并且留心观察幼儿是否携带一些细小物品如发卡、头饰、纽扣等物入睡。教师及保育员要根据季节和天气让幼儿穿着合适的衣服入睡。在幼儿睡眠过程中，要加强巡视，重视护理工作。教师应告知幼儿衣服、鞋袜的摆放地点，并教给他们折叠衣物和穿脱鞋子的方法，培养幼儿的自理能力。

3. 护理的重点——新生或体弱幼儿

新入园、分离焦虑明显的幼儿在独自入睡方面存在困难。教师应该给予这些幼儿特殊的关照，给他们过渡的时间，让他们先保持自己的独特入睡习惯，慢慢帮他们适应集体生活。一些体弱或生病幼儿是护理的重点对象。

(三)盥洗活动的组织与指导

盥洗活动是学前教育机构培养幼儿爱清洁习惯的重要环节。教师通过有序组织幼儿的盥洗活动，可以培养幼儿良好的卫生习惯。

1. 盥洗室的环境要求——干净明亮、整洁卫生

学前教育机构的教室、寝室和盥洗室应当干净、整洁、通风，地面保持干燥，让幼儿感受到整洁带来的舒适感。在户外活动和进餐前后，教师要为幼儿提供消毒干净、数量充足、取放方便的小毛巾，提醒幼儿擦汗、擦嘴，并注意毛巾需要每天更换消毒。幼儿喝水杯子放置的地方应该高度适宜，且杯子摆放整齐。

2. 卫生洁具的设备——基于幼儿需求

学前教育机构的盥洗室安排要合理、宽敞，洗手池、毛巾架的高度都要适合幼儿的身高，水龙头和肥皂的数量不能太少。盥洗室的地面要保持干燥清洁，注意防滑；挂物品的挂钩和钉子应该避免让幼儿触碰。在活动室、寝室、盥洗室设置与幼儿身高相符的镜子，让幼儿可以时常照镜子注意自己的仪表。

3. 盥洗室的教育要求——培养良好的卫生习惯

爱干净、讲卫生是良好的生活习惯，对于幼儿来说更重要的是个人卫生习惯的培养。教师应教给幼儿保持干净的方法，如勤洗手，饭后漱口，能用毛巾、手帕保持面部清洁。

(四)如厕活动的组织与指导

培养幼儿的如厕能力，不仅是社会发展的需要，也是幼儿自身发展的需要。如厕能力的培养是生活教育的一项重要内容。早期对幼儿进行如厕能力的培养，有益于增强幼儿的生活自理能力，对幼儿智力、情感、独立性、克服困难的能力等培养都有重要作用。

1. 如厕环境创设——方便、卫生、舒适

学前教育机构的厕所设计应充分考虑幼儿的生理特点，蹲式便池旁应设有扶手柄，使幼儿有安全感。便池间应设有隔离栏，避免幼儿挤在一起。厕所间应保持全天通风，室内明亮，地面保持干燥清洁。

2. 如厕活动目标——养成良好的如厕习惯

教师要取得家长配合，分别教会男孩、女孩如厕的方法，特别要注意日常生活中的个别指导。教师要经常提醒幼儿有了便意就上厕所，特别是在集体、户外或外出活动前后都要提醒幼儿上厕所。

3. 如厕活动的关注重点——能力较弱的个别幼儿

午睡前，教师要提醒常尿床的幼儿先小便再睡觉，并让他们睡在离厕所比较近的床铺位置。当幼儿尿裤子时，教师应安慰幼儿，并帮他们及时更换衣裤。冬天时，由于幼儿穿着的衣服过多，影响穿脱衣服，教师应该细心观察，帮助幼儿解决问题。

(五)收拾整理活动的组织与指导

在学前教育机构，幼儿需要学会自己收拾、整理个人的生活学习用品及游戏时使用的玩具、材料等部分物品。教师应根据幼儿的实际情况，设计和指导幼儿进行整理活动。

1. 隐性教育——利用环境发展幼儿的秩序感

学前教育机构的整体环境应该整洁、美观，让幼儿一进入集体就受到文明、有序的教育。教师自身应养成物归原处的好习惯，教室内的物品应摆放整齐。摆放玩具的橱柜应适宜幼儿的身高，橱柜与橱柜之间的空间距离要大一些，橱柜上的标签应醒目、富有童趣。

2. 显性教育——教给幼儿整理玩具、物品的方法

教师应利用日常活动、游戏或教育活动，教给幼儿收拾整理物品的方法。例如，教师向幼儿介绍活动室内的物品名称，让幼儿熟悉玩具、物品的摆放位置，引导幼儿按指令和看标志、图示摆放玩具；体育活动结束后，教师与幼儿一起将小型的运动器械归放整齐；盥洗、餐饮活动后，教师指导幼儿将毛巾、碗筷等分类摆放；每天午睡后，教师指导幼儿将自己的衣服、鞋子摆放整齐；每天回家前，教师带领幼儿一起整理活动室，将玩具、桌椅摆放整齐。需要注意的是，教师让幼儿收放的物品不宜太重，大小要合适。

3. 关注个别需要指导的幼儿 ——及时指导能力弱的幼儿

对于将玩具乱扔乱放的幼儿，教师应加强指导；对由于家庭溺爱而不愿动手的幼儿，应及时与家长取得一致意见，共同进行教育；对动手能力差的幼儿，应多给予练习的机会并给予指导帮助、表扬鼓励。

二、游戏活动的组织与指导 ●●●

在学前教育机构中，一般将游戏按教育的作用分为创造性游戏和规则性游戏两类。

(一)创造性游戏的组织与指导

1. 角色游戏的组织与指导

幼儿的角色游戏大致可以分为游戏开展前、游戏过程中和游戏结束后三个阶段，因而教师的指导也分为三个阶段。

(1)游戏开展前

①丰富幼儿的生活经验，拓宽角色游戏的内容来源。丰富的现实生活经验是开展角色游戏的前提条件。丰富幼儿生活经验的途径主要有观察、参观访问、看图画书、讲故事等。

②提供固定的场所和设备，准备丰富、可塑的玩具和游戏材料。固定的场所和设备能吸引并便

于幼儿开展游戏，所以应在户内和户外设置适宜角色游戏的固定场地。玩具和游戏材料应放在固定的地方，同时要便于取放。

③提供充足的游戏时间。幼儿的角色游戏所需时间一般都较长，每次不能少于 30 分钟。只有时间充足，幼儿才能有寻找游戏伙伴、商量游戏主题和情节、分配角色以及准备材料等的机会。

(2)游戏过程中

①协助幼儿按自己的意愿选择和确定游戏的主题。幼儿是游戏的主人，教师是支持者而不是指挥者。因此，角色游戏的主题应根据幼儿的需要和兴趣由幼儿自己来确定。

②指导幼儿选择和分配角色。角色选择与分配时要注意公平性和针对性。如果幼儿在分配角色时产生纠纷，教师可以建议幼儿用猜拳、轮流、推选、自荐、投票等方法公平地分配角色。

③指导幼儿丰富游戏的内容和情节。教师可以参与到幼儿的游戏中，以角色的身份来促进游戏情节的发展。教师也可以通过提供需要的玩具和材料来丰富游戏内容和促进游戏情节的发展。

④选择合适的时机介入，做到适时与适度。教师介入指导的时机主要有：游戏内容贫乏；游戏中出现负面行为；幼儿对游戏失去兴趣，不能全身心投入；幼儿出现游戏困难；幼儿缺少材料。

⑤引导幼儿加强角色之间的内在联系，按角色的职责行动。小班幼儿进行角色游戏时，同伴之间没有或很少交往；中班幼儿有了与同伴交往的愿望，但交往技能较为欠缺；大班幼儿的交往技能有待进一步提高。教师应指导扮演某个角色的幼儿加强与扮演其他角色的幼儿之间的联系与交往，并提高其交往技能。

(3)游戏结束后

游戏结束后的指导任务主要集中在愉快地结束游戏、整理玩具场地和评价总结三个方面。

①在愉快自然、幼儿情绪尚未低落的状态下结束游戏能保持幼儿下次继续游戏的积极性。如果游戏情节已告一段落，再往下发展有困难，教师应该提醒幼儿结束游戏，以免产生倦怠感，失去对下次游戏的兴趣。

②游戏结束后整理场地、收拾玩具的工作是培养幼儿良好生活习惯的重要时机，教师千万不要包办代替。

③评价游戏时，教师要组织幼儿讲评游戏。不要只有教师评价，还应有幼儿自评、同伴评价。另外评价要具体、准确，切忌抽象笼统。

2. 建构游戏的组织与指导

建构游戏又称结构游戏，是指利用各种结构材料或玩具进行建构的活动。这种游戏可以发展幼儿手的技能和训练幼儿的思维能力。

(1)丰富造型表象——造型表象的丰富程度影响结构游戏的水平

结构游戏通过造型反映物体的外形特征，这就要求幼儿对周围环境中的物体和建筑物有细致的了解和深刻的印象。因此，教师应增加幼儿在事物结构造型方面的感性知识，包括不同物体和建筑物的形状、颜色、结构以及空间关系等，丰富幼儿头脑中的造型表象。

(2)掌握建构技能——建构游戏开展和推进的技术基础

幼儿进行结构游戏的基本知识技能主要包括：识别材料的性能、质地、作用的能力，操作的技能(排列与组合、插接与镶嵌、串套与编织、黏合、旋转等)，设计构思的能力，分工合作的能力等。帮助幼儿掌握建构的基本知识和技能，是开展建构游戏的基础。

对于小班幼儿，教师可用示范、讲解、提问、建议、启发等方法进行指导：让幼儿认识各种结构材料并说出名字(积木、积塑等)；让幼儿识别材料的大小、形状及方位等特点；让幼儿学习铺平、延长、围合、盖顶、加宽、加高等建构基本技能；鼓励幼儿在模仿建构的基础上独立搭建简单的物体，并为结构命名。

对于中班幼儿，教师应指导幼儿认识高低、宽窄、厚薄、轻重、长短、前后等空间方位；引导幼儿设计结构方案；引导幼儿有目的地选材，根据平面图进行构造；指导幼儿组织评议结构游戏的成果。

对于大班幼儿，教师应指导幼儿学会制订计划(协商、确定主题，商量结构步骤方法，分工合作，确定结构规则等)，使幼儿创造性地共同建构一个复杂的物体；要求幼儿将建构物制作得更加精细、整齐、匀称、复杂、新颖。

(3)发挥创意——创造性建构提升幼儿的想象力和创造思维

一是引导幼儿在掌握玩具材料的基本玩法的基础上，探索、挖掘现有材料的多种玩法，指导幼儿运用新的技能去实现自己的构思，不是单纯模仿教师或同伴的建构作品；二是传授创新的方法，诸如变换颜色、变换体积、变换形状、变换材料或者增减某一属性、重新组合原有属性、重新设计等。

(4)注重非智力因素方面的培养——培养幼儿良好的行为习惯与品质

教师要引导幼儿学会爱护、整理、保管玩具的方法，养成习惯，在鼓励幼儿独立进行创造性建构的同时鼓励幼儿合作建构以培养幼儿的团队合作精神，使幼儿遇到困难不气馁，能够坚持。教师还要引导幼儿珍惜爱护建构成果，不随意破坏别人的作品，对别人建构的作品不要持否定、轻视态度。

3. 表演游戏的组织与指导

(1)开展表演游戏的第一步——作品的选择、作品的熟悉与理解

教师要选择适合幼儿表演的文艺作品。幼儿熟悉和理解作品里面的角色，这是开展表演游戏的第一步工作。适合幼儿表演游戏的文艺作品要求内容健康，符合幼儿的生活经验；情节生动活泼，具有情趣性，场面不宜变化过多，供小班幼儿表演时最好只有一个场面；角色的性格特征鲜明，为幼儿所熟悉；人物对话要多，语言形象简短，并有适当的重复；语言要和动作相配合。

选好作品后，教师还要帮助幼儿熟悉文艺作品。教师要通过语言教育活动反复向幼儿介绍文艺作品，使幼儿掌握作品的主题、情节发展顺序、角色的语言和动作特点，充分理解作品内容，以便在游戏中表演。

(2)凸显幼儿的主体性——幼儿参与准备工作是很好的学习机会

教师应为幼儿表演游戏准备必要的场地和服饰、道具。这些不要都由教师来准备，一定要发挥幼儿的主体性，听取幼儿的意见，指导幼儿一起准备，让幼儿在准备的过程中有更多的学习机会。准备的服饰、道具要求使用方便，稍有象征即可，不要过于烦琐、严格。

(3)鼓励原生态的表演——鼓励幼儿自然、生动地表演

教师应鼓励、支持更多的幼儿参与表演，但是角色的分配要尊重幼儿的意愿，不可强迫幼儿去表演他们不愿意表演的角色。教师要与幼儿共同分享游戏的快乐，并在游戏中使幼儿感觉到教师对他们的尊重、支持，获得成功体验。

(4)教师适宜的指导——提升表演游戏质量的重要举措

对于小班幼儿，教师需要示范表演，也可以是与他们共同表演。对于中、大班幼儿，教师应让他们自由、自愿地表演游戏，并在表演过程中启发他们将作品中的过渡语言和静态描述性语言变成角色的语言和动作，引导他们深刻地理解角色，形象地表演角色的性格特征等，鼓励他们创造性地表演。教师适宜的指导能提升幼儿游戏的质量，放任或过度干预幼儿的游戏容易导致游戏质量低下。

(二)规则游戏的组织与指导

1. 规则游戏的选择——强调年龄适宜性和个体适宜性

在选择和编制规则游戏时，教师应注意特定年龄班的教育任务和要求以及幼儿的知识经验水平、动作水平、智力水平等。小班比较适合选择实物与动作相联系的游戏。教师可提供颜色鲜明、品种简单、形象生动的玩具材料。中、大班则可以选择那些需要根据幼儿已有的知识经验并借助语言进行的游戏。在游戏形式上，3～5岁的幼儿喜欢非竞争性、活动强度高的游戏，如拼图游戏、大肌肉游戏等；5岁以上的幼儿则喜欢竞争性、活动强度高的游戏，如棋类游戏。教师可以为中、大班选择一些需要运用一定策略、在认识上有一定难度的规则游戏。除了年龄的适宜性外，同个年龄班的幼儿存在发展的不均衡性。因此教师在游戏的选择或要求上还可以根据幼儿的个别特点做调整。

2. 规则游戏的重点——熟悉游戏的内容和规则

在进行规则游戏时，小班幼儿往往注重游戏的过程，而不在乎游戏的结果。讲解游戏内容与规则时，教师要力求生动、简明和形象。教师在讲解时可与动作示范相结合，并在游戏过程中不断提醒小班幼儿遵守游戏规则。由于中班幼儿已初步具有竞赛意识，教师要在游戏过程中注意检查他们对游戏玩法的掌握和执行规则的情况，对不遵守规则的幼儿给予鼓励，使其明确只有遵守游戏规则才能让游戏更有趣味。大班幼儿已普遍对游戏结果产生了兴趣。一般情况下，教师只需用语言进行讲解即可。教师可以要求大班幼儿独立开展游戏，严守游戏规则，争取获得好结果，同时能够对游戏结果进行适当的评价。

3. 规则游戏的关注点——引导幼儿正确对待输赢

教师要引导幼儿正确对待游戏的输赢，让幼儿认识到遵守游戏规则的意义。在对待输赢上，教师应该坚持游戏指导的无奖励惩罚原则，将游戏的重点放在游戏过程的体验而不是游戏的结果上。在对游戏的评价上，教师应该针对幼儿的游戏技能或情绪体验，将幼儿的注意力引向“赢者”在游戏中所采用的有效策略上，引导幼儿学习同伴的策略，意识到他人的想法和观点。这样才能实现规则游戏的社会性发展价值。教师还应根据不同幼儿的性格特点进行个别指导，对于得失心重的幼儿及时关注和疏导。

三、集中教育活动的组织与指导 ●●●

在开展集中教育活动时，教师需要注意以下几个方面的事项，使集中教育活动推进有序、活动质量高、师幼互动好。

(一)正确处理教学过程中教师与幼儿的互动

集中教学活动是通过教师积极引导的“教”和幼儿主动进行的“学”来完成的。在教育过程中，教师应该时不时与幼儿进行互动，有效的教育一定是和幼儿进行互动才得以实现的。互动也称相互作用，是指人与人之间的心理交互作用或行为影响。师幼互动是近几年学前教育领域提出的一种教育观念，特别是《幼儿园教育指导纲要（试行）》中更是多处体现师幼互动的教学理念。教师应该站在幼儿的角度，去体验幼儿可能的兴趣与需要，而不是全凭自己的喜好和观念来设计活动。在师幼互动中，教师应该在尊重幼儿主体性的基础上多进行间接指导，不仅用言语指导幼儿学习，还要充分利用自己的表情、眼神、手势、身体运动的带动等方式与幼儿互动，帮助幼儿学习，并且解决在教育过程中遇到的实际问题。

（二）科学、合理地安排和组织教学活动的各个环节

在安排教育活动的各个环节时，教师应该遵循动静结合、协调统一的原则。具体来说要做到如下几方面。

①时间安排应具有一定的稳定性和灵活性，这样有利于幼儿形成内在的秩序感，满足教育活动的需要。②活动衔接过程中做到自然简洁，减少不必要的集体活动和过渡环节，消除消极等待等浪费时间的现象，提高活动的整体效率。③直接指导的集体教学活动要能够满足绝大多数幼儿的需要。④建立良好的常规，培养幼儿的自律与秩序感。

（三）内容的选择与组织要充分考虑幼儿当前的学习方式和特点

教育活动内容的选择和组织要符合当前幼儿的年龄特点和心理发展特点。因幼儿的注意力集中时间较短，教育活动的时间要考虑幼儿的实际情况，形式应充满趣味性，过程应体现一定的灵活性，寓教育于生活、游戏之中。

（四）教育活动的组织形式要根据实际情况合理安排

教师要根据幼儿的实际需要合理安排教学的组织形式，为幼儿提供多样化的学习机会和条件，提高教育效益。具体包括两个方面：①因时、因地、因内容和幼儿的学习特点，灵活运用集体、小组、个别等活动形式；②运用好直接指导的活动和非直接指导的活动，要保证有充足的时间让幼儿自主进行活动。

四、领域活动的组织与指导 ●●●

幼儿园的领域活动是幼儿园教育活动的基本形式之一。教师组织的领域活动每天都会有。要让领域活动能充分发挥它们的功能，让幼儿在领域活动的过程中获得愉快的身心体验，让领域活动的效果最大化，教师在组织与指导各领域活动时需要注意以下方面。

（一）注意活动计划的弹性和活动过程的灵活性

陈鹤琴先生曾说过：幼儿园的课程须预先设定，但临时可以变更。他强调每学期应该有一个总设计，以决定本学期应该注意的目标，每星期又要有一个预定的课程表。“此课程预定的课程表并不是固定的、不能变换的。儿童或社会上发生的临时的事情，老师就可以采用为课程内容，可以把一切预先设定的暂时放到一边，重新做一番筹备的工作。倘若新发生的事情与预先的有些相像与联系，那么我们可以将它容纳进去。”因此，幼儿园的活动计划不是固定不变的，而是有弹性的、灵活性的。在活动过程中，教师要根据幼儿活动的具体情况和需求及时进行调整，要关注生成课程，将预设课程与生成课程相结合，最大限度地促进幼儿的发展。另外，教师应该站在幼儿的立场思考问题，要

具有灵活性。教师不仅要尊重幼儿的思想感情、兴趣、爱好、要求和愿望，还要认识、接纳和尊重幼儿在发展水平、能力、经验、学习方式等方面的个体差异，根据幼儿活动的具体情况和需求调整计划。

(二)充分发挥领域活动的教育功能，增强活动效果

由于各领域活动内容的性质和特点不同，各领域活动的教育功能随之不同。如果能够充分发挥各领域活动的教育功能，选择适宜的教学方法和活动方式就可以使领域活动的效果得以增强。例如，从培养幼儿的能力来看，各个领域都可以提炼出一些关键经验，如健康领域：保健、自我保护、体能；语言领域：倾听与表达能力；社会领域：合作、交往；科学领域：感知、探索、思维、方法；艺术领域：感知、表现、想象、创造。这就使得各领域活动的教学方法和方式有所不同。

(三)注重各领域活动内容的联系、渗透与整合

《幼儿园教育指导纲要(试行)》指出："各领域的内容相互渗透，从不同的角度促进儿童情感、态度、能力、知识、技能等方面的发展。"这是强调实施领域活动课程要加强领域与领域间的相互渗透，方能实现全面的和整体的教育。幼儿的发展是一个整体，要注重领域之间、目标之间的相互渗透和整合，促进幼儿身心的全面协调发展，而不应片面追求某一方面或几方面的发展。

(四)充分发挥一日活动的整体教育功能

一日生活中的各项活动都对幼儿的发展有重要的价值。教师应有机地整合各项活动，努力提高各项活动的整体成效。教师可通过资源的充分发掘和利用、环境的创设、多样化的活动以及一日生活各环节教育作用的发挥，使各领域综合地呈现在幼儿的生活和各种活动中。比如，培养幼儿的独立性时，教师需要在生活中逐步培养幼儿独自吃饭、穿衣、上厕所等自理能力；在教学活动中，教师需要启发幼儿独立思考、自己试着解决问题，根据幼儿的实际情况给予适宜的支持和帮助。

(五)优化整合各种因素，综合影响和有效促进幼儿发展

学前教育的实践过程需要教师、幼儿、教育环境、教育方法与手段、家长及社区等因素协调配合。教师在实施、组织和指导教育活动时，应深入分析各项因素与幼儿发展之间的关系，充分发挥各个因素的优势作用，互补与优化利用并使之作用于幼儿，让幼儿能够在各个因素的相互作用下获得充分发展。

(六)保教结合，促进全体幼儿全面发展

一方面，保育和教育是在同一过程中实现的。领域活动必须要做到保教结合。幼儿正处在学知识、长身体的时期，其自身诸方面的发展是彼此依存、协调统一的，任何一方面的发展遇到障碍都可能影响其他方面的发展。只有保教结合，幼儿身心的全面发展才可能实现。

另一方面，在领域活动中要促进全体幼儿全面发展。教育必须面向每个幼儿，要保证每个幼儿有同等的受教育机会。这就需要教师必须平等地、一视同仁地对待所有的幼儿。教师要面向全体幼儿、关注每一个幼儿，重视幼儿的个别差异，因人施教，有针对性地采取有效、合理的方式促进每个幼儿的发展。教师要根据每个幼儿的特点和发展的可能性，充分发挥他们各自的潜能，让不同的幼儿在不同的方面实现自己有特色的发展，在自己原有的水平上得到应有的发展。

五、主题活动的组织与指导

主题活动要以幼儿自主的探究学习为主要方式。幼儿通过对周围世界的深入观察、主动探索、尝试、体验、大胆创造等实践活动，实现自身的全面发展。

(一)主题活动的构成要素

主题活动主要包括以下几个要素。

①主题名称。这是主题活动的核心，是幼儿生活中存在的一个事物或幼儿感兴趣、感到疑惑的问题，不同于研究性的课题。其名称直接为活动的主题词，如“我爱运动”“香甜的水果”等。

②主题设计思路。主题的选择与开发主要从三方面入手：幼儿感兴趣的具有教育价值的内容；可整合的教育内容和资源，如四季的变化等有规律呈现的内容；从保育、教育目标出发，寻找相应的活动主题。

③主题目标。主题目标指主题活动的总目标。它是在学期目标和阶段目标的基础上，依据幼儿发展需要和主题网制定的。

④主题准备。主题准备一般包括知识经验准备、物质材料准备及环境的创设。

⑤主题网络。主题网络能使教师更全面理解活动主题，辅助教师完善活动设计。首先，围绕目标，经过发散性的思考将可能的活动罗列出来；其次，根据主题的教育价值和可行性进行选择；最后，将选择好的活动根据幼儿的学习规律，按照一定的逻辑顺序进行编排。

⑥主题环境创设。主题环境创设应围绕教育目标，部分环境要素要随主题变化。空间的布置和材料的投放都需围绕主题内容的变化而变化。

⑦主题系列活动。主题确定后，教师要对主题系列活动间的关系进行梳理。系列活动一般包括单一活动、游戏活动和其他辅助活动，是交叉关系，既有平行，又有递进。在安排活动顺序时，教师要考虑活动内容之间的关系以及时间顺序。教师要尽量做到动静交替，并且要符合幼儿的生活特点和规律，做到相对稳定。

(二)主题活动实施的三个阶段

1. 主题的产生及准备阶段

在这一阶段，教师一方面的任务是对主题做些经验上的准备，如制作“主题网”；另一方面的任务也是核心任务，即充分了解、调动幼儿与主题相关的原有经验。对于幼儿而言，这一阶段的任务就是让幼儿充分地回忆自身的原有经验。教师要发动幼儿运用绘画、象征性游戏、语言讨论等方式来表达自己对主题的理解，借此来全面了解幼儿的前经验基础，并由此设计出下一阶段的活动计划。

2. 活动的进行与发展阶段

在充分地表达经验、做假设和完成初步的计划之后，实际的活动就可以正式开展了。这一阶段的主要任务在于通过组织丰富多彩的活动让幼儿获得新的直接经验，在活动中一步步地验证自己的假设、探讨问题和事实的真相。

3. 活动的高潮和总结阶段

主题活动最后还需要一个全程的、系统的反思和总结过程，这往往也是主题活动的高潮。活动反思和总结的方式是多种多样的。教师可以让个别幼儿讲述自己整个活动的历程，也可以由幼儿在教师及同伴的帮助下整理自己在这项活动过程中的材料、绘画、照片和建构的作品，将其中所获得的发现介绍给家长、本班或别班的幼儿。反思和总结的过程实质上是给幼儿以各种方式展现他们所获得的新知识和能力的机会的过程。这种展现为幼儿的交流、相互学习提供了可能，因而这一阶段强调的是学习上的沟通和互动。

典型案例

方案展示：中班主题活动“春天真美丽”

该主题活动方案包括活动目标、活动准备、活动过程三个部分，并附主题网络图(图 9-1)。

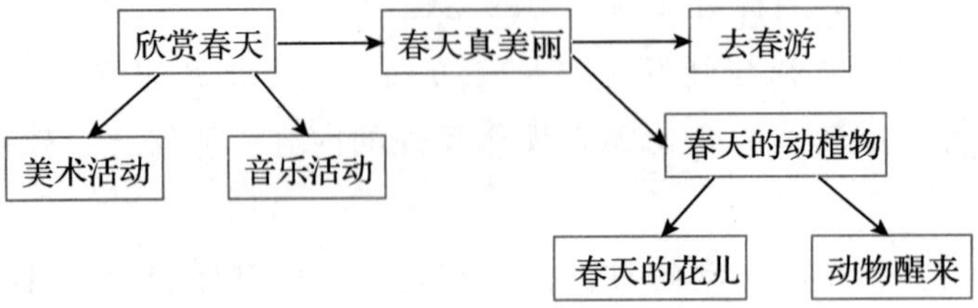

图 9-1　中班主题活动“春天真美丽”网络图

一、活动目标

①能主动地收集各种关于春天到来的气息，并且敢于用自己的语言在集体面前进行阐述。

②在社会实践中，体验人与环境相互依存的关系。利用这些活动感受大自然的美，培养热爱大自然的情感。

③学会用美术作品表现春天，通过学习绘画表达对春天的热爱之情。

④在春游中通过购买物品培养交往能力。在活动中尝试解决问题，提高分析问题、解决问题的能力。

二、活动准备

(一)环境布置

①用幼儿在主题活动中的指纹画、吹画和折纸作品小花装饰后墙和外墙。

②在语言区投放关于春天知识的图书、挂图和汉字游戏字卡。

(二)家长工作

①帮助收集、查阅有关春天的知识材料，并且提供资料跟大家共享。

②通过家长园地和每日的家园信息反馈及个别谈话，利用休息日带孩子踏青、去放风筝等，帮助孩子更好地完成教育目标。

三、活动过程

(一)活动一：春天的花儿

1. 活动目标

①会用指纹画表达春天的小花。

②掌握指纹画的步骤和方法。

③有学习美术的兴趣和热爱大自然的情感。

2. 活动准备

颜料、颜料盒、美术画纸若干。

3. 活动重点与难点

活动重点是掌握用指纹画表现花朵的方法。

活动难点是把指纹小花的花瓣组合成一朵朵五颜六色的小花。

4. 具体活动过程

(1)谈话导入

师：春天到了，到处开满了颜色鲜艳的小花。小朋友们喜不喜欢啊？今天老师就教小朋友用我们的小手画出可爱美丽的小花。小朋友想不想学啊？

(2)教师示范

教师用一个手指沾上颜料画出一片花瓣。

教师把沾了颜料的手指擦干净，用同样的方法把花瓣变成一朵朵漂亮的花朵。(重点告诉幼儿，在组合花瓣时要保证花瓣围绕一个中点组合成一个圆形，不要太分散，也不要过分重叠在一起。)

(3)幼儿自己动手操作

教师先带领幼儿一起回忆画指纹花朵的基本步骤。

幼儿自己动手操作，教师在一旁指导。

(4)活动结束

教师评价幼儿的作品，以鼓励为主，激发幼儿学习美术的兴趣。

教师展示幼儿的作品，用幼儿的作品来装饰教室的后墙和外墙，同时鼓励幼儿再接再厉。

(二)活动二：动物醒来

1. 活动目标

①激发幼儿对春天里小动物的喜爱与好奇心，萌发幼儿对文学作品的兴趣。

②发展幼儿的语言表达能力和动手操作能力。

③帮助幼儿记住故事的主要情节，简单了解几种常见动物与季节变化的关系。

2. 活动准备

①幼儿关于冬天动物冬眠及春季天气特征的知识经验。

②故事课件，小鱼、青蛙和小蜜蜂的头饰，幼儿操作卡片。

③《郊游》歌曲、轻音乐、录音机。

3. 活动重点与难点

活动重点是引导幼儿记住故事的主要情节，学说动物间的对话，发展幼儿的语言表达能力。

活动难点是激发幼儿产生主动探索小动物的好奇心，产生爱惜小动物、保护小动物的情感，并对文学作品产生一定的兴趣。

4. 活动观察

①以游戏引题：温暖而又美丽的春天来了，一些小动物出来了。教师分别利用模仿小鱼游、青蛙跳、小蜜蜂飞等动作来引导幼儿猜是哪种小动物。这种师演生猜的师生互动方式，旨在营造和谐、愉悦的活动氛围，充分调动幼儿活动的积极性，增加幼儿对小动物的喜爱与好奇心，同时引出故事的主要角色。

②教师依次出示故事的四个画面，针对每个画面设计几个开放性问题，请幼儿思考。例如，画面一设计了“谁能看出这是哪个季节的画面？为什么？”这样的问题，引导幼儿结合画面及自己的生活

经验讲出春季的主要特征。画面二设计了“小鱼醒来了，看见青蛙蹲在泥洞中，它心里怎么想?”“它会怎么说?”这些开放性问题，让每个幼儿通过思考能得出一个较合理的结论，都能有话说。在充分调动每个幼儿之后，教师点出课件对话，让幼儿初步了解故事中角色的对话。对每一个幼儿的回答，教师都给予不同程度、不同形式的肯定。在这种自由、宽松的语言交往环境中，幼儿想说 、敢说、喜欢说，不仅初步掌握了故事中小动物的对话内容，而且语言表达能力、想象力也得到了不同程度的发展。

本讲要点

学前教育活动主要分为生活活动、游戏活动、集中教育活动、领域活动和主题活动五种。本讲通过详细阐述各项活动的组织与注意事项来指导教师进行教育活动。一日生活常规的养成在幼儿园教育中占有极其重要的位置。幼儿需要通过日常生活活动来养成好的生活习惯、学习习惯，并发展各种能力。游戏活动的指导部分主要对创造性游戏和规则游戏进行阐述，并针对各年龄阶段幼儿及游戏进度进行了详细介绍。集中教育活动在开展时要正确处理教学过程中教师与幼儿的互动，科学、合理地安排和组织教学活动的各个环节，充分考虑幼儿当前的学习方式和特点，根据实际情况合理安排。领域活动的组织与指导在实践时要注重内容的联系、渗透与整合，充分发挥一日活动的整体教育功能等。主题活动在实施过程中要经历三个阶段，每个阶段有不同的实施策略。

学以致用

1. 你是如何理解领域活动和主题活动的，二者有何区别与联系？
2. 请用所学理论分析实习班级的区域布置和区域活动开展情况。

模拟练习

一、单选题

1. 实施幼儿园德育基本的途径是(　　)。

A. 教学活动　　B. 亲子活动　　C. 阅读活动　　D. 日常生活

2. 教师对幼儿说“不准乱跑、不准擦嘴、不准争吵”这样的话语，所违背的教育原则是(　　)。

A. 正面教育　　B. 保教结合　　C. 因材施教　　D. 动静交替

3. 教师选择教育教学内容的主要依据是(　　)。

A. 幼儿发展　　B. 社会需求　　C. 学科知识　　D. 教师特长

4. 与教学活动相比，游戏与区域活动突出的特点是(　　)。

A. 目的性　　B. 教育性　　C. 自主性　　D. 计划性

5. 下列结束角色游戏的方式不适当的是(　　)。

A. 现在时间到了，该下班了

B. 时间到了，游戏结束，老师要收玩具了

C. 没看好病的病人请明天再来吧

D. 请还没卖完东西的售货员明天继续

二、活动设计题

某幼儿园的院子里有几种高大的树，也有一些比较低矮的灌木。请结合院子里的这些资源，设计一个题为“幼儿园的树木”的中班主题活动方案(含 3 个子活动)，要求写出总目标以及每个子活动的名称、目的和主要环节。

模拟练习答案

第二讲　学前教育活动的组织与指导

第三讲

学前教育班级保教管理

头脑风暴

有些学前教育专业的毕业生初到工作岗位时都有着这样一个苦恼的问题：在学校基本功很扎实，在实习时开展过很多的教学活动，但是正式开始幼儿园工作后就“乱作一团”。例如，组织唱歌活动，小朋友不理不睬；组织体育游戏，场面难以控制……这些问题让新入职的教师感到苦恼不已。那么为什么新入职的教师容易出现这样的问题呢？

一、学前教育班级保教管理的作用

保教管理是幼儿园工作的中心，是幼儿园基本的工作，是幼儿园质量较为明显、直接的体现。管理者应该重视提高保教工作的管理水平，提高保教管理的质量和效率，从而提高幼儿园的办园质量和幼儿发展水平。

班级是学前教育机构教育的细胞，是学前教育活动的基本组织形式、基本单位。学前教育班级是按幼儿的年龄来组建的。幼儿年龄越小，生活活动、教育教学活动组织难，且越需要个别和小组活动。幼儿保教工作采用班级形式进行，可以对幼儿的健康成长起到良好的促进作用。

学前教育班级保教管理对于提高幼儿的生活质量、提高活动效率具有重要作用。教师要注意科学安排幼儿一日生活的各个环节，使幼儿在稳定、有规律的活动节奏中获得生活的安全感；通过培养幼儿的生活习惯和时间观念促进一日生活各环节有条不紊地进行；为保教人员相互配合、步调一致提供支持。

学前教育班级保教管理是顺利进行教学的保证。保证教育活动的系统性和循序渐进性，有利于提高教育活动的质量和效率，全面实现学前教育目标。行为规范能够约束幼儿的行为，增强幼儿的集体意识，对克服幼儿的自我中心、发展幼儿的自我意识有重要作用。集体活动为幼儿的个体行为提供了模仿和相互学习的榜样及相互监督的标准，同时也为幼儿与幼儿之间、幼儿与教师之间的良好交往提供了平台。

二、学前教育班级保教管理的内容

（一）生活管理

生活管理是为了保证幼儿的身心健康发展，围绕幼儿在园内的饮食起居等一日生活的需要而从事的管理工作。它是保育工作的主要内容，也是顺利进行班级管理和教育教学的必要条件。没有科学规范的生活管理，教师就无法开展各种有目的、有规则的教育与游戏活动。

开学初的工作：填写班级点名册，填写幼儿家庭情况登记表，明确家园联系的方法；安排幼儿个人用的床、衣柜、毛巾架、水杯格，写上姓名并做好标记；联系家长并家访，调查幼儿家庭教养情况，初步了解幼儿的生活习惯，做好记录；初步布置活动室环境，安排好家具和物品位置；观察幼儿一日生活表现，记录分析，依据观察分析和家访结果，确定班级幼儿生活管理计划和措施。

日常工作：每日做好来园和离园的交接记录，保管好幼儿的生活用品；每日做好消毒、清洁和安全检查工作；每周检查幼儿生活管理计划的落实情况，做好幼儿生活、疾病等情况登记分析工作；每周末交流总结上周经验，调整下周工作，分工负责。

学期末工作：汇总幼儿生活表现记录，做好对幼儿生活情况的小结；总结班级幼儿生活管理工作，找出成绩和问题；向家长发放幼儿发展手册，指导家长做好假期管理；整理室内外环境，对集体用品、材料进行清点登记。

（二）教育管理

开学初的工作：结合家访和对幼儿的观察分析，完成对班级幼儿发展水平的初步评估，做好分析记录；根据幼儿的实际水平及班级条件，制订详细的幼儿教育计划；根据教育教学计划，征集或领取幼儿绘画、手工等教育教学用具，布置活动室，创设教育环境；确定各项教育活动的组织形式及基本常规，建立班级教育活动的运转机制；初步建立与幼儿友好、协调的关系。

日常工作：具体设计并实施每日教育活动方案，做好教育教学的反思与推进分析工作；每周提前制订下周计划和确定活动安排；每日交流沟通幼儿保教工作情况，相互交接与配合；每月召开班级教师会议，研究班级教育工作的具体内容和措施，协调分工与合作；根据教育目标及时调整活动室环境。

学期末工作：整理教育活动方案、教育笔记和幼儿作品档案；做好幼儿全学期的评价工作，填好幼儿成长手册；完成教师教育教学自我评估，写出工作总结或研究文章；清点教育教学活动材料并登记归档。

（三）物品管理

班级物品包括小床、小被等生活用品，玩具、学具等学习用品以及钢琴、电视机等教师教学物品。班级物品摆放得当，能给幼儿一个整齐有序的环境，有利于幼儿的生活和活动，有利于幼儿的成长，同时也能方便教师使用。

班级物品摆放的位置和高度要适当，班级物品摆放立足于幼儿自己取放玩具和游戏材料的方便、安全，也要注意美观整齐，最大限度地把空间留给幼儿，不能影响幼儿的生活。同时班级物品应有专人保管，保育员承担的卫生和幼儿生活照料的工作较多，可以管理幼儿生活用品和清洁用品；教养员特别是主班教师可以管理教师教学用品以及班级的教育资料。班级教育资料包括教育笔记、观察计划、个案分析、保育笔记、班级工作计划、周计划、月计划及备课本、家园联系本、家长工作记录本、家长访问卡等。这是教师教育工作的财富，也是教师工作评估的依据。这些材料的书写要规范，符合幼儿园的统一规定，具有保存价值，属于个人的自己保管，属于班级的专门保管。

为了方便班级物品交接和管理，可以建立班级物品管理登记表，如表 9-1 所示。

表 9-1 班级物品管理登记表

类别	物品名称	物品数量	型号	责任人	备注	日期

三、学前教育班级保教管理的方法 ●●●

为了确保对班级中的每个幼儿都能实施有效的生活和教育管理，使幼儿掌握一定的生活常规和知识技能，从而达到幼儿园保教目标，保教人员必须掌握一定的管理方法。

(一)规则引导法

规则引导法是指用规则引导幼儿的行为，使其与集体活动的方向和要求保持一致或确保幼儿自身安全的方法。规则引导法是对班级幼儿较为直接和常用的管理方法。

规则引导法的运用应注意的要点为：①规则要领要明确、简单、易行；②给幼儿提供实践的机会，让幼儿在活动中掌握规则；③要保持规则的一贯性。

(二)情感沟通法

情感沟通法是指通过激发和利用师生间或幼儿间以及幼儿对环境的情感，引发或影响幼儿行为的方法。

情感沟通法的运用应注意的要点为：①教师在日常生活和教育活动中，要观察幼儿的情感表现；②教师要经常对幼儿进行移情训练；③教师要保持和蔼可亲的形象，情感沟通的基础是教师对幼儿的爱。

(三)互动指导法

互动指导法是指幼儿园、教师、同伴、环境等相互作用的方法。

互动指导法的运用应注意的要点为：①确保对幼儿指导的适当性(是否合理或必要)；②确保对幼儿指导的适时性(介入的时机是否恰当)；③确保对幼儿指导的适度性(介入的程度是否适宜)。

(四)榜样激励法

榜样激励法是通过树立榜样，引导幼儿学习榜样，以规范幼儿的行为，从而达到管理目的的方法。

榜样激励法的运用应注意的要点为：①榜样的选择要健康、形象、具体，可以是幼儿身边的同伴，也可以是幼儿熟悉的人物，前提是幼儿通过努力可以形成的；②班集体中榜样的树立要公正，有权威性；③及时对幼儿表现的榜样行为做出反应，予以表扬，强化幼儿的行为。

(五)目标指引法

目标指引法是教师以行为结果为目标，引导幼儿的行为方向，规范幼儿行为方式的方法。

目标指引法的运用应注意的要点为：①目标要明确具体；②目标要切实可行，要具有吸引力；③目标与行为的联系要清晰可见；④目标有个人目标和集体目标两种，在日常班级管理中要对这两种目标都加以注意并努力注意这两种目标的结合。

四、保教人员协同工作的内容

> ▶想一想
> 开展保健教育只是保育员的责任吗?

班级教师的关系决定了班级教育共同目标的落实，保教人员的有效协作配合是提高班级保教质量的关键。保教人员需要在如下几个方面协同工作。

(一)对幼儿发展状况与背景的了解与统一认识

班级教育目标要落实到每个幼儿身上才会真正促进幼儿的发展，而我们要根据每个幼儿的发展状况确定教育目标。获得体现幼儿发展、成长的背景资料，必须基于对每个幼儿每天的仔细观察和与每个家长的沟通。这些观察分析幼儿一日生活中的每个环节，以及与每个家长进行沟通等繁杂、细致的工作，一个人显然是无法完成的。因此，班级保教人员要分工合作，可以把幼儿分组。保育员与教师分头负责和几个家长沟通，定期轮换，并进行集体分析研究。只有保教人员进行协同观察和集体研究，才能对幼儿的发展状况了解得更加全面客观。

(二)班级工作计划的制订

1. 班级工作计划制订的步骤

班级工作计划一般应在每学期开学初制订一次。由班级的两位教师和保育员一起商量计划的内容并由教师完成制订。

①认真研究上学期的工作总结和本班幼儿身心发展的特点和规律、上学期工作中的成功经验和存在的问题、上学期幼儿的发展情况、假期在家发展情况等。

②认真学习国家的教育文件和教育机构工作计划，领会精神，指导本班工作。教育机构工作计划指明了本学期的工作目标，班级工作计划要与之相一致。

③共同讨论，确定计划的主要内容。共同讨论本学期工作的目标，商定工作重点、重大活动的安排和实行措施及分工等。

④撰写班级工作计划，由教师执笔按规范书写成文。

2. 班级工作计划的主要内容

(1)基本情况分析

基本情况分析作为班级工作计划的第一部分，主要把现时的班级、幼儿情况以及环境条件和资源情况、面临的任务优势和困难做总体分析。

(2)本学期工作的目标

本学期工作的目标可分为幼儿保教、家长工作和完成教育机构工作任务等。每一部分的目标可选择本班重点、特色的内容来写，要求简洁明了，切忌抄别班或照搬教育机构的计划。

(3)具体的要求和措施

对本学期现有的目标和任务要提出具体的要求和措施，并且落实到人，确定完成的时间。每一项内容可以对应一条措施，也可以对应多条措施。制定的措施要切实可行，便于操作，也可以表格的形式拟定。

(三)班级保教工作的组织与实施

1. 保教人员之间要有比较明确的分工

不管保教人员有几个，都应该指定一名负责人。一般情况下，保教人员要有比较明确的工作分工。

保育员的岗位职责主要有：①负责本班房舍、设备、环境的日常清洁卫生工作；②配合本班教师有效开展保教活动；③严格执行幼儿园安全卫生保健制度；④妥善保管幼儿衣物和本班设备用具。

教养员的岗位职责主要有：①根据国家规定和学前教育工作指导性文件，结合本班实际拟订教育工作计划并组织实施；②观察、分析、记录幼儿的发展情况；③严格执行幼儿园工作安排，与保育员共同做好幼儿生活和安全卫生保健工作；④做好家长工作，完成各项教育任务。

总之，虽然保教人员之间有比较明确的分工，但共同管理对象决定了他们必须相互支持和配合，工作分工要根据实际情况及时调整。

2. 对幼儿进行编组，保教人员协同管理小组

根据活动室的空间和对幼儿的人数进行分组时要注意如下几方面。

(1)差异互补，合理搭配

首先，要考虑到男女性别的搭配。随着幼儿对班级环境的熟悉和适应，不同性别的幼儿很快表现出不同之处。其次，每组适当选配一两名能干的幼儿。由于他们的能力强、领悟快，会给其他的幼儿树立榜样。在教师发出指令或组织活动的时候，他们会带头做出正确的反应，对其他幼儿产生积极影响。最后，高矮搭配，考虑幼儿的身高差异，要方便坐在后面的幼儿与教师交流。

(2)设置小组长，协助管理

设一名小组长，帮助教师组织管理小组，帮助端饭、发筷子、收拾学具和操作材料等。可以先找能力强的幼儿，然后让他们轮流担任，给予他们平等参与的机会。

(3)定期交换小组位置

幼儿的视觉器官尚未发育成熟，不适当的采光、不适当的视角都会影响幼儿视觉的发育。为了预防幼儿出现视力问题，座位最好每周一小换，每月一大换，前后左右都要换；更换时采取全组更换的方法，保持小组成员不变。

保教人员分工负责幼儿分组轮换和指导工作，必须有统一管理的指令和常规，避免不同人员因各自要求不同而带来管理的混乱。教师还要注意及时观察每个幼儿在组里的表现，及时发现问题并解决问题。

3. 班级资源的发掘与优化利用

幼儿园的空间设施、活动材料和常规要求等应有利于引发支持幼儿的游戏和各种探索活动，有利于引发支持幼儿与周围环境之间积极地相互作用。幼儿同伴群体及教师集体是宝贵的教育资源，应充分发挥这一资源的作用。教师的态度和管理方式应有助于幼儿形成安全温馨的心理环境，其言行举止应成为幼儿学习的榜样。教师应充分利用自然资源和社区的教育资源，扩展幼儿生活和学习的空间。

4. 一日生活的组织、观察与指导

教师应科学合理地安排和组织一日生活。时间安排应有相对的稳定性与灵活性，既有利于形成

秩序，又能满足幼儿的合理需要，照顾到个体差异。教师要将直接指导的活动和间接指导的活动相结合，保证幼儿每天有适当的自主选择和自由活动的时间。教师直接指导集体活动时要能保证幼儿的积极参与，避免时间的隐性浪费；尽量减少不必要的集体活动和过渡环节，减少和消除消极等待现象；建立良好的常规，避免不必要的管理行为，逐步引导幼儿学习自我管理。保教人员在组织幼儿园一日生活时，必须协调一致地对幼儿进行教育。

5. 班级幼儿发展评价反馈与教育方案的调整

对幼儿发展的评价，需要保教人员共同参与；对幼儿日常生活的观察、与幼儿的谈话和作业指导，也需要保教人员共同协作，并及时反馈彼此的信息。《幼儿园教师专业标准(试行)》专门提到“激励与评价”，强调有效运用观察、谈话、家园联系、作品分析等多种方法，客观地、全面地了解和评价幼儿。每个保教人员对幼儿都有不同角度的观察和分析。保教人员共同协商、交流彼此的观点，才可能对幼儿做出客观公正的评价，并在此基础上及时与家长沟通，对教育方案做出调整，使其更具有针对性。

6. 教育工作的反思、改进与专业成长

教师应在长期的工作实践中不断反思，发现问题、解决问题，改进工作方法，不断成长。《幼儿园教师专业标准(试行)》专门提到“反思与发展”。教师的专业成长一部分来自个人的努力与反思，但更重要的是来自与同事以及专家之间的讨论，在讨论中通过认知冲突的发生与问题解决，最终获得进步。面对班级中存在的需要共同面对的问题，如果大家一起反思，集思广益，很快就能得到有效的解决办法。

五、学前教育各类班级保教管理的策略

(一)托班幼儿班级保教管理的策略

1. 托班幼儿的特点

0～3 岁是人一生中身体和心理发展较为迅速的时期。在此期间，儿童动作技能发育迅速，从出生时完全依赖成人，经过短短一年就会独立完成基本的翻、坐、爬、走、跑等动作。托班幼儿情绪发展的明显特征是易感性和易变性，他们极易受环境的影响。托班幼儿由于动作语言和认知能力的发展，扩大了社会交往的范围，逐渐习惯与同龄伙伴及其他成人交往，但交往中带有明显的自我中心倾向，常常以自己的需要为唯一的指标。托班幼儿尝试模仿、喜欢重复，各种心理活动带着明显的直觉行动性，记忆及思维都是在直接与事物的接触或活动中形成的。2～3 岁是幼儿口语发展的关键期，语言发展迅速，听说能力基本形成。此时的幼儿变得特别喜欢说话，词汇量迅速增加，已能用简单的复合句来表达意愿，基本理解常用的简单句型，其语言的发展促进了自我意识的萌芽。

2. 托班幼儿班级保教管理的重点

(1)创设适宜的班级环境

丰富的环境能为幼儿提供充分活动的条件，促进幼儿全面和谐发展。托班所在的教室应选择一楼宁静、空气新鲜、光线充足的房间。室内的布置要适合幼儿的年龄、特点和兴趣。物品布置的高度要适合幼儿的视线，并考虑到他们在各种情况下，如在躺、坐、起、爬、站时能从不同角度看到一些室内布置。教师要提供丰富多彩的玩具和游戏材料，按幼儿的不同年龄特点配置玩具材料。玩

具材料要符合安全卫生的要求，不要提供过小的玩具，以免幼儿放嘴里吞下。玩具的表面要确保没有棱角和尖角，更不能有有毒的化学物质。所有玩具都必须定期消毒或清洁。

(2)制定和执行合理的生活制度

3岁前的儿童正处在一生中生长发育较快的时期。他们所需的营养一方面补充每天活动中机体代谢所消耗的能量，另一方面还要为机体组织生长发育提供补充。所以要培养幼儿良好的饮食习惯，使幼儿做到不挑食、不偏食等，教师必须保证营养合理均衡摄入。同时教师要使幼儿逐步学会使用进餐工具，独立、安全、卫生进餐。

睡眠促使人体生长激素大量分泌，有助于促进幼儿身高的增长以及大脑皮层的发育。充足的睡眠能够保证幼儿消除一天的脑力、体力活动造成的疲劳，使神经系统、骨骼和肌肉、内脏器官得到休息。一方面，托班保教人员要提供舒适温馨的睡眠环境，做到不睡软床，保持被褥清洁干爽，及时发现、更换尿湿的床单、被褥；保证空气清新，光线温度适宜；保证环境宁静、安全。另一方面，托班保教人员要培养幼儿独立入睡的良好习惯。对入睡困难的幼儿要耐心安慰，允许他们抱着自己心爱的玩具入睡，不可威胁吓唬。

由于托班幼儿的生活自理能力差，教师应处理好他们大小便和洗手的问题，帮助幼儿减少在园的恐惧，增加对教师的信赖。这就要求教师做到每天观察记录每个幼儿的大小便时间和次数，找出规律，能够及时提醒幼儿，照顾他们。另外，教师要为幼儿准备与小腿高度相同的便盆，控制便盆的位置，教幼儿学会及时排便、大胆求助以及养成便后洗手等良好的习惯。

(3)寓教于养，以个别教育为主，促进幼儿全面发展

托班教育就是在一日生活的各个环节中，结合照顾幼儿的吃、睡、玩随机地对其进行的教育。由于托班幼儿的年龄小，注意力集中时间短，个体发育速度水平差异大，托班教育要以自由活动为主，以适当的集体活动为辅，在丰富多彩的游戏中发展幼儿的爬、走、跳等大肌肉动作和手的捏、拿、握、夹等精细动作。

(二)小班幼儿班级保教管理的策略

1. 小班幼儿的特点

3～4岁是幼儿园小班幼儿的年龄。由于小班幼儿骨骼肌肉系统的发展，大脑控制调节能力的增强，加上入学前期所学会的技能和获得的经验，他们能够掌握各种粗大动作和一些精细动作。神经系统的发展使幼儿可以连续活动5～6小时，日间只需要一次睡眠。小班幼儿语言的形成和发展，使他们已经基本上能够向别人表达自己的思想和要求，不需要成人过多地猜测他们的意愿。小班幼儿对教师有很强的依恋感，并希望得到教师的赞赏和认可；其思维具有具体行动性，由直觉行动思维向具体形象思维发展是小班幼儿思维的主要特点。小班幼儿的行动受情绪影响大，喜欢模仿，辨别是非能力差。因此，教师要特别注意正面教育，运用具体形象的教具对幼儿提出具体的要求。小班幼儿在认知过程中容易受外界事物和情绪的支配，无意注意占优势，注意力容易转移。因此小班集中教学时间不宜过长，一般在10～15分钟。

2. 小班幼儿班级保教管理的重点

(1)做好入园适应工作

小班幼儿，尤其是没有上过托班的刚入园幼儿，刚入园时一般都会有不适应的现象。具体表现为依恋亲人、不愿入园、情绪低落、哭泣不止、性格专横、强占霸道，入园后会抢玩具，没有秩序意识，行为散漫。小班开学之初，教师要从以下几个方面重点做好幼儿的入园适应工作：消除家长的疑虑，改善家长的教育策略，激发幼儿喜欢上幼儿园的情感；给幼儿以父母般的关爱，营造温馨快乐的“家”的氛围；开展丰富多彩的活动，吸引幼儿；灵活安排一日生活，帮助个别适应困难的幼儿逐渐适应。

(2)小班保教常规管理

幼儿园常规指幼儿一日生活中各个环节的安排顺序，以及幼儿在各个环节中必须遵守的行为准则。它是教师为了管理好一个班级而制定的、需要幼儿遵守的一些规则，有利于幼儿养成良好的行为习惯。幼儿常规教育是教育的首要工作，是一项长期的工作。教师要有爱心、耐心及教育艺术，要因人而异开展常规教育。在常规教育中，教师的要求一定要一致，给幼儿明确的行为标准，要把幼儿的发展放在第一位，尊重幼儿的个体差异。表 9-2 为小班常规管理的内容和要求。

表 9-2　小班常规管理的内容和要求

内容	幼儿需要做到	教师需要做到
来园	高高兴兴上幼儿园，向教师问好；带手帕，衣着整洁，能高兴地接受晨检；在教师的指导下，将脱下的衣服放在规定位置；学习拉小椅子，双手轻拿轻放小椅子	教师热情接待幼儿及家长，了解幼儿在家的健康情况；观察幼儿皮肤、五官、神情等，如有异常，马上与保健医生联系，及时处理；了解幼儿的情绪，舒缓幼儿的不安情绪；清点人数，做好点名记录；指导幼儿用手帕
盥洗	养成饭前便后和手脏时洗手的习惯；洗手能挽起衣袖，认真洗，不玩水，用自己的毛巾擦手；能主动表示大小便，养成自觉独立大小便的习惯；养成饭后漱口擦嘴的习惯	做好盥洗前的准备工作，指导和帮助幼儿按顺序洗手、洗脸，不弄湿地面；了解幼儿的大小便习惯，随时观察，鼓励幼儿根据需要独立如厕；与幼儿一起制定简单的盥洗规则，如男女分组、轮流等；为个别幼儿提供帮助指导，如提醒便后穿好裤子
饮食活动	安静就座，愉快进餐；学习使用餐具，细嚼慢咽，不挑食，保持桌面、地面、衣服整洁等；养成饭后漱口、擦嘴的习惯和主动喝水的习惯	餐前、餐后半小时不组织剧烈运动；组织好盥洗；营造安静愉快的氛围，鼓励幼儿吃饱，减少等待时间；组织餐后 10～15 分钟散步
睡眠活动	安静就寝，睡姿正确；在教师的帮助下，能按顺序脱衣裤，将鞋袜放在固定的位置	提醒幼儿睡前小便，安静进入卧室；指导帮助幼儿有顺序地穿脱衣服；帮助幼儿盖好被子，巡回观察幼儿的睡眠情况，矫正不良睡姿，发现异常及时处理；根据季节掌握幼儿的午睡时间
活动要求	进出班级按顺序排队，不奔跑和推搡；玩具用品不乱丢、乱扔；安静活动不吵闹；户外活动听指挥	随时清点人数；指导幼儿参与各种活动；及时解决纷争问题；留意观察，预防各种意外发生
离园	收拾好玩具和桌椅；穿戴好衣帽，跟教师道别回家	热情接待家长，向家长反映幼儿在园中的表现；指导幼儿收拾玩具和衣服；清点人数，做好交班记录

（三）中班幼儿班级保教管理的策略

1. 中班幼儿的身心发展特点及班级特点

4～5 岁中班幼儿的生长发育进入一个相对平稳的时期。其精细动作进入了发展较快的时期，动作协调性增加，多余动作减少，表现在快走、跳跃、攀爬、翻跟斗、停步等比较自如。全身运动时，中班幼儿身体的各部位都能较好地协调活动，如自己系鞋带、用筷子吃饭、用剪刀剪直线、自己穿衣等，自理能力大大提高。中班幼儿的抽象逻辑思维开始萌芽，但认知活动中主要依靠事物的具体形象思维和表象联想思维；词汇量迅速增加，发音正确，语言表达能力发展迅速。中班幼儿的意志力逐渐增强，行为有了初步的目的性、组织性，能在集体生活中较好地遵守规则，能完成一些简单任务；自动结伴，交往能力得到发展，活泼好动，对事物充满好奇，认知能力迅速提高，求知欲增加。根据中班幼儿的年龄特点，中班集中教学时间一般为 20～25 分钟。

中班幼儿的规则意识进一步增强。大多数幼儿能自己穿脱衣服，并能按照规定放置衣服；能够且乐于接受任务，并愿意完成好；具备自我服务和为他人服务的能力，出现了班级互帮互助行为、合作行为。中班幼儿的思维具有自我中心化的特点。这种特点导致他们在考虑问题时不善于站在别人的观点和立场想问题，容易从自己的感觉出发。因而这一时期的幼儿特别容易在游戏中出现矛盾。同时中班幼儿掌握了一定的行为规范，道德感初步发展，关心周围环境，寻求解决问题的行为逐渐增多。

2. 中班幼儿班级保教管理的重点

(1)常规培养

由于中班幼儿的独立能力逐渐增强，教师要注意继续培养他们的清洁卫生习惯，使他们养成良好的饮食、进餐习惯和良好的睡眠习惯，培养他们穿脱衣服的能力。中班幼儿乐于参加集体活动，能认真听讲，按教师的要求去做。上课时，他们能集中注意力，遵守集体纪律，知道得到教师允许后才能发言，能安静地听别人讲话，能协助教师准备用具，轻拿轻放玩教具，用完后自觉整理收拾好用具。他们能在活动中和同伴商量与讨论问题，能快乐地参加集体活动，珍惜劳动成果。中班要建立值日生制度，培养幼儿的集体观念和责任感。总之，常规培养是一项长期的琐碎的工作。由于幼儿良好的习惯是在不断的练习中逐渐养成的，教师要有耐心细致的态度和灵活机动的教育技巧，使幼儿愉快地度过幼儿园的一日生活。

(2)培养必要的社会交往技能

中班幼儿社会交往的范围明显扩大，在集体活动中逐渐出现了不同的交往类型，需要教师特别关注。总体来说，中班幼儿普遍缺少交往的技巧，自我意识很强，更容易出现纷争问题。教师要根据中班幼儿的年龄特点及身心发展情况，利用各种活动和游戏，培养他们的社会交往能力。教师要善于观察，及时运用随机教育和个别教育，对幼儿进行正面鼓励和引导，加强幼儿的社会性教育，使幼儿形成合作、谦让、尊重等亲社会行为。另外，合理处理幼儿之间的告状行为。中班幼儿的告状行为增多，是因为他们开始把自己或别人的言行与规则和榜样进行比较，产生相应的道德体验。有的幼儿遇到矛盾冲突时，由于交往技巧技能缺乏，会求助于教师，也会出现频繁告状的行为。这时教师要教给幼儿解决问题的技巧，鼓励幼儿遇到冲突时要相互交谈、商量、想办法应对，实在不能应对的再找教师。

（四）大班幼儿班级保教管理的策略

1. 大班幼儿的身心发展特点及班级特点

5～6 岁是大班幼儿的年龄，也是即将进入小学的年龄。这个年龄段的幼儿身心都有了进一步的发展。大班幼儿的身体发展迅速，动作协调，身体比较结实，活动量大，手的动作精细、准确和熟练，能独自活动。大班幼儿的基本活动习惯已经初步形成，并能够自理，但是自我保护能力较差。大班幼儿的观察力、理解力增强，求知欲和好奇心旺盛，爱说、爱问、好动；而且逐渐变得有情感、有独立个性，自我意识有一定的发展，喜欢自由活动，渴望参加成人活动，盼望自己快点长大。大班幼儿的社会交往能力进一步增强，对于教师交给的任务大多能较好地完成；其与同伴的交往中游戏的社会化程度大大增强，产生矛盾、问题能独立地协商解决。大班幼儿大多是参与集体游戏，他们都能遵守比较复杂的游戏规则。大班集中教学时间一般是 25～30 分钟。

大班幼儿的集体感和责任感逐渐增强，能形成较为团结的班级集体。大班幼儿热爱集体生活、热爱集体中的成员，自觉为集体尽义务、做贡献，关心并产生维护集体荣誉的情感和行为。比如，大班幼儿在参加集体之间的竞赛和评比活动时非常注意遵守纪律和活动规则，不但自己尽力争取好成绩，还能提醒和鼓励同伴。集体感的产生和发展促进幼儿进一步摆脱自我中心的束缚，发展了对他人和集体的责任感，对团队意识的巩固产生了积极的影响。

2. 大班幼儿班级保教管理的重点

幼儿园大班在生活制度方面，游戏、休息的时间逐渐减少，延长了活动时间，严格执行作息制度。这种特殊的管理模式使幼儿园与小学的教育工作保持衔接关系。虽然大班幼儿已经形成一些行为习惯，自制力有所提高，辨别是非能力有所增强，但常规管理不能松懈，以便为培养他们的守规习惯打下基础，为进入小学进行衔接教育。

（1）集体意识的培养

大班幼儿的集体意识发展迅速。首先，教师要建立班集体规则，给幼儿提出一些行为规范和集体生活中必须遵守的规则，给幼儿适当的限制，让其知道集体有制约性，学会处理集体和个人的关系。其次，教师要建立起小组长工作和值日工作制度，提供机会让幼儿为班级做事，培养幼儿的集体意识。最后，教师要通过开展多种形式的竞争活动增进幼儿的集体荣誉感。

（2）责任行为的发展和引导

首先，教师可以在日常生活和教育活动中充分给予幼儿自主权，让幼儿独立完成自己应该完成的事和自己选择的活动。其次，教师通过开展大带小结对子活动，促进不同年龄班幼儿的交友互动，使幼儿意识到自己是大哥哥、大姐姐，应该帮助弟弟妹妹，从而增强其责任感，使其体验到关心他人的愉快和自豪感。最后，教师通过正面强化肯定幼儿的责任行为，促进幼儿责任意识的发展。

（3）合作行为的发展和引导

大班幼儿的合作水平相对中、小班而言是最高的。他们能主动寻求合作的愿望，能较为恰当地在合作活动中运用语言、制订计划、分工协助、完成任务，守规则、互助、协商等行为均明显优于中、小班幼儿。因此，大班幼儿在学习和生活活动中更能体现出合作，也更能接受合作。教师在一日活动中要有意识地帮助、引导幼儿建立合作意识；在矛盾冲突中帮助幼儿提高合作技能；在学习迁移中扩展合作空间，培养幼儿的合作行为。

本讲要点

本讲主要阐述了幼儿园班级保教工作的意义，简要陈述了幼儿园班级保教工作的管理内容以及幼儿园班级保教工作的管理方法。保教人员必须掌握一定的班级管理方法。科学的班级管理方法是每个保教人员应具备的。本讲还详细阐述了幼儿园保教工作协同管理的内容和各类班级保教工作的管理方法。

学以致用

请结合实习分析三个年龄班班级保教工作的管理侧重点，并说明理由。

模拟练习

一、单选题

1.（　　）不是幼儿园班级管理的内容。

A. 生活管理　　B. 教育管理　　C. 保育管理　　D. 物品管理

2.（　　）是幼儿园班级管理的核心。

A. 家园沟通　　B. 培养幼儿的常规

C. 个别教育　　D. 全面发展

3.（　　）是通过树立榜样引导幼儿学习榜样以规范自己的行为，从而达到管理的目的的方法。

A. 规则引导法　　B. 互动指导法　　C. 榜样激励法　　D. 情感沟通法

二、简答题

幼儿园班级管理的常用方法有哪些？

模拟练习答案

第三讲　学前教育班级保教管理

第四讲

学前教育机构与家庭合作共育

头脑风暴

有一部分家长反映幼儿园布置了制作树叶拼画、废旧材料创意设计等各种家庭手工作业，远远超出了孩子的能力，疲于应付、叫苦不迭。有一部分家长坦言自己没时间坐下来手把手陪孩子完成作业，还不如一手包办，简单省事。还有一部分家长认为，帮孩子做作业是家长重视孩子的体现。可见，有些幼儿园手工家庭作业孩子参与度不高，都是家长在做。

幼儿园的教师呼吁，家长不要以成人的视角去理解孩子的作业，不要认为作业一定要争个高下。其实相比作品是否精美，教师更看重的是孩子有没有真正参与其中，并得到动手动脑的机会。

幼儿园及教师布置手工作业是为了培养孩子动手能力的同时增加父母陪伴孩子的时间，增进亲子关系。但实际情况却是手工作业家长一手包办，造成幼儿园教育与家庭教育的脱节。由此可见，幼儿园与家庭之间应该一致、配合，形成最优合力，共同促进孩子发展。

思考：如果你是幼儿园班主任，要开展一些需要家长配合的活动，你会怎么做以便让家长支持而不会有怨言。

一、学前教育机构与家庭合作共育的内涵

学前教育机构与家庭合作共育主要是指学前教育机构和家庭双方积极主动地相互了解、支持、配合，双向互动，共同促进儿童身心健康发展。家庭是儿童成长的第一环境，儿童首先受到家庭环境的影响。我国学前教育家陈鹤琴指出，幼稚教育是一种很复杂的事情，不是家庭一方面可以单独胜任的，也不是幼稚园一方面可以单独胜任的，必定要两方面共同合作方能得到充分的功效。

学前教育机构需要与家庭密切合作。《幼儿园工作规程》指出，幼儿园应该主动与幼儿家庭配合，帮助家长们创设良好家庭教育环境，向家长宣传科学保育、教育幼儿的知识，共同担负教育幼儿的任务。学前教育机构是专业的教育机构，教师掌握着儿童发展的特点与规律和科学的教育方法。学前教育机构及教师应该主动地激发家长积极合作的精神，共同促进儿童的发展。

二、学前教育机构与家庭合作共育的意义

(一)合作共育为儿童身心发展创造良好的条件

学前教育机构与家庭都是儿童重要的生活环境。通过开展有效的家园合作，教师与家长之间达成良性沟通和理解，使两者对儿童施加的影响在方向上保持一致，实现合力最大化，为儿童身心发展提供良好的社会环境。如果学前教育机构与家庭之间缺乏沟通和理解，致使两者的教育影响在方

向上不一致，就会减弱和抵消各自的教育影响，甚至给儿童的成长带来负面影响。例如，儿童在刚入幼儿园时，由于第一次与自己父母分离，在面对全新而陌生的幼儿园环境时会产生分离焦虑。如果不妥善引导，会对儿童的成长造成不良影响。学前教育机构需要与家庭合作，共同帮助儿童顺利克服焦虑情绪。

(二)合作共育有利于提高学前教育机构的保教质量

儿童的成长离不开家庭的照顾和支持，家长与儿童之间特殊的血缘、亲情关系使得家庭教育具有强烈的针对性和感染力。家长作为重要的教育力量，参与到学前教育机构的教育中，会使儿童积极地投入学前教育机构的学习和生活中，对儿童产生良好而持久的影响。

家长是教师最好的合作者。一方面，家长更了解自己的孩子，且对孩子的影响更直接。与家长沟通是教师了解孩子的最佳渠道。学前教育机构应该充分发掘和利用这一宝贵的资源，通过家长的配合，使学前教育机构的教育计划更加可行、有效。另一方面，家长来自各行各业，是学前教育机构得天独厚的教育资源。不同家庭文化、不同职业背景的家长可以为学前教育机构提供丰富的教育内容，支持和服务学前教育。同时，家长通过利用自己的专长深层次地参与到学前教育机构的教育中，也可以增进他们对学前教育机构及学前教育的理解，使家园关系更为密切。

(三)合作共育有利于密切亲子关系、改善家庭教育

家庭是儿童主要的生活环境之一。儿童在与家长的交流互动中，潜移默化地获得社会准则和行为习惯。不同的家庭背景、家庭关系和家庭教养方式会对儿童产生不同的影响，不同家庭的教育水平也参差不齐。教师在掌握科学的教育方法和儿童身心发展特点与规律的基础上，对儿童有目的、有计划、有组织地施加影响。

家园合作为家长提供了一个学习的平台。一方面，家长参与学前教育机构的教育活动，能有机会了解自己的孩子在学前教育机构中的生活和学习，更全面地认识孩子。同时孩子也有机会了解自己父母的工作与特长，促进亲子交往，密切亲子关系。另一方面，学前教育机构可以为家长提供各种教育咨询，提供家长间分享教育观念、教育经验的平台，指导家长积极利用身边资源引导和教育孩子，改善家庭教育。

三、幼儿园与家庭合作共育的内容 ●●●

(一)帮助家庭获得正确的教育理念与方法，取得教育共识

家庭教育带有很强的个性化，不同家庭的教育理念、内容、方法各异。虽然家长都希望把自己的孩子培养好，但实际上不少家长在教育理念上存在一定的误区。《幼儿园工作规程》指出，幼儿园的任务之一是“面向家长提供科学育儿指导”。因此，学前教育机构应在教育理念、目标、内容与方法等方面与家长取得共识，增进家长对学前教育规律的认识，使家长树立科学的教育理念。

(二)促进与家庭的有效沟通和互动，协商共育策略

开展家园合作，首先要全面了解幼儿的发展特点和发展状况。这就要求幼儿园要争取家长的理解和支持，双方积极主动地沟通。由于各个家庭的物质环境、精神文化环境和教育观念各不相同，教师要主动了解幼儿在家庭内部的情况，同时将幼儿在园的表现情况传达给家长。双方通过有效的

沟通，全面了解幼儿，共同分析幼儿的发展情况，相互配合共商教育策略，从而达到预定的教育目标，促进幼儿的身心发展。

(三)鼓励和引导家长参与教育活动，同心协力促进幼儿发展

幼儿园应该引导家长关心和支持学前教育，直接或者间接地参与教育活动，以提高保教的质量。一方面，家长应该明确家庭负有教育儿女的责任。通过合作共育，家长能够增强科学育儿的信心，增进对自己儿女的理解。另一方面，家庭有着丰富的教育资源。幼儿园要充分发掘和利用家庭教育资源，引导家长在关心自己子女发展的同时，积极地配合和参与教育活动，如参加家长开放日、助教等工作，共同制订幼儿的个别教育计划，监督教育机构的保教质量，提供财、物方面的支持及信息服务等。

四、幼儿园与家庭合作共育的方式

幼儿园与家庭合作共育是双方的双向互动，包括幼儿园与家庭的沟通交流和家庭参与幼儿园的教育活动两方面。

(一)幼儿园与家庭沟通交流的方式

幼儿园与家庭沟通交流的方式是多种多样的。当幼儿园面向大多数家长进行沟通交流时，采用集体方式；当面向个别家长进行沟通交流时，采用个别方式。

1. 集体方式

(1)家长会

家长会是幼儿园面向全体家长召开的，其内容多集中于幼儿园和家长都关心的问题。家长会一般包括全园的、年级的和班级的家长会。

全园和年级家长会一般安排在学年(或者学期)初和学年(或者学期)末开展。学年初的家长会会介绍幼儿园的教育工作、计划及家园配合的相关要求等，学年末的家长会多是向家长汇报和展示教育成果、提出假期教育要求等。

班级家长会相对于全园和年级家长会而言，更具针对性，开展得更为普遍。家长可以直接了解自己子女在班级里生活、学习和发展的状况，与幼儿园交流互动更为有效，同时便于分享和交流经验。

(2)家长学校

家长学校是幼儿园面向家长系统介绍家庭教育知识的一种形式。其主要任务是向家长宣传先进的教育理念及教育子女的科学知识。幼儿园利用家长学校来组织家长参与到家庭教育的学习与活动当中，提高家长对学前教育的认识。家长学校可定期举办，如每个月或者两个月安排一次。其内容和形式可依据幼儿园的具体情况而定，如可以请学前教育专家、学者和资深教师开设讲座或者做报告，进行教育焦点问题的探讨和咨询以及家长家庭教育经验的交流和分享等。当前除了开设传统的线下讲座外，还可以开设有网络直播互动的线上讲座。错过直播的家长还可回看录像录播。

(3)家长开放日

家长开放日是指幼儿园定期或者不定期地面向家长开放，邀请家长观摩和参观园内的教育活动。较多的是幼儿园利用一天或者半天的时间邀请家长观摩园内活动。家长在观摩或参观的过程中可以了解到幼儿园的工作内容和方法，看到孩子各方面的表现，了解孩子在幼儿园中的生活和学习情况。

同时，通过观摩活动，家长可以更充分地理解教师的教育理念、方法，增进家长对幼儿园教育工作的认同感，并针对自己孩子和教师探讨教育方法，改善家庭教育。

(4)家长接待日

家长接待日是安排一个固定的时间，由幼儿园主管领导来接待家长的来访，针对幼儿园、班级的管理和保育教育工作情况对家长进行说明和疑问解答，同时收集家长的意见和建议。幼儿园通过家长接待日来完善自身的工作，拉近家园距离，更好地服务于幼儿及其家庭。

(5)家庭教育咨询

家庭教育咨询一般是指家长就家庭教育问题向幼儿园咨询的一种活动。幼儿园一般会聘请学前教育专家或者心理专家针对家长的咨询和疑问进行现场解答或网络答疑，为家长提供直接有效的服务。

(6)宣传栏

宣传栏是幼儿园普遍采用的一种形式，有面向全体家长的，也有面向班级家长的。其内容主要包括有关家庭教育的新理念、幼儿园或班级的教育目标、家园合作的内容、幼儿的发展状况等。

有条件的幼儿园还可以面向家长发放一些宣传资料，如幼儿园自己举办的家教报刊、对家庭教育有指导意义的相关资料等。

2. 个别方式

(1)家庭访问

家庭访问是家园沟通、合作常用的一种重要的方式。家访的目的在于深入了解幼儿在家庭中的真实情况、家长对于学前教育的认识态度和方法，针对幼儿的具体情况与家长共商教育策略；同时向家长介绍幼儿在班级中的生活和学习情况，让家长对幼儿有更全面的了解。家访体现着幼儿园及教师对幼儿的亲切关怀、对家长的尊重和教育的责任感。除了可以采用传统的入户家访外，还可以采用电话或网络家访。

(2)个别谈话

个别谈话是家园合作比较简便、常见的一种方式。其包括事先约定好的个别谈话和家长接送幼儿时的随机交谈。

对于事先约定好的个别谈话，教师应该提前做好准备，包括整理和分析幼儿发展的材料，准备提出的问题和解决问题的初步设想等，同时还要对幼儿的家庭背景和家长的性格有一定的了解。在交谈时，教师要设法营造宽松的气氛，态度诚恳，委婉提出问题及相关建议。

家长接送幼儿时的随机交谈是一种便捷灵活的指导和沟通方式。主要交谈有关幼儿的情况，向家长反映问题，商讨解决办法。这种交谈的时间比较短，谈话内容也不宜过多。

(3)家园联系手册

家园联系手册是教师采用书面的方式与家长联系，向他们报告幼儿的情况，用于教师与家长间经常性的联系。家长从联系手册中可以了解幼儿在园的生活和学习状况、幼儿的进步和问题、园所对家庭配合教育的要求等；教师可以在联系手册中获得幼儿在家中的表现、教育效果的反馈、家长的意见等。

(4)电话与网络联系

电话联系是能及时与家长沟通的一种有效方式。通过电话联系，教师可简短向家长汇报幼儿的表现和生活情况。如果家长有事情，也可以通过电话告知教师，如家长无暇接送孩子时，可以利用电话及时与教师沟通。

网络联系是一种新型的沟通方式，也是现在教师与家长沟通较频繁的方式。教师可以利用网络将教育信息及孩子的表现反馈给家长。网络联系的方式包括邮件、短信、QQ、微信(企业微信)、钉钉等。有的班级设有家长QQ群或者微信群。教师每天会把孩子在园的表现以文字、语音、视频等方式发给家长，家长和教师及时沟通；同时家长间能随时交流分享育儿经验。这种网上沟通的方式快捷、便利、节省时间，其效果是非常明显的。

(二)家庭参与幼儿园教育活动的方式

1. 参与和支持幼儿园的各项活动

(1)直接参与活动或参与活动方案的设计

亲子活动是幼儿园组织的、邀请家长参与的各种形式的活动。幼儿园组织的亲子活动一般包括节日的庆祝活动、亲子运动会、郊游、参观、开学和毕业典礼、“六一”演出等。除了直接参与亲子活动外，幼儿园各种活动方案如运动会、毕业典礼、“六一”活动、春秋游等的设计，也是家长参与幼儿园活动的重要方式。

(2)支持和参与幼儿园环境创设

家长可以参与到幼儿园的环境创设中来。小至自然角、墙面布置，大至美化和合理化的幼儿园环境创设，家长均可力所能及地发挥作用。

(3)为幼儿认识社会创造条件

家长来自各行各业，蕴藏着丰富的社会资源，如他们的工作岗位和工作环境。幼儿园可以充分利用这一资源，请家长讲解，扩大幼儿对社会的认知范围。家长也可利用其专业优势来协助幼儿和教师收集开展活动的相关资料，既能帮助幼儿园教育活动的开展，又能增进幼儿对自身工作的认识。

2. 家长教师——参与幼儿园的教学

家长教师是指个别家长直接参与到幼儿园的教学中来，是充分利用家长职业资源而开展的家园共育活动。教师可以有计划地与家长联系，或者接受家长的自荐，请家长当助教，与家长一起讨论、备课，使家长能以幼儿乐于接受的方式，发挥其职业优势，开展教育活动。比如，在开展“交通工具”主题活动时，教师可以邀请当交警的家长来园向幼儿介绍交通规则和认识交通标志。

3. 家长委员会——参与幼儿园的管理

家长委员会是家长参与幼儿园管理的主要形式。家长委员会承担着帮助家长了解教育工作计划和要求，协助幼儿园的保教工作，及时反映家长对幼儿园工作的意见和建议等任务。家长委员会的成员一般是关心学前教育、能密切联系教师、有一定组织能力和沟通能力的家长。幼儿园可以利用家长委员会成员的模范和榜样作用，激发广大家长参与学前教育的积极性。

本讲要点

学前教育机构与家庭合作共育主要是指学前教育机构和家庭双方积极主动地相互了解、支持、配合，双向互动，共同促进幼儿身心健康发展。学前教育机构与家庭合作共育有着重要的意义：为幼儿身心发展创造良好的条件，有利于提高幼儿园的保教质量，有利于密切亲子关系、改善家庭教育。家园合作共育的内容包括：帮助家庭获得正确的教育理念与方法，取得教育共识；促进与家庭的有效沟通和互动，协商共育策略；鼓励和引导家长参与教育活动，同心协力促进幼儿发展。幼儿园与家庭沟通交流的方式有两种：集体方式，如家长会、家长学校、家长开放日、家长接待日、家庭教育咨询、宣传栏等；个别方式，如家庭访问、个别谈话、家园联系手册、电话与网络联系等。家庭参与幼儿园教育的方式有参与和支持幼儿园的各项活动、参与和支持幼儿园环境创设等。

学以致用

运用本讲所学的知识，指导家长制定一个为幼儿入园做准备的方案。

模拟练习

一、单选题

1. 当代心理学家布朗芬布伦纳关于儿童发展的生态系统学理论认为，(　　)对于儿童发展的影响是直接的、强烈的和持久的，它的责任与影响力是不可取代的。

A. 学校　　B. 环境　　C. 家庭　　D. 社会

2. 家长参与幼儿园管理的主要形式是(　　)。

A. 家长委员会　　B. 家长学校　　C. 家长会　　D. 家园联系本

3. 现代教育理论认为幼儿园与家庭是(　　)关系。

A. 领导　　B. 伙伴　　C. 监督　　D. 从属

4. 在教师与家长的关系上，下列(　　)观念是正确的。

A. 以教师为主，家长为辅　　B. 家长与教师是平等的教育主体

C. 以教育能力较强的一方为主　　D. 在园以教师为主，在家以家长为主

5. 下列(　　)是教师与家长谈话交往时较好的方式。

A. 谈话时不涉及别的孩子，以平等的身份采用日常用语与家长交谈

B. 向家长报告孩子的优点，让家长高兴

C. 向存在问题的孩子家长指出他们的教育观有问题

D. 只是与家长谈孩子的问题，要家长注意或配合教育孩子

6. 教师与家长谈话时以采用(　　)进行交谈为宜。

A. 专业术语　　B. 日常用语　　C. 普通话　　D. 方言

二、材料分析题

结合以下材料回答问题。

星期一，A 老师埋怨说："孩子在家过了一个双休日，再回到幼儿园后，许多良好的行为习惯就退步了，不认真吃饭，乱扔东西，活动时喜欢说话。真不知道孩子在家时，家长是怎么教育的！"站在一旁的 B 老师颇有同感地说："是啊，如果家长都能按我们的要求去教育孩子，我们的工作就好做多了！"A 老师接着说："可这些家长不按我们要求做倒也罢了，还经常给我们提这样那样的意见。好像我们当老师的还不如他们懂得多，真拿这些家长没办法……"

问题：请运用幼儿园与家庭相互配合的有关理论，分析评论 A 老师和 B 老师的教育观点，并具体谈谈家园合作对幼儿发展的重要意义与目前存在的误区。

模拟练习答案

第四讲　学前教育机构与家庭合作共育

第五讲

学前教育机构与社区合作

头脑风暴

幼儿园与社区共同设计了社会活动“自己去买菜”，旨在让幼儿接触社会，了解社区的一些设施及社区人员的工作状况。

幼儿知道今天要去菜市场买菜，都显得很兴奋。在去菜市场的路上，他们手拉着手，嘴里欢快地唱着：“今天的天气真呀真正好，我和奶奶去呀去买菜……”来到菜市场，教师说：“请你们细心地找一找、看一看、挑一挑你今天要买的菜。”于是幼儿纷纷来到各小商贩的摊位前。有的幼儿看看黄瓜又看看番茄，犹豫着不知道买什么。有的幼儿想拿这个摊位的黄瓜跑到隔壁摊位去做比较，但是被摊主制止了。有的幼儿看见小伙伴买了白菜，他也跟着买了白菜。还有幼儿甚至像模像样地和卖菜商贩讨价还价：“便宜一点可以吗?”……当幼儿带着自己的成果在回幼儿园的路上时，个个都兴奋地议论着自己买的菜：“我买了 2 根黄瓜。”“我买的比你多。”“你看他的一点都不新鲜。”①

想一想：幼儿在这次“自己去买菜”的活动中获得了什么？

一、学前教育与社区的关系

社区是构成社会的基本单位，主要是指居住在同一区域或者地域范围内的若干社会群体或社会组织所结成的相互关联的社会区域共同体。儿童是社区人口的组成部分，儿童的教育是社区建设的一项重要内容。陶行知提出生活教育理论，他指出“应使幼儿生活在大自然、大社会的怀抱里，如园所周围的街道、商店或电灌站、粮油加工站、节日氛围、人际关系以及自然景象、动植各物，无疑不是学前教育的场所、范围和内容”。社区中的人际关系、风土人情，社区的建筑、自然环境、活动设施、人文景观等都会对儿童产生潜移默化的影响。社区是学前教育的背景和依托，也是学前教育机构取之不尽、用之不竭的教育资源。

二、学前教育机构与社区合作的意义

(一)促进儿童身心和谐发展

儿童是在与环境的不断交流互动过程中成长的。儿童生活在社区环境中，其身体和心理发展会受到社区环境的影响。社区作为一个居住、生活、文化等功能兼备的社会小区，作为与学前教育机构联系紧密的社会环境，为学前教育机构的教育提供所需的人力、物力、财力、场地、信息等多方面的支持。社区的自然景观、人文设备如游乐园、公园等是儿童游览、观赏、拓宽视野的好去处；

---

① 宋睿：《家、园、社区合作共育的实践研究》，硕士学位论文，南京师范大学，2008。有改动。

社区内的银行、超市、电影院等是儿童丰富社会经验的重要资源；社区中生活的人来自各行各业，其专业优势是各类学前教育机构可利用的人力资源。学前教育机构应坚持开放办学，引导儿童与社区内的环境和人员充分接触、互动，获得身心全面发展。

(二)为社区提供教育和文化服务

学前教育机构与社区合作不仅对学前教育和儿童的发展起到重要的作用，也无形中影响着社区的建设，尤其是社区教育和文化的发展。学前教育机构专业的师资力量、有计划和有组织的教育活动，能带动社区学前教育的发展。在学前教育机构与社区深度合作的过程中，科学的育儿理念、家庭教育知识得到宣传和普及，使社区成员更加关心下一代的成长与教育，为培养社区高素质公民打好基础。作为社区文化环境的组成部分，学前教育机构良好的环境创设、教师与儿童文明礼仪的养成，可以成为社区的典范，推动社区的精神文明建设。

三、学前教育机构与社区合作的内容和方法

(一)学前教育机构发掘社区资源，促进儿童发展

学前教育机构所处社区的自然环境、人文风貌、生活设施等都是教育机构可以利用的宝贵教育资源。因此，学前教育机构要主动与社区合作，发掘并利用这些教育资源。

垃圾分类从我做起
——许巷幼儿园开展幼儿进社区垃圾分类实践活动

1. 带儿童去社区开展活动

学前教育机构应从实际出发，借助和运用社区的教育资源，发挥社会的优势，拓展教育途径，丰富教育形式，引导儿童与社区自然环境和社会环境亲密接触。

(1)引导儿童观察社区环境

社区中有着丰富的物质资源，包括自然景观、地理环境、社区结构和设施设备等。社区的花草树木、地况地貌、季节气候、名胜古迹等都是可供教育机构选择和利用的教育资源，为社区儿童提供丰富多彩的教育素材和学习生活空间。学前教育机构可以经常带儿童去社区的花园、公园、广场等地方，引导儿童观察、探索与游戏，亲近自然、亲近社会。

(2)引导儿童感受社区文化

社区的传统文化、民俗风情、生活方式等都为社区的学前教育营造了浓厚的文化氛围。社区内的文化机构如图书馆、美术馆、博物馆、科技馆、展览馆等是学前教育机构可利用的文化资源。带儿童去文化机构参观，使儿童初步感受民族文化、历史、艺术等，拓宽儿童的视野。

(3)引导儿童认识和适应社会

带儿童去参观社区内的各类机构，如银行、超市、邮局、机场、理发店等，让儿童了解到社区成员在不同工作岗位上贡献着自己的力量。让儿童在与形形色色的人和事接触的过程中逐渐了解社会，感受新鲜事物，增强社会适应性。

2. 将社区人力资源请进来

社区内有各种机关、企事业单位、社会团体等机构，各类机构都存在其特有的优势资源。社会各界的先进人物、各类有专业特长的居民均是社区里重要的人力资源。学前教育机构可以采用“请进来”的形式，将社区里不同工作岗位上的人员适时地请进来，参与教育活动。比如，请交警叔叔为儿

童表演指挥交通的手势，讲解交通标志，增强儿童的交通规则意识。社区成员参与学前教育，可以拓展儿童的生活和学习范围，增强儿童与社区的互动深度。

(二)发挥学前教育机构的优势，服务社区建设

学前教育机构在利用社会资源的同时，还应该发挥其作为专门教育机构的优势，利用教育资源，为社区建设和发展服务。

1. 树立文明形象，发挥文明示范作用

学前教育机构作为社区环境的组成部分，应对社区精神文明建设起示范引领作用，通过提高自身的文明程度，如美化环境、提高教职工素养、培养儿童良好的文明习惯等，为树立社区良好的文明形象做贡献。学前教育机构开展的教育活动可与社区生活活动相结合。例如，学前教育机构开展环境教育活动，可在社区内引导儿童进行废物利用、垃圾分类、节约用水、爱护公共卫生等活动，不仅使儿童受到教育，同时也积极推动了社区环境保护活动。

2. 利用教育设施，与社区共享教育资源

学前教育机构拥有齐全的学前教育设施设备，一方面可以适时、适度地向社区儿童与家长开放这些物质资源，为社区居民提供便利；另一方面也可以利用这些学前教育资源在双休日向社区开放。比如，利用学前教育机构内的玩教具和图书，建立“玩具图书馆”适时向社区开放。学前教育机构与社区共享教育资源，使社区的各个年龄段的儿童均能来到教育机构活动，充分发挥其服务社区教育的价值，为建设和谐社区出力。

3. 发挥专业特长，提供科学育儿指导

学前教育机构拥有经验丰富的专业师资队伍，是社区非常重要的智力资源。教师可以发挥自己的优势和专业特长，积极为社区服务。比如，为社区居民举办教育讲座，开设学前教育、家庭教育等方面的宣传栏，将科学的育儿理念和育儿知识传递给社区内的每个家庭，提高社区居民的育儿水平。

四、学前教育机构与社区合作的注意事项

①在选用社区的可用资源时，应该首先考虑对儿童的健康是否有益、是否安全。在利用社区资源时，不仅要关注儿童的社会性发展，还要关注儿童在科学探索、分析和解决问题等能力方面的发展。

②与社区的合作并不是增加教师和儿童负担的额外工作，而是要将社区合作的活动纳入学前教育机构的教育当中。二者应当有机结合。

③在利用社区资源的过程中，要加强与社区儿童家长的联系，使其能够了解活动的意图、内容和要求，以得到他们的理解，实现真正意义上的合作。

学前教育机构、家庭、社区三方的合作，保证了学前教育的连续性和一贯性。同时将影响儿童发展的各教育因素密切结合，共同促进儿童的发展。

本讲要点

社区是指居住在同一区域或者地域范围内的若干社会群体或社会组织所结成的相互关联的社会区域共同体。社区中的人际关系、风土人情，社区的建筑、自然环境、活动设施、人文景观等都会

对儿童产生潜移默化的影响。社区是学前教育的背景和依托，也是学前教育机构取之不尽、用之不竭的教育资源。社区与学前教育机构合作的意义体现在：促进儿童身心和谐发展、为社区提供教育和文化服务。学前教育机构可以通过发掘社区资源来促进儿童发展，如带儿童去社区开展活动、将社区中的人力资源请进来等；也可以通过发挥自身的优势来服务社区建设，如树立文明形象、与社区共享教育资源、为社区居民提供科学育儿指导等。

模拟练习

单选题

1. 有的幼儿园将社区的历史、风俗、革命传统等内容作为乡土课程内容来利用，使幼儿园的教育内容丰富而有特色。这发挥了（　　）对幼儿园教育的意义。

A. 社区资源　　B. 社区环境　　C. 社区习俗　　D. 社区文化

2. 幼儿园应与（　　）密切合作，与小学相互衔接，综合利用各种教育资源，共同为幼儿的发展创造良好的条件。

A. 中学、大学　　B. 家庭、学校　　C. 社区、家庭　　D. 社会、家庭

模拟练习答案

第五讲　学前教育机构与社区合作

第六讲

学前教育机构与小学的衔接

头脑风暴

目前，尽管我国教育部门三令五申严禁幼儿园小学化倾向，但这种危害幼儿发展的问题仍然没有得到彻底解决。一些幼儿园为了迎合家长望子成龙的要求，每天的教学都是围绕识字、拼音、算术等课程来进行，忽略了对幼儿的学习兴趣、良好行为习惯等方面的培养。如果你是这样的幼儿园新入职的教师，你该怎样说服园长及家长？

众所周知，造成幼儿园小学化问题的原因是多方面的。诸如，一些幼儿园为了抢生源，向家长承诺能保证三年内教给孩子多少知识；某些校外教育机构为了盈利，办学前班争夺学前教育市场；一些地方媒体为这些有小学化倾向的园所、教育机构做宣传……而遵循幼儿身心发展规律的幼儿园受到极大冲击，一些园长明知这样做不对，但也顶不住压力，暗地里教小学一年级内容。所以幼儿园小学化倾向屡禁不止。但是，作为新时代规范的、专业的学前教育机构，必须弘扬国家倡导的学前教育主旋律，从对幼儿身心发展造成严重危害方面彻底认清小学化倾向的危害，严格贯彻执行国家学前教育的法律法规和文件精神，遵循《3－6 岁儿童学习与发展指南》的正确教育理念，着眼于幼儿未来终身发展，做好学前教育机构与小学的衔接工作，为幼儿的终身发展奠基。

相关链接

我国教育部门已多次下发文件整治小学化倾向这种阻碍幼儿未来发展的短视行为。2011 年，《教育部关于规范幼儿园保育教育工作 防止和纠正“小学化”现象的通知》明令禁止幼儿园提前教授小学教育内容。幼儿园不得以举办兴趣班、特长班和实验班为名进行各种提前学习和强化训练活动，不得给幼儿布置家庭作业。2012 年，《3—6 岁儿童学习与发展指南》指出，帮助教师和家长了解 3～6 岁幼儿学习与发展的基本规律和特点，建立对幼儿发展的合理期望，实施科学的保育和教育，让幼儿度过快乐而有意义的童年。严禁拔苗助长式的超前教育和强化训练。

2018 年，《教育部办公厅关于开展幼儿园“小学化”专项治理工作的通知》明令指出：“严禁教授小学课程内容，对于提前教授汉语拼音、识字、计算、英语等小学课程内容的，要坚决予以禁止。对于幼儿园布置幼儿完成小学内容家庭作业，组织小学内容有关考试测验的，要坚决予以纠正。社会培训机构也不得以学前班、幼小衔接等名义提前教授小学内容，各地要结合校外培训机构治理予以规范。”

2019 年 6 月，《中共中央 国务院关于深化教育教学改革全面提高义务教育质量的意见》提出：“严格按课程标准零起点教学，小学一年级设置过渡性活动课程，注重做好幼小衔接。”

教师必须正确理解学前教育机构与小学的衔接，才能与家庭、社会齐心合力培养未来新时代需要的人才。

一、学前教育机构与小学衔接的含义、意义、特点与任务 ●●●

(一)学前教育机构与小学衔接的含义

衔接是指相邻两个教育阶段在教育工作上的互相连接。一般来说，学前教育机构的衔接工作分为家庭与学前教育机构的衔接、学前教育机构与小学的衔接。

家庭与学前教育机构的衔接是指儿童第一次走出家庭到社会场所开始集体生活，迈开他们人生社会化的第一步。这部分衔接工作的重点在于环境适应和情绪情感调整。

学前教育机构与小学的衔接是指根据儿童身心发展具有连续性和阶段性的特点，学前教育机构与小学作为相邻的两个教育阶段，做好教育工作的相互连接，能使儿童平稳过渡到小学阶段，尽快适应小学生活，并为其后续的学习奠定良好的基础。

《幼儿园工作规程》指出，幼儿园和小学应当密切联系，互相配合，注意两个阶段教育的相互衔接。幼儿园不得提前教授小学教育内容，不得开展任何违背幼儿身心发展规律的活动。

(二)学前教育机构与小学衔接的意义

1. 有利于儿童尽快适应小学生活

学前教育与小学教育虽然同处于基础教育，但是属于两个不同的阶段，也存在很多质的差异；而且儿童的身心发展是既有连续性，又有阶段性的。因而，升入小学对儿童来说，在生活习惯、作息规律、环境适应、人际交往、学习内容与方法等方面都面临挑战。儿童需要在身心各方面进行充分的准备，才能实现这次人生大跨越。因此，衔接工作是必要的。

科学有效的衔接工作，能使儿童尽快适应小学的新环境，建立良好的人际关系，保持情绪愉快安定，逐步形成归属感和集体荣誉感；在学习方面能养成上课认真听讲、积极主动发言、遵守纪律等好习惯，敢于迎接新的学习内容的挑战，不懂就问，记住并认真完成教师布置的任务；尽快熟悉小学规章制度、作息时间及班级常规要求，生活自理，积极锻炼身体，乐观、开朗、自信地面对小学生活和学习。高质量的衔接工作应该以儿童为主体，让儿童生动活泼、主动地在教师的引导下全面发展自己；而且必须从整个学前期就开始循序渐进地进行，而非突击性地只在大班才进行。比如，生活自理能力、专注力、认知能力、语言表达能力、人际交往能力、动手动脑探究能力等，都是随着儿童的年龄增长逐步培养才能形成的。

反之，如果衔接工作没做好，就会造成儿童入学后的适应困难。例如，身体方面出现睡眠不足、食欲不振、体重下降的问题；心理方面出现精神压力大、情绪低落，缺乏自信、学习兴趣降低甚至厌学的问题；社会性方面表现出不善于人际交往，导致没有可以交流的同学、朋友，害怕老师；学习方面出现没有良好的学习习惯和时间观念，上课注意力不集中，不懂不敢发问，课后作业拖拖拉拉写不完等问题。家长看到孩子这样有可能对学前教育机构的教育质量失去信心。

因此，学前教育机构及教师必须高度重视衔接工作，用科学有效的方式做好衔接，取得家长的信任和支持，帮助儿童尽快适应小学的学习和生活。

2. 能为儿童更好地接受小学教育打好基础

教师坚持以儿童为主体，按照《3－6 岁儿童学习与发展指南》的精神，实施全面发展的素质教育，从各方面循序渐进地使儿童学会做人、学会学习、学会合作、学会生存等，加强与小学的沟通和联系，了解小学一年级教育教学改革的新动态，与小学教师密切合作，做好衔接工作，使儿童平稳过渡到小学生活，为接受小学教育打好基础。

3. 能为儿童终身发展奠定基础

学前教育阶段是一个人终身发展的奠基阶段，也是个体的认知、情感以及品德、行为习惯、个性、社会性等方面发展的重要阶段。这些方面良好的核心素养一旦形成不仅对其小学学习有益，而且对其终身发展也极为有利。因此教师必须明确衔接工作的意义。换句话说，衔接工作不仅是为儿童适应小学学习和生活，从长远上看还是为了他们终身发展奠定基础。而且这两者并非是矛盾的，因为它们在培养目标的方向上是一致的，在教育内容和儿童自身发展方面也应该是连续的、一贯的。切忌只是单纯为了提高小学成绩而进行片面衔接工作的短视行为，不能把进入小学后的考试成绩作为衡量小学生的唯一标准。小学教育只是基础教育，未来的学习与发展都建立在这个基础上。因此，衔接工作必须立足长远，为未来我国现代化建设培养一批又一批品德高尚、创新能力和实践能力强的人才。

4. 促进学前教育机构管理走向科学化、规范化

学前教育机构与小学衔接工作是学前教育机构整体工作的重要组成部分，是对儿童进行全面发展的素质教育效果的最后检验。学前教育机构的科学管理是办园质量的保障，主要包括园务管理、教育教学管理等方面。衔接工作主要与保教工作有关。为了做好衔接工作，学前教育机构的所有教职工都必须树立质量意识，为完成学前教育阶段的目标而密切配合开展工作。所以在园务计划中对衔接工作如何在分工明确、协调配合下完成，撰写得越详细、越具体，衔接工作才能完成得越好。衔接工作在全体教职工群策群力、不断的反思中越做越好，越能促进学前教育机构管理的科学化、规范化。

（三）学前教育机构与小学衔接的特点

1. 长期性

长期性是指衔接工作需要从入园就开始，一直持续到进入小学后，强调儿童身心发展的各个方面长期培养的过程。

2. 双向性

双向性是指学前教育机构和小学都要做好两个方面的衔接工作，不是进行单方面努力。

3. 多方协调一致性

多方协调一致性是指衔接工作需要国家教育行政部门、学前教育机构、社会媒体、小学等多方面力量的密切配合，按照《3－6 岁儿童学习与发展指南》的精神统一思想，做好衔接工作。

（四）学前教育机构与小学衔接的任务

学前教育机构与小学衔接的任务是学前教育机构与小学共同贯彻党的教育方针，与家庭、社会配合一致，遵循儿童的身心发展规律，理解他们的学习方式和特点，实施全面发展的素质教育，坚持立德树人，促进儿童身心和谐发展，培养其良好的学习品质和行为习惯，使其平稳过渡到小学生

活，为其小学及后续学习与发展打下良好基础，为新时代中国特色社会主义现代化国家建设培养合格的建设者和接班人。

(五)学前教育机构与小学衔接的认识误区及学前教育机构与小学的差别

1. 学前教育机构与小学衔接存在的认识误区

其一是认为学前教育机构与小学的衔接只是知识方面的衔接。所以很多学前教育机构就在家长的强烈要求下，把小学低年级课本内容放到学前教育阶段来学，因为家长担心孩子到小学学习跟不上。其二是认为衔接工作只需在大班进行，是在短暂的时间里突击完成的事情。其三是认为入小学只做好物质准备即可，忽略了孩子的心理准备。其四是认为衔接工作只是孩子的事情，与家长无关。这些错误的观点导致衔接工作走偏，对孩子未来发展造成很多不利影响，甚至影响他们终身学习与发展。

正确的衔接工作应该是从儿童身心发展的各个方面做好准备，从整个学前期循序渐进地准备；并且教育部门、社会、小学、家长、教师都应统一思想，步调一致地帮助儿童适应小学生活。

2. 学前教育机构与小学的差别

(1)教育教学内容与形式不同

学前教育教学内容主要是围绕儿童生活展开的，是具有粗浅性、启蒙性的全面发展教育内容；一般以五大领域或主题活动来进行；教学方式多为直观性的，符合儿童的具体形象思维特点；更多采用游戏、操作、发现、体验等教学方法。而小学所学知识更多是书本上的抽象类知识，内容加深；形象化的教学方法也在减少，主要采用课堂授课形式。

(2)主导活动不同

在学前教育机构，儿童以游戏为基本活动，主要的任务是“玩”。教师通过保教结合，最终实现他们身心的和谐发展。在小学，儿童则以学习为主导活动，学习是儿童应尽的义务。小学教育的评价关注儿童掌握的知识、技能，多用考试成绩衡量。

(3)儿童思维水平及学习方式不同

在学前教育机构，儿童的学习主要借助具体形象思维来完成。到了大班末期，他们的抽象逻辑思维开始萌芽，学习主要是通过直接感知、实际操作、亲身体验来完成的。在小学，儿童的学习主要通过抽象逻辑思维来完成，学习方式方法主要是认真听讲、自我阅读、课后复习、作业练习巩固等。

(4)学习时间不同

学前教育机构每节课的时间是25～30分钟，而小学每节课的时间是30～45分钟。

(5)作息制度与管理方式不同

学前教育机构中的一日生活比较宽松自由，儿童如厕、喝水均可按需进行；而小学需要儿童具有严格的纪律意识，准时上下学，上课认真听课，遵守课堂纪律，不允许随时上厕所，只有短暂的午休。

(6)师生关系不同

在学前教育机构中，教师负责儿童的保育和教育，对他们好像父母、伙伴一样亲切友好，而且与儿童接触的时间比较长。如果儿童不会与他人交往，教师还会帮助儿童学习交往策略，为其提供交往的机会。而小学师生更多是在上课或课外活动时接触，更强调教师与儿童在教学中的关系。

(7)环境布置和设备不同

学前教育机构在环境创设上要求美化、绿化、儿童化、教育化，有自由选择的活动区，符合儿童的年龄特点，由教师与儿童共同参与布置；桌椅摆放通常为半圆形或者4～5个儿童一组围坐的形式；户外操场有很多大型滑梯或者攀登架等游乐设施。而小学的教室内除了有黑板和宣传栏等基本装饰外，没有娱乐性的玩具和材料；强调整齐、简单、庄严；户外操场基本上只有单杠、球场等锻炼型运动器械。

(8)家长和社会的期望和要求不同

在学前教育阶段，家长对儿童的要求不高，虽然要求他们学习，但不是非常严格，没有必须让他们完成的学习任务和作业，他们可以在玩中学习；而进入小学之后，学习知识、技能是对儿童的基本要求，他们有必须完成的学习任务。

二、幼儿园与小学衔接的内容

(一)培养儿童对小学生活的热爱和向往之情

教师可以组织大班儿童开展“我要上小学了”主题活动，带领儿童参观小学的教室、操场、少先队大队部等地方，体验一节课的课堂学习。教师还可以布置“小学生活我知道”主题墙，使儿童意识到自己长大了，即将成为一名光荣的小学生，可以学习到更多的本领，懂得更多的道理，结识很多同学和朋友，系上红领巾成为少先队员，参加更加丰富的活动，从而对小学生活充满热爱和向往。

(二)培养儿童对小学生活的适应性

1. 培养生活自理能力

具体来说，就是培养儿童自己穿脱衣服、自理大小便、自己收拾整理书包等自理能力。

2. 培养劳动能力

由于儿童的身体尚未发育完善，劳动能力有限，因此学前期的劳动只是让儿童做力所能及的工作。要做好衔接工作，必须注意到应该为小学值日生劳动和集体服务劳动做好准备。因此，从中班开始，教师就要有目的、有计划地布置值日生劳动任务，开始培养儿童为集体、为他人服务的劳动能力。

3. 培养遵守纪律、规则的行为习惯

在幼儿园中，一日生活相对来说是比较自由、松散的。而小学作息时间严格，严明的纪律、规则意识是对儿童的常规性要求。因此，在学前教育阶段，要逐步培养儿童遵守区域活动和集体活动的规则，进而扩大到社会规则，同时培养他们的时间观念。这样他们到了小学以后才能理解纪律、规则的重要性，才能从内心接受并在行动上遵守小学的纪律规则，成为一个守纪律、懂规则的好学生。

4. 培养人际交往能力

儿童处于社会性发展的重要阶段，社会性主要体现在环境适应和人际交往等方面。因此，这是儿童进入小学以后心理发展的重要内容。有了要好的同学、朋友可以互相交流，对儿童适应陌生环境和新的学习生活有极大帮助。教师和家长要非常重视儿童的交往能力，引导儿童学会沟通、协商，用热情的态度加上合适的语言表达，让儿童之间形成良好的伙伴关系，为形成小学良好的人际关系奠定基础。

(三)帮助儿童做好入学前的学习准备

帮助儿童做好入学前的学习准备是家长普遍关注和担心的问题。即儿童入小学后学习能否适应，这也是幼儿园与小学衔接的重要内容之一。但是教师必须清醒地认识到学习方面的准备绝不是单纯知识的准备。从儿童的长远发展来看，更重要的应该是学习品质的准备。在信息爆炸的时代，知识更新极为迅速，要跟上时代步伐，关键要看一个人的学习品质如何，才能看他未来是否能可持续发展。《3－6 岁儿童学习与发展指南》已经提到了学习品质这个重要的概念，它是指儿童学习的倾向、态度、行为习惯、方法、活动方式等与学习密切相关的基本素质，是在学前期就开始形成与发展，并对儿童的现在与未来学习都产生深远影响的基本素质。概括地说，就是学习态度——爱不爱学习，学习行为——会不会学习，学习能力——能不能学习等几个主要方面。教师应该从儿童进入幼儿园开始就逐步培养儿童的学习品质。除此之外，教师还应该培养儿童的阅读能力和习惯，这些也是他们能终身受益的素养。

(四)加强幼儿园与小学的联系

教师应主动加强与小学的联系，如果当地教育部门将幼儿园与小学结成对口关系就对衔接工作更为有利了。如果没有对口关系，也应该找到附近的小学进行联系，因为衔接工作不是靠单方面的努力就能完成的。教师要与小学保持经常性的联系，除了了解小学一年级教育教学内容以外，还要联系好儿童参观小学的事宜，追踪调研小学生的适应情况等，并且请小学教师或校长来园为家长开设入学准备工作的讲座。

(五)加强幼儿园与家庭之间的互相配合

家长的教育理念是影响衔接工作的重要因素之一。因此，幼儿园应该经常开展家教咨询和讲座活动，广泛宣传《幼儿园教育指导纲要(试行)》和《3－6 岁儿童学习与发展指南》的精神，使他们正确地理解衔接工作应该遵循儿童身心发展的规律特点，立足他们的长远发展，能与教师达成共识。家长应懂得要在孩子的身心发展以及物质和精神方面都做好准备，而不是单纯重视知识的准备。这样才能有利于儿童身心愉快地开始小学生活，衔接工作才能更有效地落实。

三、做好幼儿园与小学衔接工作的具体措施 ●●●

(一)开展调研工作，根据调研情况开展幼小衔接工作

没有调查研究就没有发言权。教师要开展富有针对性的衔接工作，取得家长的信任和支持，应该用调查研究的真实结果让家长了解科学衔接才会对儿童的长远发展有利。此外，调查应该倾听儿童真实的声音。只有这样，调查结果对衔接工作的调整才真正有效。

(二)大班下学期环境创设逐渐向小学靠近

在幼儿园的大班下学期，因为学前教育阶段的活动还要开展，所以大班下学期的环境创设要模仿小学，如按照小学的桌椅竖行摆放，布置小学相关内容的主题墙。

(三)举办毕业典礼

隆重的毕业典礼会让儿童感觉自己长大了，将要做一名小学生了。园长可以对儿童毕业表示祝贺，让他们愉快地与生活告别，激发他们对小学生活的渴望。

（四）参观小学，引导儿童理解并学会遵守小学生守则

教师要带领儿童全方位深度体验小学生活，通过讨论小学生守则的内容，让儿童知道自己上小学以后应该注意什么问题；组织相关的游戏活动让儿童进行模仿练习。

（五）切实执行小学零起点教学

小学零起点教学这一点对衔接来说很重要，它能直接影响家长对衔接工作的态度，也影响幼儿园的衔接工作。因此，根据教育部相关文件，应派教育督学检查每所小学是否认真贯彻执行。不论是家长还是儿童，发现违规行为都可以向教育部门举报，情况属实一定要严肃查办。

（六）研制过渡期课程

2019 年，《中共中央　国务院关于深化教育教学改革 全面提高义务教育质量的意见》提出要设置这种衔接的过渡性活动课程。国家教育部门要组织相关专家和幼儿园、小学教师研制过渡期课程。很多地方已经提出了小学一年级课程游戏化模式。这种模式应该是针对儿童入学以后的课堂教学和学习方式来进行改革的，避免儿童对学习感到枯燥单调，产生厌倦。教师应积极参与研制过渡期课程，因为他们非常了解大班儿童的学习方式、特点以及实际发展水平，能提出合理的建议。

（七）开设入学准备的讲座，消除家长的顾虑

家长关心的是小学一年级教什么、怎么教，需要家长和孩子做哪些方面的准备等问题。幼儿园应聘请小学一年级教师来园开设讲座，以彻底消除家长的担心和顾虑。

总之，幼儿园与小学衔接必须在政府、教育部门、社会、幼儿园、家庭与小学多方配合下才能科学有效地帮助儿童顺利适应小学生活，并为其终身发展奠定良好基础。

国外幼小衔接的经验

本讲要点

本讲主要介绍了学前教育机构与小学衔接的含义、意义、特点和任务，重点介绍了衔接工作内容及具体措施。幼小衔接的工作内容主要是培养儿童对小学生活的热爱和向往，培养儿童对小学生活的适应性，帮助儿童做好入学前的学习准备，加强幼儿园与小学以及家庭之间的互相联系与配合。具体措施包括：开展调研工作，根据调研情况开展幼小衔接工作；大班下学期环境创设逐渐向小学靠近；举办毕业典礼；参观小学，引导儿童理解并学会遵守小学生守则；小学切实执行零起点教学；研制过渡期课程；开设入学准备的讲座，消除家长的顾虑。

学以致用

1. 列表说明学前教育机构与小学的区别。

2. 到附近的小学去调查了解一年级学生的学习内容和活动等，列出为儿童做好入学准备应注意的问题。

模拟练习

一、单选题

1. 解决学前教育机构与小学衔接的关键在于(　　)。

A. 教给儿童书写的技能

B. 教给儿童珠心算 100 以内的加减法

C. 转变观念，加强研究，根据儿童的身心发展规律做好过渡期的教育工作

D. 开展注意力培养专项训练

2. 下列有关幼小衔接的说法正确的是(　　)。

A. 幼儿入学适应困难，是因为幼儿园教育过于游戏化

B. 幼小衔接完全是幼儿园的责任

C. 幼小衔接工作不仅大班应该开展，中、小班也应该开展

D. 幼小衔接主要是教幼儿拼音、认字等

二、简答题

1. 简述学前教育机构与小学衔接的任务。

2. 简述幼儿园与小学衔接的内容。

三、论述题

请根据学前教育的特点和儿童身心发展的规律，论述学前教育为什么不能小学化。

模拟练习答案

第六讲　学前教育机构与小学的衔接

考点分析

本单元与幼儿园教师资格证考试大纲相关的要求如下。

1. 能根据教育目标和幼儿的兴趣需要和年龄特点选择教育内容，确定活动目标，设计教育活动方案。

2. 掌握幼儿健康、语言、社会、科学、艺术领域教育的基本知识和相应教育方法。

3. 理解整合各领域教育的意义和方法，能够综合地设计并开展教育活动。

4. 能根据活动中幼儿的需要，选择相应的互动方式，调动幼儿参与活动的积极性。

5. 在活动中能根据幼儿的个体差异进行指导。

6. 理解协调家庭、社区等各种教育力量的重要性，了解与家长沟通和交流的基本方法。

拓展阅读

唐淑、虞永平：《幼儿园班级管理》，南京，南京师范大学出版社，1999。

第十单元

学前教育的科学评价

思维导图

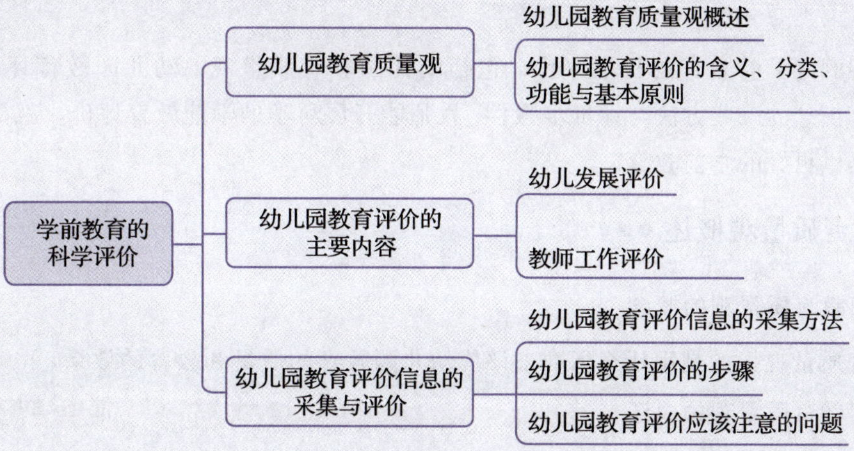

学习目标

1. 掌握幼儿园教育评价的概念和功能。
2. 能尝试用教育评价的方法对幼儿、教师等进行评价；尝试制定幼儿园评价方案。
3. 树立正确的幼儿园教育质量观、评价观。

第一讲 幼儿园教育质量观

头脑风暴

丽丽妈妈要为丽丽选择幼儿园，但不太清楚如何选择。你能给丽丽妈妈提哪些建议？你觉得什么样的幼儿园是好的幼儿园？什么样的幼儿园教育是高质量的教育？

本单元要讲的是学前教育的科学评价，包括幼儿园教育质量观、幼儿园教育评价的主要内容、幼儿园教育评价信息的采集方法与评价步骤。① 教师能开展科学的学前教育评价，就能更好地提升学前教育质量，提供更好的学前教育。

一、幼儿园教育质量观概述

(一)幼儿园教育质量观的概念

幼儿园教育质量观指的是用什么标准来评价幼儿园教育的质量和教育的效果。

(二)幼儿园教育质量观的内涵

在多样化的学前教育机构当中，幼儿园是重要的学前教育机构。提高幼儿园教育质量，是发展学前教育的根本目标和必经之路。学前教育和其他阶段教育的质量标准不同，但落脚点都是为儿童的终身发展奠定基础。

我国颁布的《幼儿园工作规程》和《幼儿园教育指导纲要(试行)》都提出，儿童是教育的主体，要开发整合课程，为儿童创设良好、丰富的活动环境，把游戏当作幼儿园的基本活动，开展发展性取向的幼儿园教育评价等。可见，我国幼儿园教育质量的评价已不再定位于基础知识的传授、基本技能和技巧的训练，而是开始注重儿童终身学习和发展的品质以及情感、态度、能力、知识和技能等，为儿童的一生发展奠定基础，实行真正的素质教育。同时，幼儿园教育质量评价不仅是教学质量的评价，还包括多方面的评价内容，如教师的自身素质、教师培训、幼儿园课程、班级管理、家长工作等。

在实践中，一些幼儿园中应试教育色彩浓厚，对教育质量的评价以知识、技能的传授和培养为主。这在农村幼儿园、以外来务工孩子为主的幼儿园中表现得尤为突出。此外，我国有些地方的学前教育准入标准过低，或者虽有较高标准但是疏于执行，存在幼儿园设备简陋、班级规模过大、教师整体素质不高的问题。有些民办幼儿园虽发展迅速，但缺乏有效的监督和管理。

这种传统的幼儿园教育质量观是知识质量观，以知识的多寡、深浅为主要甚至唯一的质量标准。只有传统的知识质量观以及后来的能力质量观转变为包含知识、能力在内的全面素质质量观，才能

① 本单元主要引用肖全民、周全主编的《幼儿教育概论》(2012 年由北京师范大学出版社出版)的相关内容，引用时做了删改和整合。

有利于培养现代化建设所需要的人才，也有利于个人在现代社会中的可持续发展。

只有把握好幼儿园教育质量的内涵，在教育价值取向问题上保持清醒的认识，才能使学前教育走上良性发展的道路。这就需要我们树立科学的幼儿园教育质量观。幼儿园教育质量观的内涵是多方面的，可以从如下两方面来理解。

首先，从教育对象来说，幼儿园教育质量评价的对象应是面向所有儿童的、普惠的教育，而非部分的、精英的教育。国务院和教育部相继出台了相关文件、政策、措施等，明确指出学前教育具有普惠性、公益性等特点。教育的本质是培养具有完善人格与人性的公民，它的终极目标便是人格的完善与人性的发展。因此，教育总是首先考虑如何尽可能地惠及所有的民众，学前教育亦是如此。当我们思考学前教育质量的内涵时，应从惠及所有儿童发展的角度来理解这一概念。

其次，从教育目的来说，对幼儿园教育质量的理解应遵循《国家中长期教育改革和发展规划纲要(2010－2020年)》中“树立科学的质量观，把促进人的全面发展、适应社会需要作为衡量教育质量的根本标准”的要求。学前教育是基础教育的起始阶段，是个体最先接受的教育阶段，属于启蒙教育、基础教育。处于这一阶段的儿童有其身心发展特点。学习是儿童的权利，游戏是儿童最好的学习方式，拥有快乐童年也是他们的权利。对儿童来说，学前教育的过程不仅应该是幸福快乐的，还要赋予儿童智慧，使他们拥有追求未来幸福生活的意识与能力。为此，对幼儿园教育质量的衡量不能以开设兴趣班的多少、各种学习技能的高低、传授知识量的多少、教学难度的深浅等为标准。这是我们在考量幼儿园教育质量时应清醒认识到的。

(三)树立科学的幼儿园教育质量观

学前教育作为基础教育的第一环，具有启蒙性、基础性。幼儿园教育面向全体儿童，以素质教育为核心，发挥三方面的功能：为儿童发展奠基、为教职工成长铺路、为家长育儿护航，以便为社会、国家输送合格人才打好基础。这是我们应该树立的科学的幼儿园教育质量观。

二、幼儿园教育评价的含义、分类、功能与基本原则

(一)幼儿园教育评价的含义

1. 评价与教育评价

评价是主体根据一定的标准对客体的价值做出判断的活动。客体满足主体需要及其程度也就是客体对主体的价值。其核心概念是进行价值判断。

教育评价是评价者根据一定社会确定的教育目标和价值标准，对教育活动满足社会及受教育者需要的程度做出判断的活动。把握这一界定，要重点理解以下几点：教育评价的依据是教育目标；教育评价的界阈包括一切教育活动和与教育活动有关的一切人员、机构、方案等；教育评价的本质是价值判断；教育评价要同时关注社会发展和受教育者个人发展的需要。

2. 幼儿园教育评价

幼儿园教育评价是评价者根据一定社会确定的教育目标和价值标准，对幼儿园教育活动满足社会及幼儿需要的程度做出判断的活动。其核心概念是进行科学的教育价值判断。幼儿园教育评价从范畴来说主要包括幼儿发展评价、教师工作评价、幼儿园教育质量评价三大部分。限于篇幅，本章主要阐述幼儿发展评价和教师工作评价两部分内容。

(二)幼儿园教育评价的分类

按不同的依据，可以对幼儿园教育评价进行如下分类。

1. 诊断性评价、形成性评价和终结性评价

按功能及用途的不同，可将幼儿园教育评价分为诊断性评价、形成性评价和终结性评价。

诊断性评价是指为了解教育活动存在的主要问题，或使教育活动的形式、内容、过程等更适合活动对象的自身条件及需要而进行的评价，一般是在活动实施前进行的。例如，在幼儿刚入园时，幼儿园要对所有幼儿的发展情况，包括身心的发展情况进行摸底测试。这样做的目的是让教师了解幼儿的发展情况。

形成性评价是指在教育活动过程中，为不断了解活动进行的状况、及时对活动进行调整和提高活动质量而进行的评价。例如，在幼儿园的工作中，每隔一段时间都要对幼儿的身体发育情况进行一次测试，以便教师及时了解幼儿的发育状况，调整和改革保教工作，促进幼儿更好地发展。

终结性评价，有时也叫总结性评价，是在教育活动结束时进行的评价。其主要目的在于对活动结果进行鉴定性评价。例如，全国很多地方都开展了幼儿园分级分类评价，这种评价可以被看作一种终结性评价。

2. 相对评价、绝对评价和个体内差异评价

按参照标准的不同，可将幼儿园教育评价分为相对评价、绝对评价和个体内差异评价。

相对评价是指根据评价对象的实际状况或以评价对象的一般水平为标准的评价。是在被评价对象的集合中选取一个或几个对象作为基准，然后把各个评价对象与基准进行比较的评价。幼儿园组织教育活动观摩时就常采用这种相对评价。

绝对评价是指依据某种需要或要求设定客观标准的评价，是在被评价对象的集合之外确定一个标准即客观标准，然后把各个评价对象与客观标准进行比较的评价。比如，对幼儿园进行的分级分类评价就是绝对评价，所有被评价的幼儿园都依据幼儿园分级分类的评价标准来接受评价。

个体内差异评价是指以评价对象以往发展水平或某一状况为标准的评价，是把被评价对象的过去和现在相比较或者把某一个对象的各个侧面相比较的评价。比如，教师评价某幼儿过去的发展水平与现在的发展水平，将该幼儿在语言、动作、社会性等方面的表现做前后比较，以确定该幼儿进步与否。

3. 宏观评价、中观评价和微观评价

按评价对象的层次、范围的不同，可将幼儿园教育评价分为宏观评价、中观评价和微观评价。

宏观评价主要指以学前教育的全部问题或涉及宏观决策方面的学前教育问题为对象进行评价。

中观评价主要指以幼儿园内部工作为对象进行的评价。

微观评价是指对某项具体的教育活动的过程、对实施和管理教育活动的组织与个人、对教育活动指向的具体对象等进行的评价。

4. 他人评价和自我评价

按评价主体的不同，可将幼儿园教育评价分为他人评价和自我评价。

他人评价是指除了自身以外的任何人或组织对该对象所进行的评价。比如，幼儿园园长对教师的评价、教师对幼儿的评价、家长对教师的评价等都是他人评价。

自我评价是指评价者对自己进行的评价。例如，一位教师在教学活动结束后，对教学内容、方法、资源利用等方面进行的自我总结就是自我评价。

5. 定性评价和定量评价

按评价方法的不同，可将幼儿园教育评价分为定性评价和定量评价。

定性评价是指采用开放的形式获取评价信息，运用定性描述的方法做出结论的评价。定性评价一般不采用数学方法。教师经常做的个案观察和评价大多属于这类评价。

定量评价是指采用结构式的方法，预先设定操作化的评价内容，收集并量化评价对象的信息，运用数学方法做出结论的评价。定量评价一般采用数学方法。比如，采用测量法和实验法的这类评价就是典型的定量评价。平常说的智力测量就属于这类评价。

(三)幼儿园教育评价的功能

保证每一个幼儿获得全面发展以及帮助改进幼儿园教育工作是进行幼儿园教育评价的目的。教育评价的功能是教育评价所具有的效能，或者教育评价所能发挥的积极作用。教育评价的功能是多方面的，如导向功能、诊断功能、鉴定功能、改进功能、激励功能、监控功能、研究功能、教育功能等。具体而言，根据幼儿园教育的实际情况，幼儿园教育评价的功能主要体现在以下方面。

1. 导向与调节功能

导向即引导方向。伴随着教育价值的多元化，评价的导向与调节功能就特别重要。在教育评价中，一般要根据评价目标设计评价指标和标准，然后进行评价。评价内容和标准就像一个指挥棒引导人们活动的方向。比如，幼儿园分级分类的评价指标和标准对幼儿园的办学起着很明显的导向和调节作用，会引导幼儿园办学朝着评价指标和标准迈进。

2. 鉴定与选拔功能

鉴定意指对教育活动成效、优劣的甄别，常与终结性评价密切联系。鉴定具有选拔、分等的作用，能实现对同类评价对象之间能力高低的比较。鉴定分三种：一是水平鉴定，即根据一定的标准，确定评价对象达到标准的程度；二是评优鉴定，即通过评价对象相互之间的比较，评定优胜者；三是资格鉴定，即对评价对象是否具有从事某种活动的资格做出决定。

3. 诊断与改进功能

诊断与改进的功能是现代教育评价的主要功能。教育评价的诊断与改进功能和形成性评价、诊断性评价密切联系。教育过程是一个不断发展变化的过程，需要不断完善和改进才能保证和提高教育教学质量。教育活动本身又是一个复杂的社会活动，其过程和结果受多种因素的影响。为了保证或提高学前教育的质量，就要对教师在教育过程中的行为进行鉴定、诊断，对教师的工作进行全面的考察和鉴别。具体来说，就是评价教师的教育行为是否符合教学目标，是否遵循教学的基本规律，是否采用了合适的教学方法和手段等，对其教育质量做出综合评价，并对不适宜的教育行为进行改进。在评价过程中，评价者通过收集、筛选、分析评价对象的有关信息，及时发现教育活动及评价对象存在的主要问题，为他们分析产生问题的原因、及时解决问题提供重要依据。

4. 激励与督促功能

激励就是激发动机或调动积极性。合理的、适时的评价有利于公平竞争，能调动多方面的积极性。比如，在对教育行为评价的过程中，教师通过反思、他人评价等途径，对于自身的教育行为有了更深的认识和更合适的调整，促进了自身专业水平的提高。利用科学评价，区分教育行为的优劣或是否适宜，既可以为管理者提供决策服务，也可以为评价对象提供反馈信息，使之明确自己的优点与不足，有针对性地、自觉地改进不足之处，提高教育质量。

(四)幼儿园教育评价的基本原则

1. 方向性原则

方向性原则是指评价必须反映出我国学前教育改革的方向，应能促进我国学前教育的全面发展，贯彻国家的教育方针、满足社会和个体发展需要，保证教育活动沿着良性、健康的方向发展。

2. 科学性原则

科学性原则是指评价必须把握教育和教育评价的客观规律，实事求是，以客观事实为依据，从客观实际出发获取真实信息，依据科学的标准对教育活动的过程和成果进行分析判断，不能凭主观想象、主观臆断。如果评价指标体系没有充分科学地反映学前教育目标或管理目标，那么评价就失去了存在的意义。

3. 激励性原则

激励性原则是指评价应促使评价对象继续努力或在进一步的活动中克服不足之处，增强提高活动效果的动机或期望。

4. 可行性原则

可行性原则是指教育评价要在保证正确方向和科学客观的前提下，尽量使评价简便易行。要求评价的每一项指标都必须符合我国学前教育的实际，在评价工作中切实可行。

5. 可测性原则

可测性原则要求指标体系中的每一项指标都应该具体化，应该用可操作的定义表述出来。即这些指标应是看得见、摸得着的，可以通过直接的观察、调查或测查进行评价，获得明确的结论。

6. 实效性原则

实效性原则也叫实用性原则，是指评价要有实际作用，即有指导幼儿园实际、改进工作的效用。不要为了评价而进行评价，要与教师的实际工作或幼儿发展紧密联系起来，以促进幼儿的发展和教师专业成长为评价的目的。

7. 一致性原则

一致性包括两方面的含义：一是指评价和教育活动的目标是一致的；二是指在同一范围内，对相同的评价对象必须用同一评价标准。坚持一致性原则是由我国幼儿园教育的目的决定的，是和《幼儿园工作规程》的要求相一致的。通过德、智、体、美、劳几个方面的教育，促进每个幼儿的发展，是我们进行教育评价工作的依据、出发点及归宿。一致性原则还要求我们对相同的评价对象要用统一标准，体现在一致性原则的不同层次上。对小、中、大班的幼儿应有不同的标准，但是对同一年龄班或同一地区的幼儿园教育活动评价，标准必须是一致的。

本讲要点

幼儿园教育质量观指的是用什么标准来评价幼儿园教育的质量和教育的效果。从教育对象来说，幼儿园教育质量评价的对象应是面向所有儿童的、普惠的教育。从教育目的来说，幼儿园教育属于启蒙教育、基础教育，幼儿园教育要让儿童获得快乐、幸福。学前教育作为基础教育的第一环，具有启蒙性、基础性。幼儿园教育面向全体儿童，面向社会接纳适龄儿童，以素质教育为核心，发挥三方面的功能：为儿童发展奠基、为教职工成长铺路、为家长育儿护航，以便为社会、国家输送合格人才打好基础。幼儿园教育评价有多种分类，按功能及用途的不同分为诊断性评价、形成性评价和终结性评价；按参照标准的不同分为相对评价、绝对评价和个体内差异评价；按评价对象的层次、范围的不同分为宏观评价、中观评价和微观评价；按评价主体的不同分为他人评价和自我评价；按评价方法的不同分为定性评价和定量评价。幼儿园教育评价的功能主要体现在以下方面：导向与调节功能、鉴定与选拔功能、诊断与改进功能、激励与督促功能。幼儿园教育评价的基本原则有方向性原则、科学性原则、激励性原则、可行性原则、可测性原则、实效性原则和一致性原则。

学以致用

到幼儿园与教师、家长交流或进行问卷调查，了解教师、家长的幼儿园教育质量观。

模拟练习

单选题

1. 按功能及用途的不同，可将幼儿园教育评价分为诊断性评价、形成性评价和(　　)。

A. 终结性评价　　B. 绝对评价　　C. 相对评价　　D. 定性评价

2. 幼儿园一般可以分为省级示范性幼儿园、市级示范性幼儿园、县级示范性幼儿园。对幼儿园进行的分级分类评价就是(　　)。

A. 终结性评价　　B. 绝对评价　　C. 相对评价　　D. 定性评价

3. 对幼儿园的教育活动进行评价，这种评价属于(　　)。

A. 宏观评价　　B. 中观评价　　C. 微观评价　　D. 相对评价

4. 有种评价采用开放的形式获取评价信息，运用描述的方法做出结论，一般不采用数学方法。这种评价是(　　)。

A. 终结性评价　　B. 绝对评价　　C. 定量评价　　D. 定性评价

5. 小丽同学毕业后，参加福建省幼儿园新任教师招聘考试，考试通过后就可以成为公办幼儿园有编制的教师。这种考试体现了教育评价的哪种功能？(　　)

A. 导向与调节功能　　B. 鉴定与选拔功能

C. 诊断与改进功能　　D. 激励与督促功能

模拟练习答案

第一讲　幼儿园教育质量观

■

第二讲

■

幼儿园教育评价的主要内容

头脑风暴

如果你朋友的孩子要上幼儿园，让你推荐一个幼儿园好老师。你认为幼儿园好老师是什么样的？

幼儿园教育评价的内容主要包括幼儿发展评价和教师工作评价。本讲主要从这两个方面来阐述。《幼儿园教育指导纲要(试行)》提出了教育评价的发展性、合作性、标准的多元性等要求，以及多角度、多立体、多方法，重视过程、重视差异、重视质性研究等原则。幼儿园教育评价的目的是促进幼儿的发展、教师的成长和提高教育质量。这就是说，幼儿园教育评价不是用于筛选、排队，而是为了促进幼儿发展和教师成长。

一、幼儿发展评价 ●●●

幼儿发展是指幼儿成长过程中身体、认知、情感与社会性、艺术与审美等方面有规律地进行量变和质变的过程。身体发展是指幼儿机体的正常生长发育；认知发展是指幼儿的感知能力、思维能力等一般心理能力和对周围自然与社会环境的认识变化与成长；情感与社会性发展是指幼儿情绪情感、个性品质、社会性行为等方面的发展。①

幼儿发展评价的目的是全面、客观地了解和评价每个幼儿的发展水平和特点。幼儿发展评价的内容应是多元化的。依据《幼儿园教育指导纲要(试行)》，评价涉及健康、语言、社会、科学、艺术五大领域，主要在幼儿园的安排下进行，以课程目标、内容为主要依据，以促进幼儿发展为宗旨，以教师为评价主体系统地对幼儿进行评价。

为了更好地进行评价，在进行幼儿发展评价时应遵循如下要求。一是以促进幼儿发展为宗旨。评价要以人为本，更好地促进幼儿的发展。二是要在真实生活背景下进行评价。评价应自然地伴随着整个教育过程进行，突出幼儿评价的现场性、自然性。三是要进行动态的评价。幼儿发展呈现不均衡、个体化特点，要以发展的眼光来评价。四是注重以质性评价为主的方法。综合采用观察、谈话、作品分析等多种方法来评价，适当采用量化评价方法。

(一)身体发展评价

身体发展是幼儿正常发展、健康成长的重要组成部分。在幼儿园教育的五大领域中，健康排在第一位，其在幼儿园教育工作中的重要性不言而喻。身体发展自然也是幼儿发展评价的重要内容之一。一般把身体发展内容分为生长发育、动作发展、运动能力等方面。

---

① 胡惠闵、郭良菁:《幼儿园教育评价》，87页，上海，华东师范大学出版社，2009。

1. 生长发育评价

生长发育评价一般指有生命的形体数和量的增加。发育是指器官组织分化成熟及功能的完善。衡量幼儿生长发育的指标有体重、身高、坐高、头围、胸围、臂围、皮下脂肪、骨骼发育和某些功能的指标，如肌张力、肺活量、血压、脉搏等。

2. 动作发展评价

幼儿动作发展的一般顺序表现为：从整体动作到分化动作；从上部动作到下部动作；从大肌肉动作到小肌肉动作；从正面动作到反面动作。幼儿动作发展评价主要涉及的是大肌肉动作、小肌肉动作。

幼儿动作发展包括大肌肉动作发展、小肌肉动作发展。大肌肉动作是大肌肉群所组成的随意动作，包括抬头、翻身、坐、爬、站立、行走、跑、跳、钻、攀登、平衡、投掷等基本动作。

小肌肉动作发展，有时也表述为精细动作发展。小肌肉动作包括手、眼睛、脸及嘴部肌肉的动作，以手部的动作为主，包括指尖动作、手指屈伸以及手眼协调。平常说的捏、夹、扣等都属于精细动作。

3. 运动能力评价

运动能力发展包括身体基本活动能力与身体素质的发展。运动能力发展与大肌肉动作如走、跑、跳、投掷、平衡等基本动作的发展密不可分。运动能力发展包括这些大肌肉动作的发展与运用，还包括这些动作与身体协调、灵敏、速度、力量等动作的流畅度。

教师不妨从以下这些方面来评价幼儿的身体发展：是否生长发育正常，有预防和抵抗疾病的能力，能适应气候变化正常地生活、游戏；是否喜欢幼儿园生活，遵守幼儿园的生活常规和秩序，情绪愉快、稳定，积极参加各种生活游戏活动，生活、卫生习惯良好；是否有基本的生活自理能力，愿意并能够独立进餐、如厕、睡眠、盥洗，主动、认真做力所能及的事情，在自理活动中有自信和感到自豪；是否积极主动地参加各种体育活动，动作协调灵活，有一定的平衡能力及耐力；是否愿意操作摆弄各种操作材料，手眼协调；是否能在活动中遵守规则，合作友爱，爱护器械、材料；是否有初步的自我保护意识及初步的自护能力，初步知道必要的安全、生活、卫生、营养保健常识；等等。

(二)认知发展评价

根据心理学的有关术语，幼儿的认知发展主要涉及感知觉、记忆、思维、想象、注意等方面的发展。因此，评价幼儿的认知发展主要围绕上述几方面展开。比较重要的评价包括空间知觉、时间知觉、形状知觉、日常观察能力、记忆能力、思维能力、想象能力。幼儿认知发展的水平表现为三种：一是感知，是由客观物质的刺激所直接引起的，具有直接性、表面性的特点；二是表象，是头脑中对感知过的事物的一种映像，具有形象性和概括性的特点；三是概念，是对客观事物的概括与抽象，在不同程度上反映事物的本质属性。①

1. 感知能力评价

感知觉是认识活动的开端。在感知的基础上，人们才能形成记忆、想象、思维等一系列较复杂

① 胡惠闵、郭良菁：《幼儿园教育评价》，94页，上海，华东师范大学出版社，2009。

的心理过程，才能对客观事物做更进一步的认识。幼儿的感知觉包括视觉、听觉、触觉、味觉、空间知觉、时间知觉等。空间知觉是指对物体的空间关系及自身在空间所处位置的知觉，包括方位知觉和距离知觉。幼儿对上下、左右、前后等物体之间关系的知觉都是空间知觉。时间知觉是指对客观事物运动的延续性和顺序性的反映。时间知觉的发展对幼儿的生活和学习以及习惯的养成有重要作用，有助于幼儿逐渐形成时间观念，养成遵守时间、珍惜时间的好习惯。形状知觉是指对物体的轮廓及各部分组合关系的知觉。在此基础上发展起来的观察是一种有目的、有计划的比较持久的感知过程。这种观察的目的性、持久性、系统性、概括性以及方法的不断完善等方面，对幼儿发展的影响很大。

2. 思维能力评价

智力的核心就是思维能力。儿童的思维发展经历了三个水平：直觉行动思维，主要借助动作(0～3岁)；具体形象思维，主要借助形象或表象(三岁至六七岁)；抽象逻辑思维，主要借助语词、概念(6岁以后逐步发展起来)。幼儿的思维能力表现在认识事物过程中所具有的比较、分类概括、判断推理等能力。对幼儿思维能力的发展可以从比较与分类、推理、数概念与运算能力上来评价，也可从思维的严谨性、创造性、逻辑性、全面性等方面来评价。

3. 语言发展评价

幼儿语言发展主要是幼儿的口头语言能力的发展，涉及语音(是否标准)、词汇(丰富程度)和语义(理解和表达)方面。在幼儿园教育中，幼儿语言发展的评价可以从倾听、表达、对话、描述方面来进行。评价要点包括：是否能倾听别人讲话，理解日常用语；是否能在语言交往中感到愉快，做到礼貌交谈、清晰表达并使用普通话交流；是否想说、敢说，讲述时是否语句通顺、用词恰当；是否能够运用语言交流的方式解决生活中遇到的问题；是否喜欢阅读，并有良好的阅读习惯；是否能基本理解图书内容，乐意欣赏儿童文学作品；是否关心常见的符号、标志和文字；等等。

(三)社会性与情感发展评价

儿童的社会性发展也叫作社会化，是指作为个体的生物人成长为社会人，逐步适应社会生活，进而使个性得以形成并不断完善的过程。① 社会化一方面是个体掌握社会生活经验的过程，另一方面是个体对社会关系系统的积极再现过程。② 人的社会化具有两方面的功能：一是形成共性，使自然人或生物人变成社会人，学习社会行为规范，培养与社会一致的价值观念与行为方式。二是发展个性，发展自我，形成个性。

《幼儿园教育指导纲要(试行)》将幼儿园社会领域的目标概括为：①能主动地参与各项活动，有自信心；②乐意与人交往，学习互助、合作和分享，有同情心；③理解并遵守日常生活中基本的社会行为规则；④能努力做好力所能及的事，不怕困难，有初步的责任感；⑤爱父母长辈、老师和同伴，爱集体、爱家乡、爱祖国。

幼儿园社会领域的内容与目标可以归纳为四个方面：一是形成自我意识；二是树立社会态度，形成积极的情绪情感；三是学习扮演社会角色，学习人际交往；四是理解社会规则，遵规守纪。

---

① 胡惠闵、郭良菁：《幼儿园教育评价》，96页，上海，华东师范大学出版社，2009。

② 陈帼眉，《学前儿童发展与教育评价手册》，535页，北京，北京师范大学出版社，1994。

1. 自我系统评价

自我系统主要指自我意识的发展。自我意识是指作为主体的我，对于自己以及自己与周围事物的关系，尤其是人与我的关系的认识。自我意识是由自我认识、自我态度和自我调节三方面构成的：自我认识是指主观的我对客观的我的认识与评价；自我态度是主体对自己怀有的肯定或否定的情绪体验，如自尊、自信、自卑、内疚等都是一种自我态度；自我调节是指主体对自身行为与内心活动的控制，即主观的我对客观的我的制约与调节作用。

自我系统评价主要可以从自我认识(如了解自己的身份、了解家庭和幼儿园、了解自己的兴趣爱好)，自我体验(欣赏自己、愿意发表观点、愿意带头做事情)，自我调节(鼓励自己、控制自己的情绪、专注于活动、想办法克服困难、做事情的坚持性)等方面来开展。

2. 情绪情感评价

幼儿情绪情感的发展主要表现为各种情绪体验逐渐丰富和深刻，情感越来越占主导地位。幼儿的情绪具有易冲动性、不稳定性和外露的特点。幼儿心理学把幼儿的情感分为道德感、理智感和美感。幼儿情绪情感的评价侧重于道德感，理智感常与幼儿认知发展评价相联系，美感主要与艺术领域的评价相联系。

情绪情感评价主要考查幼儿的爱心、自尊心、同情心、责任感、荣誉感、集体感等。

3. 人际交往评价

人际交往对幼儿的成长影响较大，交往能力对其社会化的影响是明显的。所谓交往能力就是指人与人之间传递信息、沟通思想和交流情感等相互联系的能力。幼儿的交往主要表现为与同伴交往和与成人交往两种类型。他们与他人交往时大多以自我为中心，不太容易考虑到别人，不太会换位思考。

人际交往评价的内容包括交往态度(如是否愿意与成人或同伴交流、是否愿意合作、是否有交往礼仪礼貌)和交往行为(接纳别人、主动协商、合作参与、分享快乐、寻求办法、遵纪守规)两方面。

幼儿社会性与情感发展评价的要点有：是否开朗、自尊、自信、有成功感；是否与周围的人积极交往，主动在活动中与他人互助、合作、分享，有良好的人际关系；能否理解并遵守日常生活中基本的行为规则，有良好的社会行为；能否克服困难，做事有始有终，有初步的责任感和意志品质；是否对周围的人与事持关心与爱的态度，有爱心、同情心；是否知道自己的行为、言语的社会规范并具有初步的评判能力。

幼儿发展评价是多方面的，教师可以根据幼儿园的实际情况确定相应的评价项目和内容。比如，江苏省常州市幼儿园保教质量评估体系(幼儿发展评价指标)从幼儿园五大领域、七个学科方面(科学领域分为科学与数学，艺术领域分为音乐和美术)来评价。每个学科部分包括 2～3 个关键能力，列出发展指标，采用观看、谈话、表演、情景测验等方式进行评价。三年六个学期均列出具体的发展指标，具体请扫描二维码进行阅读。

常州市幼儿园保教质量评估体系(幼儿发展评价指标)

二、教师工作评价

教师评价是幼儿园教育评价的重要组成部分。对教师工作的评价可以促进教师成长，提高幼儿园教育质量，从而促进幼儿的发展。教师工作评价是指根据幼儿教育方针、政策、法规和幼儿园培养目标、要求，运用教育评价的理论、方法和技术，对教师在教育保育中的行为表现与绩效进行全面、客观、公正的价值判断，从而促进教师专业发展的活动。①

对教师工作的评价，评价的主体不同，评价的角度不同，评价的内容和结果也就不相同。比如，有的幼儿园将教师工作评价的内容分为师德表现、工作态度、专业发展、工作难度、工作量、工作实绩六个方面。根据幼儿园的实际情况，教师评价可以分为三个层次：常规性层次、专业性层次、发展性层次。②

教师工作评价有着重要的意义；对教师而言，有利于激发教师的积极性，促进教师专业发展；对幼儿而言，可以更好地促进幼儿的全面发展；对幼儿园而言，有利于加强师资队伍建设与管理决策的科学化。

(一)常规性工作评价

常规性工作评价一般包括教师的师德表现、工作态度、工作能力、工作绩效四个方面。

1. 师德表现

与一般工作不同，教师是人类灵魂的工程师。因此，幼儿园对教师的职业道德有特别的要求。在实际工作中，有的幼儿园在评价教师工作时，实行师德表现一票否决权，将师德表现列于教师工作表现的首位。

师德方面可以从依法执教、为人师表、热爱幼儿三个方面来进行具体评价。依法执教的评价标准有：坚持党的四项基本原则，忠诚教育事业；贯彻党和国家的教育方针，自觉树立全面、科学教育观，实施素质教育；自觉遵守法律法规和校规校纪。为人师表主要从教师形象方面来要求，评价标准有：热爱本职工作，有事业心和责任心，尊重同志，团结友爱；衣着得体，仪表端庄，说普通话，举止文明；遵守社会公德，勤奋工作，上班不离岗、不闲聊；作风正派，光明磊落。热爱幼儿的评价标准有：面向全体幼儿，尊重幼儿的人格；关心幼儿，公正对待每位幼儿；不讽刺、挖苦、歧视，不体罚、变相体罚幼儿。

2. 工作态度

“态度决定一切”，由此可见态度在教师工作评价中的重要性。教师要服从上级或幼儿园工作安排，完成相应岗位工作的职责要求。爱园如家，自觉维护幼儿园形象，积极宣传幼儿园的良好办学行为。专心工作，遵守幼儿园制定的各项规章制度，教书育人，尽职尽责，勤奋工作。

3. 工作能力

教师工作能力主要指教育教学的各项专业能力。工作能力评价主要考评教师实施教育教学的各项专业技能，包括保育教育能力、教研能力和专业发展能力等。保育教育能力方面主要考评教师组织保育教育活动的能力，与社区、家长和幼儿沟通的能力等。教研能力方面主要考评教师从事教育

① 胡惠闵、郭良菁：《幼儿园教育评价》，108 页，上海，华东师范大学出版社，2009。

② 胡惠闵、郭良菁：《幼儿园教育评价》，113～115 页，上海，华东师范大学出版社，2009。

教学研究、改革和对教育教学实践进行自我反思、评价的能力等。专业发展能力方面主要考评教师参加继续教育，全面掌握和拓展学前教育专业知识、提高自身综合素质的能力，了解和运用教育新理念的能力等。

4. 工作绩效

工作绩效评价是对教师履行职责情况和工作的效果进行价值判断，一定程度上反映出教师工作的优劣、质量的高低，可以起到鼓励先进、鞭策后进的作用。同时，借助工作绩效评价，领导能对每位教师的素质、能力、工作状况、工作效果获得全面准确的认识，为强化教师队伍的科学管理提供丰富准确的信息，更有利于幼儿园的决策。工作绩效评价主要考评教师完成岗位职责的效果，包括育人效果、教学效果和教科研效果等方面。教学效果和教科研效果方面主要考核教师完成工作任务的数量、质量、效果，取得成果的水平、社会效益和经济效益以及专业成长情况。

(二)专业性工作评价

与中小学、大学教师不同，幼儿园教师有其工作的特殊性。中小学实行分科教学，各学科教师基本上是相关学科专业毕业的教师，幼儿园教师则是全能型教师。《幼儿园教育指导纲要(试行)》将幼儿园教育内容分为五大领域，虽然不是学科分类，但也算是“前学科”。幼儿园教师在开展教育教学活动时，除了要掌握大多数教师职业需要涉猎的文化类学科知识，还需要特别掌握各种艺术、体育技能，如唱歌、弹琴、跳舞、绘画、手工、体操创编等。与中小学的课堂教学不同，幼儿园教学以活动为主，游戏是其中重要的活动和幼儿最适宜的学习方式。因此，教师工作评价还应该包括教师的专业性工作方面。根据幼儿园教育的实际，教师专业性评价可以从以下几个方面来展开。

1. 教育活动的设计与实施

幼儿园的教育活动是教师以多种形式有目的、有计划地引导幼儿生动、活泼、主动活动的教育过程。《幼儿园教育指导纲要(试行)》在“组织与实施”部分提出了如下要求：教育活动的组织与实施过程是教师创造性地开展工作的过程。教师要根据本纲要从本地、本园的条件出发，结合本班幼儿的实际情况，制订切实可行的工作计划并灵活地执行。教育活动目标要以《幼儿园工作规程》和本纲要所提出的各领域目标为指导，结合本班幼儿的发展水平、经验和需要来确定。教育活动内容的选择应遵照本纲要第二部分的有关条款进行，同时体现以下原则：既适合幼儿的现有水平，又有一定的挑战性；既符合幼儿的现实需要，又有利于其长远发展；既贴近幼儿的生活来选择幼儿感兴趣的事物和问题，又有助于拓展幼儿的经验和视野。教育活动内容的组织应充分考虑幼儿的学习特点和认识规律。各领域的内容要有机联系，相互渗透，注重综合性、趣味性、活动性，寓教育于生活、游戏之中。教育活动的组织形式应根据需要合理安排，因时、因地、因内容、因材料灵活地运用。

幼儿园教育活动的设计与实施是教师工作的重要内容。评价这方面的工作要考虑活动内容是否适合年龄阶段，是否贴近幼儿的生活和激发幼儿的兴趣，是否遵循幼儿最近发展区原则，是否易于实际操作，是否达到了活动目标，等等。

2. 幼儿游戏的指导与帮助

游戏是最适合幼儿的一种学习方式。幼儿园以各种活动为主，而游戏是基本的活动。对教师工作的评价，自然少不了对教师组织和指导幼儿游戏的评价。对游戏指导的评价，可以参照教育活动的设计与实施这方面的评价来进行。在评价教师对幼儿游戏的指导方面，还要重点考虑如下要点。

一是教师的角色。在游戏中，教师应该有多种角色，如参与者、合作者、引导者、支持者、旁观者、材料提供者等，要根据游戏及时转换角色。二是游戏与其他活动的整合。特别是游戏能与集中教学活动、区域活动等整合，能与生活紧密联系。三是充分发挥游戏的交流、评价功能。比如，是否充分让幼儿互相观察、交流，是否注重同伴评价、自评和教师评价相结合。四是游戏时间、空间、环境等方面的情况。比如，材料是否具有丰富性、层次性、安全性、多功能性等，幼儿的兴趣如何，时间、空间是否足够和适合。

3. 幼儿发展的观察与研究

对幼儿的了解是开展教育教学活动的基本前提。教师对幼儿的观察包括对幼儿某方面发展情况进行专门观察，也包括在活动中教师对幼儿的一般性和随机性观察。对教师工作的评价可以从如下方面展开：教师是否对幼儿开展了专门观察或日常一般性、随机性观察，是否有相应的观察记录或反思；教师在日常工作或教育教学活动中怎样根据幼儿的观察情况做出适时的反应，并据此对活动计划进行调整等。另外，也可以从其他角度来评价教师这方面的工作。

4. 教育环境的规划与创设

环境是重要的教育资源。教师应通过环境的创设和利用，有效地促进幼儿的发展。环境创设是教师工作的重要内容。评价教师在环境方面的工作，可以参照《幼儿园教育指导纲要(试行)》提出的环境创设要点：幼儿园的空间、设施、活动材料和常规要求等应有利于引发、支持幼儿的游戏和各种探索活动，有利于引发、支持幼儿与周围环境之间积极的相互作用；幼儿同伴群体及教师集体是宝贵的教育资源，应充分发挥这一资源的作用；教师的态度和管理方式应有助于形成安全、温馨的心理环境；教师的言行举止应成为幼儿学习的良好榜样；幼儿园应本着尊重、平等、合作的原则，争取家长的理解、支持和主动参与，并积极支持、帮助家长提高教育能力；幼儿园充分利用自然环境和社区的教育资源，扩展幼儿生活和学习的空间，同时应为社区的早期教育提供服务。

教育环境分为物质环境和心理环境。物质环境创设主要体现在环境创设的安全性、材料利用、美化、儿童化、教育化、幼儿参与、更新与变化、空间布局与利用等方面。心理环境创设主要体现在教师要创造宽松、自由的环境氛围。适宜的幼儿园教育环境是以幼儿的发展为目的，围绕教育目标和教育内容，发挥幼儿的主体作用，充分调动他们参与的积极性。环境布置宜多利用废旧材料，使空间得到有效充分的利用。教师和幼儿甚至家长可以共同参与创设幼儿喜欢与之互动的环境。

5. 家园联系的建立与开展

家庭是幼儿园重要的合作伙伴。教师应本着尊重、平等、合作的原则，争取家长的理解、支持和主动参与，并积极支持、帮助家长提高教育能力。家园联系的建立与开展主要评价教师开展家园联系、家长工作的情况，包括开展家长工作的方法，渠道是否多样，与家长沟通交流是否常态化、有针对性，是否充分利用家长资源来提高幼儿园教育教学质量，家长参与幼儿园或班级教育教学活动情况如何，家访、家长会、家长学校、家长开放日活动的开展情况如何，家长工作的满意度以及这方面工作的效果如何。

(三)发展性工作评价

发展性评价认为，教师工作是一种专门职业，每位教师都需要不断对自己的教育教学进行反思、总结与改进，每位教师都有在教育教学过程中不断发展的内在需求和可能性，而评价则是教师获得专业发展的重要促进力量。① 教师的发展性工作评价是一种面向未来的评价，是一种依据目标、重视过程、及时反馈、促进发展的形成性评价，主张在宽松的环境中，用动态的、发展的眼光，对教师进行持续的评价。《幼儿园教师专业标准（试行）》“教师专业能力”部分专门列出“反思与发展”内容，说的就是教师的发展性工作评价。

发展性工作评价的目标是通过评价提高教师的职业素养和教育教学能力以及促进教师自我价值的实现。发展性工作评价强调教师的主体地位，注重教师的自我评价。在对教师进行评价之前，要先听取教师的自我评价，鼓励教师提供能更加全面、真实反映其工作水平或专业成长的信息或资料。因为与他人相比，教师最了解自己，清楚自己的工作背景和工作对象，知道自己工作中的优势和困难以及想从评价中得到什么。

关于教师专业发展的评价标准，我们可以从四个方面来考虑：一是量的增加，如教师的专业知识、能力、教学经验、教育理论素养；二是质的提高，如教师从新手阶段逐步向胜任阶段、熟练阶段、专家阶段迈进；三是自主发展，如教师的教育教学态度和能力、教育主张或教学主张，具有强烈的专业发展主动性；四是个体价值的实现，如把教育教学工作当作个人价值实现的需要，具有强烈的职业情感、职业期望和职业承诺。

根据教师工作的实际，发展性工作评价包括如下三个方面。

1. 发展规划

发展规划对教师的成长很重要，对教师队伍的建设、幼儿园工作远期规划都有影响。不同的岗位，如教研主任、保教主任、班主任、班级教师，都可以制定相应的专业发展规划。教师根据幼儿园发展规划，结合有关学前教育政策、幼儿园和个人的实际情况，制定个人专业发展规划。专业发展规划的内容应包括教师对自身优势、不足、机会、挑战的多方面分析，涵盖教师评价的所有内容并体现个性特色。同时专业发展规划的内容应明确具体，既体现教师个人的进步和发展，又体现个人发展对团体目标达成的贡献。幼儿园可以从学习培训、学历进修、教育教学、教研科研、团队成长、示范辐射等方面来制定规划目标，并制定相应的实施措施；也可以由教师根据自身情况拟定规划目标和内容。

2. 学习反思

在学习中成长，在反思中创新。教师的成长等于经验加反思，这句话表明反思在教师成长中的作用和重要性。教师需要经常学习，经常反思。幼儿园可以从业务学习和反思提高两方面来评价教师。业务学习的评价主要看教师要有业务学习的痕迹（如留有学习笔记、研讨记录、读书心得等），并能将其用于教育教学实践中。业务学习的评价也可以采用统一考试的方法，如统一组织的教师业务考试或考核，内容广泛，包括幼儿园教育理论、幼儿园相关法规政策、幼儿园活动设计、玩教具制作等。反思提高的评价一方面可以评价教师制订的各种计划与达成目标的程度，另一方面可以对教师关于教育教学情况的反思总结进行评价。

3. 交流合作

教师所拥有的教学理念、个性特点以及能力水平等方面的差异客观存在。教师的成长离不开集体。幼儿园可以根据工作需要和教师的个人情况，在平等商议的基础上，对幼儿园的工作进行合理

① 周生民：《刍议新课程背景下的发展性教师评价》，载《新课程（教师版）》，2006(12)。

分工、互助合作，使大家工作互补、目标一致、互相配合、共享成果。在日常工作和开课、教研方面等，教师之间合作、交流、对话，形成学习共同体，借助信息共享、集体备课、观摩开课、集体研讨、课题研究等，注重同伴间的交流与合作，把教师的专业化成长放在幼儿园工作的重要位置。

对幼儿园日常工作和教育教学中出现的问题，教师平等交流，相互启迪，分享经验。尤其是在听完观摩课和交流课后，教师不能把自己当作被动的受训者，而应积极主动地参与研讨，不断地反思，充分利用交流、沟通的平台，切实改进自己的教育教学行为，改进工作，促进自身的专业化发展。在这种交流、合作中，教师集思广益，既有相互间的合作，又有个性化的发挥，同伴互助、共同提高。

交流合作的评价主要采用观察、文献查阅、座谈等方法，了解教师的合作交流情况。比如，现场观摩幼儿园教学研讨，查阅幼儿园研讨记录、教师工作总结，与教师现场座谈等。

《幼儿园教育指导纲要(试行)》在教育评价部分对教师教育工作评价提出了总体的考察要求。其对教师教育工作评价宜重点考察以下方面。①教育计划和教育活动的目标是否建立在了解本班幼儿现状的基础上。②教育的内容、方式、策略、环境条件是否能调动幼儿学习的积极性。③教育过程是否能为幼儿提供有益的学习经验，并符合其发展需要。④教育内容、要求能否兼顾群体需要和个体差异，使每个幼儿都能得到发展，都有成功感。⑤教师的指导是否有利于幼儿主动、有效地学习。

教师工作评价要全面、科学，对不同的评价者可以采用不同的评价方案。二维码资料为常州市幼儿园教师工作评价指标体系，可作为评价幼儿园工作的参考。

本讲要点

幼儿园教育评价的内容主要包括幼儿发展评价和教师工作评价。幼儿发展评价是指幼儿成长过程中身体、认知、情感与社会性等方面有规律地进行量变和质变过程的评价。幼儿发展评价主要包括身体发展评价、认知发展评价、社会性与情感发展评价。教师工作评价包括常规性工作评价、专业性工作评价、发展性工作评价三个方面。

常州市幼儿园教师工作评价指标体系

学以致用

1. 设计一份幼儿发展评价表(具体内容自定)并到幼儿园进行实地了解，请教师对你设计的发展评价表进行评价。

2. 以幼儿游戏中的同伴关系为主要评价项目，设计一份评价表。

模拟练习

一、单选题

1. 幼儿发展评价的方法不包括(　　)。

A. 作品分析法　　B. 谈话法　　C. 问卷调查法　　D. 家长评价法

2.“我们要看到每个儿童的成长与进步，看到他在原有水平上获得的发展”，这个观点强调的是（　　）。

A. 绝对评价　　B. 教育测量　　C. 相对评价　　D. 自身差异评价

3. 幼儿园开展评价活动的最终目的是（　　）。

A. 鉴别　　B. 诊断　　C. 改进　　D. 激励

4. 幼儿园教育工作评价的主体有（　　）。

A. 教师　　B. 家长　　C. 幼儿　　D. 以上都是

5. 幼儿园教育评价的作用是反馈作用、诊断作用和（　　）。

A. 促进作用　　B. 积极作用　　C. 反思作用　　D. 纠偏作用

6. 幼儿发展评价的基本方法是（　　）。

A. 调查法　　B. 观察法　　C. 档案袋法　　D. 作品分析法

7. 幼儿园教育活动过程评价的重要标准是（　　）。

A. 组织形式是否吸引幼儿　　B. 是否合理使用教具

C. 是否达成预定的目标　　D. 教育过程是否以幼儿为主体

8. 教师在教育实践中不断获得进步，就要学会有效运用自我评价。自我评价的策略是（　　）。

A. 自我反思　　B. 交流讨论　　C. 行动研究　　D. 行为核查

二、简答题

简述幼儿园教育工作评价应重点考查哪几方面。

模拟练习答案

第二讲　幼儿园教育评价的主要内容

第三讲

幼儿园教育评价信息的采集与评价

头脑风暴

假设你刚刚到某幼儿园工作，有的人说这个幼儿园不好，有的人说这个幼儿园很好。为什么对同样的幼儿园，大家会有不同的评价？

一、幼儿园教育评价信息的采集方法

评价离不开信息。信息是评价的基础。要想做到科学评价，自然离不开对评价对象的信息采集。定性评价信息的采集方法一般包括观察法、调查法、访谈法、作品分析法等。定量评价信息的采集方法主要包括测验法、实验法。当然，这两种评价的信息采集方法不是单一的，可以结合使用。

(一)定性评价信息的采集方法

1. 观察法

观察法是一种基本也是古老的研究方法。中外教育史上有许多教育家善于观察自己的教育对象，把观察的结果记录下来，将其作为宝贵的第一手材料。根据不同的标准，观察法可以细分为多种具体的方法。不管采用哪种观察方法，都要对观察结果进行记录。观察记录方式不同，观察信息的采集方法也就不同。

要实现对现场观察所获资料的完整记录，研究者应根据研究的要求选择恰当的记录方法。

(1)描述记录法

描述记录法通常在质的研究中运用广泛，是对幼儿在日常生活中的自然行为进行观察记录的方法。这种方法主要是对观察对象所表现出的相关行为及其场景中的有关因素做较为完整的描述。它具体分为三种：日记描述法、轶事记录法和实况详录法。

日记描述法又称儿童传记法，是对观察对象进行长期的跟踪观察。它是以专题日记的形式对儿童发展情况边观察、边记录。它能系统地记录儿童发展的连续变化情况，能提供比较长期、详细的第一手材料。

一般来说，轶事记录法是记录观察者感兴趣的，并且认为有价值的、有意义的行为和事件。这些行为可以是典型的，也可以是异常的；可以是表现幼儿个性的行为事件，也可以是反映幼儿身心发展其他方面的行为事件。

实况详录法是要求详细、完整地记录被试在自然状态下所发生的行为，然后对所收集的原始资料进行分类，并加以分析的方法。

(2)取样记录法

取样记录法是观察者根据一定的标准，选取特定的幼儿行为进行观察、记录和研究，从而获得对幼儿行为的了解的方法。它包括时间取样法和事件取样法。时间取样法是指在统一确定的时间内，按一定时段观察预先确定好的行为，或按预先规定好的行为分类系统将行为归类。因此，时间取样法以时间为选择标准，专门观察和记录在特定时间内所发生的行为，主要记录行为呈现与否、呈现频率及其持续时间。

相关链接

时间取样法的典型例子是帕顿在20世纪20年代中期进行的一项有关幼儿在游戏中的社会参与程度的研究。她根据幼儿在游戏中的社会参与程度，将游戏分成六种类型，并给出了具体的操作定义。一是无所事事。幼儿没有做游戏，只是碰巧观望暂时引起他们注意的事情。如没有可注视的就玩弄自己的身体，或走来走去，爬上爬下，东张西望。二是旁观。幼儿基本上只观看其他幼儿的游戏，有时与正在做游戏的幼儿说话，有时提问题，有时出主意，但自己并没有直接参加游戏。三是单独游戏。幼儿独自一人游戏，只专注于自己的活动，根本不注意他人在做什么。四是平行游戏。幼儿能在同一处玩，但自玩各自的游戏，既不影响他人，也不受他人影响，互不干涉。五是联合游戏。幼儿在一起玩同样的或类似的游戏，相互追随，但没有组织与分工，每人做自己想做的事情。六是合作游戏。幼儿为某种目的在一起进行游戏，有领导、有组织、有分工。每个幼儿承担一定的角色任务，并且相互帮助。她在此基础上设计了观察记录表。[①] 表10-1为时间取样法的观察记录表示例。

表10-1　时间取样法的观察记录表示例

被试代号	无所事事	旁观	单独游戏	平行游戏	联合游戏	合作游戏
1						
2						
3						
4						
5						
…………						

事件取样法是以事件为单位进行观察，所研究的是特定类别的完整行为事件。其测量的不是限定时间单位中的行为表现，而是等待所要观察的事件发生并将其记录下来。

事件取样法的典型例子是学者道在20世纪30年代初进行的一项有关儿童争执行为的研究。[②] 观察过程是争执事件一发生便用秒表计时，并按事先拟定好的观察记录内容填写观察记录表。表10-2为事件取样法的观察记录表示例。

---

① 王坚红：《学前儿童发展与教育科学研究方法》，83～84页，北京，人民教育出版社，1991。

② 陶保平：《学前教育科研方法》，78页，上海，华东师范大学出版社，2006。

表 10-2　事件取样法的观察记录表示例

儿童	年龄	争执持续时间	发生背景	行为性质	做什么说什么	结果	影响
……							

该观察记录表的主要内容包括以下几点：争执者的姓名、年龄、性别；争执持续的时间；争执发生的背景、起因；争执什么(玩具、领导权等)；争执者所扮演的角色(侵犯者、报复者、反抗者、被动接受者等)；争执时的特殊言语或动作；结局如何(被迫让步、自愿让步、和解、由其他儿童干预解决、由教师干预解决等)；后果与影响(高兴、愤恨、不满等)。

(3)观察评定法

观察评定法具体可以分为行为核对法、等级评定法、频率计数图示法。

行为核对法是自然观察法的一种，是判定幼儿行为的评价方法。教师将每项内容的评价指标及行为列到表格上，然后核查行为是否发生或出现。等级评定法就是观察者对所观察的对象评定等级。观察者可以在事先打印好的表格上按等级进行标注。频率计数图示法是在被观察的行为发生时计算其发生的频率，再用图示将所收集到的行为频率显示出来的一种方法。

例如，某幼儿园领导要了解青年教师的教学工作情况以评选优秀青年教师，并邀请了几位同行作为观察者对每位青年教师的教学情况进行观察。在多次观察之后，观察者用教学情况评定量表对每位青年教师的教学情况进行等级评定。[1] 表 10-3 为等级评定法的评定量表示例。

表 10-3　等级评定法的评定量表示例

姓名：　　性别：　　年龄：　　班级：　　评定者：　　日期：

评定内容	评定等级				
评定项目	1 分	2 分	3 分	4 分	5 分
能较好地组织与控制儿童					
对儿童表示亲近					
注意儿童的需求与问题					
对儿童能够正面强化					
对工作表现出喜爱与热情					
认真备课					
安排班级活动时具有灵活性					
允许儿童选择和控制玩具					
鼓励儿童积极探索					
严格遵守活动作息时间					

① 陶保平：《学前教育科研方法》，79 页，上海，华东师范大学出版社，2006。

该评定选择 5 级等级量表，即每一项内容分 5 个等级，并赋予等级分：总能做到(5 分)，常能做到(4 分)，有时能做到(3 分)，很少能做到(2 分)，不能做到(1 分)。最后，将观察者评定的每位教师的等级分累计相加，分数最高的那位便是该幼儿园应受表扬奖励的青年教师。

国外有人研究 6 岁儿童在课堂中的捣乱行为，就是用这种方法来记录，根据记录结果来进行评价的。该研究将捣乱行为分为 9 种类型，列出具体的行为表现。表 10-4 为频率计数图示法的观察记录表示例。

表 10-4　频率计数图示法的观察记录表示例①

类型	行为表现
粗鲁行为	
跪	
侵犯别人	
扰乱别人	
说话	
叫嚷	
噪声	
转方向	
做其他事	

根据此表，可以编制 6 岁儿童捣乱行为频数观察记录表，如表 10-5 所示，以此观察和评价儿童。在观察记录表中，行为出现次数以划“正”来表示，行为持续时间以秒为单位，每次时间累加。由表 10-5 可知，粗鲁行为出现 5 次，每次持续时间分别为 10 秒、28 秒、5 秒、4 秒、8 秒。

表 10-5　6 岁儿童捣乱行为频数观察记录表示例②

幼儿园班级：　儿童姓名：　性别：　观察时间：　活动内容：　教师姓名：

行为类别	次数	持续时间(秒)	备注
粗鲁	正	10＋28＋5＋4＋8	
跪			
侵犯别人			
扰乱别人			
说话			
叫嚷			
噪声			
转方向			
做其他事			

记录者：　　　　日期：

① 陶保平：《学前教育科研方法》，82 页，上海，华东师范大学出版社，2006。

② 陶保平：《学前教育科研方法》，83 页，上海，华东师范大学出版社，2006。

有时候光靠自然情境下的观察很难在短时间内收集到需要的资料。在这种情况下，研究者可以对观察进行控制，创设特定的情境来进行观察。这样可以大大提高观察的效率，节省时间和精力。这就涉及自然情境下与创设情境下的观察设计，通过设置或创设情境来观察和评价幼儿。

▶想一想

如果想观察幼儿的某一行为，有时候连续好几天都没有发现幼儿出现这一方面的行为，是继续观察，还是停止观察。或者你认为还有什么其他更好的方法?

情境法常用于道德认知、社会行为的研究，特别适合于对幼儿的研究。比如，在某幼儿园小、中、大班随机抽取 15 人，在幼儿园多媒体教室的讲台上放置 100 颗糖果。然后教师让他们逐一到多媒体讲台上帮自己拿粉笔盒，其他东西不能拿。幼儿单独去拿粉笔盒，粉笔盒前面很自然地堆放着糖果。教室里面装有监控录像，或者教室后面有单向玻璃，以便教师观察幼儿是否会拿糖果。当幼儿拿上粉笔盒走出教室后，如果幼儿有拿糖果，就进行清点并补足 100 颗。当幼儿把粉笔盒拿给教师时，教师询问幼儿在讲台上看到了什么，看幼儿是否会将其表现真实说出来，能否抵抗糖果的诱惑。(一般分三种情况：第一种是没拿糖果，第二种是拿了糖果但数量少报，第三种是拿了糖果但教和教师说没拿。)

创设情境对幼儿进行观察和评价需要这些事项：①要巧妙地创设、控制情境与条件；②不能向观察对象暴露研究的真实意图；③设计的情境与自然情境要有较高程度的相似，通常要与观察对象的生活经历相似，情境要自然；④要解除观察对象的心理防卫，让其在自由宽松的条件下表现自己；⑤反应结果通常无所谓对与错。

2. 调查法

(1)调查法的类型

调查法是按照一定的目的和计划，间接地收集与研究对象有关的现状及历史材料，从而弄清事实，分析、概括、发现问题，探索教育规律的研究方法。

调查法是教育研究中运用广泛的一种方法。调查法在运用过程中通常不受时间、空间条件的限制，可在自然情境中用于数据收集，不需控制条件或操纵调查对象，涉及范围广，便于实施。因此，调查法的效率较高，适用于现状研究和描述性研究。在幼儿发展与教育科学研究领域内，调查法是一种常用的研究方法，调查对象主要为幼儿的家长与教师。

调查法有多种类型。问卷调查法、访谈调查法是常见的两种调查方法。前者采用以问卷为主的方式进行调查，后者则以访谈方式进行调查。本单元主要阐述问卷调查法和访谈调查法。

问卷调查法是由评价者根据评价目的，向幼儿家长、教师等发放问卷调查表，广泛收集幼儿发展或教师工作信息的一种方法。问卷调查法是一种书面调查法，它要求调查对象具有一定的书面理解能力和文字表达能力，通常用于了解具体事实或个人意向、态度等方面的内容。

(2)问卷的类型

问卷的类型多种多样。根据研究者是否控制问题回答的形式，可以将问卷分为封闭性问卷、开放性问卷和综合性问卷。封闭性问卷也叫结构型问卷，是问卷设计者既提出问题，又对问题回答的形式做出具体规定的问卷。标准化程度较高的封闭性问卷中，设计者直接为每个问题提供若干种答案供调查对象挑选。

下面是有关幼儿游戏的一些问题，请你在每个问题后的五个答案中选出一个最适合你的答案。

1. 你对要在幼儿园尽可能多地开展游戏活动这一说法抱什么态度？

A. 很赞成　　B. 赞成　　C. 不置可否　　D. 不赞成　　E. 很不赞成

2. 你对让幼儿在游戏时不受任何限制地取用玩具持什么看法？

A. 很赞成　　B. 赞成　　C. 不置可否　　D. 不赞成　　E. 很不赞成

开放性问卷也叫无结构型问卷，是指设计者只提出问题，而不提供答案，甚至对问题回答形式不做任何具体要求的问卷。

请你根据你的实际情况如实地回答以下问题，注意充分阐述你的观点。

1. 你对应在幼儿园尽可能地开展游戏活动这一说法有什么看法？

2. 你认为应如何看待让幼儿在游戏时不受任何限制地取放玩具？

综合性问卷是研究者根据研究需要设计的兼有开放性问题和封闭性问题的问卷。在设计问卷时，研究者对一些问题的回答形式做具体的规定，并为填答者提供选项进行选择；研究者对另外一些问题的回答不做任何具体规定，让填答者自由作答。这种问卷如果设计合理，就能有效地在同一个研究中既兼具开放性问卷或封闭性问卷的优点，又同时避免两者的缺陷或不足。

(3)问卷的构成

问卷一般由前言、指导语、问题和结束语四大部分构成。前言主要向调查对象介绍和说明调查者的身份和调查的内容、目的、意义等，主要是消除调查对象的顾虑，赢得信任，争取合作。如果是邮寄的问卷，还要写明最迟寄回问卷的时间。具体内容包括：介绍调查主办单位和调查人员的身份；简要说明调查的目的和内容；承诺对涉及个人内容的调查结果保密；对调查对象的合作与支持表示感谢。

指导语主要是用来指导调查对象填问卷的说明或注意事项，有时还附有样例。指导语要简明易懂，使人一看就明白如何填写。这部分有时与前言部分合在一起。

问题是问卷的主体部分，也是问卷的核心内容。编制的问题要简洁明了，符合研究的目的、要求。至于用开放性问题还是封闭性问题，应根据实际情况而定。采用封闭性问题时要按标准化测验的要求设计题目和答案；答案要准确，符合实际，便于选择。

幼儿自我服务能力调查研究

请您根据自己孩子的情况，在下列合适的数字上画圈表示。除特殊说明外，均为唯一选择。

姓名__________　　通信地址__________　　邮编__________

1. 性别　(1)男　(2)女

2. 年龄　(1)小班　(2)中班　(3)大班

3. 是否能独立进餐和保持正确的进餐姿势

(1)能独立　　(2)家长适当帮助　　(3)不能独立　　(4)其他(　　)

4. 是否会自己洗手、洗脸、洗脚

(1)会　　　　(2)家长适当帮助　　　　(3)不会　　　　(4)其他(　　)

5. 是否会穿鞋子、裤子、袜子和上衣

(1)会　　　　(2)家长适当帮助　　　　(3)不会　　　　(4)其他(　　)

6. 吃水果时是否会自己剥皮

(1)会　　　　(2)家长适当帮助　　　　(3)不会　　　　(4)其他(　　)

问卷的最后一部分是结束语。问卷的结束语应包括两个方面的内容：一是答谢词，即对调查对象的合作表示感谢；二是对问卷回收方法的说明，即填答者完成填答后，用什么方法将问卷返回给调查者。此外，有些问卷在末尾还应署上问卷设计者的姓名和问卷设计、使用的时间。

需要特别指出的是，问题是问卷的基本部分，问题设计是否符合特定研究的要求往往直接影响到所收集的资料的质量和调查的成败。所以问题的编制是问卷设计的关键内容。

根据问题内容的不同，可将问题分为两类：事实性问题和态度性问题。事实性问题是关于曾经发生过的、业已存在的或将要发生的事件以及事物的状态、人的实际行为等方面的问题。事实性问题一般涉及三种事实：人口学资料、事物的状态和人的实际行为。人口学资料是指反映调查对象基本情况的各种资料，一般包括姓名、性别、年龄、受教育程度、家庭情况、职业、婚姻状况、工作单位等。这些情况都是一些基本事实，如果研究需要的话就加以调查。事物的状态是指有关事物存在的形式等方面的事实。在学前教育研究中，一般要调查的事物的状态有幼儿园的性质、场地设施、玩具和教具、图书、管理机构、规章制度等方面的情况。人的实际行为主要是指研究对象个人相关的行为方式和具体的行为表现等方面的问题。比如，要通过家长调查幼儿在幼儿园外的社会交往情况，可就幼儿的社交方面的行为表现提出如下问题。

1. 你的孩子经常和小伙伴一起做些什么？

A. 做游戏　B. 看书　C. 看电视　D. 听故事

2. 你的孩子愿意和小伙伴分享玩具或食物吗？

A. 经常　B. 有时但不经常　C. 偶尔　D. 从不

态度性问题是关于调查对象对某一事物、某一现象或某类人的认识、态度以及有关的感受或体验等方面的问题，它往往涉及人的思想、观念、价值倾向、动机、兴趣爱好等方面的内容。

一般的调查研究中往往既有事实性问题，也有态度性问题。问题的内容是研究者根据研究的需要和调查内容的性质来确定的。

问题答案的设计形式多样。从答案的形式上看，人们常用以下几种基本格式：是否式、多项式、排列式、量表式、表格式等。

①是否式是每个问题均提供两种答案，即是或否，由调查对象从中选择一个作答的问题答案形式。比如，在调查幼儿家庭教育情况时，可用如下形式。

1. 你会让你的孩子不受限制地看他喜欢的电视节目吗？　　A. 是　　B. 否
2. 你经常给你的孩子讲故事吗？　　A. 是　　B. 否

②多项式(多择一项或多项选择)是设计者给每个问题设计几种可能的答案，让调查对象从中选择一项或几项答案的问题答案形式。

1. 你最担心自己的孩子(只能选择一个最适合你的答案，多选无效)(　　)。
A. 长不高，长不胖，身体不好　B. 没有别的孩子聪明，缺乏学习能力
C. 没有好的行为习惯　D. 没有小伙伴，孤独　E. 无一技之长
2. 你可接受的孩子行为有(可选择三项，多选无效)(　　)。
A. 经常提出你难以回答的问题　B. 经常要求买新玩具或新衣服　C. 总要你陪他(她)一起玩　D. 爱和小朋友打闹嬉戏　E. 不太喜欢认字画画

③排列式是让调查对象根据自己的情况和态度按某种标准给提供的答案排列顺序的问题答案形式。例如，一项对员工管理工作的问卷调查中有以下问题。

在你的管理工作中，下列哪类措施更有效果？请你根据位置越后效果越差的排序方法将答案前的字母进行排列(　　)。
A. 严格规章制度　B. 日常督促检查　C. 树立好的典型　D. 经常进行物质奖惩　E. 多做思想工作　F. 注意联络感情

④量表式是将答案根据某种标准分成一定等级由调查对象进行评定，并要求其用某种方式标示出自己所在的等级的问题答案形式。例如，关于托幼机构教育活动状况的一项调查中有以下问题。

请你对刚刚看过的这所幼儿园按下列问题做出评定，在1～5中任选一个画圈。

①教师对儿童的限制和约束
1　2　3　4　5
太多　合适　不够

②玩教具、图书等物质材料的提供
1　2　3　4　5
过于丰富　合适　不足

⑤表格式是将有等级区别的问题和答案编成表格，让调查对象用填表的方式来回答问题的问题答案形式。比如，一份幼儿家庭教育调查的问卷中有这类问题，如表10-6所示。

表10-6　表格式问题示例

行为表现	做不到	偶尔做	做得一般	做得好
不随地吐痰				
不破坏花草树木				

续表

行为表现	做不到	偶尔做	做得一般	做得好
不说脏话				
不拿别人的东西				
不无理由地攻击他人				

(4)问卷的发放与回收

问卷的发放与回收是有要求的。发放越多，回收越多，越有利于统计。但回收的问卷并不等于都能用。问卷回收率是指研究者收回的由调查对象填答好的问卷数量占发放问卷数量的比例。如果回收率过低，就破坏了样本对总体的代表性，收集到的资料就无法说明总体的情况。一般来说，送发问卷的回收率不应低于70%，邮寄问卷的回收率不能低于50%。回收率仅为30%的问卷只能作为参考，回收率为50%的可作为采纳建议的依据，只有回收率达到70%的问卷方可作为研究结论。一般来说，问卷回收率的影响因素有以下几个方面。

①问卷设计是否合理对问卷的回收率会产生很大的影响。具体包括三方面：第一，问卷的题目和内容是否具有吸引力；第二，前言和指导语是否清晰、具体；第三，问题的复杂程度及问题数量的多少。

②选取被试的态度和能力影响问卷回收率。如果选取的被试能严肃地对待调查，认真地填写并积极上交问卷，问卷的回收率就高。同时被试填答问卷的能力也是影响回收率的一个因素。

③问卷送发和回收的方式。访问问卷的回收率很高，甚至可以达100%；送发问卷次之，为80%～90%；邮寄问卷的回收率相对较低一些。

问卷有效率是指研究者收回的问卷中资料完整有效的问卷所占的比例。与问卷回收率一样，问卷有效率的高低直接影响着问卷资料对总体的代表性，影响研究结论的科学性。一般来说，问卷有效率的影响因素主要有以下几个方面。

①问卷设计的不合理或本身的错误是导致问卷无效较为常见的因素。比如，指导语含糊不清，使填答者在填答时不规范；问卷内容的偏差，主要表现为问题表述不明确、排列不合理或答案设计不合理等，导致填答者回答问题时不明确、不规范，甚至提供了错误的信息而使问卷无效。

②被试的态度和心理素质。被试如果态度积极、愿意合作、认真，文化程度较高，有一定的经验，能提高问卷的有效率。被试在填答问卷时有某些思想顾虑，对某些项目不作答或提供不真实资料，也是导致问卷无效的重要原因。

③外界因素。具体包括问卷填写的时间和环境、问卷发送和回收的方法、有关机构或个人对被试施加的影响等。

3. 访谈法

访谈法是访谈者针对某一特定研究目的，通过与访谈对象面对面的谈话方式了解情况，收集所需要的资料的方法。根据访谈结构、对象、目的等因素的不同，访谈可分为多种类型。根据研究者对访谈结构的控制程度，访谈可以分为结构性访谈、非结构性访谈和半结构性访谈三种。半结构性访谈也称半开放性访谈，其控制程度介于结构性访谈和非结构性访谈之间。

结构性访谈又称标准化访谈，是指访谈者按照统一的设计要求和事先规定的访谈内容依次向访谈对象提问，并要求访谈对象按规定的标准回答问题的正式访谈。结构性访谈对选择访谈对象的标准和方法、访谈中提出的问题、提问的方式和顺序、访谈对象回答问题的方式、访谈记录的方法等都有统一要求，有时甚至对访谈的时间、地点、周围环境等外部条件也要求保持一致。

非结构性访谈也称自由式访谈，是指按一个粗线条式的访谈提纲进行的非正式访谈。这种访谈对访谈对象的选择、访谈提问以及访谈外在的各种条件只有一个基本的要求，不做具体的严格的规定。非结构性访谈有利于访谈者充分发挥主动性、创造性，根据具体情况来把握访谈过程，有利于扩宽和加深对问题的研究，并灵活地处理在访谈设计中没有考虑到的新情况、新问题。但是，其结果的标准化程度低，难以进行定量分析。此外，其对访谈者的要求比较高。

根据访谈对象的范围，访谈可以分为个别访谈和集体访谈。个别访谈是指访谈者与访谈对象一对一的面谈，整个访谈过程不受第三者的直接影响。个别访谈是访谈法中较为常见的形式。访谈者需要注意营造访谈的情境与氛围，尽可能打开访谈对象的思路。集体访谈是指访谈者邀请若干个访谈对象，通过集体座谈的方式收集有关资料。访谈者的工作主要是协调谈话的方向和节奏，要求访谈对象相互之间就有关问题进行讨论。由于参与访谈的人比较多，访谈对象比较轻松，还可相互启发，谈话内容较全面深刻。但是集体访谈有时会产生“集体压力”，个人顺从大多数人的意见而不敢提出异议。因此，对于某些敏感性问题，访谈者难以收集到真实资料。

根据访谈者与访谈对象的接触方式，访谈可分为直接访谈和间接访谈。直接访谈是指访谈者与访谈对象面对面的交谈；间接访谈主要是访谈者通过电话、网络等工具与访谈对象交谈。间接访谈与直接访谈相比，省时、省费用，但是缺乏面对面的情感交流，难以保证材料的真实性。因此，质的研究倡导采取直接访谈的形式。当然随着通信事业的发展，电话和网络访谈将会有广阔的发展前景。

访谈涉及两人或两人以上的互动，而访谈对象一般不会主动向不熟悉的人提供资料。这就需要访谈者事先编制好访谈提纲。由于访谈者在设计访谈提纲的时候，往往是根据自己的经验进行猜测，因此在访谈中列出的问题应该尽量开放。例如，在一项我国幼儿师范教育的现状的研究中，对于在校师范生的访谈，访谈者设计了以下提纲。

1. 你心目中理想的幼儿园教师形象是怎样的？
2. 在与儿童的接触中，你对儿童的看法是怎样的？
3. 你怎么看待你在学校学习的这些课程？
4. 你认为你学习中还有哪些不足之处？如何弥补？

访谈提纲在访谈中只是一个提示，是为了避免在访谈中遗漏一些重要内容。因此，访谈者在使用访谈提纲时应该根据具体的访谈对象或访谈情景以及访谈对象的回答灵活使用，不应该拘泥于提纲中访谈的问题和问题的顺序。比如，在对师范生的访谈中，访谈对象在谈到“心目中理想的幼儿园教师的形象”时，很自然地提到了儿童是怎样的，应该怎样对待儿童。访谈者就没有必要再专门问他们如何看待儿童这个问题了。

当然，如果访谈结束的时候，访谈对象提供的信息没有涉及访谈提纲中的问题，访谈者就可以直接询问他们对该问题的看法。

正式访谈开始后，为使整个访谈顺利进行，访谈者要使用一定的技巧控制整个访谈。这将涉及访谈中访谈者如何提问、如何倾听和如何回应。

提出的问题应是开放的、清晰的、具体的问题。一般情况下，质的访谈提问多以“什么”“如何”“怎样”之类的词语为语句的主线。这样可以获得不同的资料。访谈者要尽量避免提出让访谈对象做二分回答(是或否)或隐含自己主观设定的问题。表 10-7 是访谈的提问方式示例。

表 10-7　访谈的提问方式示例

可能导致做二分回答的问题	隐含主观设定的问题	质的访谈问题
教师在研讨会上遇到困难了吗？	参加研讨会最困难的是哪部分？（设定：有许多困难）	你觉得教师在研讨会上会遇到什么问题？
参加研讨会后教师改变了吗？	你期望参加研讨会的教师与未参与者有什么不同？ （设定：会有所改变）	参加研讨会会对教师产生什么影响？

质的访谈中一般避免直接使用“为什么”设定问题。当我们问“为什么”的时候，实际上是假定人们所有的行为是基于理性的，是有所构想、有所行动的。事实上，虽然不少人有这样的行为模式，但并非所有人都表现出这样的行为模式。除了理性外，成为人们行为动因的还有可能是从众、传统、习惯、直觉、情绪、冲动等。有些甚至是没有动因的。因此，简单的“为什么”的提问，可能获得的是一种表面上合理、准确的回答，但却并非反映了行为的深层或真实的动因。而且，直接问“为什么”是一种过于尖锐的问法，它有可能促使访谈对象采取防御性心理。

量的研究中的访谈问题多是预先准备好的，倾向于使用选择回答型和结构型两种格式。无论访谈题目是选择回答型还是结构型，它们都完全以问题的形式，用富有意义的、清楚的术语向访谈对象陈述；而且术语对所有的访谈对象都有一致的含义。比如，有这样的提问：你最喜欢幼儿园的哪一方面？可提供下列选择项目：设备、教学质量、时间安排、管理等方面。

对幼儿的访谈要适合幼儿。对幼儿的访谈一般采取结构性访谈和个别访谈，开放的、深度的访谈对于他们不太合适。主要是因为幼儿年龄小、容易受他人影响而形成自我暗示；具有从众心理；不易分清现实与想象的边界；不肯回应访谈者的问题。基于以上几种原因，要想对幼儿的访谈取得成功，访谈者需要运用一定的研究技巧来处理好这些问题。

访谈尽量在自然生活或教育教学环境中进行，如在活动室里面开展，或在游戏中开展。但是用玩具或游戏创设访谈情境的时候，访谈者应该注意玩具不要太好玩或者游戏不要太有趣，避免幼儿忘了访谈者的存在或沉迷于游戏而拒绝回答。

与幼儿谈话时，访谈者必须注意谈话技巧。访谈者在语言用词上应使他们易于理解，在态度上应亲切，使幼儿感到舒适，并能引起他们的兴趣。对胆小的幼儿，访谈者应给予鼓励，但正式反应不应有暗示和偏向。例如，当幼儿答出理想的答案时，访谈者不应说“真对，你真能干”，应对任何回答都做相似反应。在正式对幼儿做访谈之前，访谈者应做预先的访谈，反复研究其适宜程度，经修正完善谈话的方式后，再做正式的访谈。

除了个别访谈外，访谈者还可以进行小组访谈。与个别访谈相比，参与小组访谈的人数比较多，经常会有交叉发言的情况。即使访谈使用录音也很难准确判断谈话内容和谈话者之间的关系。因此，组织小组访谈时，访谈者一定要注意认真记笔记，记下每个人的发言，为自己日后整理资料提供线索。一般情况下，小组访谈最好有一个专门负责记录的研究者。

4. 作品分析法

作品分析法有时也叫作档案袋评价法，是对调查对象的各种档案作品，如笔记、作业、日记、影像资料等进行分析研究，了解情况，发现问题，把握特点和规律的方法。它是利用幼儿的成长档案来进行评价的一种综合方法。成长档案，顾名思义，是关于幼儿成长过程的详细记录。

作品分析法多用于个案研究或群体的心理品质和个性特征等方面的研究。创建成长档案的目的在于通过对幼儿作品及相关资料的收集汇总，反映幼儿的兴趣、态度以及在特定领域中的表现、进步与成就。

在学前教育研究中，作品可以分为四类：作品样本、文字资料、影像资料以及各种测验和调查结果。作品样本是指研究对象自己所创作的各种作品，包括美工作品、研究对象所创设的物质环境等。文字资料主要是指以文字形式呈现出来的相关纪录，包括教师的观察记录、教案、教学论文、园长的工作计划、幼儿园的规章制度等。在质的研究中，影像资料被认为是十分有价值的实物资料，也为研究者提供了十分丰富的信息。幼儿创作的立体作品（如用积木堆的建筑）、幼儿创作的探索过程以及幼儿园生活中很多有趣的事情是展示幼儿成长与发展的重要信息，需要教师把它们拍摄记录下来。各种测验和调查结果主要是指各种正式的或非正式的调查、测验、纪录等研究结果，如幼儿的健康情况调查、家庭生活记录等。

教师根据需要收集幼儿作品，间接地了解幼儿的情况。作品分析法可以帮助教师了解幼儿的整个变化过程，了解其学习特点、长处或弱点，对所学事物掌握的深度及广度。常见的幼儿作品有幼儿的泥塑、手工、绘画，幼儿的各种记录单、自创的书写符号，幼儿叙述、自编故事时的录音带，幼儿探究事物、创编舞蹈、表演、游戏等活动的照片等以及幼儿描述的故事或事件的文字记录。

另外，教师工作评价也可采用作品分析法。常见的教师作品主要有活动计划、幼儿发展记录、自我反思材料、教育笔记、家长工作记录、研究成果资料等。

一般来说，成长档案收集的内容可以覆盖幼儿的身体、动作、认知、言语、情感及社会能力等多个发展领域，其形式更是丰富多样的。就目前幼儿园的实际情况来看，可以作为成长档案内容的有以下几个方面。

一是幼儿作品。①美工作品。它主要包括绘画及各种手工作品，如折纸、涂色、数学作业等。②口述记录。口述记录是重要的作品，因为它们呈现了幼儿的语言表达能力，记录了幼儿的想法、感情和反思。教师应该持续地收集幼儿的口述记录，并记录背景资料。幼儿的口述可用书面形式加以保存，或用录音的方式记录。在收集作品时，教师应该附上创作日期以及自己或家长的简短意见。比较适合的做法是收集幼儿自愿创作的作品，而不是幼儿在教师的要求下所创作的作品，如此才能保证所收集到的作品真实呈现幼儿的发展特点。

二是教师、家长的文字记录。它主要包括与幼儿的面谈记录和教师的观察记录。与幼儿的面谈记录是帮助教师了解幼儿的重要机会。教师与幼儿之间可以交流的内容有很多。比如，可以讨论幼儿最近读过的一本书或玩过的一个游戏；可以谈幼儿喜欢的色彩与形状、开心或烦恼的事情等。教师的观察记录可以是系统化、结构化的记录，如幼儿在学习某个技能以后的表现；也可以是随意的逸事趣闻类的记录，如幼儿说的一些有趣的话、提的一些在成人看来很滑稽的问题等。

三是照片。照片能保存和呈现幼儿的生活、学习、游戏等情况，能反映幼儿做什么，如在团体活动中的表现或者制作的立体作品。教师可以在照片旁边用文字记录事情发生的时间、地点以及背景。

四是视频或音频记录。当出现比较有意义的或认为很重要的现象时，教师可以用视频或音频记录下来。比如，在科学发现室，教师可以拍摄下幼儿全身心探索自己感兴趣的现象的全过程。这将会成为探究幼儿认知水平、思维过程等的重要资料。

五是各种测验和调查结果。主要是一些正式的或非正式的调查结果，如幼儿在家情况调查、幼儿健康状况调查、幼儿学习情况调查等。这些调查能让我们迅速了解幼儿的发展情况。

(二)定量评价信息的采集方法

1. 测验法

测验法是研究者根据研究的需要，运用客观性测验项目和量表来收集有关幼儿身心发展和学习结果的数量化资料，通过对资料的分析来揭示教育活动的结果，探究教育活动的规律的一种方法。

在学前教育研究中，测验的种类很多，按照不同的分类标准可以分为不同的测验类型。按行为目标和测验内容的不同，测验可分为智力测验、能力倾向测验、成就测验、个性人格测验。按测验材料的不同，测验可分为语言文字测验和非语言文字测验。按测验的参照系不同，测验可分为常模参照测验、目标参照测验。按测试的标准化程度不同，测验可分为标准化测验、非标准化测验。

了解我国常用的标准化心理和教育测验工具，有助于研究者根据自己的需要从中进行选择。目前我国常用的标准化测验量表部分是从国外引进并经过我国学者修订的，部分是由我国学者自己编制的。

相关链接

中外心理测验量表简介

①中国比内测验。1905 年，法国心理学家比内和西蒙制定了最初的智力测量量表，并于 1908 年、1911 年进行了两次修订。我国在 20 世纪 20 年代开始引进并修订而成中国比内—西蒙智力测验。1982 年，我国吴天敏教授进行了第三次修订，称作“中国比内测验”。裴娣娜教授研制《中国比内测验简编》，使测验过程简化，每测 1 名被试只需 20 分钟。

②韦克斯勒幼儿智力量表。韦克斯勒智力量表是由美国大学附属贝尔维医院的韦克斯勒编制的。我国龚耀先教授于 1986 年 10 月主持完成了中国版的修订工作。该量表从整体智力观出发，将测试内容确立为语言和操作两个部分，有 11 个分测验，共 130 道试题和 10 道备用试题。

③瑞文测验。瑞文测验是由英国学者瑞文设计的非文字的系列智力测验。我国使用的有瑞文标准推理测验和瑞文测验—联合型两种。1988 年，我国张厚粲教授主持修订完成中国版本。1988 年，我国李丹教授主持修订了瑞文测验，将瑞文测验的标准型和彩色型联合使用，称为“瑞文测验—联合型”。

④画人测验。画人测验最早是由美国古伊诺夫编制的一套非文字测验，可用于测量 4～10 岁儿童的智力。测验的过程很简单：给每个儿童一张纸、一支铅笔、一块橡皮，让他们自由地画出一个人像，不求好看，只求完整。这个测验不限时间，但一般可在 10～20 分钟完成。

⑤中国儿童发展量表。中国儿童发展量表是1985年由我国张厚粲教授、陈帼眉教授等人编制的，用于测试我国城市和大城市郊区3～6岁幼儿心理发展水平的标准测量工具。其测试内容分为4个部分、16项分测验，第9～11项为社会认知能力测验，第12～16项为身体素质和动作技能测验。测试时应确保环境适合儿童的生活经验，安静且适宜儿童接受；测试时应严格按测验手册的规定进行。计时一般用秒表，测试速度应适合不同儿童的特点。

由于标准化量表有其局限性，在幼儿园实际生活当中，教师采用自己编制的测验更便利些。自编测验是指由研究的需要自行制作测量工具，并在特定的时间和条件下使用的测验。凡属运用自行制作的工具进行的测验均为自编测验。自编测验有下列特点：自编测验针对性强；自编测验灵活性强；自编测验操作相对简便。

在学前教育评价中，教师为了解本班幼儿在某些方面的发展情况，可以自制一些测验题目对他们进行测查。例如，要评价幼儿数概念的发展情况，教师可向幼儿出示相关材料，有目的地对其进行测试和提问，记录幼儿的反应，并做出评价。

2. 实验法

实验法是根据研究假设，运用一定的人为手段，主动干预或控制研究对象的发生、发展过程，并通过观察、测量、比较等方式探索、验证教育现象因果关系的研究方法。

实验法的分类多种多样，按不同角度、不同层次可有不同的分类。按实验场所的不同，实验法可分为现场实验法和实验室实验法。按实验目的的不同，实验法可分为探索性实验法和验证性实验法。按实验控制程度的不同，实验法可分为前实验法、准实验法、真实验法。

实验设计的基本思想有两方面：一是使自变量对因变量的作用最大化，让自变量和因变量的关系凸显；二是使无关变量对因变量的影响最小化，不让无关变量对因变量产生干扰作用或将这种干扰作用控制在最小范围内，如图10-1所示。

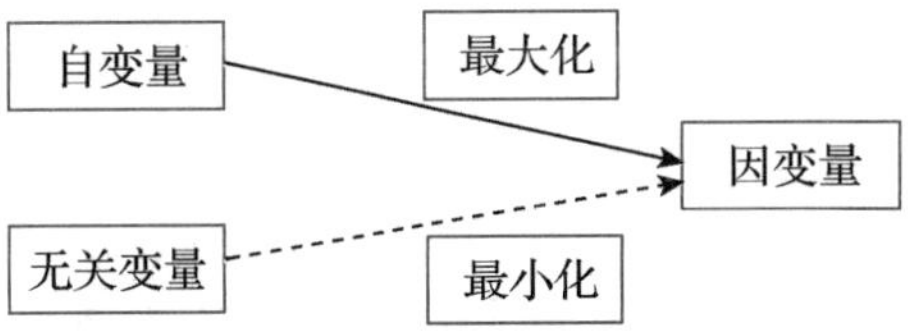

图10-1　实验设计的基本思想

自变量是变化的措施和条件，又称实验处理。它是研究者创设和操纵的情境或刺激物，用它能促使被试产生反应和变化。实验目的是看自变量的介入会引起被试什么反应和变化。例如，要提高大班幼儿的学习兴趣，就要主动采取措施，或使用新的教学方法，或改变学习环境，或重新选择学习材料，或变换教学的组织形式等。这些都可作为研究者操纵的自变量。研究者可以通过操纵某个自变量看它是否会提高幼儿的学习兴趣。

因变量是研究者要观测的变量，是由自变量引起的在被试身上产生的反应变化。实验目的就是要通过因变量的测定来研究自变量与因变量之间是否存在因果关系。因变量的一个重要特征是它可以通过直接或间接的方式被观察、被测量，并且可以转化为数据形式，如测验分数、考试成绩、评定成绩、反应时间、答题的正误百分数等。

无关变量是研究中除了自变量和因变量之外的一切变量，是与实验目的无关的变量。由于无关变量会影响因变量的测定，会对判断自变量和因变量的因果关系造成干扰，因此设计实验时需要对其进行控制。控制无关变量是实验研究的一个关键问题。

实验计划的实施是实验过程的实质阶段，应具体完成三个方面的任务。一是操纵自变量。研究者要根据实验设计的要求来控制自变量，即采用特定的方法有步骤地改变研究的条件，对被试施加某种影响。二是控制无关变量。研究者要采用有效的方法对各种无关变量进行控制，对一些无法控制的无关变量也应采用措施进行恒定，减少其对实验结果的干扰。三是观察和测量因变量。研究者要利用观察或测量等手段系统地收集反映因变量变化的各种实验资料，及时地对各种资料进行整理并做初步的分析，为形成实验结论做好准备。

二、幼儿园教育评价的步骤

幼儿园教育评价的实施不是一项简单工作。在实施幼儿园教育评价前，首先要确定评价目标，然后设计评价方案，最后实施评价。

(一)确定评价目标

幼儿园教育评价的目的就是要了解幼儿园教育的水平和现状，促进教育质量的提高，从而更好地促进幼儿的发展和教师的专业化成长。

幼儿园教育评价目标的确定，是与评价者的需要直接相联系的。不同的需要意味着不同的评价类型和评价方法。如果评价者想了解幼儿园教育工作的全貌，就要进行全面评价；如果想了解教师的总体工作情况，就要进行教师工作评价；如果想了解教师的班级生活管理情况，就要对教师的班级生活管理方面进行评价；如果想了解幼儿的发展情况，就要进行幼儿发展评价。

(二)设计评价方案

根据幼儿园教育评价的目标要求，设计评价方案，是实施幼儿园教育评价之前要做好的重要准备工作。幼儿园教育评价方案的编制一般分成以下几个步骤。

1. 分解目标，形成指标体系

幼儿园要求教师“眼中有幼儿，心中有目标”。这句话中提及的“目标”就是幼儿园教育评价所要依据的基础。幼儿园教育评价就是评价者把幼儿园教育活动的开展状况与评价者所设定的目标或教师所预设的教育目标进行比较，做出评价。

幼儿园教育目标分为几个层次：幼儿园教育总目标—年龄目标—学期目标—月目标—周目标—活动目标。对总目标进行层层分解后，就构成一个目标体系，由此构成了非常具体的评价指标。教育评价所涉及的各个方面的评价指标不可能事无巨细、面面俱到，更不可能不分主次，也不可能主观臆造，而是对所要达成的总目标进行分解，选择其中重要的和有代表性的项目，组成评价的指标体系。因此，评价指标就是分解后的目标体系中处于最低层次、具有可操作性的目标。评价者在评价时必须首先将评价目标进行分解，形成可操作或可测量的指标体系。

学前教育评价指标体系的确立是整个学前教育评价工作的基础和关键。没有科学合理的学前教育评价指标体系，便没有科学合理的学前教育评价。

比如，针对幼儿的发展评价，首先要对其发展目标进行分解。幼儿发展系统包含着三个方面的子系统，即身体发展、认知发展和社会性与情感发展。每个子系统下面又有第二个层次的子系统。比如，身体子系统包含了大肌肉动作、小肌肉动作、自我保健和生活能力等。它还可以往下进一步分解到第三个层次的子系统。比如，“走”就属于第三个层次，对“走”再分解就成了评价指标：会甩动双臂走；会手脚动作协调地走；不扶梯一步一阶地上下楼梯；会按节拍变速走；会灵活地变向、变速走。这五个指标都具有可操作性，可以实际测量。由此，分解后的目标体系就成了可以实际评价的指标体系。

2. 界定标准，形成标准体系

在形成教育评价指标体系后，一般还要对指标进行进一步处理。在评价指标确定后，还要对评价对象进行评价，明确是否能达到评价目标、达到的程度如何。为此，还需要进一步划分出评价标准。评价标准其实就是将幼儿园教育目标细分到可以测评的指标，并且提出数量或质量上的要求。幼儿园教育评价标准或标准体系是对评价对象的各项指标达到要求的程度在数量和质量方面进行价值判断的准则和尺度。[①] 因此，要想评价做到科学化、标准化，还要科学编制评价标准，使评价更加真实、准确。例如，我们要评价幼儿参与活动的主动性、注意力、耐受力等，可以将评价标准分成A，B，C，D四个等级，对每个等级进行界定，可以采用语言描述(如将发起活动分为主动发起和被动发起，根据其主动的程度分成不同等级)或量化(如将注意坚持的时间划分等级)，形成一个评价的标准体系。这样就便于评价者进行观察和评价。否则，没有评价标准，不同的评价者可能将同样的行为或事件划分到不同的等级中去，从而造成结果的不一致，影响评价结果。又如，评价幼儿一周的表现，将攻击性行为分为很多、比较多、较少、很少、没有五个等级，将五个等级用出现攻击性行为的次数来界定。将一周内出现攻击性行为的次数分别界定为：7～10次算很多，4～6次算比较多，1～3次算比较少，0次就是没有。离开科学的幼儿园教育评价标准，幼儿园教育评价便无法顺利进行，或者据此得到的评价结果不真实、不科学。

3. 形成计量体系

幼儿园教育评价的计量过程通常由以下两个基本要素构成。[②] 一是加权，即根据指标体系中各项指标的重要程度，赋以一定的权数(或权重)。比如，对幼儿园某教师进行评价，在班级管理这项上共10分。其中园领导评分占30%，教师自评占40%，其他教师代表评分占30%。二是记分，即根据各项指标所评等级的标度值和权数，求得评价分值。以上例来说明，如果园长评8分，教师自评9分，其他教师代表评7分，那么该班教师的班级管理评分为$8\times30\%+9\times40\%+7\times30\%=8.1$分。在幼儿园教育评价中，有的简单评价就没有权重。这个时候的计量就简单了，有记分的项目直接求和就行。如果涉及幼儿园教育整体评价或者比较复杂的评价，大多要利用权数。这个时候就要使权数和记分两个要素相互联系、互为补充，形成一个有机的整体。这个整体就是幼儿园教育评价的计量体系。

(三)实施评价

在评价的过程中，无论是评价工作的准备，还是具体评价工作的展开和评价结果的反馈等都需要我们认真对待。评价实施是否具有科学性将会极大地影响评价结果是否具有可靠性和有效性，从而影响到评价质量的优劣。按照评价实施的程序，幼儿园教育评价过程有三个阶段，即准备阶段、实施阶段和反馈阶段。

1. 准备阶段

准备阶段是幼儿园教育评价实施前的预备阶段，做好幼儿园教育评价的准备工作是做好幼儿园

---

① 陈幸军：《幼儿教育学》，331页，北京，人民教育出版社，2001。

② 陈幸军：《幼儿教育学》，332页，北京，人民教育出版社，2001。

教育评价的前提。准备阶段的工作做得是否充分和全面，极大地影响评价工作的开展。准备阶段要做的工作主要有以下几方面。

(1)组织准备

根据评价需要，如果评价工作涉及面大、广，对教师、幼儿或幼儿园自身都有相当重要的影响，就需要成立专门的组织机构。可以根据评价的目的、评价内容等的不同，成立与之相适应的组织机构，合理搭配人员。比如，管理人员、科研人员、专家、教师、幼儿、家长合理组成评价小组。在实施评价前，要对参与评价的人员进行培训，将有关评价要求、指标、分工等进行具体说明。这样评价时就能各尽其责，各司其职。

(2)文件、工具准备

与评价相关的文件、工具包括评价方案、评价登记表、资料汇总表等。根据实际情况，部分评价还需用到测量工具、照相或摄像设备等以及施测时所需的笔、纸等记录工具。

2. 实施阶段

实施阶段是实际开展幼儿园教育评价活动的阶段，是幼儿园教育评价的中心环节。为了有序、高质量地实施评价，实施阶段要做好如下工作。

一是宣传发动。主要目的是统一评价者和评价对象的思想，使评价对象正确对待评价，理解评价，配合评价，尊重评价者的评价工作，防止评价对象产生消极甚至抵触情绪，影响评价工作的进行。二是收集资料。这是评价过程的中心工作。占有资料和各种与评价相关的信息是非常重要的。资料不全或遗漏重要资料，将严重影响评价质量。三是评分和汇总。在前期掌握大量有关资料的基础上，评价者或相关人员就可以对每一个具体的项目进行评分、汇总，并进行初步的统计分析。有条件的幼儿园还可以运用专业软件进行统计分析。对一些文字资料，如访谈记录、作品、工作总结等，要分门别类地整理，便于后面的评价分析。

3. 反馈阶段

开展幼儿园教育评价，就是为了更好地开展幼儿园教育工作。反馈阶段是评价工作的最后一个阶段。反馈阶段工作做得好，可以对教师工作、幼儿发展等起到良好的推动作用。

需要指出的是，我们在反馈阶段要对评价结果予以重视。首先要对评价结果进行科学总结、分析，然后结合评价对象的情况充分、合理运用和解释评价结果。在反馈评价结果时，要根据实际情况，采用合适的方式反馈给相关人员。有些反馈可直接告知评价对象，有些可以通过管理人员或相关人员转告评价对象。

例如，对教师教育工作的评价结果可以反馈给教师本人，以便教师了解自己的工作情况，扬长补短。对幼儿发展情况的评价结果要及时反馈给教师和家长。如果是教师自己对幼儿的评价也要反馈给本班其他教师、园领导和家长，以便采取积极的应对措施，因人施教。如果发现幼儿有某方面的生理发展或心理发展问题，要及时告知家长以便采取措施解决。

三、幼儿园教育评价应该注意的问题 ●●●

幼儿园教育评价有利于促进幼儿园教育质量的提高。近几十年来，我国的幼儿园教育评价工作取得了一定的成就，评价成为幼儿园提高教育质量的重要管理手段。但是，我国各地经济、文化、教育发展不均衡，幼儿园教育发展水平存在差异，在评价方面还存在不少问题，如注重评价的甄别与选拔功能；重结果、轻过程；过于强调对儿童知识、经验和技能的评价，忽视对情感、态度方面的评价等。作为新时代的学前教育工作者，我们要注意如下几方面。

(一)树立正确的幼儿园教育评价观

评价就是一种价值判断。以什么样的评价观为指导，就会导致什么样的评价结果。要想进行科学的幼儿园教育评价，评价者应具有正确的评价观念。

现代幼儿园教育评价观的发展趋势表现为如下几方面。

1. 评价功能的变化

注重评价在教育过程中的价值，通过评价达到教育活动的增值目的。评价的功能变得多样化，如筛选、鉴定、诊断、改进、导向、规范等，从早期的注重评价结果开始，到注重评价过程。评价的方式从注重他人评价转向注重自我评价，特别是重视以教师为主体的自我评价。

2. 评价目标的变化

幼儿园教育评价对幼儿的作用有两种：一种是适应，另一种是发展。与此相对应的是，幼儿园教育评价要以发展的眼光看待教师和幼儿，让教师与幼儿共同发展，而不是仅仅适应幼儿。根据“最近发展区”的原理，通过评价要促进评价对象在原有水平上获得最佳发展。《幼儿园教育指导纲要(试行)》特别指出：“以发展的眼光看待幼儿，既要了解现有水平，更要关注其发展的速度、特点和倾向等。”评价不应只注重眼前，更要注重未来。评价不是选拔适合教育的幼儿，而是创造适合幼儿的教育；不是鉴别教师的优劣，而是促进教师不断成长。评价幼儿不是为了鉴别幼儿，评价教师的教育行为也不是为了给教师评定等级。评价的目的是提高教育质量，促进幼儿的发展，促进教师的专业成长。

3. 评价内容的变化

评价内容要全面。评价内容的全面包括两个方面的含义。一是涵盖幼儿园教育的各个方面，包括对整个教育过程和各个教育环节的评价。即不仅要对教育计划和活动的目标进行考查，还要评价教育的内容、方式、策略、环境条件、过程、教师的指导及对个体差异的关注程度等方面，包括保育、教育、环境、管理、设施设备等；既包括幼儿方面的，也包括教师方面的。二是具体到某一方面、某一领域要全面。比如，评价幼儿园的健康教育，甚至评价某一个幼儿的健康领域发展方面：既包括生理的，也包括心理的；既包括卫生保健教育、安全教育，也包括体育活动等。单单就幼儿的基本动作来看，就要涵盖走、跑、跳、钻、爬、攀登、平衡等，而不能有偏向。评价既要注意知识与技能、方法方面，也要注意情感、态度方面。只要有利于促进人的发展、符合教育发展规律的评价，都是可以尝试的。

4. 评价方法的变化

现在的评价应注重定量评价与定性评价相结合，实现评价方法的多样化。过去的评价注重“量”，轻视“质”。由于人的发展的特殊性、差异性，因此很多方面无法用“量”评价。有些方面可以采用量化评价，有些方面可以采用定性评价。以幼儿的最终发展为目标的质性评价方式是当今课程与教学改革评价的最新发展成果，也是今后幼儿园教育评价发展的一个趋势。在当前条件的许可下，注重评价中的人文因素的影响，注意量化评价的局限性，应该将定量评价和定性评价有机结合。

5. 评价主体的变化

管理人员、教师、幼儿和家长等都是评价的主体，均是评价工作的参与者。而教师和幼儿又同时是评价的客体。幼儿园教育评价要把单一的评价主体转变为多元化的评价主体。自评、他评、互评相结合，既适用于幼儿，也适用于教师。对于外部的评价(如社会人士、第三方机构等对幼儿园教育的评价)，要充分发挥教师的主体性，倾听教师的声音，吸纳教师的意见。当园长或他人来评价时，要充分尊重教师的主体地位，与教师充分沟通，把评价过程看作一个平等研讨、共同研究与进步的过程。

6. 评价类型的变化

传统教育评价更多采用的是总结性评价、他人评价及量化评价的方法。根据《幼儿园教育指导纲要(试行)》的精神，幼儿园教育评价更多强调形成性评价、自我评价、质性评价、动态评价。比如，“评价应自然地伴随着整个教育过程进行”就强调形成性评价，注重过程的评价，而不是结果的评价。“承认和关注幼儿的个体差异，避免用划一的标准评价不同的幼儿，在幼儿面前慎用横向的比较”。在采用综合化的评价时，也鼓励采用个体化的评价标准。评价要适当“因人而异”，不能搞大一统标准。

(二)与日常教育工作相结合

幼儿园教育评价并不是超越幼儿园日常工作之外的额外工作，它本身就是教育过程的一个重要环节。正如《幼儿园教育指导纲要(试行)》所指出：“在日常活动与教育教学过程中采用自然的方法进行。”一些幼儿园在开展教育评价时，特别是实施幼儿发展评价时大多采用总结性评价的方法，因为评价主要安排在期末。期末工作多，这时候需要专门进行评价。由于评价内容、对象较多，幼儿园需要较多时间才能完成班级的评价工作，往往干扰了正常的教学活动。因接近期末，评价结果无法及时反馈，不能用来改进教育或服务，导致评价工作的效益低。以教师为评价主体的幼儿园教育评价工作，应以日常观察为收集评价信息的主要手段。幼儿园的各种教育活动是收集评价信息的重要途径。这样做才能保证评价信息真实可靠。幼儿园评价教师时要随时关注教师施教的情况，并进行评价。教师或幼儿园在评价幼儿的发展时应随时观察幼儿的表现，及时调整教育行为。将评价融入幼儿园日常工作，并不排斥某一阶段结束后的集中评价，两者应互为补充。但总结性评价应以日常形成性评价为依据。这样既能保证评价信息的真实、客观，又能减轻教师期末工作的负担，不至于影响正常教育活动。

(三)充分合理地运用评价结果

现代教育评价强调评价的诊断和改进功能，即通过评价发现问题，改进工作，创设适合儿童的教育。近年来，现代教育评价理论中“通过评价创设适宜每个儿童的教育”的观念，从理论上开始得到人们的认同，但在实践中还存在误区。有些教师没有合理运用评价结果，习惯于根据评价结果给儿童“排队”“贴标签”，将评价重点放在“鉴定”儿童上，而不是放在促进儿童的发展上。评价不应是静态的。比如，幼儿的成长具有较多的偶然性、突发性，但其背后总是有规律可循的，表现出较强的可塑性。这就需要利用发展性评价，采用多种角度、多种方式来衡量幼儿。幼儿的兴趣是多种多样的，因而他们表现出来的活动方式和内容也是多样的。我们不能以某种规定或固定的方式和内容来评价幼儿的行为，要对幼儿的活动能力做出有效的、多层次的正面评价，主要以鼓励为主，也可适当提出活动建议。

由于幼儿的年龄小，思维发展水平有限，语言表达能力弱，对幼儿认知发展的评价结果并非都能反映幼儿的认知发展水平。教师在评价时要慎重，不可给幼儿乱贴标签，更不能将不成熟的评价结果公之于众。对教师的评价要根据教师的性格、态度等，采用合适的方式公布，而不能随意公布，以免适得其反，导致评价产生负功能。

本讲要点

本讲主要介绍了幼儿园教育评价信息的采集方法。常见的定性评价信息的采集方法主要有观察法、调查法、访谈法、作品分析法。定量评价信息的采集方法主要有测验法和实验法。幼儿园教育评价的步骤包括确定评价目标、设计评价方案、实施评价。幼儿园教育评价应该注意的问题有树立正确的幼儿园教育评价观；与日常教育工作相结合；充分合理地运用评价结果。

学以致用

1. 带上你设计好的幼儿发展评价表(具体内容自定)到幼儿园进行实地评价，写出评价报告。

2. 到幼儿园见习。见习内容为幼儿园的安全和卫生保健工作，并尝试进行评价。

模拟练习

单选题

1. 研究者根据研究目的，寻访调查对象，通过谈话的方式了解调查对象对某个人、某件事情、某种行为或现象的看法和态度的研究方法是(　　)。

A. 谈话法　　B. 测验法　　C. 观察法　　D. 作品分析法

2. 教师为幼儿制作成长档案是运用(　　)对幼儿的成长进行研究。

A. 观察法　　B. 谈话法　　C. 作品分析法　　D. 实验法

3. 不需要研究对象配合，对研究年龄较小的儿童具有独特优势的研究方法是(　　)。

A. 观察法　　B. 调查法　　C. 实验法　　D. 测验法

4. 某幼儿园李丽老师为了很好地记录幼儿在游戏中的行为，用手机录下来，然后再多次回放录像来记录幼儿的言行。这种方法是(　　)。

A. 直接观察法　　B. 间接观察法　　C. 结构观察法　　D. 抽样观察法

5. 为了解幼儿的同伴交往特点，研究者深入幼儿所在的班级，详细记录其交往过程的语言和动作。这一研究方法属于(　　)。

A. 访谈法　　B. 实验法　　C. 观察法　　D. 作品分析法

模拟练习答案

第三讲　幼儿园教育评价信息的采集与评价

考点分析

本单元与幼儿园教师资格证考试大纲相关的要求如下。

1. 了解幼儿园教育评价的目的与方法，能对保育教育工作进行评价与反思。

2. 能够利用评价手段发现教育活动中出现的问题，提出改进建议。

参考文献

1. 蔡迎旗．学前教育概论[M]．武汉：华中师范大学出版社，2006.

2. 曹莉．学前教育学[M]．长沙：湖南师范大学出版社，2017.

3. 陈馥贞．观察法教学与观察能力的培养[J]．内蒙古师范大学学报(教育科学版)，2002(5).

4. 陈帼眉．学前儿童发展与教育评价手册[M]．北京：北京师范大学出版社，1994.

5. 陈鹤琴．家庭教育——怎样教小孩[M]．北京：教育科学出版社，1994.

6. 陈虹利．新时期加强幼儿劳动教育的思考[J]．吉林省教育学院学报，2016(9).

7. 陈幸军．幼儿教育学[M]．北京：人民教育出版社，2003.

8. 邓石华．网络德育论[M]．长沙：中南大学出版社，2006.

9. 傅建明．学前教育学[M]．北京：中央广播电视大学出版社，2007.

10. 高岚．学前教育学[M]．广州：广东高等教育出版社，2001.

11. 洪维．美学基础与幼儿美育[M]．上海：复旦大学出版社，2007.

12. 胡惠闵，郭良菁．幼儿园教育评价[M]．上海：华东师范大学出版社，2009.

13. 黄人颂．学前教育学[M]．第三版．北京：人民教育出版社，2015.

14. 霍力岩．幼儿劳动教育：内涵、原则与路径[J]．福建教育，2018(47).

15. 霍习霞．学前教育概论[M]．武汉：华中师范大学出版社，2013.

16. 霍习霞．学前教育原理与应用[M]．上海：华东师范大学出版社，2014.

17. 李季湄，冯晓霞．《〈3—6 岁儿童学习与发展指南〉解读》[M]．北京：人民教育出版社，2013.

18. 李少梅．学前教育原理[M]．北京：高等教育出版社，2016.

19. 李生兰．学前教育学[M]．第 3 版．上海：华东师范大学出版社，2014.

20. 刘黎明．彰显劳动教育的精神内涵：裴斯泰洛齐劳动教育思想的现代阐释[J]．中国德育，2017(10).

21. 刘晓东．学前教育学[M]．南京：江苏教育出版社，2009.

22. 马虹，李峰，等．幼儿园保教管理工作指南[M]．上海：华东师范大学出版社，2014.

23. [美]艾略特·W. 艾斯纳．儿童的知觉与视觉的发展[M]．张丹，刘海英，孙宏，等，译．长沙：湖南美术出版社，1994.

24. 牟映雪．学前教育学[M]．北京：教育科学出版社，2012.

25. 宋睿．家、园、社区合作共育的实践研究[D]．南京：南京师范大学，2008.

26. 孙玉萍："双师型"教师成长过程探讨[J]．高等职业教育(天津职业大学学报)，2006(2).

27. 唐林兰，于桂萍．学前儿童卫生与保健[M]．北京：教育科学出版社，2015.

28. 唐淑．学前教育思想史[M]．北京：人民教育出版社，2009.

29. 陶保平．学前教育科研方法[M]．上海：华东师范大学出版社，2006.

30. 万超林．学前教育学[M]．南京：南京师范大学出版社，2017.

31. 王坚红．学前儿童发展与教育科学研究方法[M]．北京：人民教育出版社，1991.

32. 王清风．学前教育学[M]．南京：南京大学出版社，2018.

33. 王先达．保教知识与能力考点精练与备考指南[M]．上海：复旦大学出版社，2016.

34. 吴玲．陈鹤琴幼儿劳动教育思想探要[J]．安徽师大学报(哲学社会科学版)，1998(1).

35. 叶小红．幼儿园游戏与指导[M]．南京：江苏凤凰教育出版社，2014.

36. 虞永平，王春燕．学前教育学[M]．北京：高等教育出版社，2012.

37. 岳亚平．学前教育原理[M]．北京：高等教育出版社，2014.

38. 张满清．论 0～3 岁早教实践之教养相融[J]．教育与教学研究，2010(5).

39. 郑健成．学前教育学[M]．第二版．上海：复旦大学出版社，2014.

40. 朱宗顺，陈文华．学前教育学[M]．北京：北京师范大学出版社，2012.

41. 庄丹．运用体验学习模式开启兴趣之门——对幼儿园数学活动的思考[J]．教育现代化，2017(4).

后　记

为适应学前教师教育发展的需要，我们从2011年开始研究和编写这套学前教师教育系列教材。2012年陆续完成第一轮编写和出版，2016年基本出齐。随后，我们根据教育部印发的《教师教育课程标准(试行)》和《中小学和幼儿园教师资格考试标准(试行)》，分析了教材使用情况，调研了毕业生参加幼儿园教师资格证考试和就业之后的情况，从2018年开始对本套教材进行修订，到2021年基本完成。本套教材包括本科、三年制高专和五年制高专三个系列，每个系列又包括综合素质类课程(不含思政课)、教育类课程、艺术类课程。作者来自40余所开设学前教师教育类专业的高、中专骨干院校，共计473人；主审专家来自26所本科院校和科研院所，共计42人。本套教材设立了编委会，总编为彭世华，副总编为皮军功、郭亦勤，成员为开设学前教师教育专业的高、中专骨干院校领导和专业负责人。特别感谢庞丽娟教授对本套教材编写和审订工作的精心指导与专业引领。

本套教材的修订过程是与对学前教师教育的系统研究结合进行的。全体编写人员认真学习了教育部颁布的《3—6岁儿童学习与发展指南》《教师教育课程标准(试行)》《幼儿园教师专业标准(试行)》《中小学和幼儿园教师资格考试标准(试行)》《普通高等学校师范类专业认证实施办法(暂行)》等文件精神，充分吸纳学前教师教育学科的新成果，改革课程设置、调整教学内容，进一步提高教材的科学性、时代性和丰富性，以适应学前教师教育发展的迫切需要。

为确保教材的修订质量，全体编写人员严格按照“研制人才培养方案—确定册本—研制大纲—讨论修订内容—确定体例和样章—撰写初稿—主编审核反馈—修改二稿、三稿—主编统稿—主审审稿”的程序进行，完善了综合素养类课程、教育类课程、艺术类课程的设置，梳理确定了各课程的知识点，对课程学时进行了科学安排。

由北京师范大学出版社出版教育类教材，包括本、专科共用的《学前儿童发展心理学》《学前教育概论》《学前儿童卫生保健》《幼儿游戏与玩具》《幼儿园课程》《幼儿健康教育与活动指导》《幼儿语言教育与活动指导》《幼儿社会教育与活动指导》《幼儿科学教育与活动指导》《幼儿数学教育与活动指导》《幼儿音乐教育与活动指导》《幼儿美术教育与活动指导》《幼儿园班级管理》《学前教育研究基础》《幼儿园教师道德修养与专业发展》《幼儿园教育技术》。

由高等教育出版社出版综合素养类教材，包括三年制、五年制高专共用的《信息技术》《幼儿教师口语》《幼儿美术赏析与创作》；三年制高专使用的《大学体育》《美术基础》；五年制高专使用的《美术》《历史》《地理》《数学》《物理》《化学》《生物》《体育》；五年制高专使用的《英语》(一、二、三、四)；三年制、五年制高专共用的《英语》(五、六)。

由语文出版社出版综合素质类语文课教材，包括三年制、五年制高专共用的《大学语文》(上、下)《幼儿文学》(上、下)；五年制高专使用的《语文》(一、二、三、四)。

由上海音乐学院出版社出版艺术类教材，包括三年制、五年制高专共用的《基本乐理》《视唱练耳》